汽车产品设计

主　编　李文博　刘　学　陈　思

北京理工大学出版社
BEIJING INSTITUTE OF TECHNOLOGY PRESS

内 容 简 介

本书以CATIA V5R21软件中文版本为演示平台,整体结构按工作任务划分,体现"任务驱动""项目导向"的教改要求。在内容安排上,本书共有8个经典案例,结合汽车工业设计实际应用的需求,由浅入深,图文并茂,思路清晰,详述了运用CATIA软件进行汽车产品工程设计的建模、装配、渲染和生成工程图等过程。这些实例均为汽车上真实产品或附属产品,每一个汽车产品案例都有详细步骤过程,对读者具有很强的实用性和广泛的适用性。本书中的案例分别采用了"自下向上"和"自上向下"两种设计方法,契合企业工程技术人员对汽车产品设计的不同思路。本书配套有视频教程,读者可方便地进行学习、理解并掌握相关知识与使用技巧。

本书教学内容丰富,讲解详细,案例经典而丰富,每个案例之后还附有思考题供读者学习反思,非常适合作为高等院校、高职院校汽车造型、汽车改装、产品设计、工业设计、模具设计等相关专业作为教材使用,也可作为工程技术人员的CATIA软件自学教程和参考书籍。

版权专有　　侵权必究

图书在版编目（CIP）数据

汽车产品设计 / 李文博, 刘学, 陈思主编. --北京：
北京理工大学出版社, 2022.12
　ISBN 978-7-5763-2025-1

Ⅰ. ①汽… Ⅱ. ①李… ②刘… ③陈… Ⅲ. ①汽车-产品设计 Ⅳ. ①U462

中国国家版本馆CIP数据核字（2023）第002566号

出版发行	/ 北京理工大学出版社有限责任公司
社　　址	/ 北京市海淀区中关村南大街5号
邮　　编	/ 100081
电　　话	/ （010）68914775（总编室）
	（010）82562903（教材售后服务热线）
	（010）68944723（其他图书服务热线）
网　　址	/ http：//www.bitpress.com.cn
经　　销	/ 全国各地新华书店
印　　刷	/ 三河市天利华印刷装订有限公司
开　　本	/ 787毫米×1092毫米　1/16
印　　张	/ 18.5
字　　数	/ 435千字
版　　次	/ 2022年12月第1版　2022年12月第1次印刷
定　　价	/ 89.00元

责任编辑 / 多海鹏
文案编辑 / 多海鹏
责任校对 / 周瑞红
责任印制 / 李志强

图书出现印装质量问题,请拨打售后服务热线,本社负责调换

前　　言

　　本书以应用型人才培养为目标，以案例设计实操为中心，结合汽车工程类专业特点，根据在校学生及工程技术人员的知识特点和接受能力，精选典型汽车产品案例，详细阐述了运用CATIA软件进行汽车产品工程设计的过程，由浅入深，逐步提高难度，以满足学生专业能力的培养要求及工程技术人员的实践需要。

　　在内容安排上，本书共有8个经典案例，结合汽车工业设计实际应用的需求，由浅入深，图文并茂，思路清晰，详述了运用CATIA软件进行汽车产品工程设计的建模、装配等过程。这些实例均为汽车上的真实产品或附属产品，每一个汽车产品案例的介绍都有详细的步骤，具有很强的实用性和广泛的适用性。本书中的案例分别采用了"自下向上"和"自上向下"两种设计方法，契合企业工程技术人员对汽车产品设计的不同思路。

　　本书以CATIA V5 R21软件中文版本为演示平台，整体结构按工作任务划分，体现"任务驱动""项目导向"的教改要求。全面介绍八个案例设计过程，各部分内容如下：

　　项目一　座椅调节开关建模实例。详细介绍了座椅调节开关的详细建模过程，运用旋转体、倒角、加强筋、圆角等CATIA零件设计模块命令，完成整体的建模。

　　项目二　车顶内拉手建模实例。综合运用相交、提取、多截面曲面、加厚曲面等命令来完成内拉手建模。

　　项目三　汽车车轮建模实例。着重讲解运用三切线内圆角、可变角度拔模、可变半径圆角等命令完成该模型的建模过程。

　　项目四　空调旋钮建模实例。采用"自下向上"的设计方法，着重综合运用装配设计模块命令完成装配体。

　　项目五　车载手机导航支架建模实例。零件建模时应熟练掌握"零件设计"与"创成式外形设计"混合建模技巧。

　　项目六　安全带锁建模实例。采用"自上向下"的设计方法，零件建模时需要注意零件之间的装配关系，装配时应该充分考虑各个零件、各个面的几何关系来进行装配。

　　项目七　车载点烟器建模实例。点烟器的建模难点在于组成零件较多，其中包括塑料注塑件、冲压金属件、螺杆和弹簧等，需综合运用设计命令建模技巧。

　　项目八　换挡杆三维曲面建模实例。该换挡手柄建模难点在于形状与型面不规则，构建难度大，组成零件较多，各零件间相互配合关系较复杂，需要了解装配方式与结构，并具备一定的空间想象能力，建模命令应用全面。

　　每个项目都明确了知识目标、技能目标和素养目标，项目后都提供了项目评价标准和实践练习题，供学生课后更深入地掌握所学内容。通过以上八个项目的学习，使学生熟练运用软件中零件设计、装配设计以及创成式外形设计等各模块的命令运用，培养学生"自下向上"和"自上向下"两种建模思维，实现对设计中命令的融会贯通，提升学生勇于探索创新的能力，推动民族汽车品牌设计发展。

　　本书教学内容丰富，讲解详细，案例经典，每个案例之后还附有思考题供读者学习反思，适用于高等院校汽车造型、汽车改装、产品设计、工业设计、模具设计等相关专业，也可作为工程技术人员 CATIA 软件的自学教程和参考书籍。本书配套有视频教程，读者可方便地进行学习、理解并掌握相关知识与使用技巧。

本书由长春汽车工业高等专科学校李文博、刘学、陈思任主编，于尧、王小毓、于佳鑫任副主编。其中，李文博编写项目三、项目四；刘学编写项目五、项目六；陈思编写项目七；于尧编写项目八；王小毓编写项目二；于佳鑫编写项目一。参加本书编写工作的还有郑涛、陈歆研、李敬辉、张文慧等。

本书在编写过程中注重理论与实践的结合，将科学的设计方法贯穿于工作过程的始终，给读者一种亲切感和现场感，并通过实用性、针对性的训练，提高学生的劳动意识和创新意识。

由于编者水平有限、时间仓促，书中难免存在疏漏和不足，恳请各位读者批评指正。

编　者

目　　录

项目一　座椅调节开关建模实例 ………………………………………………… 001

学习目标 …………………………………………………………………………… 001
【知识目标】 …………………………………………………………………… 001
【技能目标】 …………………………………………………………………… 001
【素养目标】 …………………………………………………………………… 001
任务描述 …………………………………………………………………………… 001
任务分析 …………………………………………………………………………… 001
任务实施 …………………………………………………………………………… 002
步骤一：草图的绘制 …………………………………………………………… 002
步骤二：主体旋钮的绘制 ……………………………………………………… 003
步骤三：旋钮阵列的绘制 ……………………………………………………… 004
步骤四：旋钮盒体的绘制 ……………………………………………………… 004
步骤五：旋钮加强筋的绘制 …………………………………………………… 006
任务评价 …………………………………………………………………………… 010
思考总结 …………………………………………………………………………… 010

项目二　车顶内拉手建模实例 …………………………………………………… 011

学习目标 …………………………………………………………………………… 011
【知识目标】 …………………………………………………………………… 011
【技能目标】 …………………………………………………………………… 011
【素养目标】 …………………………………………………………………… 011
任务描述 …………………………………………………………………………… 011
任务分析 …………………………………………………………………………… 011
任务实施 …………………………………………………………………………… 012
步骤一：创建轴系 ……………………………………………………………… 012
步骤二：拉手轮廓的绘制 ……………………………………………………… 013
步骤三：拉手曲面的创建 ……………………………………………………… 015
任务评价 …………………………………………………………………………… 016
思考总结 …………………………………………………………………………… 016

项目三　汽车车轮建模实例 ……………………………………………………… 017

学习目标 …………………………………………………………………………… 017
【知识目标】 …………………………………………………………………… 017

【技能目标】 017
　　　【素养目标】 017
　任务描述 017
　任务分析 017
　任务实施 018
　　步骤一：车轮外轮廓绘制 018
　　步骤二：螺栓孔绘制 022
　　步骤三：轮辐绘制 026
　任务评价 031
　思考总结 032

项目四　空调旋钮建模实例 033

　学习目标 033
　　　【知识目标】 033
　　　【技能目标】 033
　　　【素养目标】 033
　任务描述 033
　任务分析 033
　任务实施 034
　　步骤一：旋钮盖建模 034
　　步骤二：旋钮盖 037
　　步骤三：空调旋钮装配 039
　任务评价 041
　思考总结 042

项目五　车载手机导航支架建模实例 043

　学习目标 043
　　　【知识目标】 043
　　　【技能目标】 043
　　　【素养目标】 043
　任务描述 043
　任务分析 044
　任务实施 044
　　步骤一：支架主本体建模 044
　　步骤二：固定插头建模 058
　　步骤三：旋紧螺母建模 069
　　步骤四：车载手机导航支架装配 076
　任务评价 078
　思考总结 078

项目六　安全带锁建模实例 ………………………………………………………… 079

学习目标 ……………………………………………………………………………… 079
【知识目标】 …………………………………………………………………… 079
【技能目标】 …………………………………………………………………… 079
【素养目标】 …………………………………………………………………… 079
任务描述 ……………………………………………………………………………… 079
任务分析 ……………………………………………………………………………… 079
任务实施 ……………………………………………………………………………… 080
步骤一：支架主本体建模 …………………………………………………… 080
步骤二：底座建模 …………………………………………………………… 082
步骤三：卡子建模 …………………………………………………………… 085
步骤四：支架上盖建模 ……………………………………………………… 087
步骤五：连接器整盒体的模型建模 ………………………………………… 088
步骤六：连接盒上盒体建模 ………………………………………………… 090
步骤七：连接盒下盒体建模 ………………………………………………… 094
步骤八：安全带锁装饰件建模 ……………………………………………… 095
步骤九：安全带锁舌建模 …………………………………………………… 102
步骤十：安全带锁零部件装配 ……………………………………………… 108
任务评价 ……………………………………………………………………………… 109
思考总结 ……………………………………………………………………………… 109

项目七　车载点烟器建模实例 ……………………………………………………… 110

学习目标 ……………………………………………………………………………… 110
【知识目标】 …………………………………………………………………… 110
【技能目标】 …………………………………………………………………… 110
【素养目标】 …………………………………………………………………… 110
工作任务 ……………………………………………………………………………… 110
任务实施 ……………………………………………………………………………… 111
零件建模 …………………………………………………………………………… 111
步骤一：点烟器按钮帽的建模 ……………………………………………… 111
步骤二：点烟器中心安装轴的建模 ………………………………………… 123
步骤三：点烟器内衬支架的建模 …………………………………………… 125
步骤四：点烟器弹簧托盘的建模 …………………………………………… 127
步骤五：点烟器弹簧的建模 ………………………………………………… 131
步骤六：点烟器垫片的建模 ………………………………………………… 133
步骤七：点烟器加热丝托盘的建模 ………………………………………… 134
步骤八：点烟器螺母的建模 ………………………………………………… 137
步骤九：点烟器加热丝的建模 ……………………………………………… 139

汽车产品设计

　　步骤十：点烟器限位环的建模 …………………………………… 143
　　步骤十一：点烟器固定环的建模 ………………………………… 148
思考总结 …………………………………………………………………… 153

项目八　换挡杆三维曲面建模 …………………………………………… 154

学习目标 …………………………………………………………………… 154
　【知识目标】 …………………………………………………………… 154
　【技能目标】 …………………………………………………………… 154
　【素养目标】 …………………………………………………………… 154
工作任务 …………………………………………………………………… 154
任务实施 …………………………………………………………………… 155
　一、零件建模 …………………………………………………………… 155
　　步骤一：下壳体型面建模 ………………………………………… 155
　　步骤二：上壳体型面建模 ………………………………………… 166
　　步骤三：按钮的建模 ……………………………………………… 177
　　步骤四：滑块的建模 ……………………………………………… 186
　　步骤五：骨架的建模 ……………………………………………… 193
　　步骤六：中间装饰圈的建模 ……………………………………… 219
　　步骤七：下壳体的建模 …………………………………………… 221
　　步骤八：上壳体的建模 …………………………………………… 230
　　步骤九：装饰环的建模 …………………………………………… 238
　　步骤十：固定环的建模 …………………………………………… 240
　　步骤十一：固定框的建模 ………………………………………… 247
　　步骤十二：皮罩的建模 …………………………………………… 257
　　步骤十三：装饰盖的建模 ………………………………………… 264
　二、换挡手柄装配 ……………………………………………………… 271
　　步骤一：新建装配体，导入骨架 ………………………………… 271
　　步骤二：固定骨架 ………………………………………………… 272
　　步骤三：装配滑块 ………………………………………………… 272
　　步骤四：装配按钮 ………………………………………………… 275
　　步骤五：装配下壳体 ……………………………………………… 276
　　步骤六：装配装饰环 ……………………………………………… 277
　　步骤七：装配皮罩 ………………………………………………… 279
　　步骤八：装配固定环 ……………………………………………… 280
　　步骤九：装配固定框 ……………………………………………… 282
　　步骤十：装配装饰圈 ……………………………………………… 283
　　步骤十一：装配上壳体 …………………………………………… 285
　　步骤十二：装配装饰盖 …………………………………………… 287
思考总结 …………………………………………………………………… 287

项目 1

座椅调节开关建模实例

座椅调节开关
建模

学习目标

【知识目标】
1. 了解 CATIA V5 操作界面；
2. 掌握 CATIA V5 常用工具的操作；
3. 掌握二维草图绘制方法。

【技能目标】
1. 能够正确使用 CATIA V5 的常用命令；
2. 会利用 CATIA V5 绘制零件二维草图。

【素养目标】
1. 培养团结互助和开拓创新的精神；
2. 培养钻研专业业务的主动意识。

任务描述

请运用 CATIA 软件，完成如图 1-1 所示汽车座椅调节开关模型的建模。按照 CATIA 绘图准则，参照案例尺寸准确、快速地完成绘图，并保存成 Part 文件。

任务分析

本案例详细介绍了一款汽车座椅调节旋钮的建模过程，重点和难点是对零件设计中常用命令的灵活运用，主要用到了下凹槽和加强筋等功能。

图1-1 汽车座椅调节开关模型

任务实施

步骤一：草图的绘制

（1）启动 CATIA V5 R21。单击"文件"→"新建"命令，在"类型列表"中选择"Part"模块，并单击"确定"按钮，如图1-2所示。

（2）单击 ⬚，进入草图界面，使用"直线"命令 ／、"起始受限的三角弧"命令 ⬚、"构造线"命令 ⬚ 来绘制草图，并用"约束"命令 ⬚ 来约束尺寸，具体绘制如图1-3所示。

图1-2 模块创建

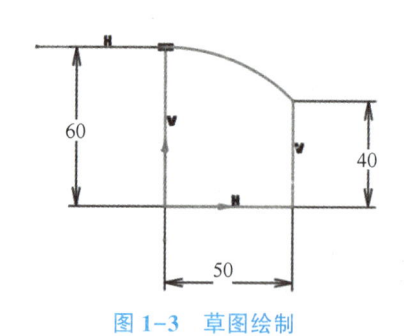

图1-3 草图绘制

（3）绘制完成以后，单击 ⬚ 退出工作台。

步骤二：主体旋钮的绘制

(1) 单击"旋转体"命令![]来定义旋转体，其选项卡如图1-4所示，其中在"轮廓/曲面"中选择要旋转的曲面，在"轴线"中选择要围绕的轴，单击"确定"按钮生成旋转体。

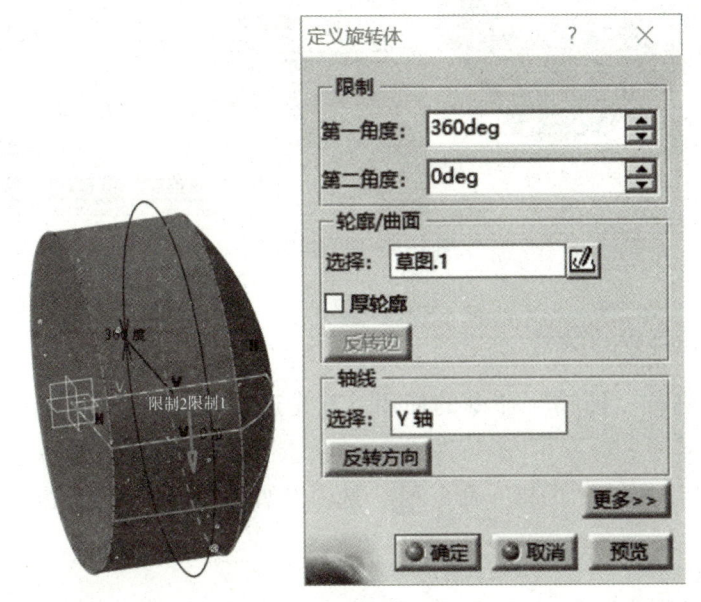

图1-4 定义旋转体

(2) 单击"倒角"命令![]对模型的边缘进行倒角设置，其选项卡如图1-5所示，单击"确定"按钮完成设置。

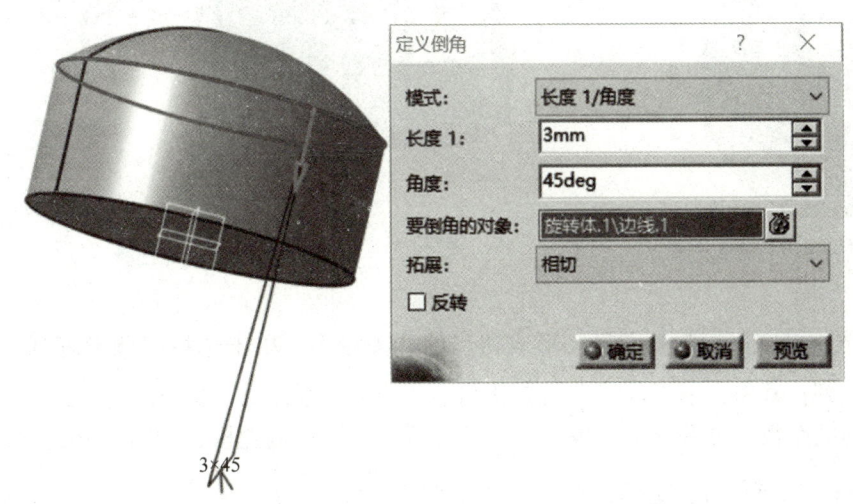

图1-5 定义倒角

(3) 单击"倒圆角"命令![]对模型的倒角部分进行倒圆角设置，其选项卡如图1-6所示，单击"确定"按钮完成设置。

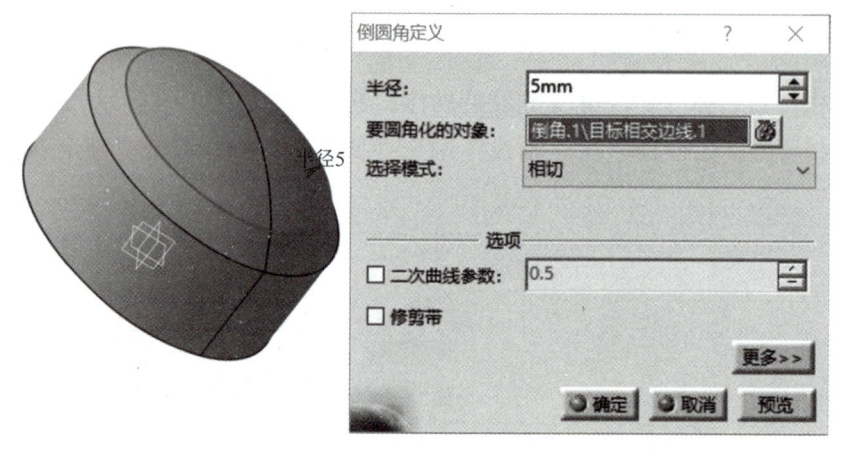

图 1-6 倒圆角定义

步骤三：旋钮阵列的绘制

（1）对模型进行"凹槽"命令的使用。首先选"草图"命令绘制圆形，如图 1-7 所示。

（2）定义凹槽。单击"凹槽"命令，选项卡如图 1-8 所示，单击"确定"按钮完成凹槽的定义。

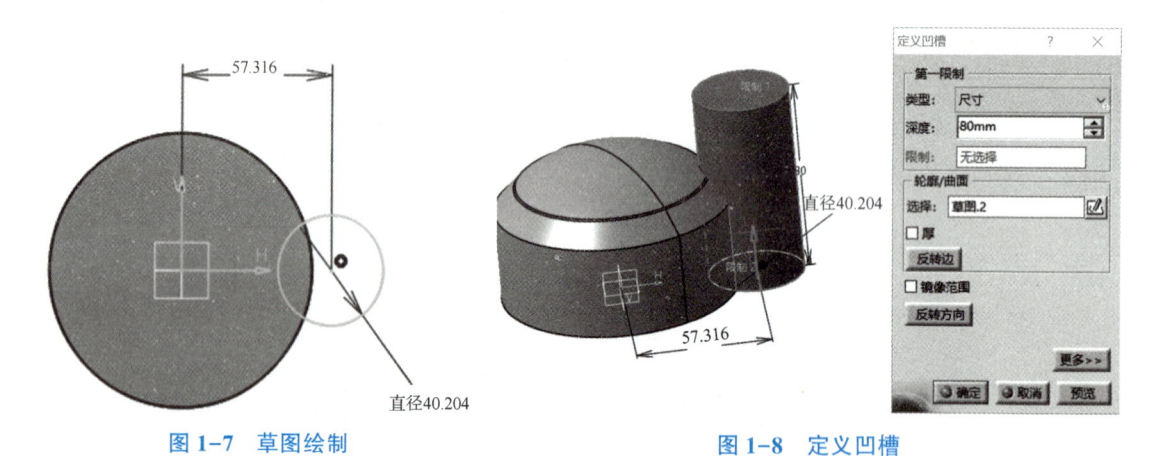

图 1-7 草图绘制　　　　图 1-8 定义凹槽

（3）依次画圆来切割此图形，形成初步的开关雏形。单击选择"圆形阵列"命令，定义圆形阵列，其中"参考元素"选择 Y 轴，"对象"选择上一步骤的凹槽，"实例"一栏填写要阵列的个数，最后单击"确定"按钮完成这一步骤的建模，如图 1-9 所示。

步骤四：旋钮盒体的绘制

（1）把实体抽壳。单击"盒体"按钮来定义盒体，内侧厚度为抽壳以后壳体的厚度，"要移除的面"一栏选择需要去掉的面，选择"确定"按钮完成设置，如图 1-10 所示。

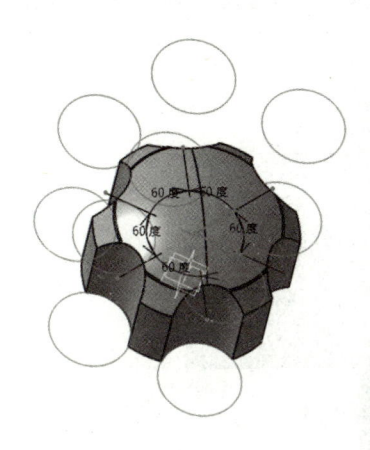

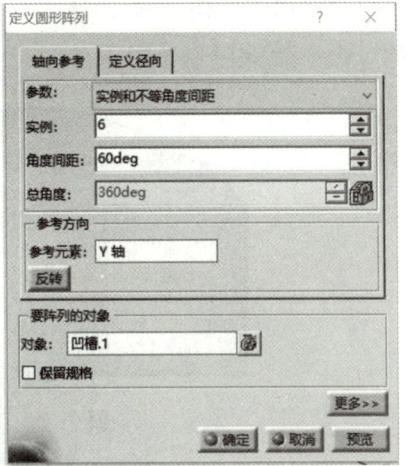

图1-9 定义圆形矩阵

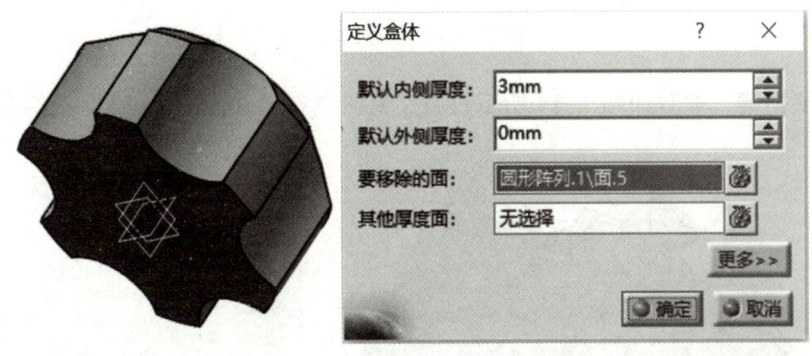

图1-10 定义盒体

（2）绘制开关的轴心。在XZ平面上绘制一个圆，其中圆心和实体的圆心重合，并约束尺寸，使用"圆"命令⊙来完成，其他步骤参考步骤二完成，如图1-11所示。

（3）使用"凸台"命令⁊来完成开关轴心的绘制。单击"凸台"命令，如图1-12所示。

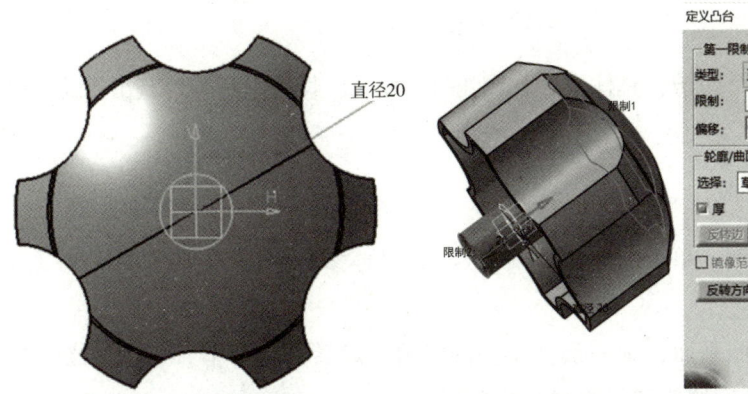

图1-11 绘制轴心草图

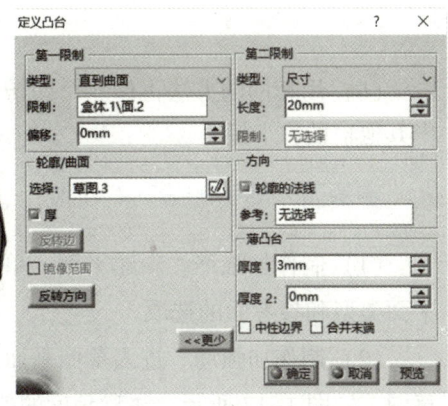

图1-12 绘制轴心

（4）绘制卡口。使用"凹槽"命令绘制卡口，草图具体绘制步骤如图 1-13 所示，注意使用"对称"命令来绘制草图。

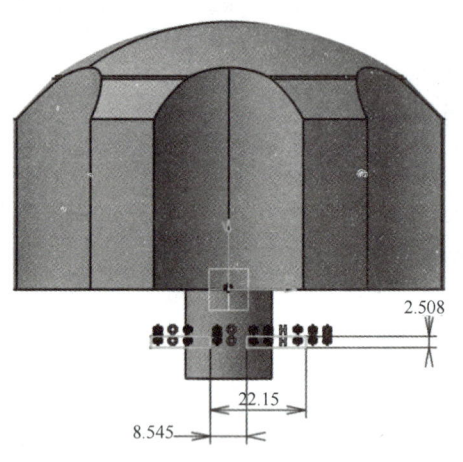

图 1-13　卡扣凹槽草图绘制

（5）定义凹槽，参数如图 1-14 所示设置，其中选择轮廓为图 1-13 所示的草图。

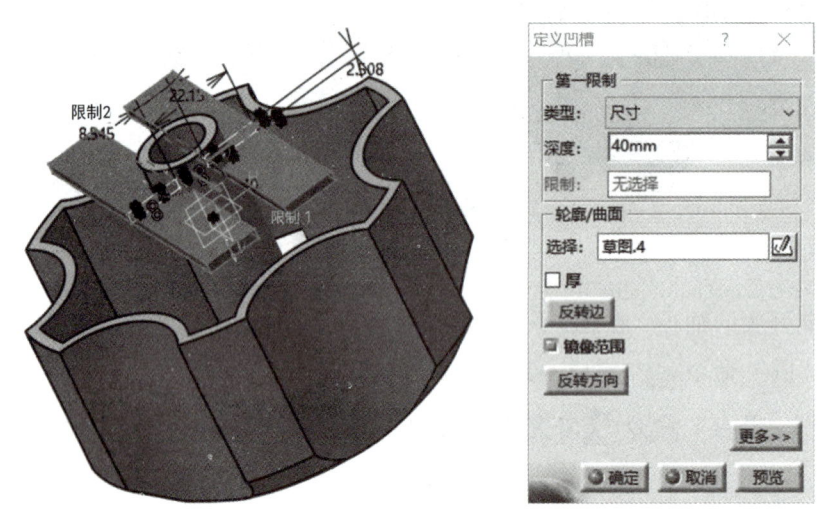

图 1-14　定义凹槽 1

（6）用相同的方法再作一个凹槽，具体参数如图 1-15 所示，其作用是与座椅开关总成中其他辅助件卡接。

步骤五：旋钮加强筋的绘制

（1）制作加强筋。新建平面，单击"平面"命令，具体参数如图 1-16 所示，注意平面类型和参考面的选取。

（2）制作加强筋。进入草图平面，画一条直线，再使用"旋转"命令画出加强筋的草图，如图 1-17 所示，注意角度的值和复制直线的个数。

（3）定义加强筋。选择"加强筋"命令，参数如图 1-18 所示。

图 1-15　定义凹槽 2

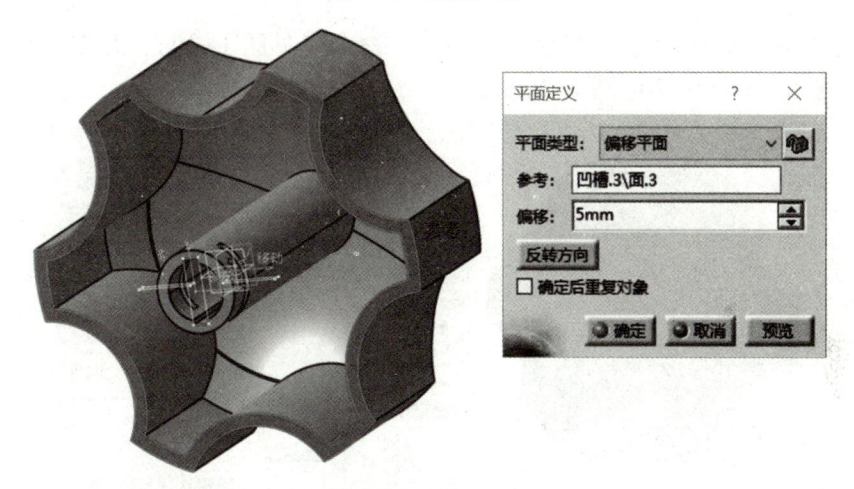

图 1-16　新建平面

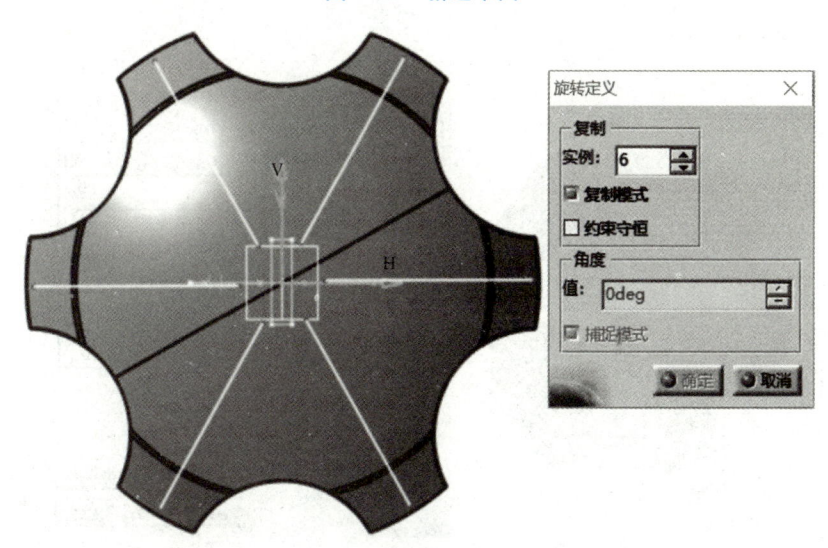

图 1-17　加强筋草图绘制

汽车产品设计

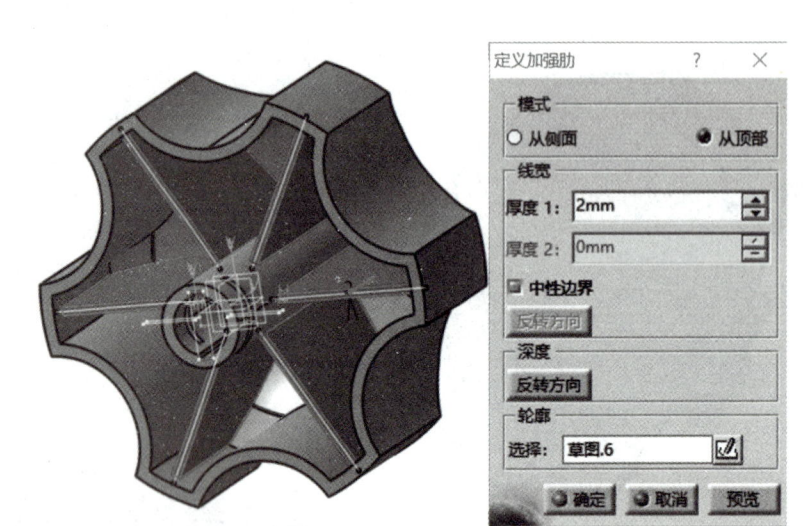

图 1-18　定义加强筋

（4）定义外围摩擦凸痕，同样使用"凸台"命令（见图 1-19），并作三次圆形阵列，注意参数的输入，如图 1-20~图 1-22 所示。

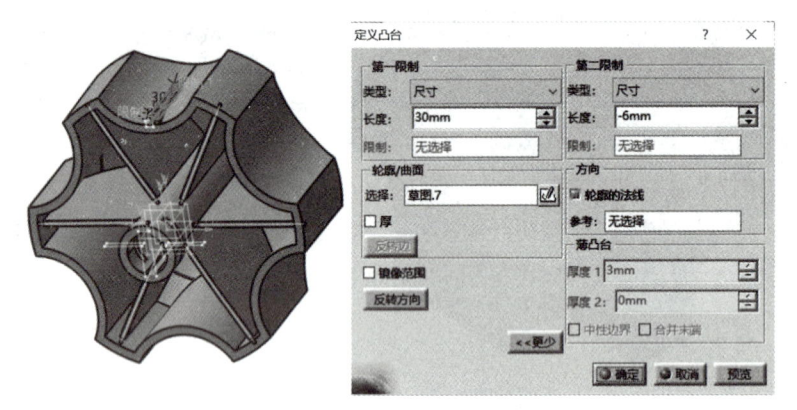

图 1-19　定义凸台

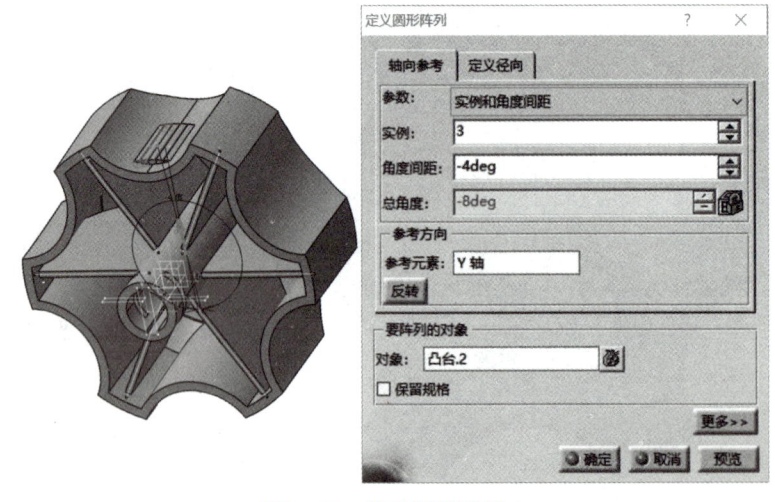

图 1-20　定义圆形阵列 1

008

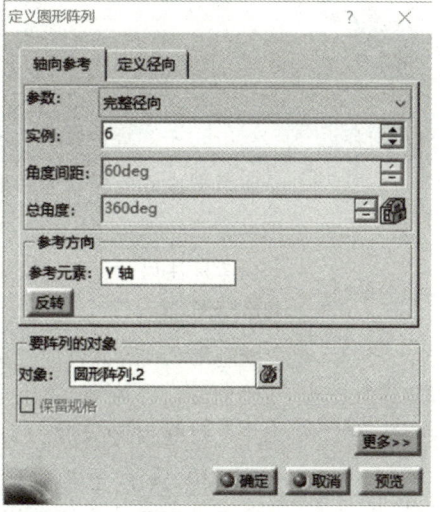

图 1-21　定义圆形阵列 2

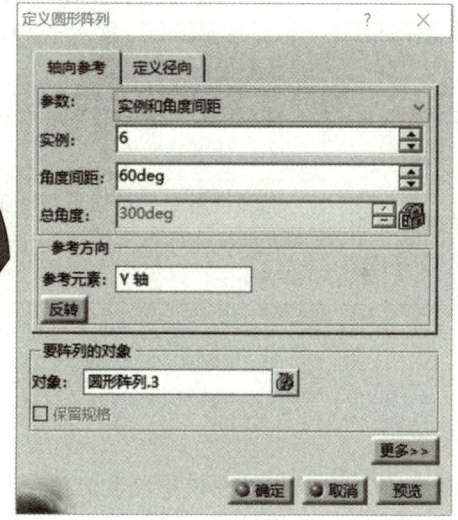

图 1-22　定义圆形阵列 3

（5）最后定义圆角，一个座椅开关就完成了，如图 1-23 所示。

图 1-23　定义圆角

任务评价

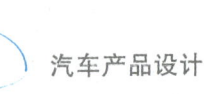

序号	评价内容	评价要求	参考分值	完成情况	评分
1	正确读图	能根据任务分析看懂图形，梳理绘图思路	20		
2	草图的绘制	参考标注尺寸，正确绘制出旋钮外轮廓草图	10		
3	主体旋钮的绘制	能利用CATIA软件的"旋转体"命令绘制旋钮外轮廓，再使用"倒角"命令得到相应的外轮廓	10		
4	旋钮阵列的绘制	能利用CATIA软件的"定义凹槽"命令、"切割"命令绘制旋钮外轮廓	20		
5	旋钮盒体的绘制	能利用CATIA软件的"体抽壳"命令、"绘制轴心"命令、"凸台"等命令绘制旋钮盒体外轮廓	10		
6	旋钮加强筋的绘制	能利用CATIA软件的"加强筋"命令绘制加强筋外轮廓	10		
7	具备查阅资料、团队协作能力	能够在遇到困难时有效查阅相关资料，能够在任务实施过程中做到有效沟通交流	20		

思考总结

1. 总结内饰件中开关类的建模思路和方法。
2. 画出旋钮的卡扣连接件。

2 项目

车顶内拉手建模实例

学习目标

【知识目标】
1. 了解 CATIA V5 操作界面；
2. 掌握 CATIA V5 草图工具的操作；
3. 掌握轴系创建方法。

【技能目标】
1. 能够正确使用 CATIA V5 的常用"草图"命令；
2. 会利用 CATIA V5 "多截面曲面"命令、"厚曲面"命令绘制初级曲面。

【素养目标】
1. 培养责任意识和务实求真的精神；
2. 培养团队协助的主动意识。

任务描述

请运用 CATIA 软件，绘制如图 2-1 所示汽车车顶内拉手的建模。按照 CATIA 绘图准则，参照案例尺寸准确、快速地完成绘图，并保存成 Part 文件。

任务分析

本案例详细地介绍了一款汽车车顶内拉手的建模过程，重点和难点是对创成式外形设计中几个命令的灵活运用，主要用到了相交、提取和多截面曲面等功能。

汽车产品设计

图 2-1　汽车车顶内拉手模型

车顶内拉手建模

任务实施

步骤一：创建轴系

（1）启动 CATIA V5 R21。单击"文件"→"新建"命令，在"类型列表"中选择"Part"模块，并单击"确定"按钮，如图 2-2 所示。

图 2-2　模块创建

（2）创建轴系，其原因是模型相对于绝对坐标系输入不方便，而相对于本身的基准输入简便。具体创建过程如下，在顶部菜单栏中选择"工具"→"选项"，选择"基础结构"→"零件基础结构"，在"零件文档"中勾选"创建轴系"，如图 2-3 所示。重启软件，轴系就会出现在结构树中。

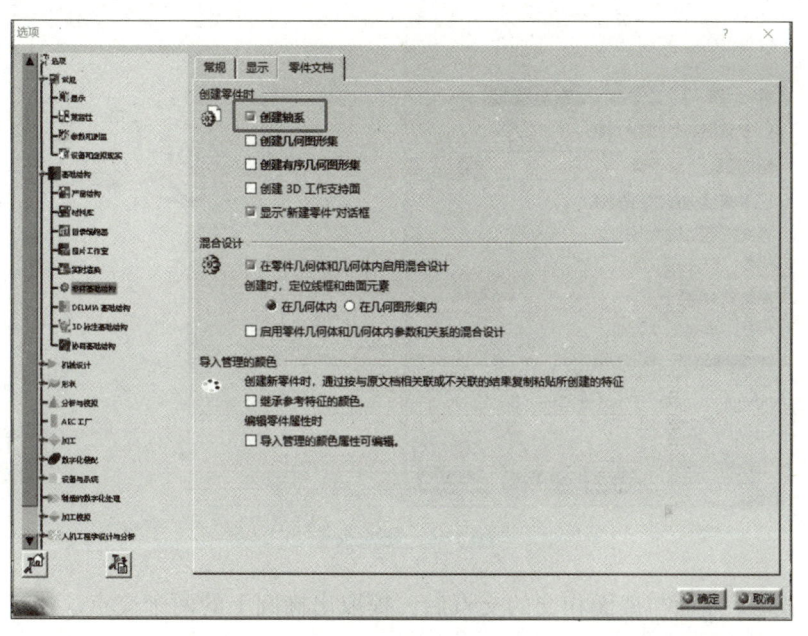

图 2-3 轴系创建

(3) 单击"草图"命令 ,进入草图界面,使用"椭圆"命令 、"构造线"命令 来绘制草图,并用"约束"命令 来约束尺寸,具体绘制如图 2-4 所示。

(4) 绘制完成以后,单击"退出工作台" 。

步骤二:拉手轮廓的绘制

(1) 再次单击"草图"命令 ,进入草图界面,使用"椭圆"命令 来绘制草图,并用"约束"命令 来约束尺寸,具体绘制如图 2-5 所示,并注意两个椭圆的方位。

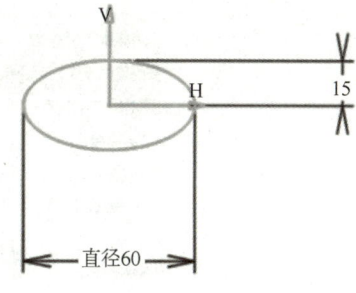

图 2-4 草图绘制 1

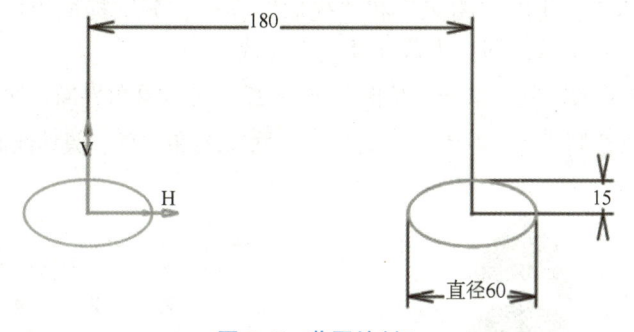

图 2-5 草图绘制 2

(2) 进入创成式外形设计模块,在"线框"工具栏下选择"相交"命令 ,在"相交定义"对话框中,"第一元素"选择草图 1,"第二元素"选择与草图 1 相垂直的 ZX 平面,如图 2-6 所示,这样在椭圆截面上相交出两个交点。

汽车产品设计

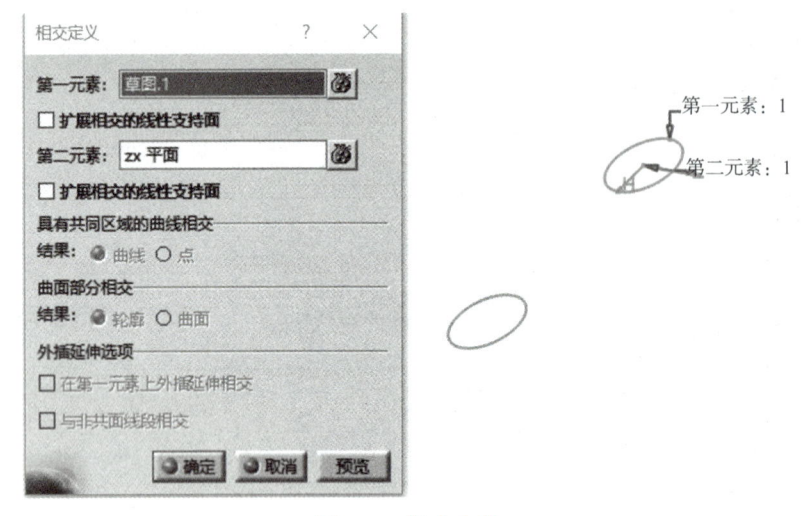

图 2-6 相交命令

（3）作出拉手曲面与截面相交的交点后，提取出椭圆上的两个交点。在"操作"工具栏下选择"提取"命令，"拓展类型"选择"点连续"，"要提取的元素"选择已经生产的交点，如图 2-7 所示。

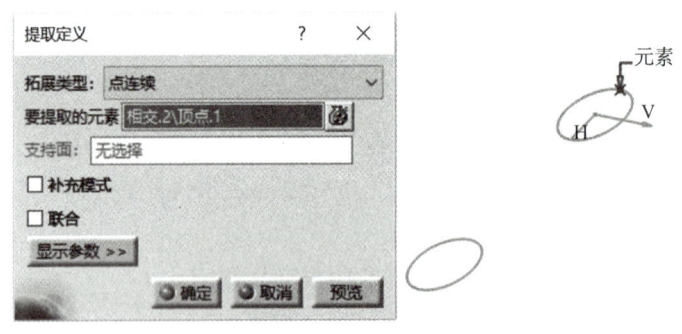

图 2-7 提取命令

（4）重复上述两步，使用"相交"和"提取"命令，分别提取出两个椭圆平面上的四个交点，结果如图 2-8 所示，即拉手截面及交点完成。

（5）完成拉手轮廓的绘制。单击"草图"命令，进入草图界面，使用"直线"命令和"轮廓"命令来绘制草图，并用"约束"命令来约束尺寸，具体绘制如图 2-9 所示。

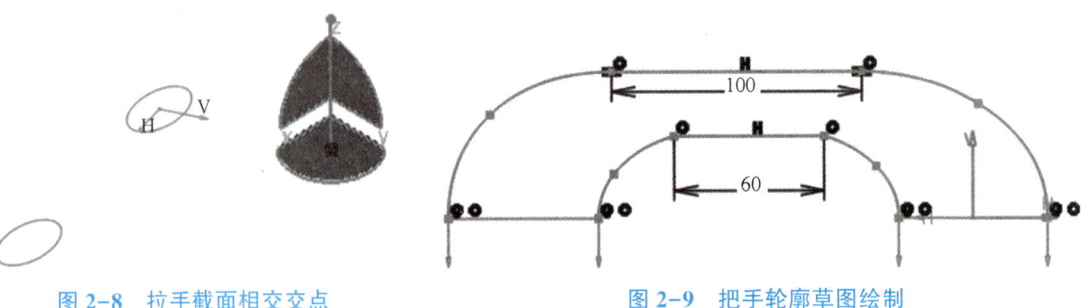

图 2-8 拉手截面相交交点

图 2-9 把手轮廓草图绘制

014

步骤三：拉手曲面的创建

（1）提取两条轮廓线（引导线）。在"操作"工具栏下选择"提取"命令 ，"拓展类型"选择"点连续"，"要提取的元素"选择已经生产的曲线，如图 2-10 和图 2-11 所示。

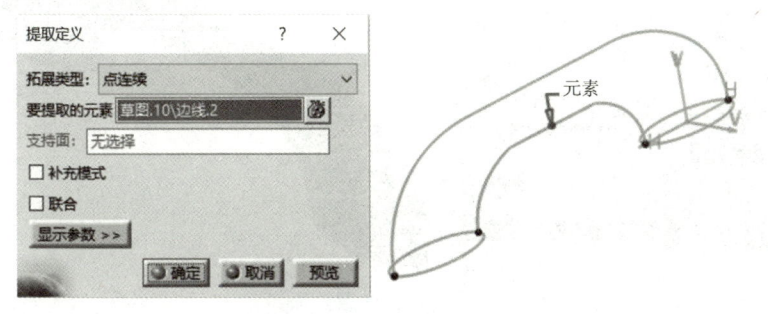

图 2-10　提取把手轮廓曲线 1

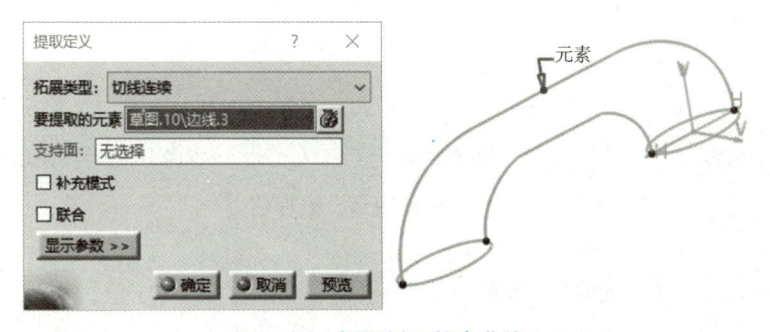

图 2-11　提取把手轮廓曲线 2

（2）通过选择截面和相应的引导线，完成扫掠工作，创造出拉手的曲面。选择"多截面曲面"命令 ，在对话框中"截面"处分别选择草图 1 和草图 2，引导线选择上一步提取的两条引导线，确定完成曲面的扫掠，如图 2-12 所示，此时内拉手曲面完成。

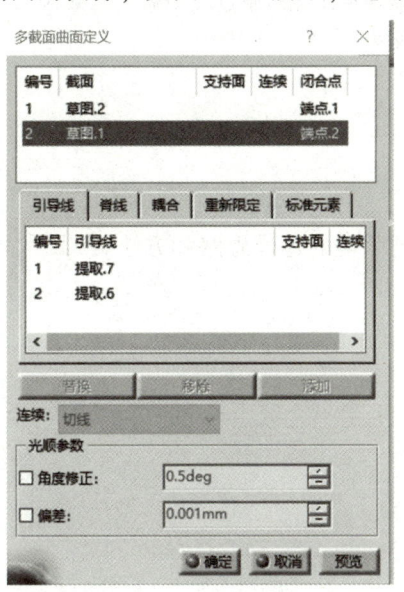

图 2-12　多截面曲线定义

（3）曲面内拉手加厚可以生成实体内拉手，在"加络体"的命令下选择"厚曲面"命令，完成曲面的加厚，如图 2-13 所示。至此，汽车车顶内拉手设计完成。

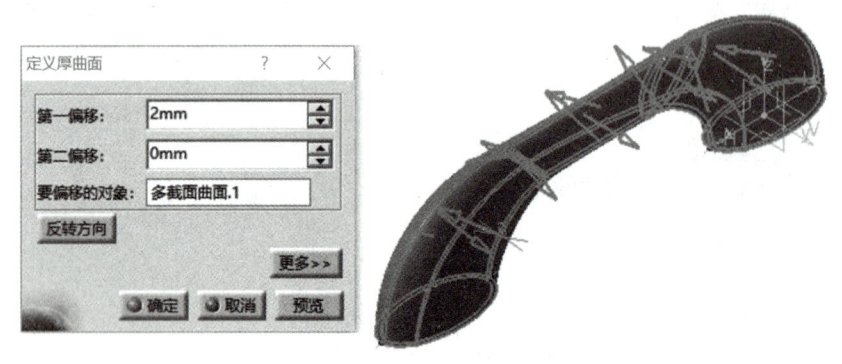

图 2-13　加厚曲面

任务评价

序号	评价内容	评价要求	参考分值	完成情况	评分
1	正确读图	能根据任务分析看懂图形，梳理建模思路	20		
2	创建轴系	能够创建轴系	20		
3	拉手轮廓的绘制	能够参考标注尺寸正确绘制出拉手外轮廓草图	20		
4	拉手曲面的创建	能够正确创建拉手曲面	20		
5	具备查阅资料、务实求真能力	能够在遇到困难时有效查阅相关资料，能够在任务实施过程中做到有效沟通交流	20		

思考总结

1. 总结内饰件中拉手、把手类的建模思路和方法。
2. 如何绘制拉手内螺纹？

项目 3

汽车车轮建模实例

学习目标

【知识目标】

正确使用"草图""草图分析""旋转体""平面""孔""圆形阵列""倒圆角""凹槽""旋转槽""三切线内圆角""可变角度拔模""可变半径圆角"等命令完成该模型的建模。

【技能目标】

1. 掌握 CATIA 零件设计模块常用工具的使用;
2. 使用 CATIA 零件设计模块进行汽车车轮三维实体建模。

【素养目标】

1. 通过汽车车轮设计,对零件设计中的命令融会贯通;
2. 培养学生勇于探索创新的能力,推动民族品牌发展。

任务描述

请运用 CATIA 软件,完成如图 3-1 所示汽车车轮模型的建模。按照 CATIA 绘图准则,参照案例尺寸准确、快速地完成绘图,并保存成 Part 文件。(详细)

任务分析

本任务需要完成汽车车轮的建模,该车轮由外圈轮辋和圆周方向均匀分布的 9 条轮辐组成,并需要绘制安

图 3-1 汽车车轮模型

装螺栓所需的螺栓孔。下一步需要梳理绘图思路，确定绘图步骤。车轮外轮廓相对具有整体性，螺栓孔及轮辐间隔属于切除掉的部分，所以绘制时需先完成车轮外轮廓实体建模，再作螺纹孔和轮辐间隔的切除，最后将零件整体修剪美化即可。

建模难点在于形状与形面不规则，需灵活运用"旋转体""孔""阵列""凹槽""旋转槽""三切线内圆角""创建点""拔模"等命令，依照已梳理好的绘图思路进行建模。

任务实施

车轮外轮廓绘制

步骤一：车轮外轮廓绘制

1. 绘制车轮轮毂轮廓

启动 CATIA，创建零件 Part1，选择 YZ 平面，单击"草图"命令，绘制如图 3-2 所示轮廓，并进行尺寸约束。

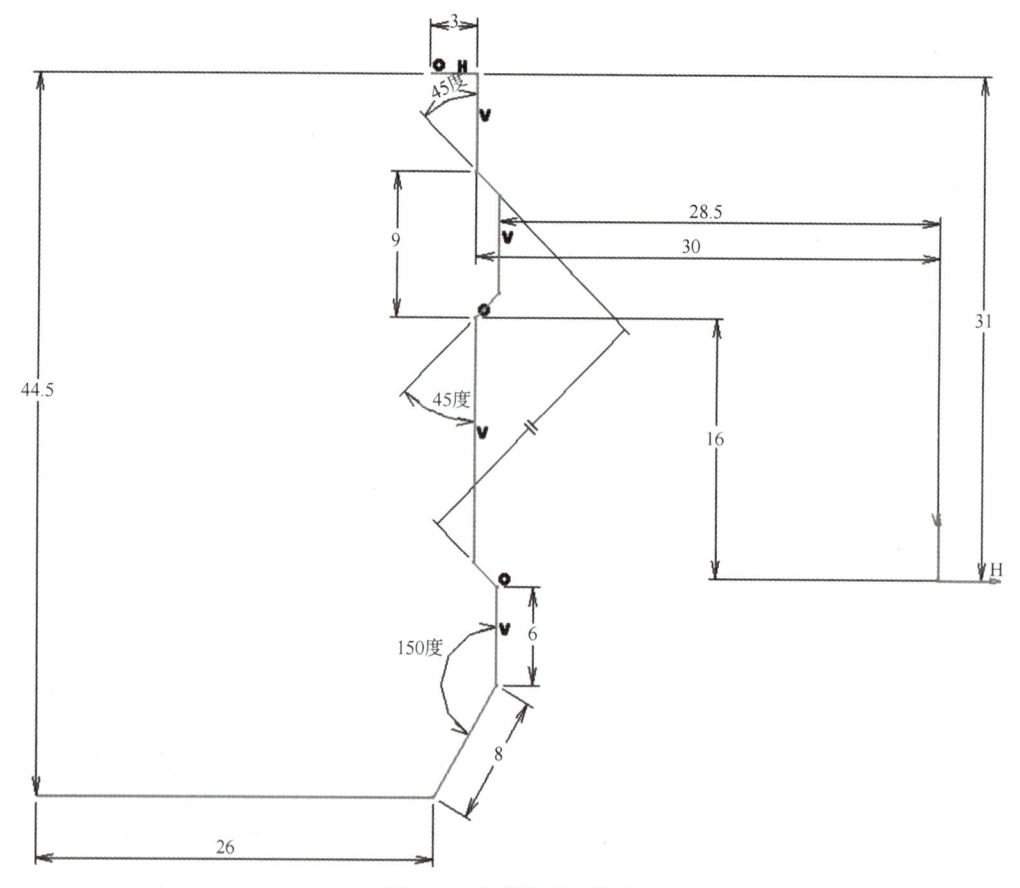

图 3-2 车轮轮毂内轮廓

2. 绘制车轮轮辐轮廓

（1）如图 3-3 所示，绘制车轮轮辐外曲线轮廓，这里重点使用"样条曲线"命令，通过"约束"命令来确定各点位尺寸位置。

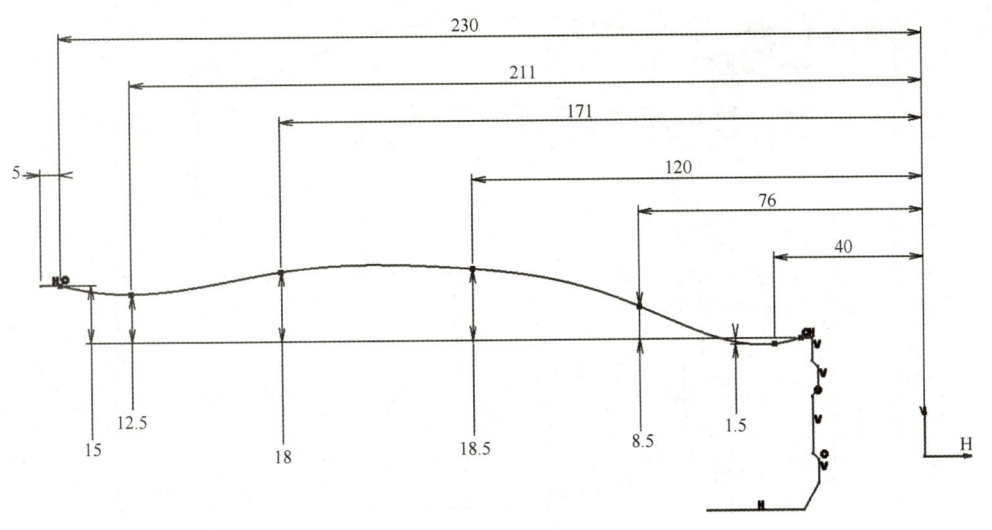

图 3-3　轮辐外曲线轮廓

（2）如图 3-4 所示绘制车轮轮辐内曲线轮廓，这里依旧使用"样条曲线"命令，再通过"约束"命令来确定样条曲线上各点位尺寸位置。

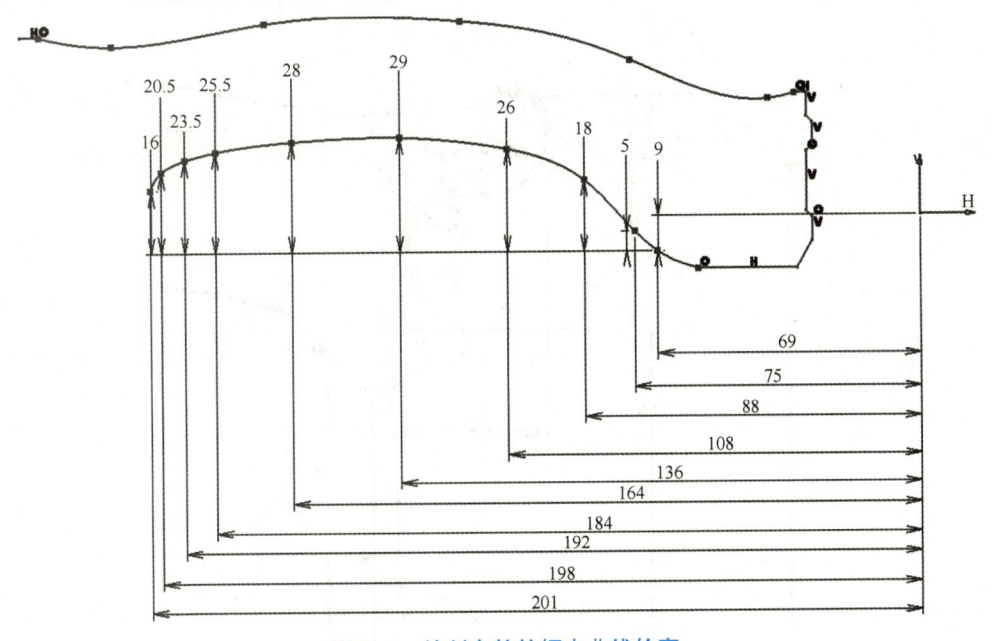

图 3-4　绘制车轮轮辐内曲线轮廓

3. 绘制车轮轮辋轮廓

如图 3-5 所示绘制车轮轮辋外轮廓，这里多使用"轮廓"命令、"圆"命令，通过对话框中"定义约束"来修正轮廓之间的位置约束，最后通过"约束"命令来确定轮辋轮廓尺寸。

（1）由于轮辋部分的轮廓线条多且细碎，因此具体尺寸可参考图 3-6 和图 3-7 中的约束尺寸。

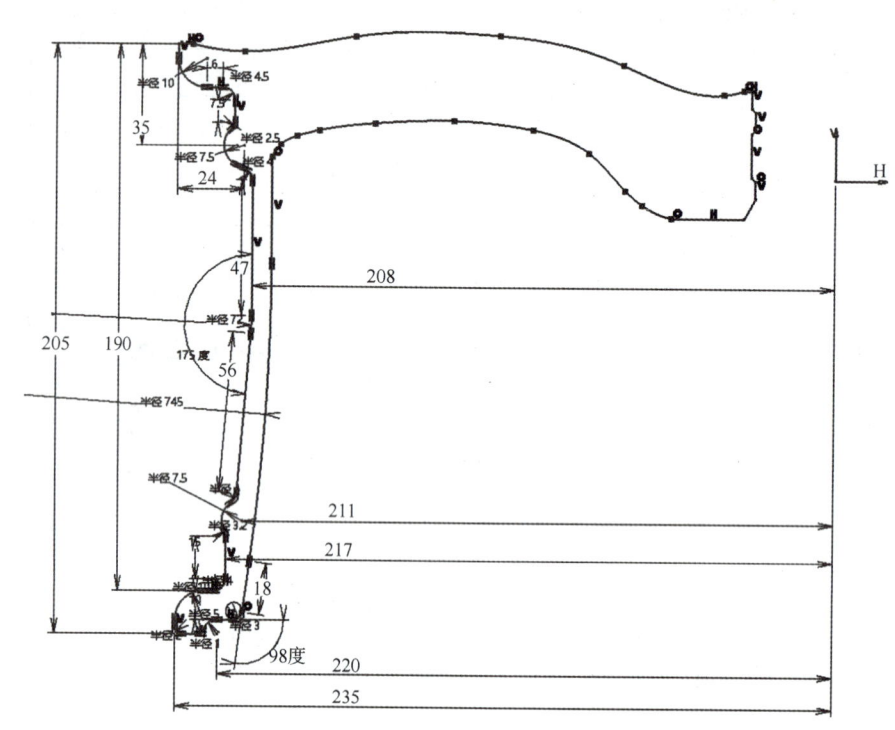

图 3-5　车轮轮辋线条轮廓总览图

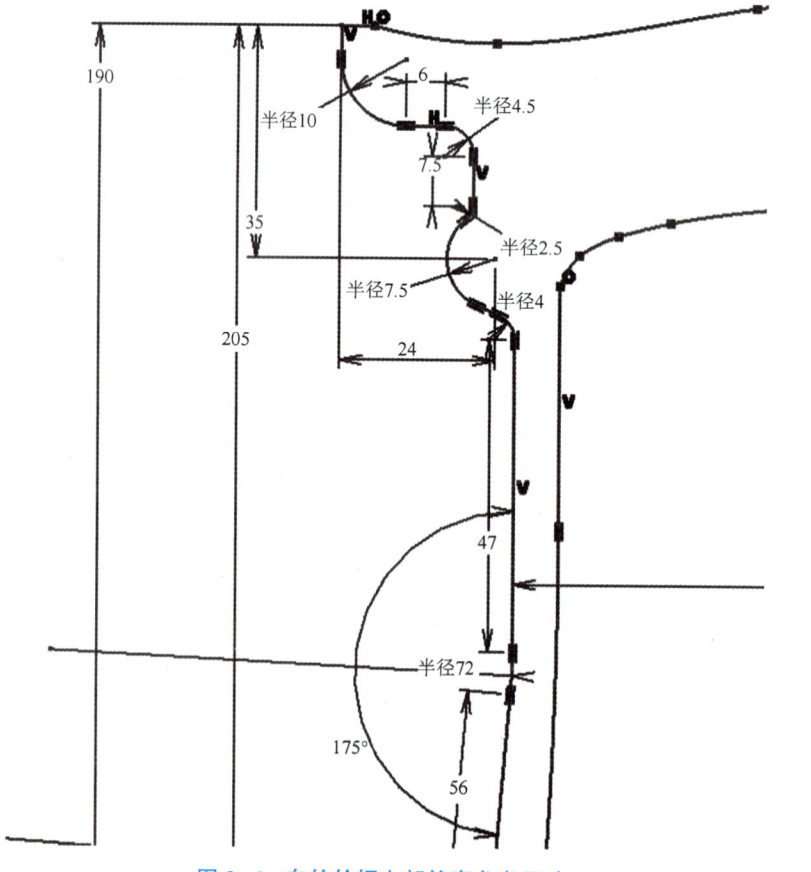

图 3-6　车轮轮辋上部轮廓参考尺寸

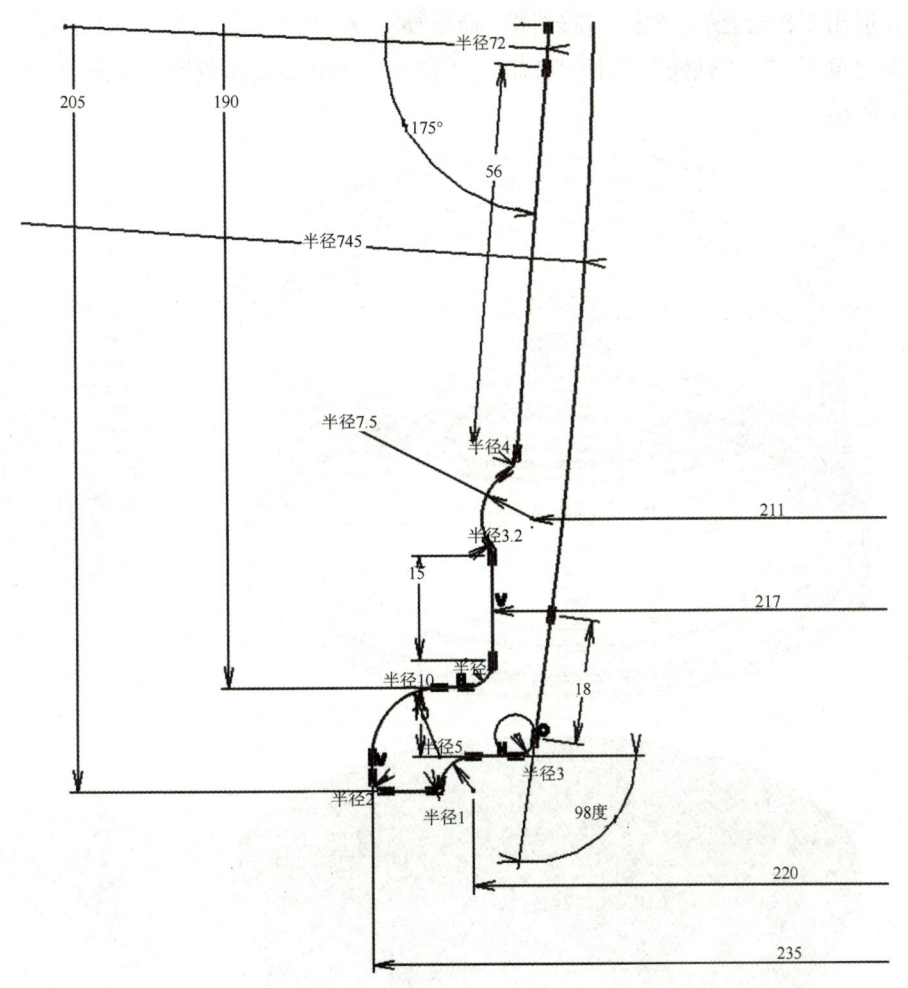

图 3-7　车轮轮辋下部轮廓参考尺寸

（2）当草图绘制结束后，通过"草图分析"命令来检查草图是否闭合，如图 3-8 所示。

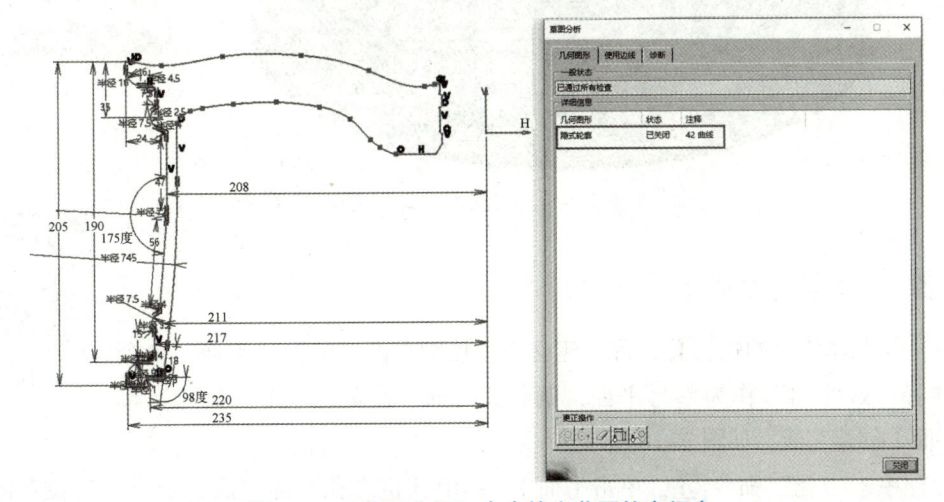

图 3-8　"草图分析"命令检查草图轮廓闭合

021

（3）退出工作台，单击"旋转体"命令，在"定义旋转体"窗口中，"轮廓/曲面"选择"草图1"，"轴线"选择"Z轴"，"预览"确认旋转体轮廓，单击"确定"按钮，如图3-9所示。

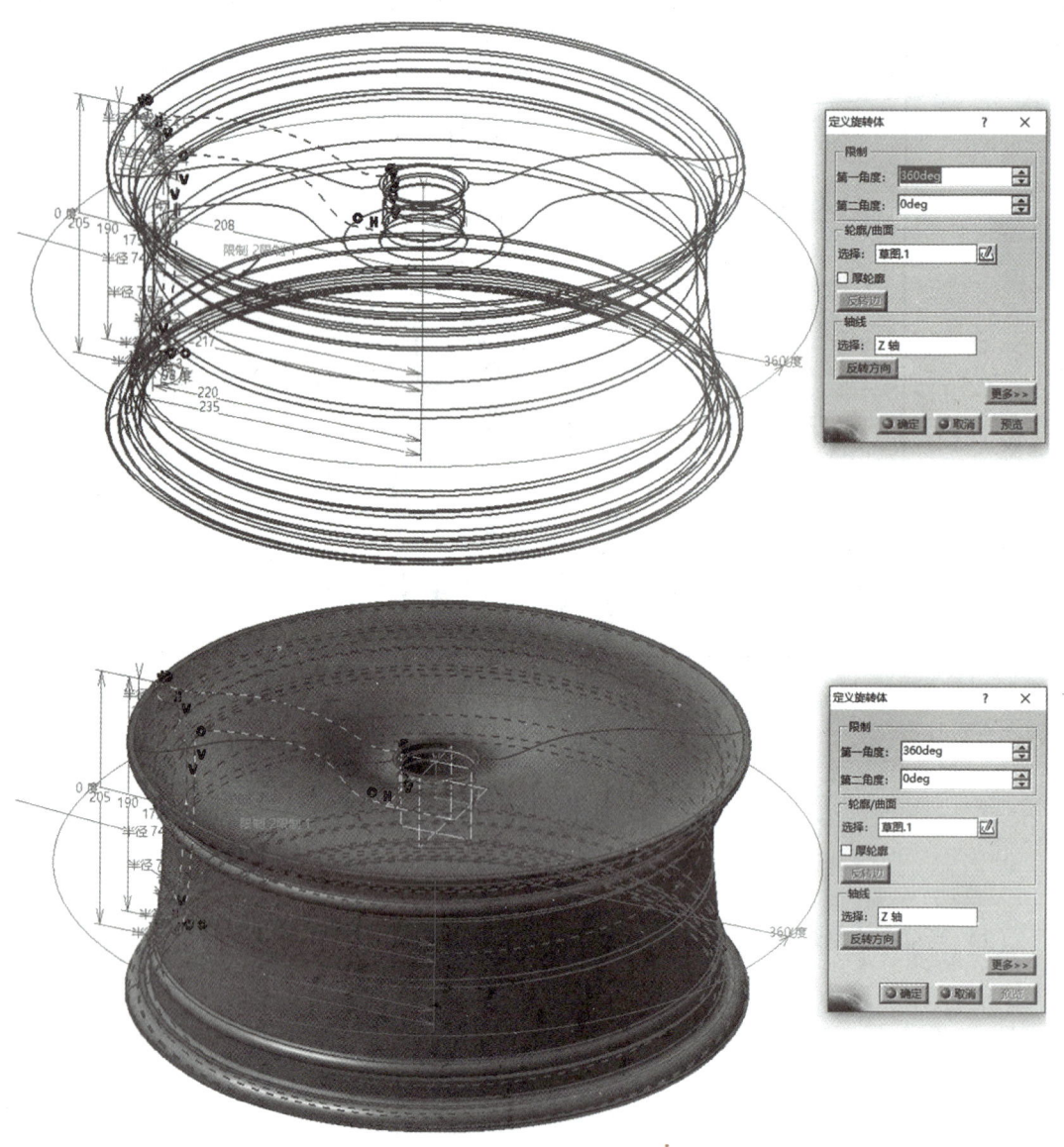

图3-9 "定义旋转体"窗口

步骤二：螺栓孔绘制

（1）绘制车轮上的螺栓孔，首先建立一个辅助平面，单击"平面"命令，选择"xy平面"作为参考平面，偏移26 mm，预览，单击"确定"按钮，平面1创建完成，如图3-10所示。

（2）单击"孔"命令，单击平面1，弹出"定义孔"窗口后，选择"定位草图"中的图标，进入草图，通过"约束"命令定位孔的中心位置，如图3-11所示，确定孔中

螺栓孔绘制

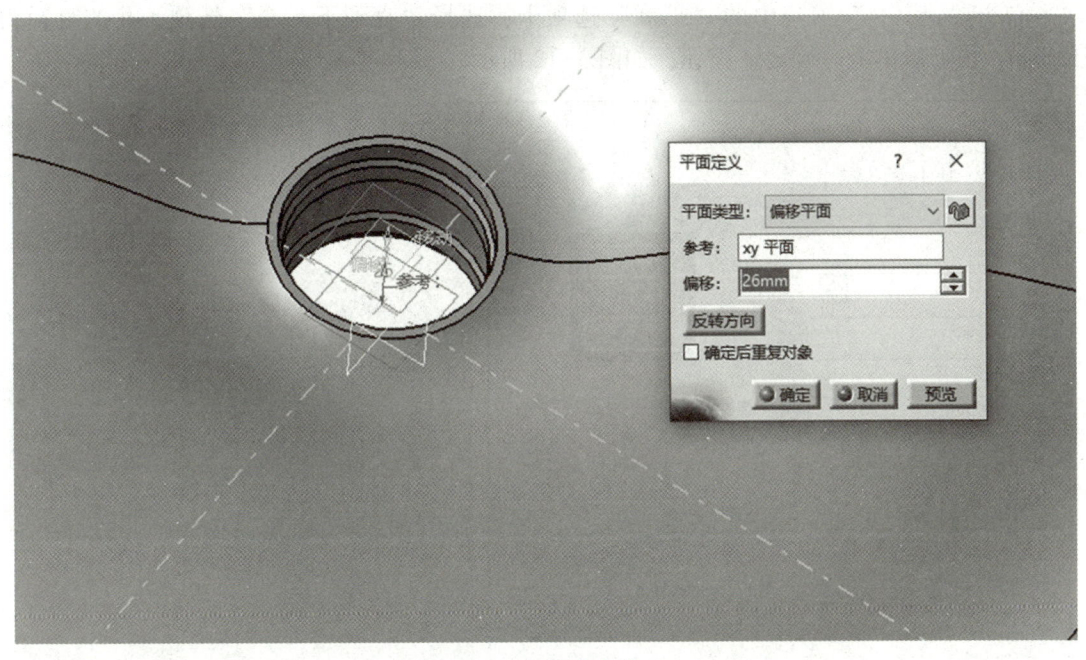

图 3-10　平面定义窗口

心位置后,退出工作台,继续定义孔。

(3)在"定义孔"窗口中选"类型",选择"沉头孔"选项,参照图 3-11 中的数值进行参数设置。

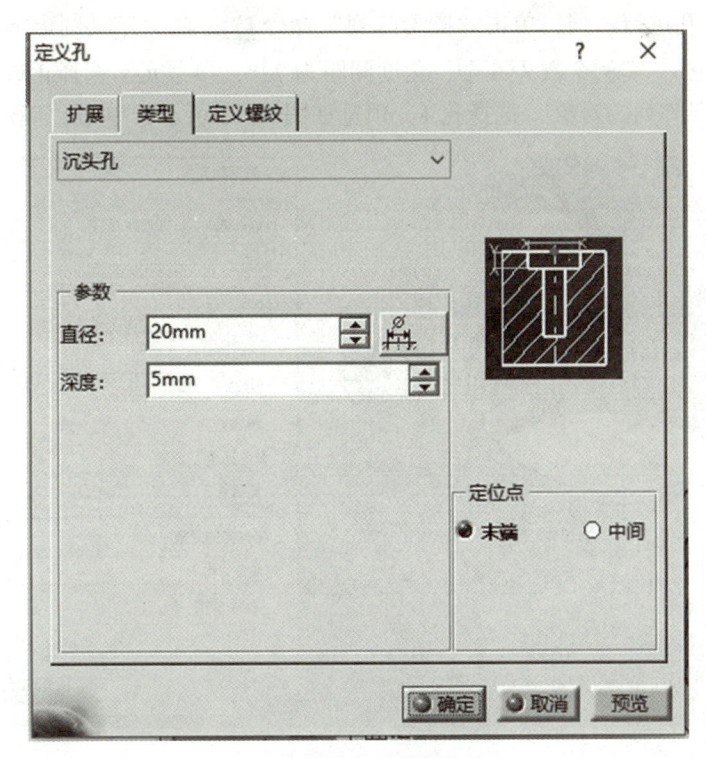

图 3-11　定义孔类型参数

汽车产品设计

单击"定义孔"窗口中的"扩展"选项卡,选择"直到下一个"选项,孔的直径为12 mm,预览后单击"确定"按钮,如图3-12所示。

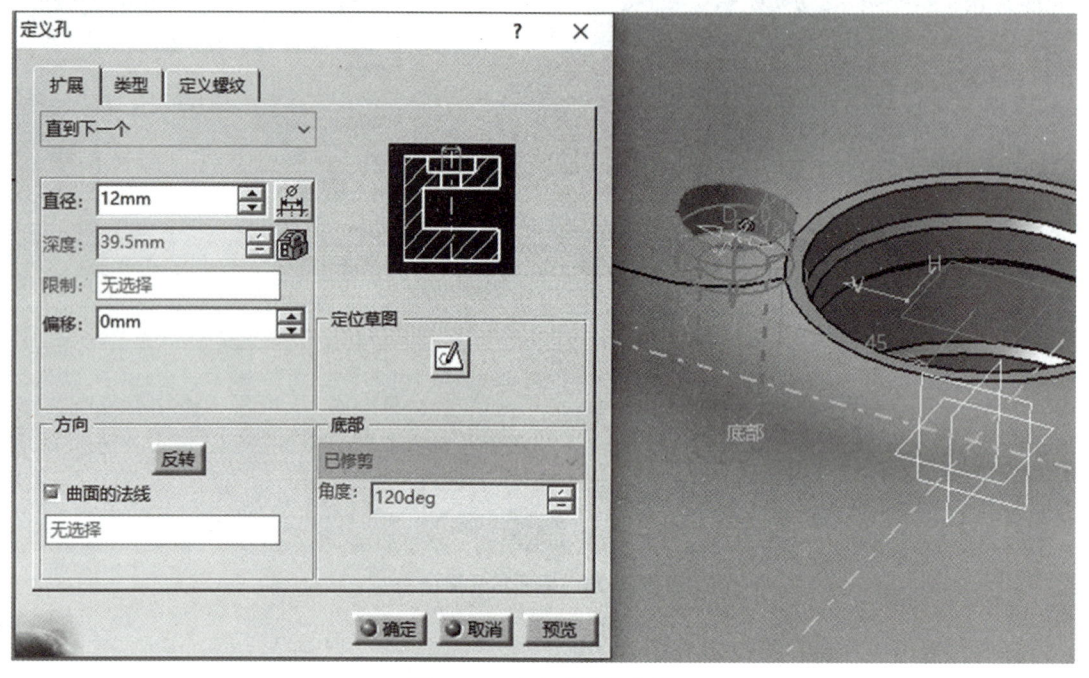

图3-12 定义孔扩展参数

(4)将沉头孔进行阵列,单击"圆形阵列"命令,在"定义圆形阵列"窗口中选择"实例与角度间距",实例个数为5个,角度间距为72°,参考元素选择正确的参考轴,本案例中选Z轴,"要阵列的对象"选择孔1,预览如图3-13所示,单击"确定"按钮。

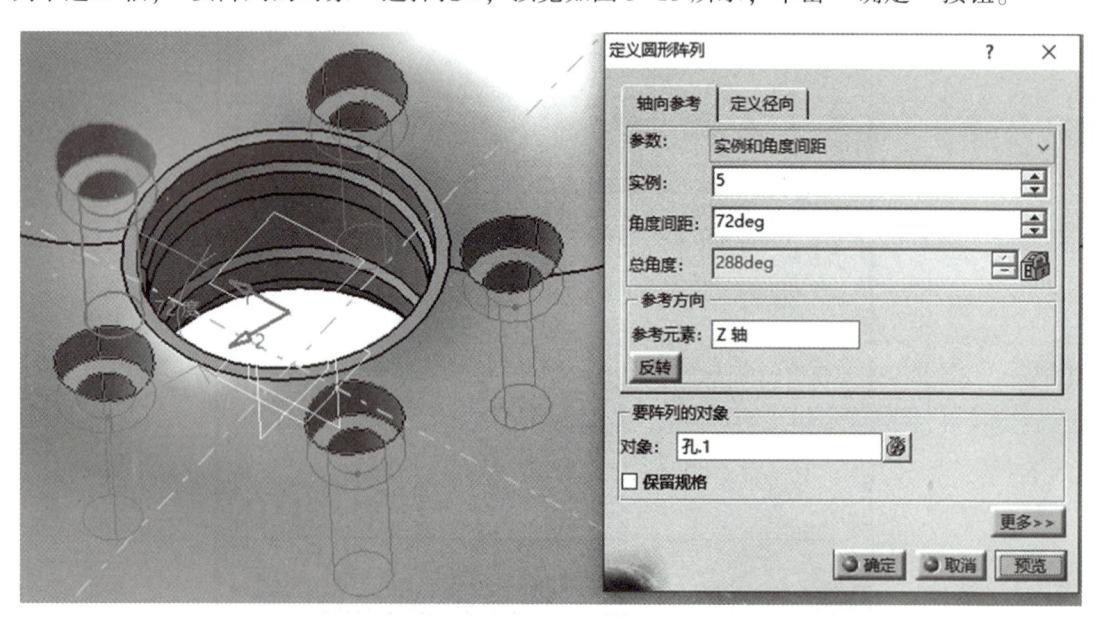

图3-13 定义圆形阵列

（5）单击"倒圆角"命令，将所绘制的孔上下进行美化，沉头一侧设置 1 mm 圆角，如图 3-14 所示，另一侧设置 3 mm 圆角，如图 3-15 所示。

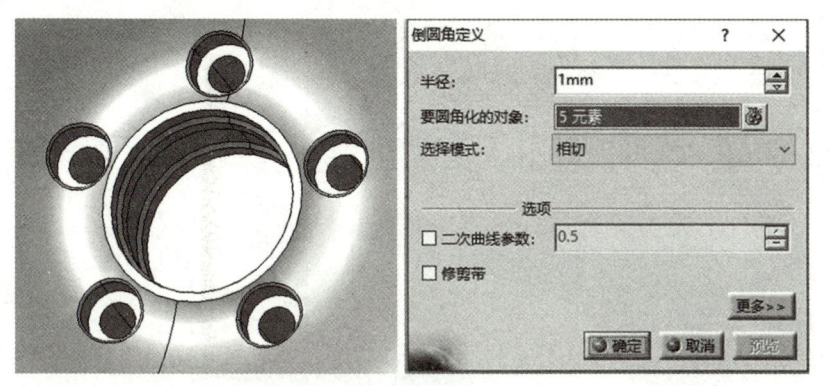

图 3-14　沉头侧螺栓孔倒圆角

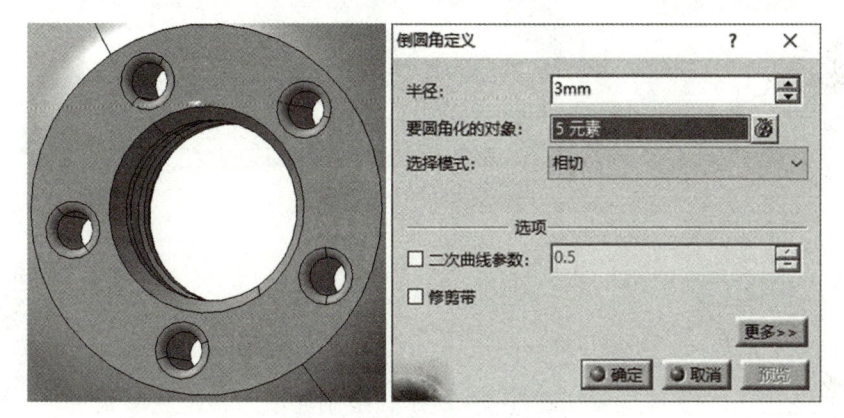

图 3-15　螺栓孔尾端倒圆角

（6）选择轮毂平面，单击"草图"命令，绘制轮毂轻量化凹槽，如图 3-16 所示，绘制完成后退出工作台。

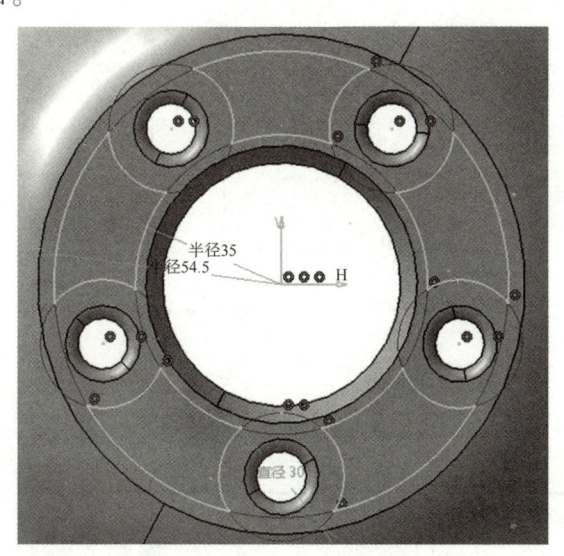

图 3-16　轮毂轻量化草图

（7）单击"凹槽"命令，选择轮毂轻量化草图3，凹槽深度设置为15 mm，预览，如图3-17所示，单击"确定"按钮。

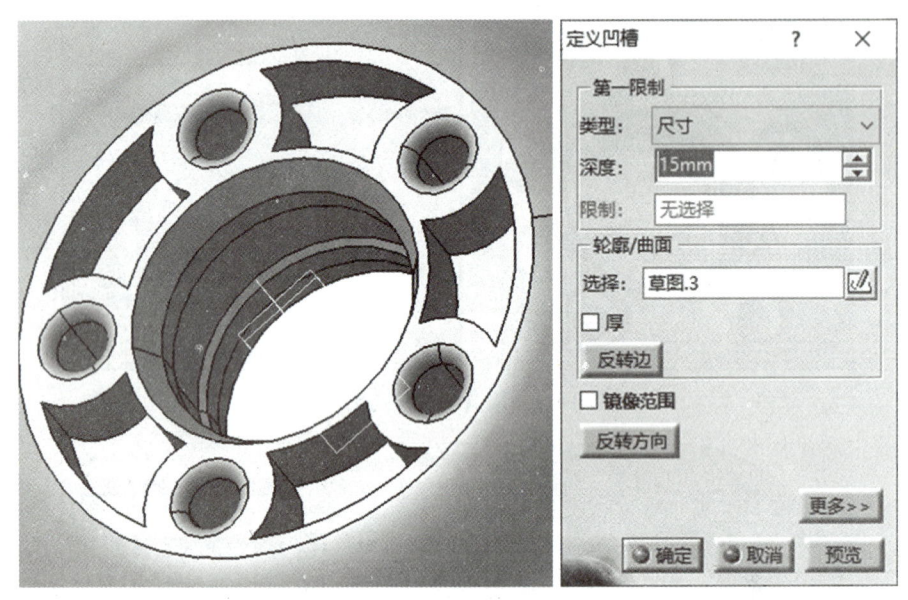

图3-17 定义凹槽

步骤三：轮辐绘制

（1）选择"yz平面"，单击"草图"命令，绘制如图3-18所示草图，该草图相较于车轮实体位置如图3-19所示，绘制完成后检查轮廓是否闭合，退出工作台。

轮辐绘制

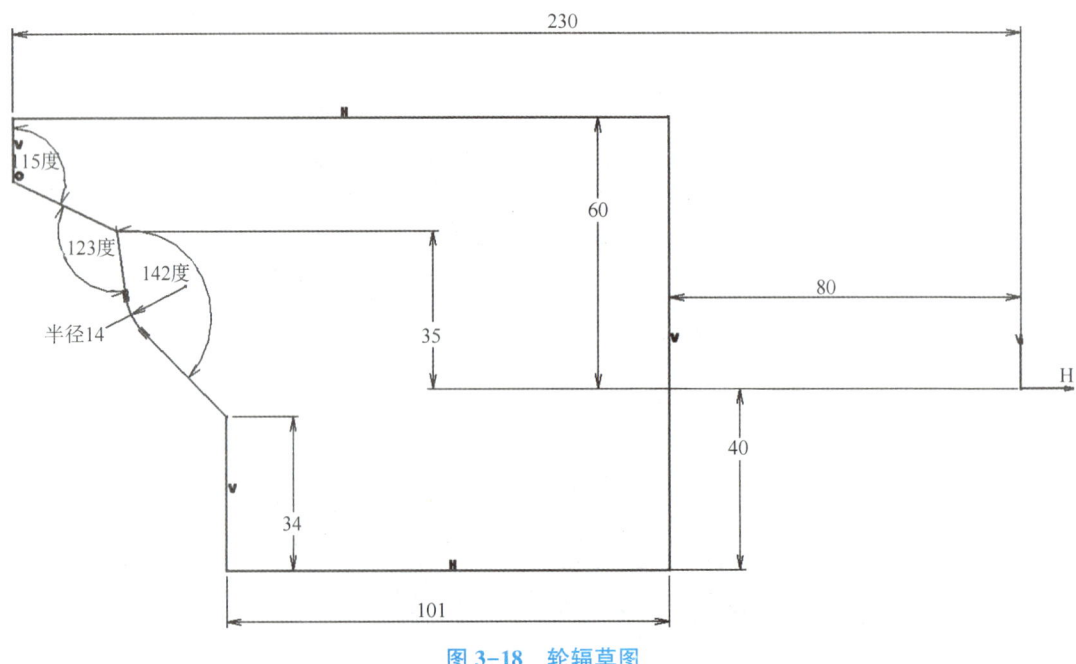

图3-18 轮辐草图

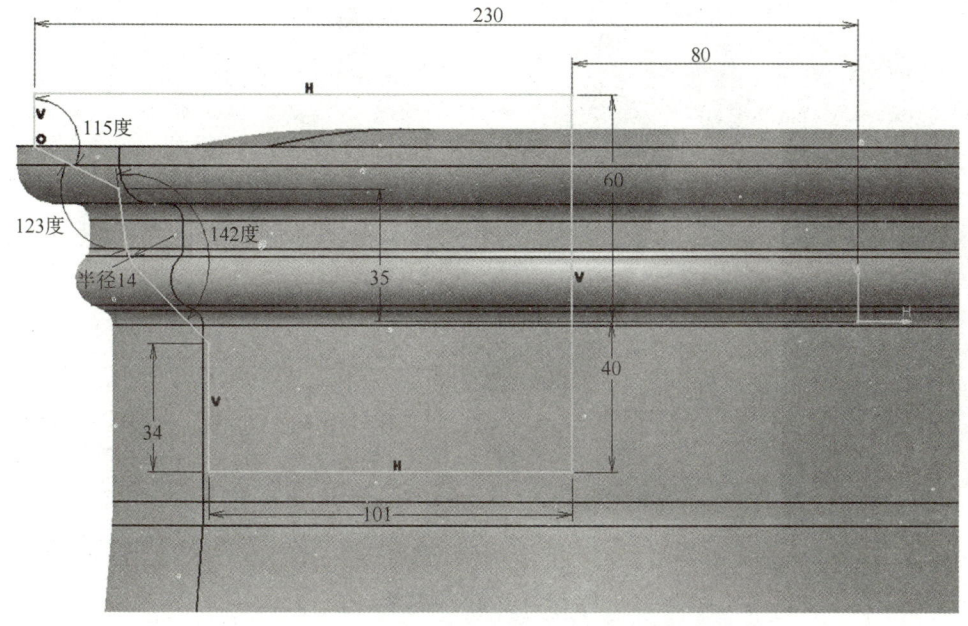

图 3-19 轮辐草图相较于车轮实体位置参照图

（2）单击"旋转槽"命令，在"定义旋转槽"窗口中设置"第一角度"为 21.55°，"轮廓/曲面"选择对应草图，"轴线"选择"Z 轴"，预览，如图 3-20 所示，单击"确定"按钮。

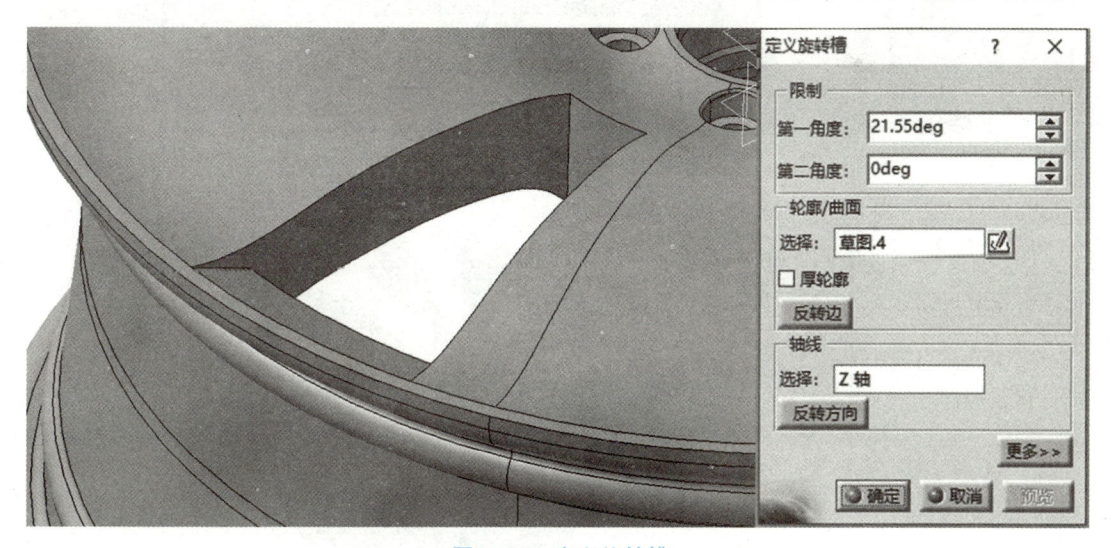

图 3-20 定义旋转槽

（3）单击"圆形阵列"命令，在定义圆形阵列窗口中选择"实例与角度间距"，实例个数为 9 个，角度间距为 40°，参考元素选择正确的参考轴，本案例中选 Z 轴，"要阵列的对象"选择"旋转槽1"，预览，如图 3-21 所示，单击"确定"按钮。

（4）单击"三切线内圆角"命令，在"定义三切线内圆角"窗口中选择旋转槽两侧平面作为要圆角化的面，选择轮毂与轮辐相连的面作为要移除的面，预览后如图 3-22 所示，单击"确定"按钮。重复"三切线内圆角"命令后，得到如图 3-23 所示的车轮。

汽车产品设计

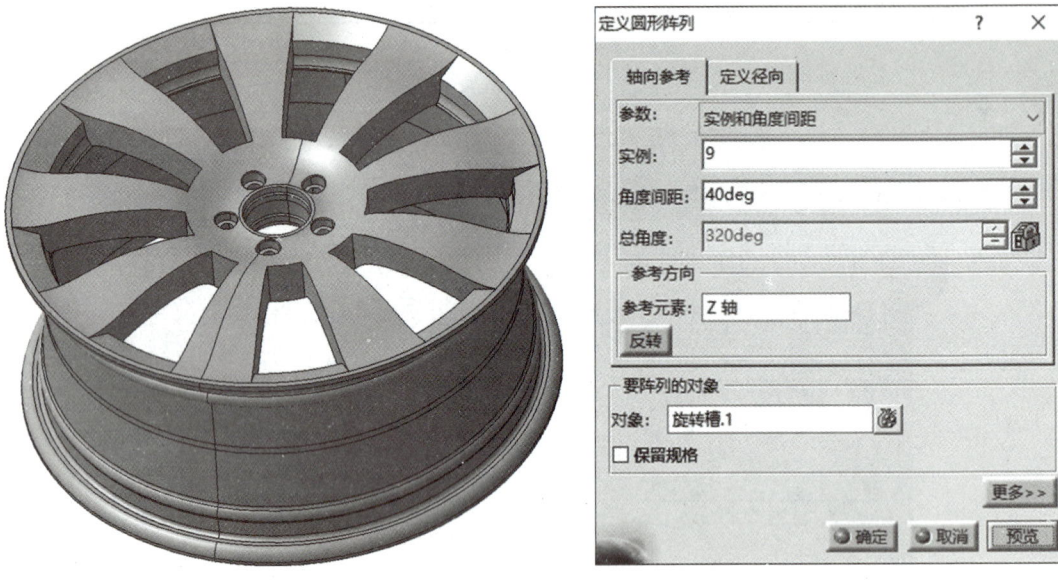

图 3-21 定义旋转槽

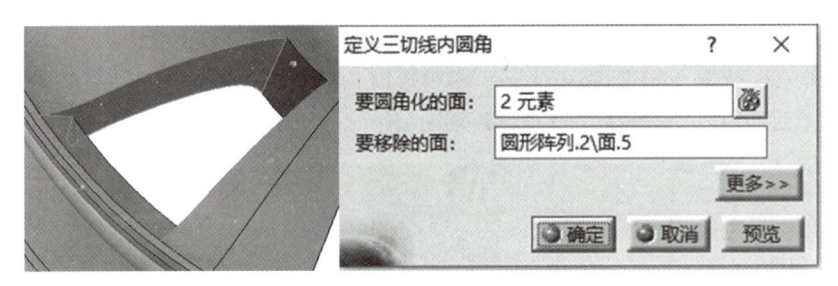

图 3-22 定义三切线内圆角

图 3-23 三切线内圆角后的车轮

（5）单击"点"命令，在"点定义"窗口中，"点类型"选择"曲线上"，选择轮辐空隙间的曲线，单击"曲线长度比率"，输入比率 0.5，或者单击"中点"，预览，如图 3-24（a）所示，单击"确定"按钮。重复"点"命令后，得到 9 个辅助点，如图 3-24（b）所示。

(a) (b)

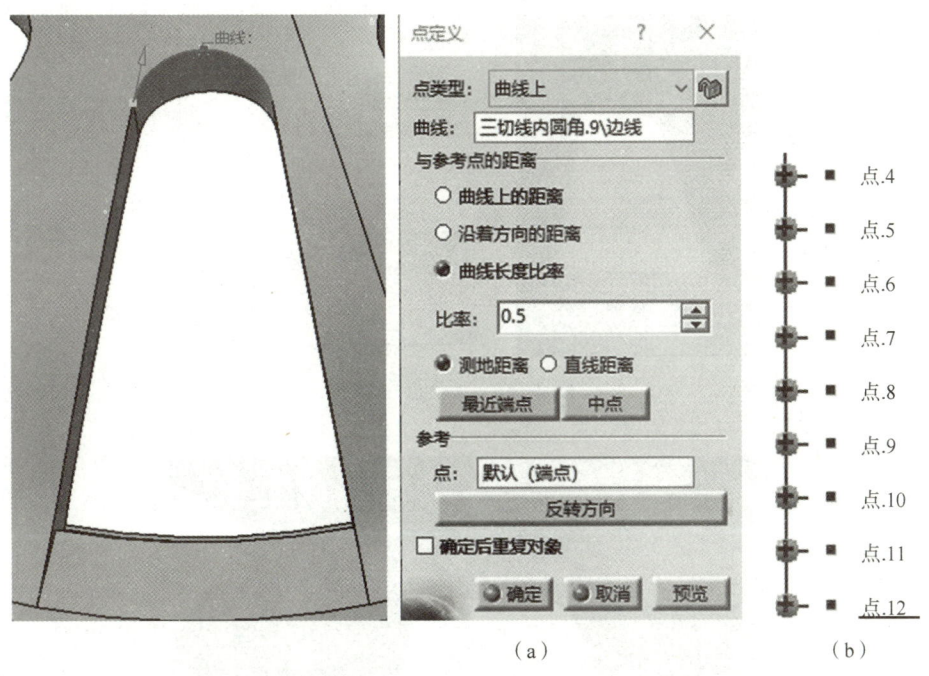

图 3-24 点定义

(6) 单击"可变角度拔模"命令 ![icon]，要拔模的面选择轮辐空隙的两个侧面与圆角面，如图 3-25 所示；中性元素中的"选择"对应选中车轮轮辐外表面，如图 3-26 所示。此时拔模窗口中的点已经默认选中两个元素，此时需要再选择一个点作为第三元素，如图 3-27 所示；通过双击"角度"，能够单独改变三个点元素位置对应的拔模角度，将轮辐与轮辋连接处的两个点元素对应的拔模角度修改为 10°，如图 3-28 所示。完成以上设置后，拔模窗口中的相关参数如图 3-29 所示。重复上述命令，完成每个轮辐空隙的拔模。

图 3-25 要拔模的面

图 3-26 中性元素面

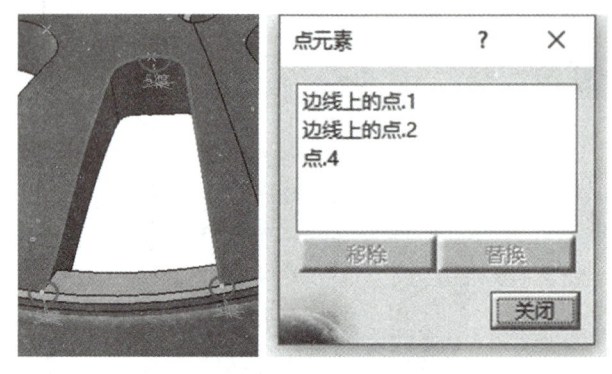

图 3-27 三个点元素

图 3-28 修改点元素对应的拔模角度

图 3-29 定义拔模窗口

(7)选择"可变半径圆角"命令，在定义窗口中选择要倒角的边线后，会默认选中两个点元素，此时需要单独选择边线圆弧上对应的辅助点，得到第三个点元素，依次对所显示的半径进行修改，如图3-30所示，预览后单击"确定"按钮，并重复上述命令。

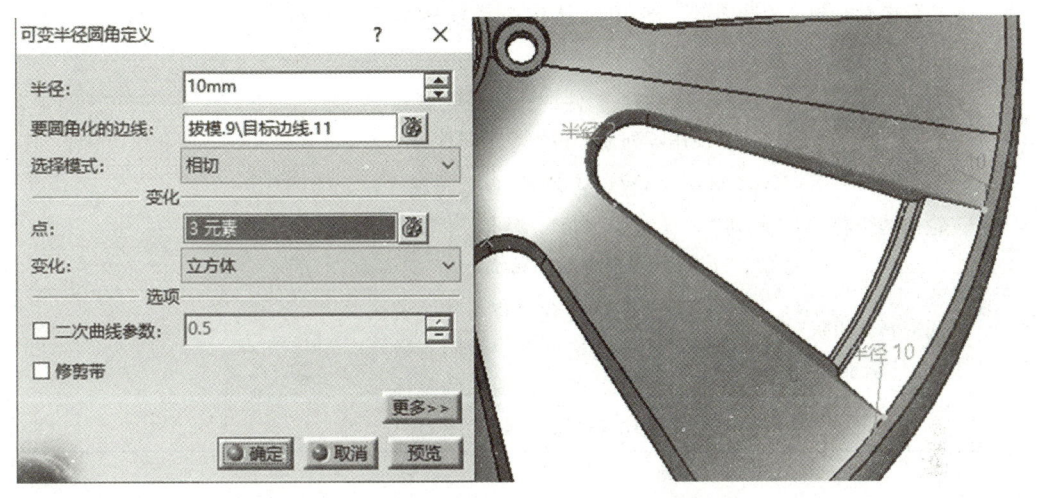

图 3-30 可变半径圆角定义窗口

(8)可对轮辐内表面的一些硬角边线进行圆角优化，使用"倒圆角"命令，选择要圆角化的边线，设置半径为 2 mm，预览后单击"确定"按钮，如图3-31所示。

图 3-31 "倒圆角定义"窗口

任务评价

序号	评价内容	评价要求	参考分值	完成情况	评分
1	正取读图	能根据任务分析看懂图形，梳理绘图思路	20		

续表

序号	评价内容	评价要求	参考分值	完成情况	评分
2	车轮外轮廓绘制	参考标注尺寸，正确绘制出车轮外轮廓草图，使用旋转体命令实现实体化	20		
3	螺栓孔绘制	能利用CATIA软件的孔命令绘制螺栓孔，使用阵列命令得到5个螺栓孔	20		
4	轮辐的绘制	能利用CATIA软件的"旋转槽""阵列""三切线圆角""可变半径圆角""拔模"等命令绘制轮辐	20		
5	查阅资料、团队协作、审美能力、民族自豪感等	能够在遇到困难时有效查阅相关资料，能够在任务实施过程中做到有效沟通交流，提升对于工程图形的整体审美能力，提升对民族品牌的自豪感	20		

思考总结

请思考本案中所绘制的车轮是否还有结构优化的空间，并尝试进行结构优化。

项目 4

空调旋钮建模实例

学习目标

【知识目标】

正确使用"草图""草图分析""旋转体""矩形阵列""倒圆角""凹槽""旋转槽"等命令完成该模型的建模。

【技能目标】

1. 掌握 CATIA 零件设计模块常用工具的使用；
2. 使用 CATIA 零件设计模块进行空调旋钮三维实体建模。

【素养目标】

1. 通过空调旋钮设计，对零件设计和装配设计中的命令融会贯通；
2. 培养学生勇于探索创新的能力，推动民族品牌发展。

任务描述

请运用 CATIA 软件完成如图 4-1 所示的汽车空调旋钮模型建模，要求尺寸准确且能熟练运用软件命令完成绘图，并保存成对应的文件。

任务分析

本任务需要完成汽车空调旋钮模型的建模，该旋钮由旋钮主体和旋钮盖两个部件组成。旋钮主体形状

图 4-1　汽车空调旋钮模型

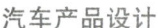

为空心圆柱形，外表面设计有防滑装饰槽；旋钮盖形状以圆柱形为主，盖上表面绘制有空调风量大小示意标识。本模型的绘制难点在于旋钮尺寸小，绘制过程中需注意具体参数；其次在装配过程中需注意零件间的装配关系。

任务实施

步骤一：旋钮盖建模

（1）启动 CATIA，创建零件，在"新建零件"窗口输入零件名称，如图 4-2 所示。

（2）选择"yx 平面"，单击"草图"命令 ，进入草图绘制界面，运用"轮廓"命令 绘制旋钮主体轮廓，并添加"约束" ，得到图 4-3。

旋钮主体建模

图 4-2 "新建零件"窗口

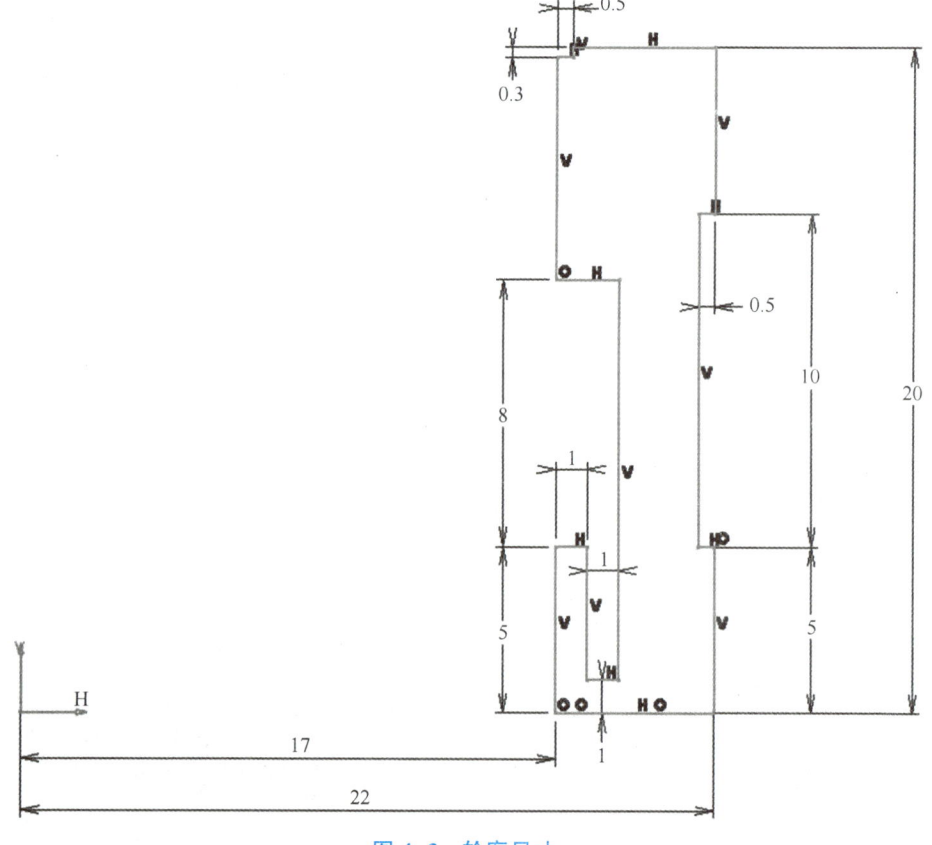

图 4-3 轮廓尺寸

（3）"退出工作台" ，选择"旋转体"命令 ，并选择对应草图，确定旋转所参考轴线，如图 4-4 所示，预览，单击"确定"按钮，得到图 4-5。

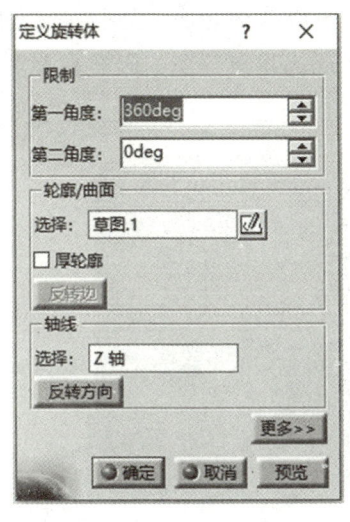

图 4-4　旋转体窗口　　　　　　　图 4-5　旋转后实体

（4）当前旋钮主题有棱角时，需使用"圆角"命令，并对相应位置做合理优化，图 4-6 所示为可作为参考的圆角参数，最终可得到如图 4-7 所示的实体。

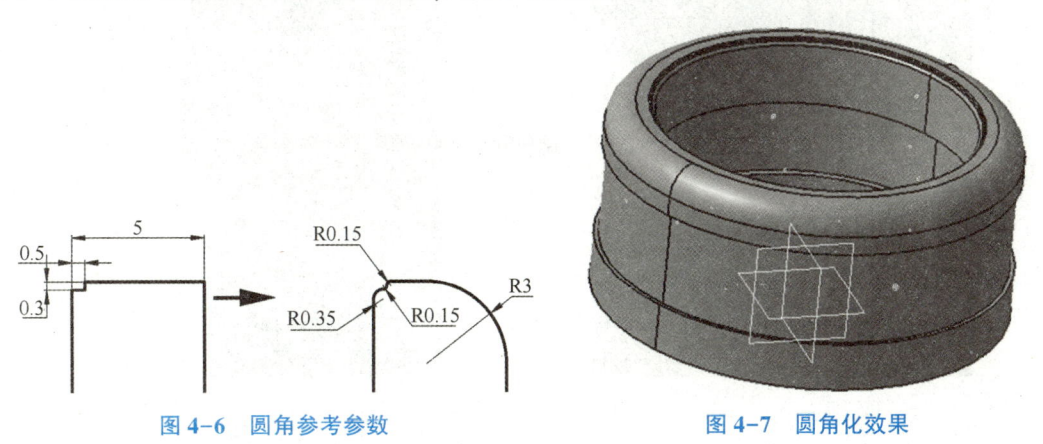

图 4-6　圆角参考参数　　　　　　图 4-7　圆角化效果

（5）依照图 4-8 中的尺寸绘制外旋钮外部装饰轮廓。

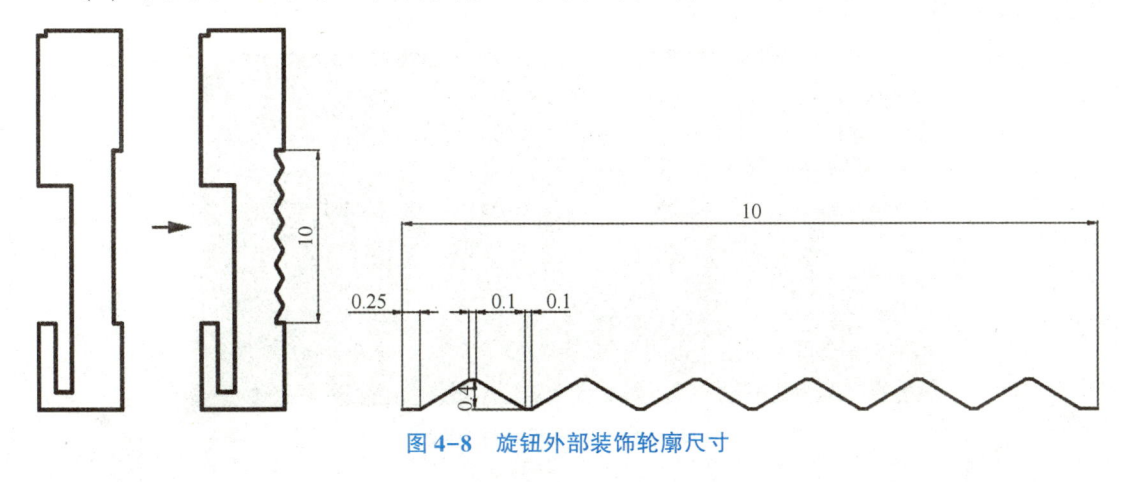

图 4-8　旋钮外部装饰轮廓尺寸

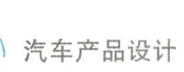

再次选择"yz平面",进入"草图"界面,使用"投影"命令得到投影三维直线,并将其转换为构造线,如图4-9所示。由于装凸凹饰轮廓为重复线条,因此在草图中绘制时可以先画最上的凸起轮廓,如图4-10所示。

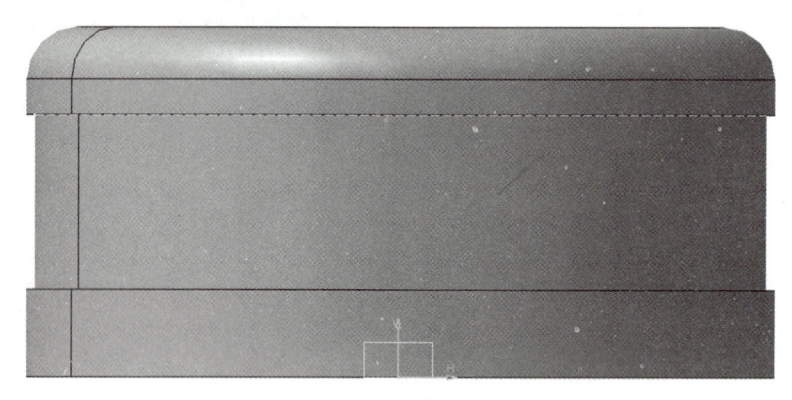

图4-9 投影线

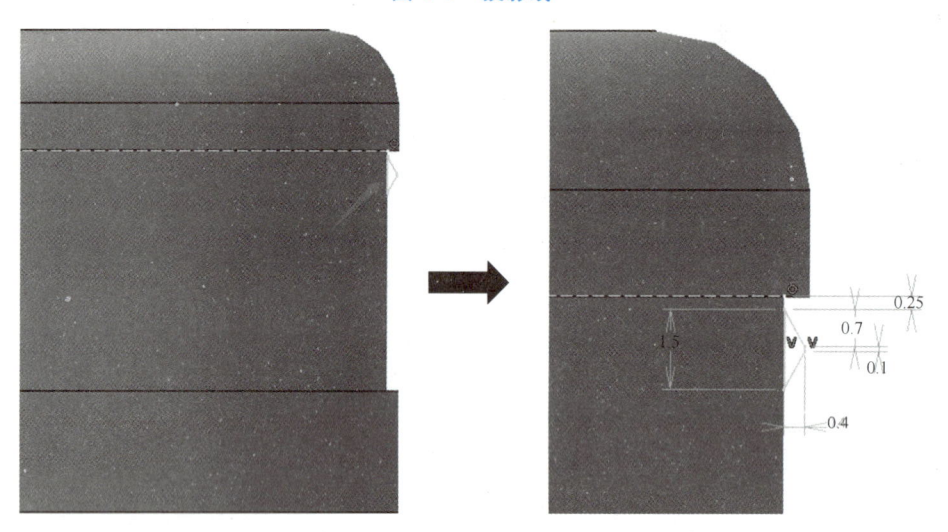

图4-10 凸起轮廓

"退出工作台",选择"旋转体"命令,选择"轮廓/曲面"和"轴线",预览,单击"确定"按钮,得到如图4-11。

图4-11 第一行装饰凸起

(6)选择"矩形阵列" ,"第一方向"6个"实例",间距1.6 mm,选择参考元素,选择要阵列的对象,预览,单击"确定"按钮,如图4-12所示。

图4-12 矩阵阵列操作

最终得到如图4-13所示的旋钮主体,将旋钮主体文件保存 。

图4-13 旋钮主体

步骤二:旋钮盖

(1)启动CATIA,创建零件,在"新建零件"窗口输入零件名称,如图4-14所示。

旋钮盖

(2)选择"yz平面",进入"草图" 界面。使用"轮廓"命令 完成如图4-15所示旋钮盖草图轮廓,并进行"约束" ,绘制完选择"退出工作台" 。

图4-14 创建旋钮盖

037

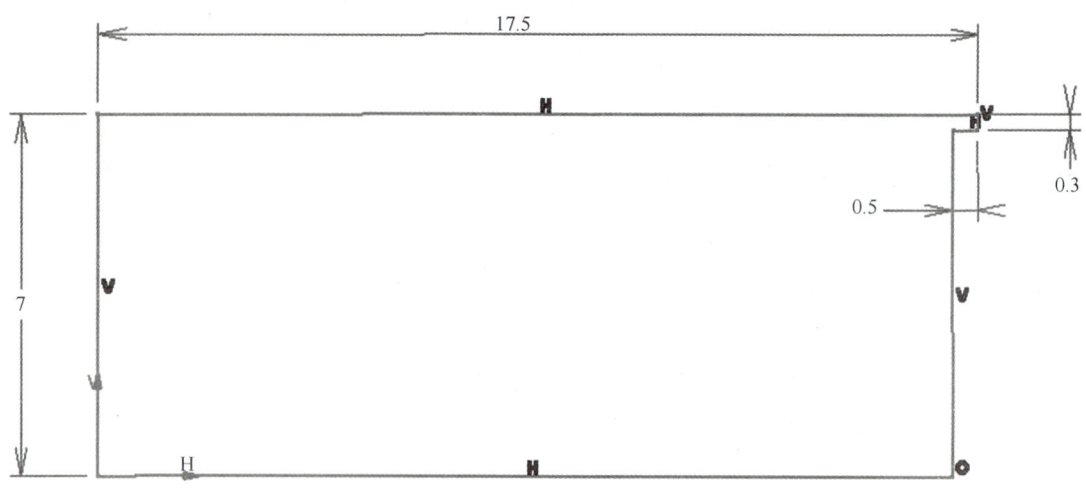

图 4-15 旋钮盖草图轮廓

（3）选择"旋转体" ，选择"轮廓/曲面"及"轴线"，预览，确定，如图 4-16 所示。

图 4-16 旋钮盖旋转体参数设置

（4）选择"倒圆角" ，依照图 4-17 在对应位置进行"倒圆角"操作。

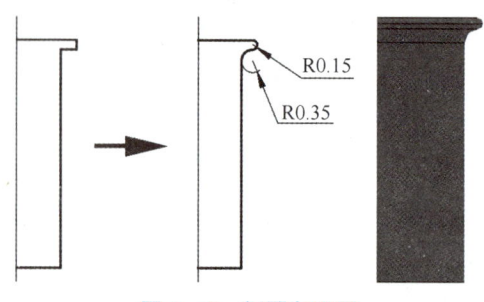

图 4-17 倒圆角设置

（5）选择旋钮盖上表面，选"草图"命令进入草图绘制界面，参考图 4-18 进行草图绘制，完成后"退出工作台"。

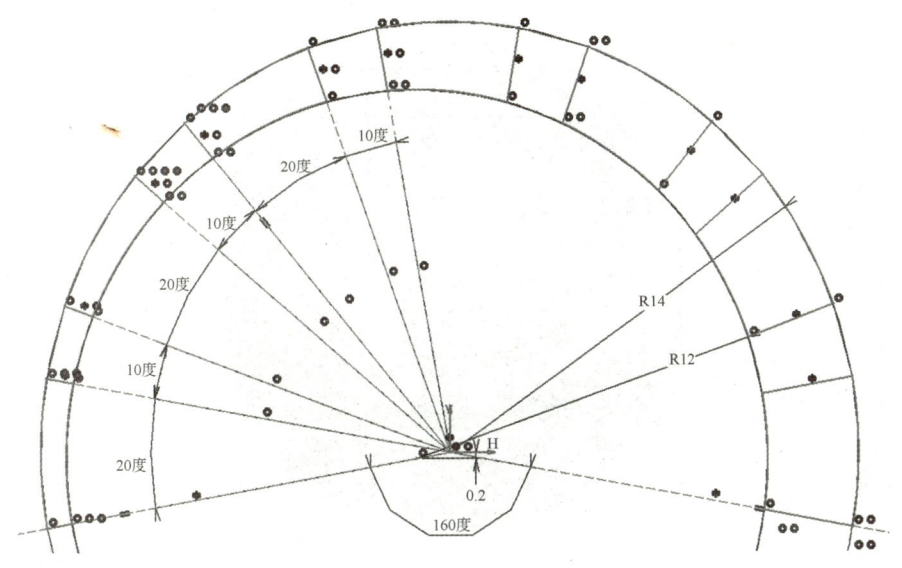

图 4-18　旋钮盖装饰图

（6）选择"凹槽"，选择"轮廓/曲面"，设置凹槽深度，由于绘制的是装饰花纹，因此凹槽深度设置为 0.05 mm 即可，预览，确定，如图 4-19 所示。

图 4-19　定义凹槽参数

步骤三：空调旋钮装配

（1）启动 CATIA，选择装配设计，单击"现有部件"命令，单击左上角"产品/Product1"，在弹出窗口中选择已创建零件（可多选一次导入）。

空调旋钮装配

（2）零件图在作图过程中由于选择绘制平面等的影响，会出现部分参考定位相同的零件导入后重叠在一起的现象。如图4-20所示，旋钮主体与旋钮盖重叠在一起，两零件的相对位置不正确。

图4-20 导入后的零件

此时，需将两零件分离后重新装配。单击"分解"命令，在"分解"窗口中确定分解的产品，如图4-21所示，单击"确定"按钮，即得到如图4-22所示的分解后零件的相对位置。

图4-21 分解窗口　　　　　　　　　　图4-22 分解后零件相对位置

单击"相合"命令，先将旋钮盖上表面（见图4-23）及旋钮主体的上表面（见图4-24）做相合约束，确定选择约束对象后，单击"全部更新"命令，得到如图4-25所示的空调旋钮装配体。确定装配关系正确无误后，保存装配设计文件。

项目四　空调旋钮建模实例

图 4-23　旋钮盖上表面

图 4-24　旋钮主体上表面

图 4-25　装配完成的空调旋钮

任务评价

序号	评价内容	评价要求	参考分值	完成情况	评分
1	正确读图	能根据任务描述中的尺寸要求看懂图形	20		
2	草图绘制	能将任务中给出的三视图转化为 CATIA 软件的草图	20		

041

续表

序号	评价内容	评价要求	参考分值	完成情况	评分
3	正确绘制各装配零件	能利用CATIA软件零件设计模块完成旋钮各零部件的绘制	20		
4	装配	能利用CATIA软件的装配设计模块完成各零件之间的正确装配关系	20		
5	查阅资料、团队协作、审美能力、民族自豪感等	能够在遇到困难时有效查阅相关资料，能够在任务实施过程中做到有效沟通交流，提升对于工程图形的整体审美能力及对民族品牌的自豪感	20		

思考总结

本案例为空调旋钮，对比日常常见的空调旋钮，本案例模型中还缺少哪些元素，能更加直观地体现出它是空调旋钮模型呢？

项目 5

车载手机导航支架建模实例

学习目标

【知识目标】

1. CATIA 几何体模块中常用命令的操作；
2. CATIA 创成式外形设计模块中常用命令的操作；
3. CATIA 装配模块中常用命令的操作；
4. "自下向上"的整体建模思路。

【技能目标】

1. 掌握 CATIA 零件设计模块中"凸台""凹槽""阵列""旋转""倒圆角"等常用命令的使用；
2. 掌握 CATIA 创成式外形设计模块中"拉伸""相交""分割""填充"和"多截面曲面"等常用命令的使用；
3. 使用 CATIA 零件设计模块完成车载手机导航支架零部件的建模，并完成装配。

【素养目标】

1. 通过车载手机导航支架设计建模，对零件设计及装配设计中的命令融会贯通；
2. 培养学生勇于探索创新的能力，推动民族汽车品牌发展。

任务描述

请运用 CATIA 软件，绘制如图 5-1 所示车载手机导航支架的建模。按照 CATIA 绘图准则，参照案例尺寸准确、快速地完成绘图，并保存成 Part 格式文件；将零部件进行装配并形成装配体，保存成 Product 格式文件。

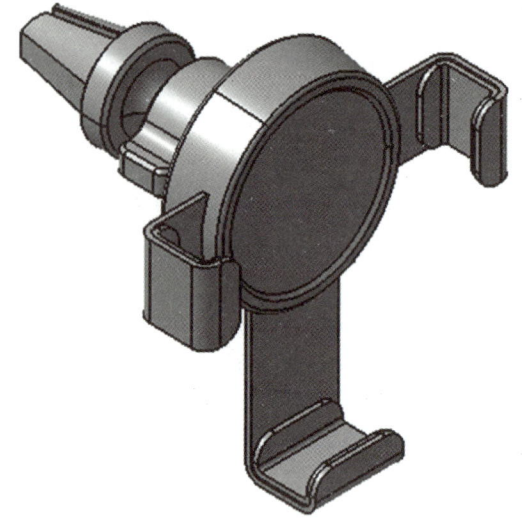

图 5-1　车载手机导航支架模型

任务分析

本任务需要完成车载手机导航支架的建模，读者应先分析导航支架的结构，把导航支架分成三个部分，分别为支架主体、固定插头和旋紧螺母，首先要建立三个零件的模型；然后再新建一个装配体，将各个零件装配在一起。零件建模时应熟练掌握"零件设计"与"创成式外形设计"混合建模的技巧，同时需要注意零件之间的装配关系，装配时应该充分考虑各个零件、各个面的几何关系来进行装配。

任务实施

支架主本体建模

步骤一：支架主本体建模

（1）启动 CATIA，单击"开始"→"机械设计"→"零件设计"，在"新建零件"窗口中输入零件名称，如图 5-2 所示。

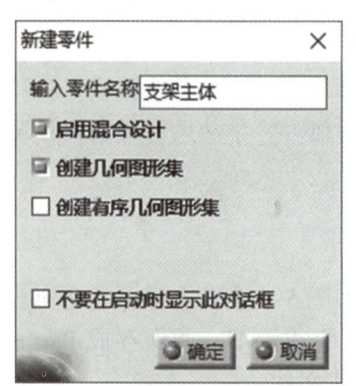

图 5-2　新建零件几何体

（2）选择"yz平面"，单击"草图"命令，进入草图绘制界面，运用"轮廓"命令绘制轮廓，并添加"约束"命令，得到草图轮廓，如图5-3所示。

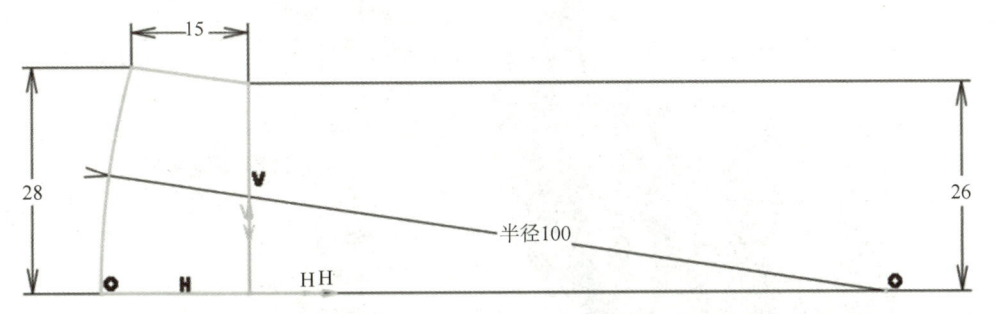

图5-3　绘制草图轮廓1

（3）"退出工作台"，选择"旋转体"命令，选择"草图"，"轴线"选择"Y轴"，单击"确定"按钮，得到图5-4。

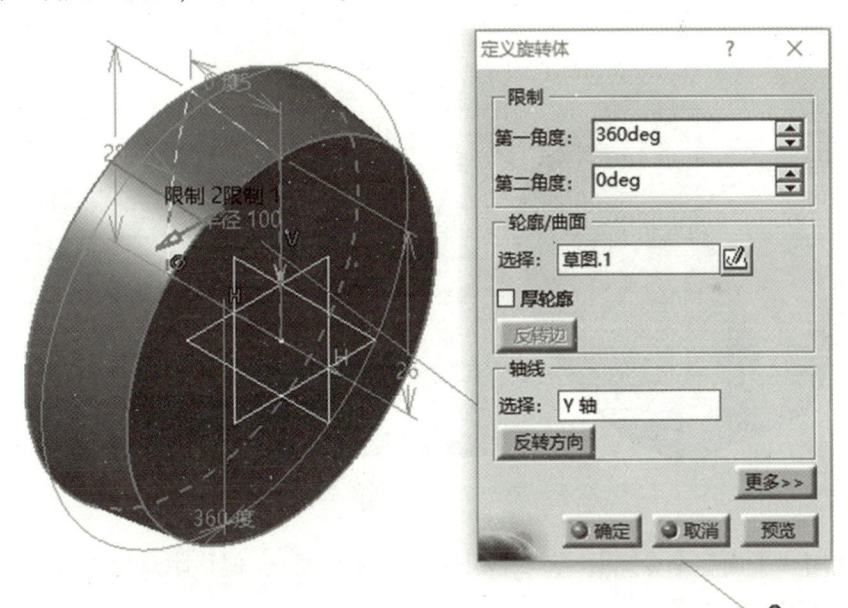

图5-4　定义旋转体

（4）选择"zx平面"，单击"草图"命令，进入草图绘制界面，运用"圆"命令绘制圆形轮廓，并添加"约束"命令，直径为44 mm，单击"确定"按钮得到草图轮廓，如图5-5所示。

（5）"退出工作台"，选择"凹槽"命令，选择草图，深度为1 mm，单击"确定"按钮，得到图5-6。

（6）使用"倒角"命令，单击需要倒角的棱线，长度为1 mm，单击"确定"按钮，如图5-7所示。

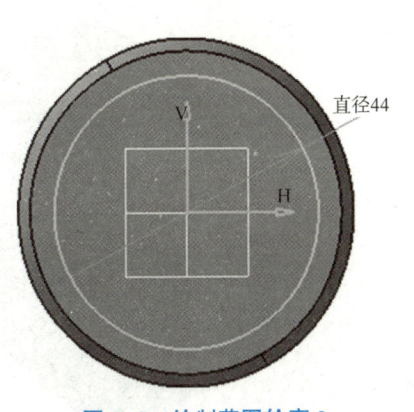

图5-5　绘制草图轮廓2

汽车产品设计

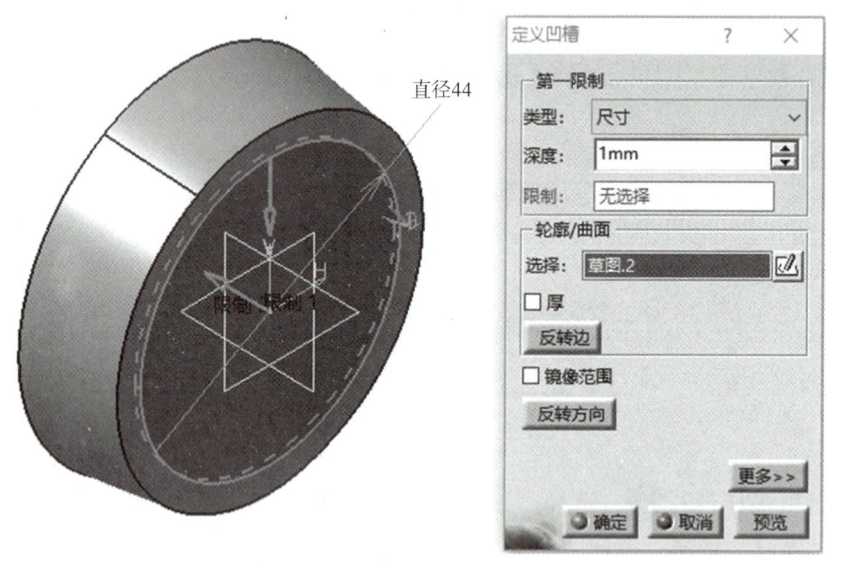

图 5-6 定义凹槽

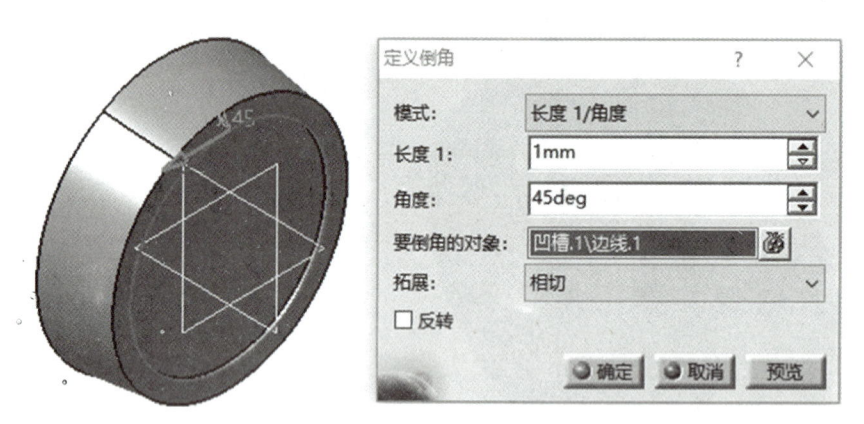

图 5-7 定义圆角 1

(7) 使用"平面"命令 ▱，参考平面选择"zx 平面"，偏移距离为 22 mm，单击"确定"按钮，如图 5-8 所示。

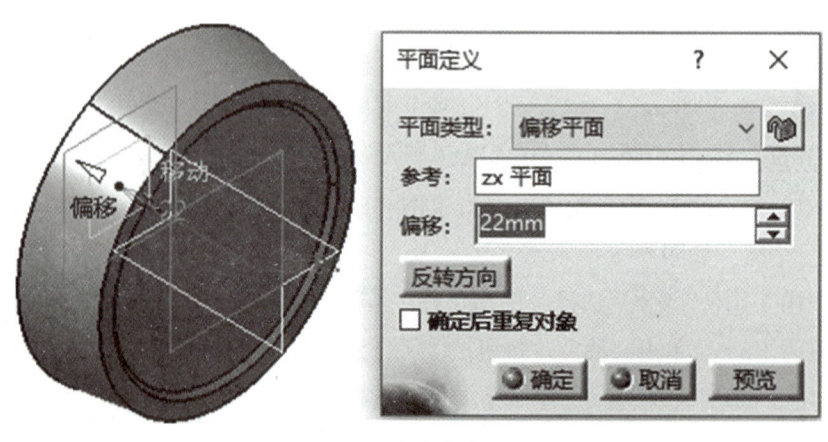

图 5-8 创建参考平面

(8)选择"平面1",单击"草图"命令,进入"草图绘制"界面,运用"圆"命令绘制圆形轮廓,并添加"约束"命令,直径为 26 mm,得到草图轮廓,如图 5-9 所示。

图 5-9　绘制草图轮廓 3

(9)"退出工作台",选择"凸台"命令,"类型"选择"直到曲面",单击实体曲面,选择草图后单击"确定"按钮,得到图 5-10。

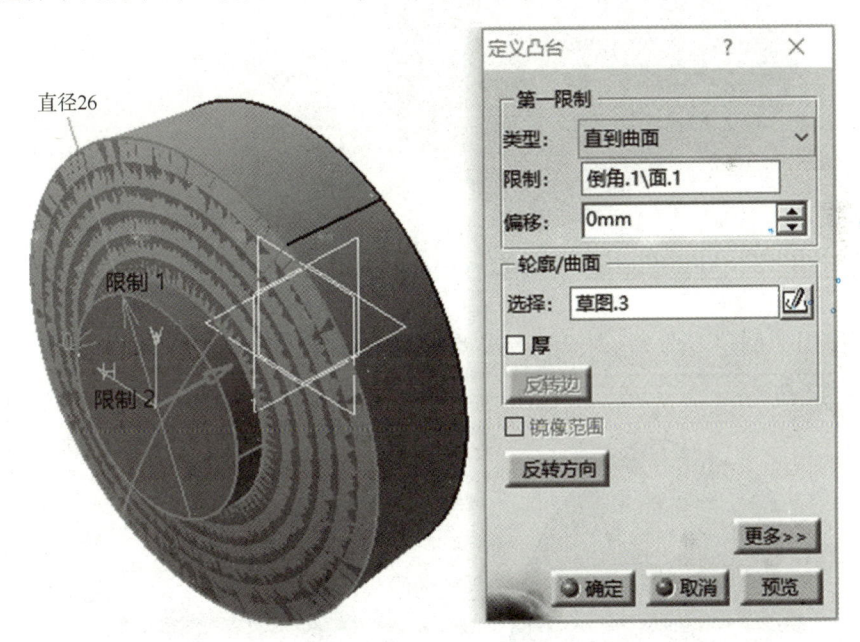

图 5-10　定义凸台 1

(10)选择实体左端面,单击"草图"命令,进入草图绘制界面,运用"圆"命令绘制圆形轮廓,并添加"约束"命令,直径为 21.4 mm,得到草图轮廓,如图 5-11 所示。

(11)"退出工作台",选择"凸台"命令,选择草图,长度为 14 mm,单击"确定"按钮,得到图 5-12。

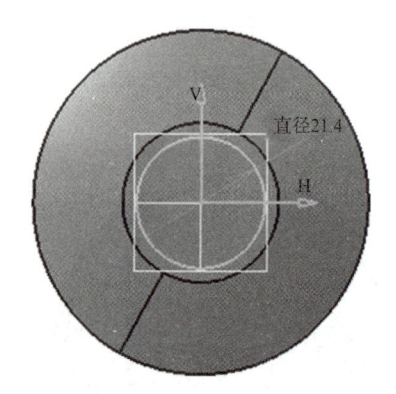

图 5-11　绘制草图轮廓

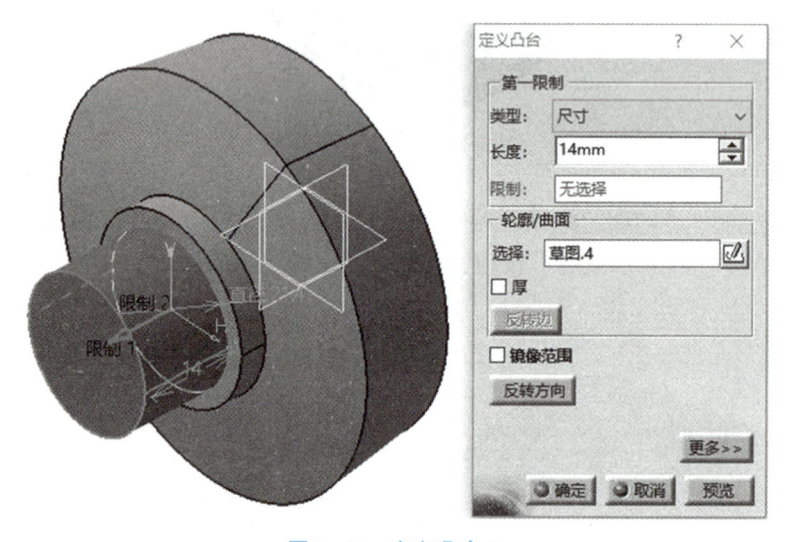

图 5-12　定义凸台 2

（12）使用"倒角"命令，单击需要倒角的棱线，长度为 2 mm，单击"确定"按钮，如图 5-13 所示。

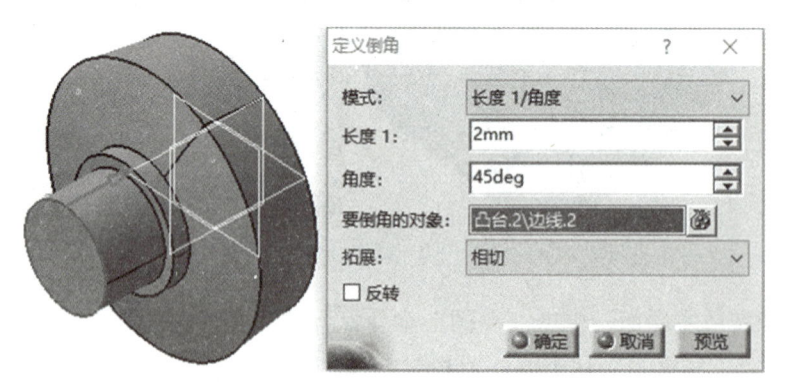

图 5-13　定义倒角

（13）选择"yz 平面"，单击"草图"命令，进入草图绘制界面，运用"矩形"命令绘制矩形轮廓，并添加"约束"命令，得到草图轮廓，如图 5-14 所示。

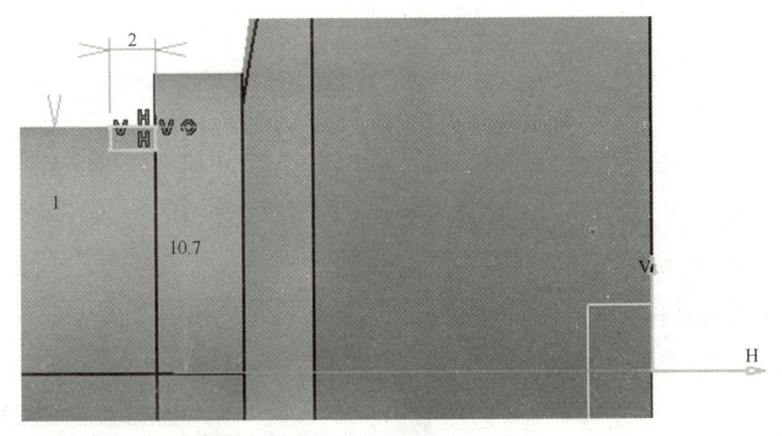

图 5-14　绘制草图轮廓 4

（14）"退出工作台"，选择"旋转槽"命令，选择草图，"轴线"选择"Y轴"，单击"确定"按钮，得到图 5-15。

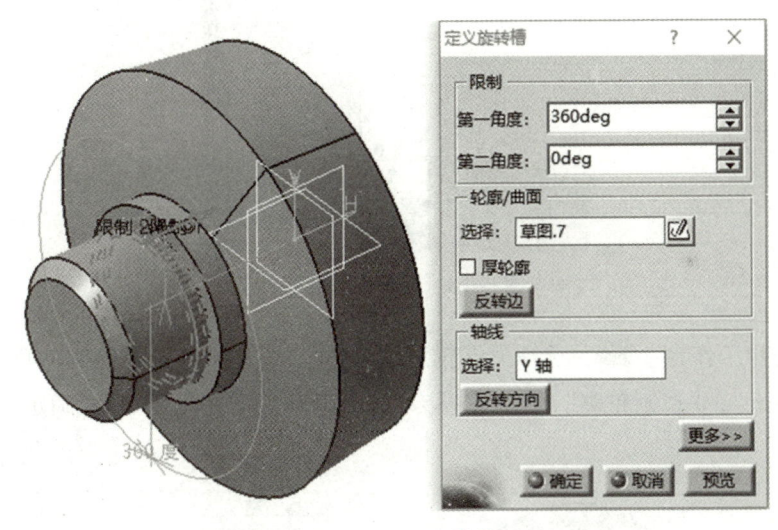

图 5.15　定义旋转槽 1

（15）单击"开始"→"形状"→"创成式外形设计"，进入"创成式外形设计"工作界面，选择"螺旋"命令，以螺旋线起点创建点，点的 X，Y，Z 坐标为 (0，-22，10.7)，如图 5-16 所示，轴选择"Y 轴"，螺距为 1.5 mm，高度为 14 mm，"方向"为"逆时针"，单击"确定"按钮，如图 5-17 所示。

（16）单击"开始"→"机械设计"→"零件设计"，回到零件设计界面。选择"zx 平面"，单击"草图"命令，进入草图绘制界面，运用"轮廓"命令绘制三角形轮廓，并添加"约束"命令，得到草图轮廓，如图 5-18 所示。

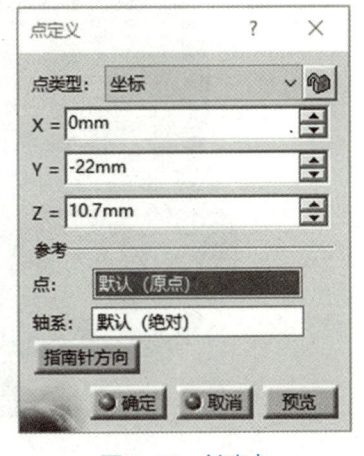

图 5-16　创建点

049

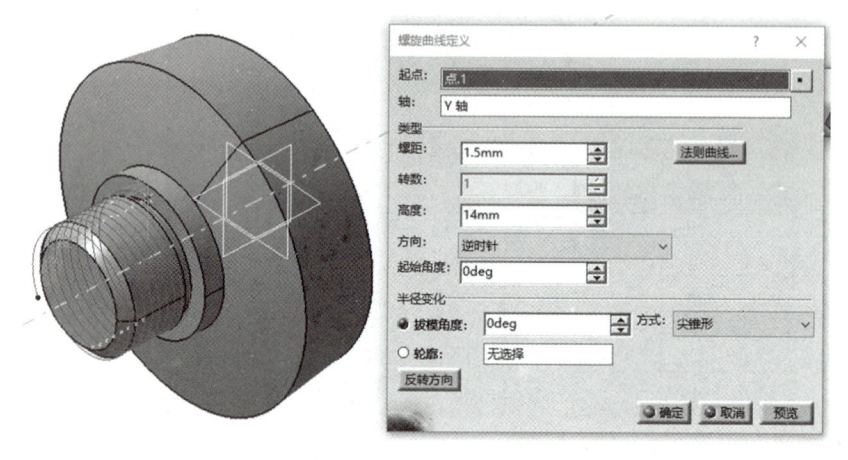

图 5-17　定义螺旋线

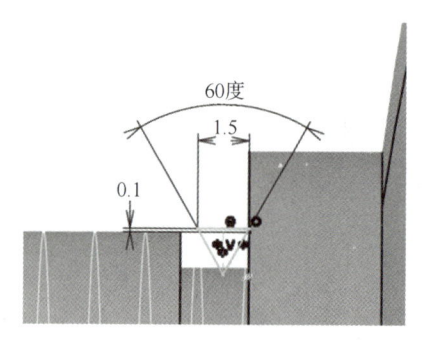

图 5-18　绘制草图轮廓 5

(17)"退出工作台"，选择"开槽"命令，"轮廓"选择绘制的草图，"中心曲线"选择"螺旋"，"控制轮廓"中"拔模方向"选择"Y 轴"，单击"确定"按钮，得到图 5-19。

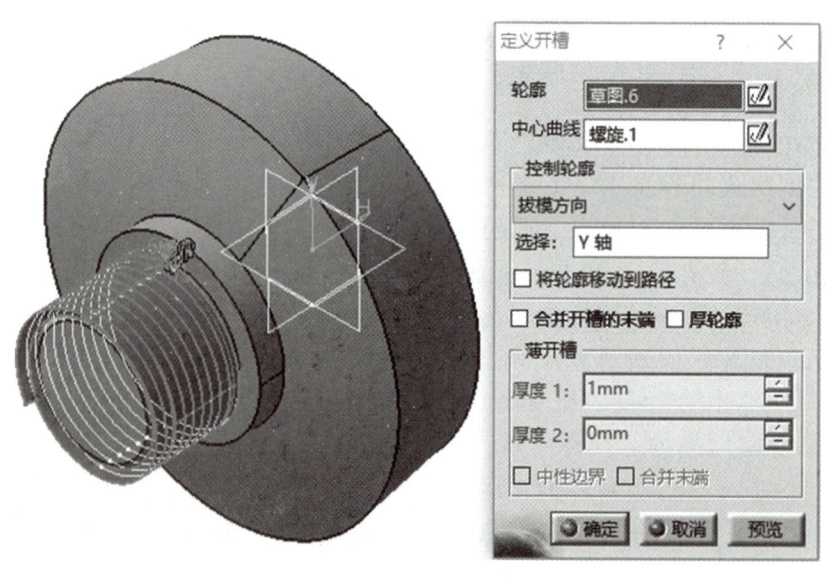

图 5-19　定义开槽

（18）选择"yz 平面"，单击"草图"命令，进入草图绘制界面，运用"轮廓"命令绘制轮廓，并添加"约束"，得到草图轮廓，如图 5-20 所示。

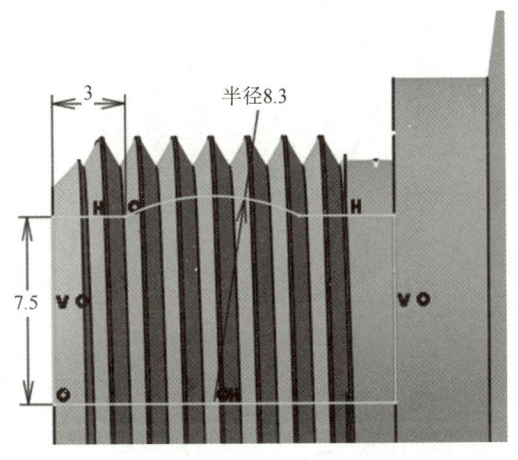

图 5-20　绘制草图轮廓 6

（19）"退出工作台"，选择"旋转槽"命令，选择草图，"轴线"选择"Y 轴"，单击"确定"按钮，得到图 5-21。

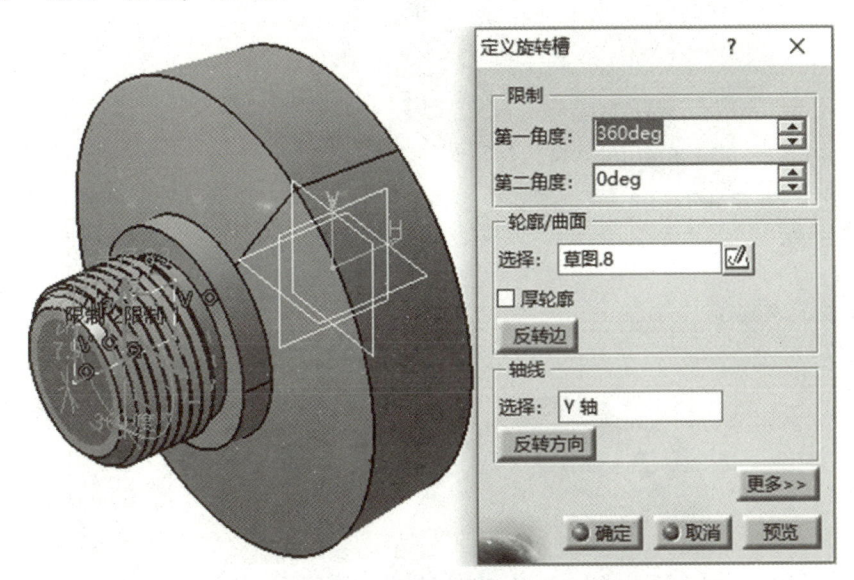

图 5-21　定义旋转槽 2

（20）选择实体左端面，单击"草图"命令，进入草图绘制界面，运用"矩形"命令绘制矩形轮廓，并添加"约束"命令，得到草图轮廓，如图 5-22 所示。

（21）"退出工作台"，选择"凹槽"命令，选择草图，"类型"选择"直到平面"，得到竖直凹槽，如图 5-23 所示。

（22）重复以上两步骤，完成水平凹槽，如图 5-24 所示。

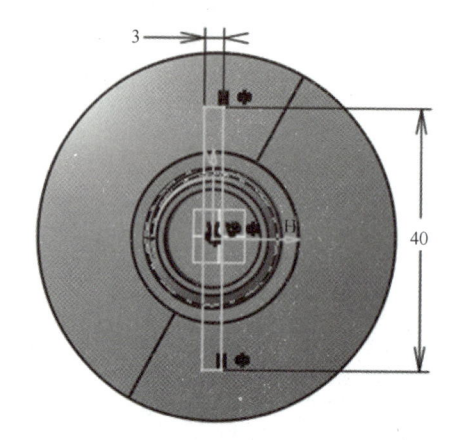

图 5-22　绘制草图轮廓 7

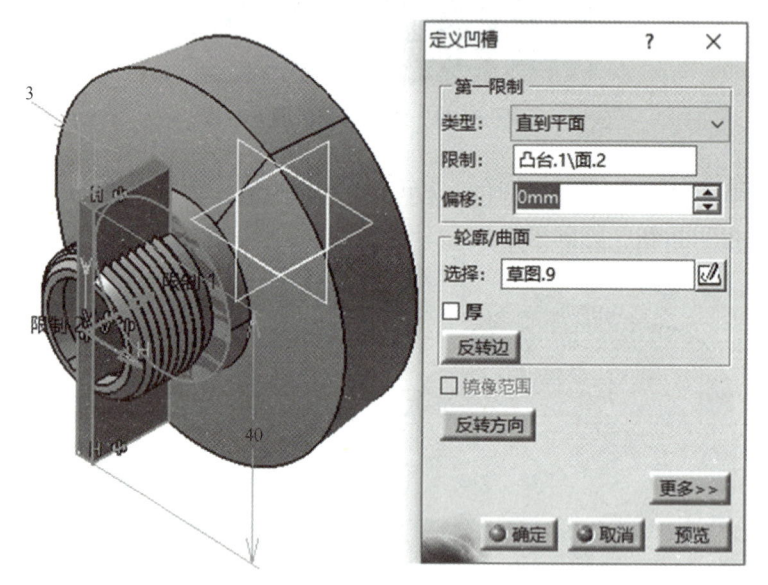

图 5-23　定义凹槽 1

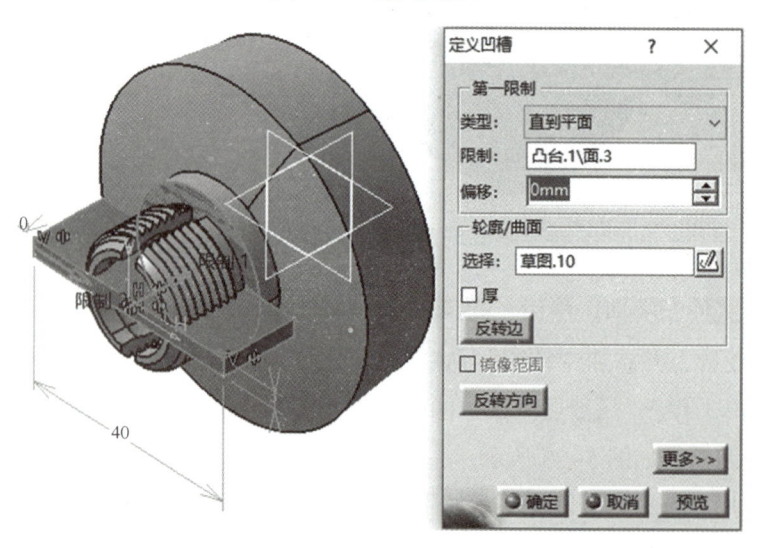

图 5-24　定义凹槽 2

（23）选择"yz 平面"，单击"草图"命令，进入草图绘制界面，运用"轮廓"命令绘制轮廓，并添加"约束"命令，得到草图轮廓，如图 5-25 所示。

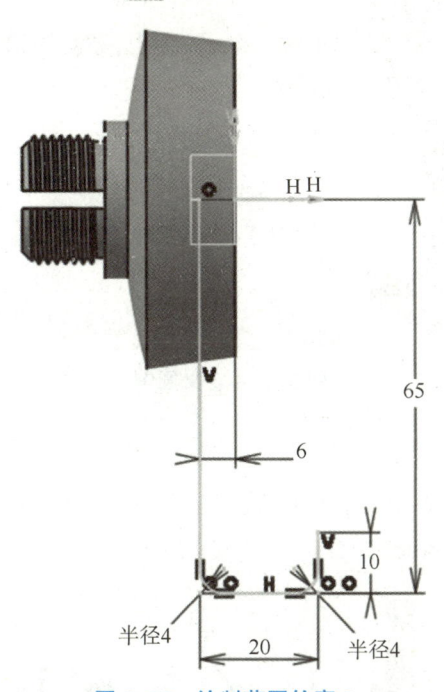

图 5-25　绘制草图轮廓 8

（24）"退出工作台"，选择"凸台"命令，选择草图，长度为 12.5 mm，单击"镜像范围"，选择厚度为 1.5 mm，单击"确定"按钮，得到图 5-26。

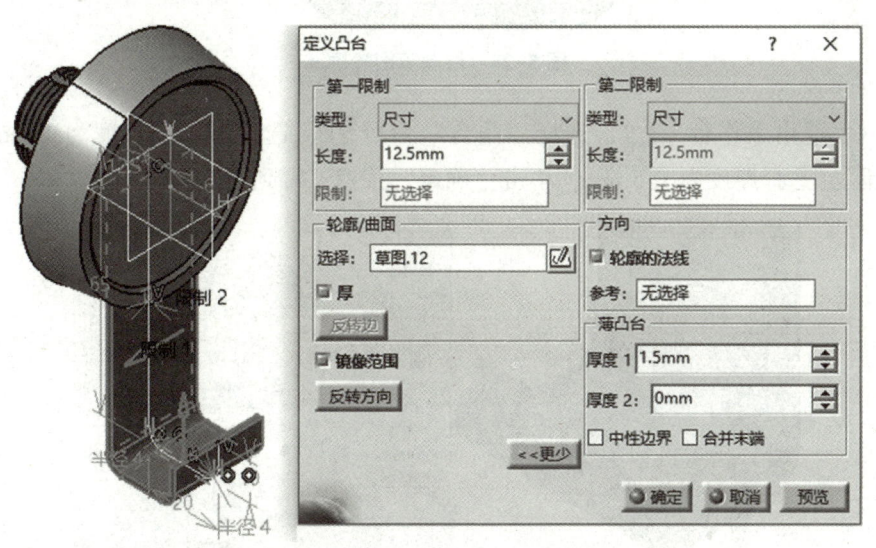

图 5-26　定义凸台 3

（25）使用"圆角"命令，对卡爪位置做合理圆角处理，圆角半径为 5 mm，圆角处理后如图 5-27 所示。

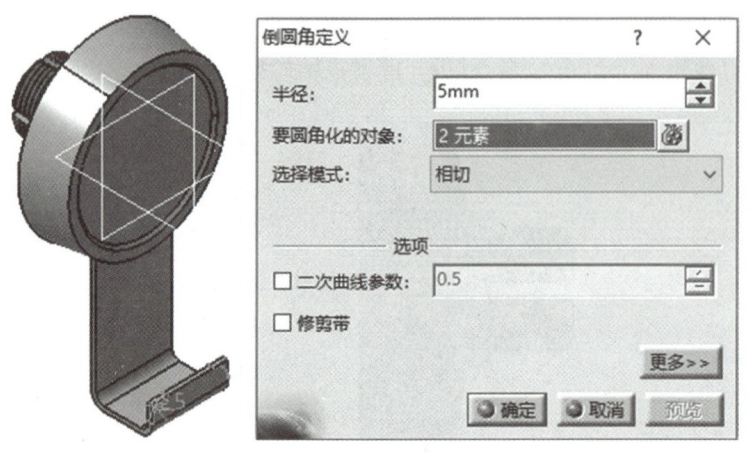

图 5-27　定义圆角 2

(26) 选择"yz 平面",单击"草图"命令 ，进入草图绘制界面,运用"投影3D元素"命令 投影卡爪内轮廓,绘制轴线并添加"约束"命令 ,使用"快速修剪"命令 得到草图轮廓,如图 5-28 所示。

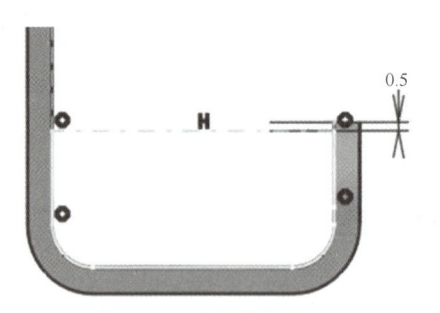

图 5-28　绘制草图轮廓 9

(27) "退出工作台" ,选择"凸台"命令 ,选择草图,长度为 12 mm,单击"镜像范围",选择厚度为 1.5 mm,单击"确定"按钮,得到图 5-29。

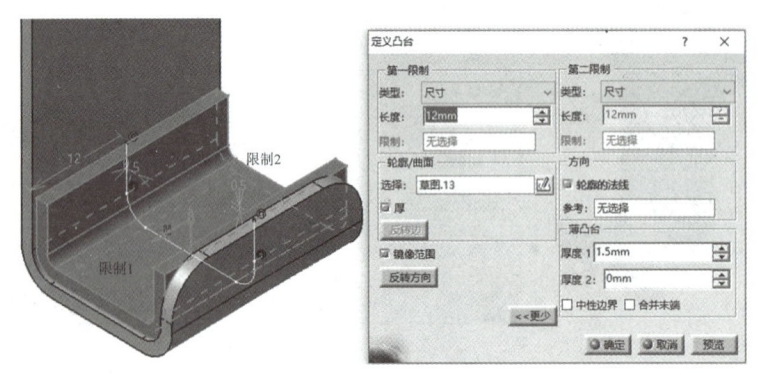

图 5-29　定义凸台 4

(28) 使用"圆角"命令 ,对卡爪位置做合理圆角的处理,圆角半径为 5 mm,圆角处理后如图 5-30 所示。

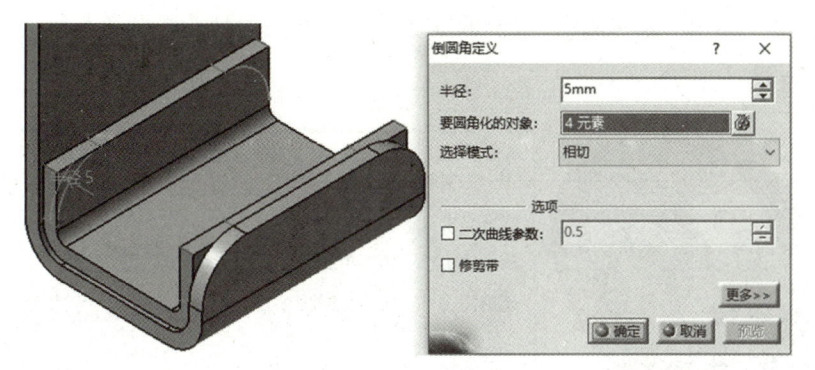

图 5-30　定义圆角 3

（29）选择"xy 平面"，单击"草图"，进入草图绘制界面，运用"轮廓"命令绘制轮廓，并添加"约束"命令，得到草图轮廓，如图 5-31 所示。

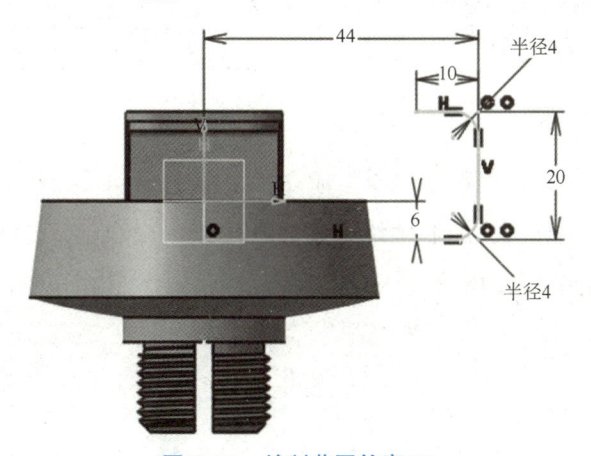

图 5-31　绘制草图轮廓 10

（30）"退出工作台"，选择"凸台"命令，选择草图，长度为 10 mm，单击"镜像范围"，选择厚度为 1.5 mm，单击"确定"按钮，得到图 5-32。

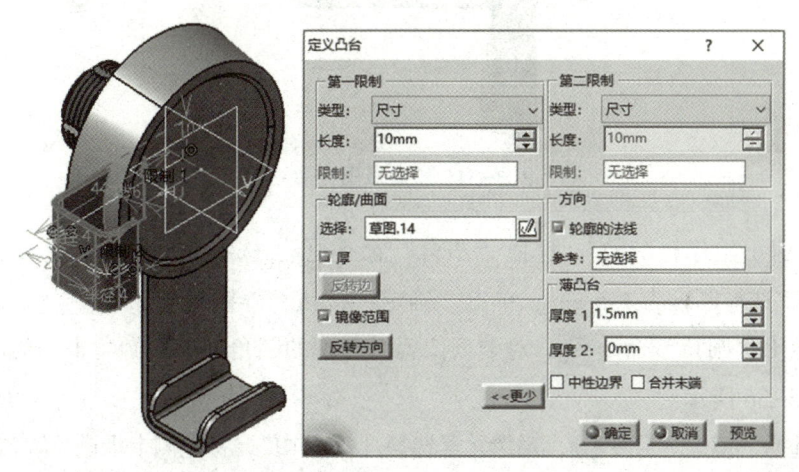

图 5-32　定义凸台 5

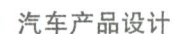

(31) 使用"圆角"命令，对卡爪位置做合理的圆角处理，圆角半径为 5 mm，圆角处理后如图 5-33 所示。

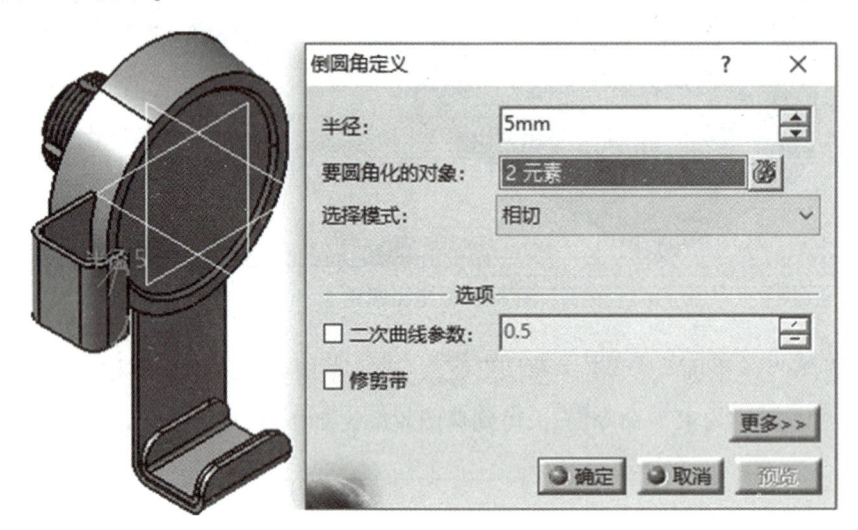

图 5-33 定义圆角 4

(32) 选择"yz 平面"，单击"草图"命令，进入草图绘制界面，运用"投影 3D 元素"命令投影卡爪内轮廓，绘制轴线并添加"约束"命令，使用"快速修剪"命令得到草图轮廓，如图 5-34 所示。

图 5-34 绘制草图轮廓 11

(33) "退出工作台"，选择"凸台"命令，选择草图，长度为 9.5 mm，单击"镜像范围"，选择厚度为 1.5 mm，单击"确定"按钮，得到图 5-35。

(34) 使用"圆角"命令，对卡爪位置做合理的圆角处理，圆角半径为 5 mm，圆角处理后如图 5-36 所示。

(35) 选择"镜像"命令，镜像元素选择"yz 平面"，将左侧卡爪进行镜像，如图 5-37 所示。

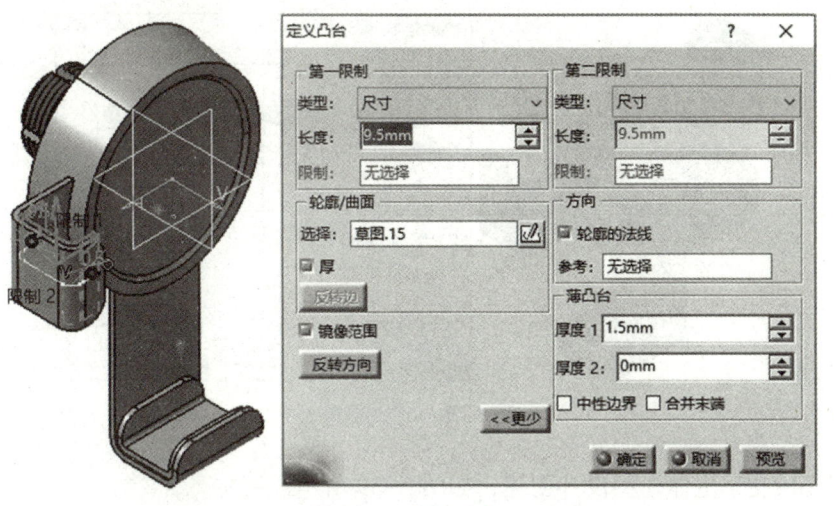

图 5-35　定义凸台 5

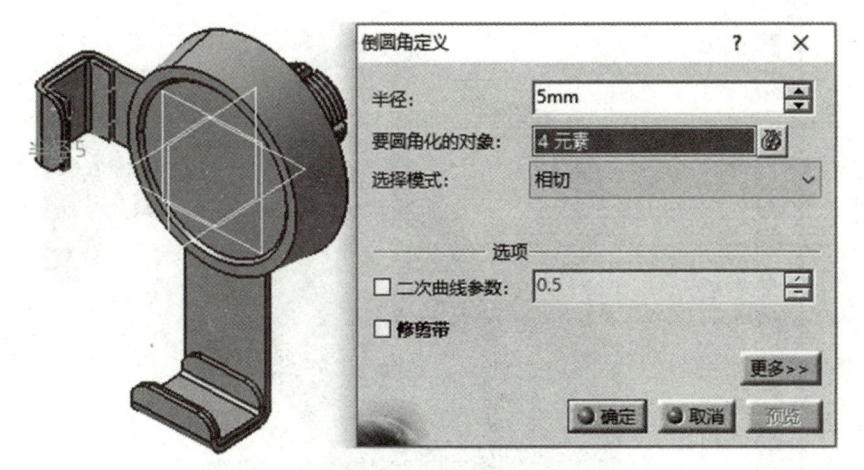

图 5-36　定义圆角 4

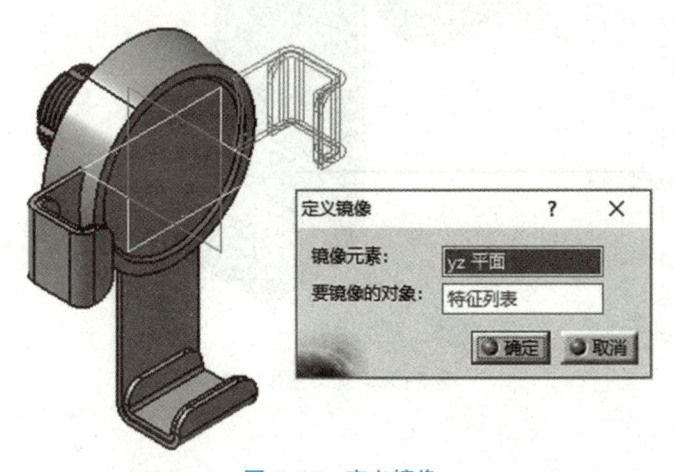

图 5-37　定义镜像

（36）使用"圆角"命令，对尖棱位置做合理的圆角处理，圆角半径为 1 mm，圆角处理后如图 5-38 所示。

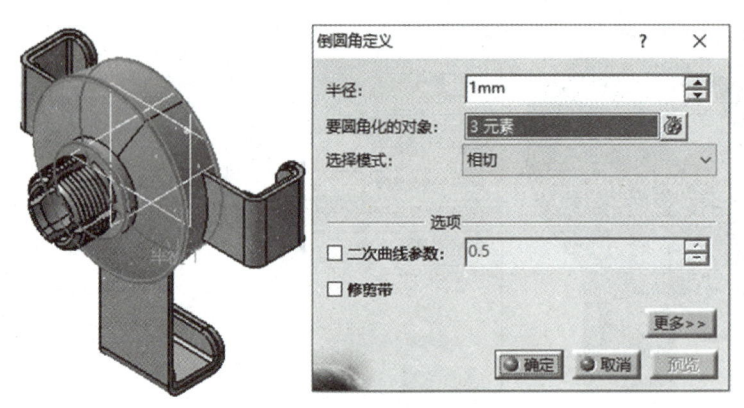

图 5-38　定义圆角 5

（37）完成支架主体模型设计创建，如图 5-39 所示。

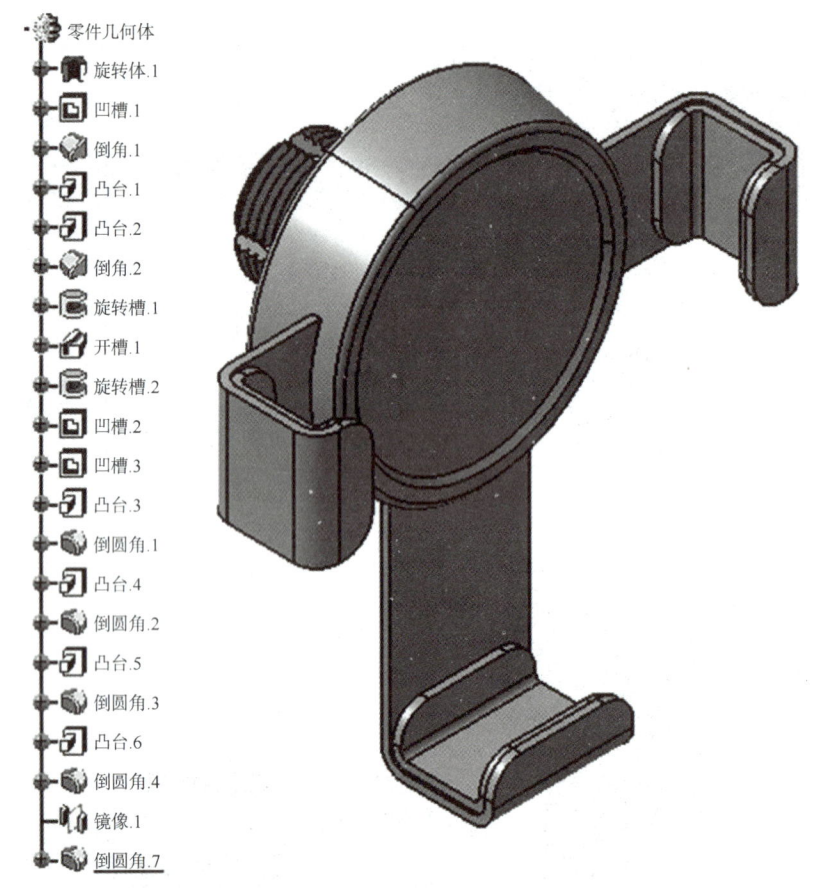

图 5-39　支架主体模型

步骤二：固定插头建模

（1）启动 CATIA，单击"开始"→"机械设计"→"零件设计"，新建零件窗口输入零件名称，如图 5-40 所示。

固定插头建模

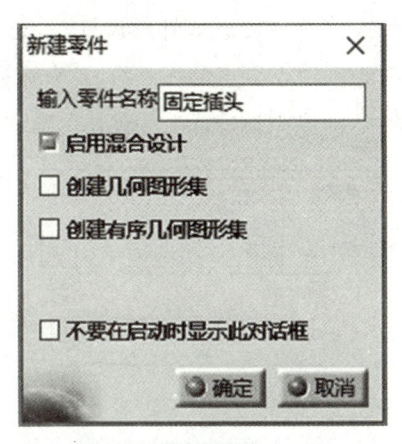

图 5-40 新建零件几何体

（2）选择"xy 平面"，单击"草图"命令，进入草图绘制界面，运用"圆"命令绘制圆形轮廓，并添加"约束"，直径为 27 mm，得到草图轮廓，如图 5-41 所示。

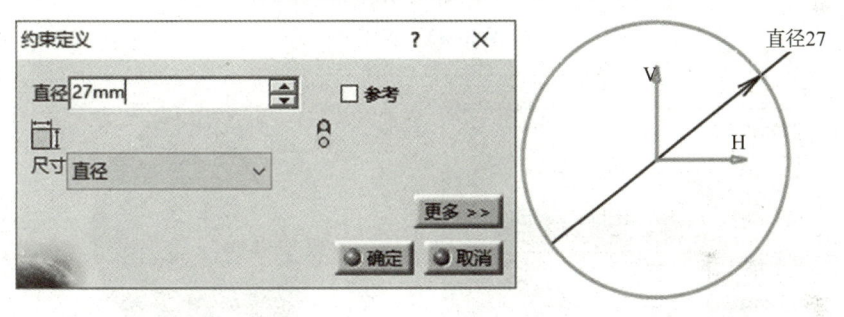

图 5-41 绘制草图轮廓 1

（3）"退出工作台"，选择"凸台"命令，选择草图，长度为 7 mm，单击"确定"按钮，得到图 5-42。

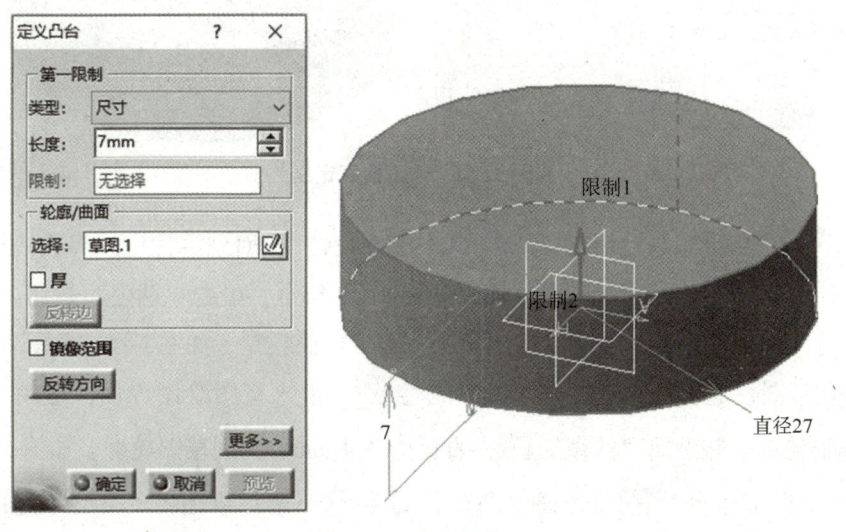

图 5-42 定义凸台 1

059

(4) 单击"开始"→"形状"→"创成式外形设计",进入创成式外形设计工作界面,选择"球面"命令 ◯,球面中心创建点,点的 X、Y、Z 坐标为 (0, 0, 23),如图 5-43 所示。球面半径为 8.3 mm,选择"创建完整球面",单击"确定"按钮,如图 5-44 所示。

图 5-43 点定义

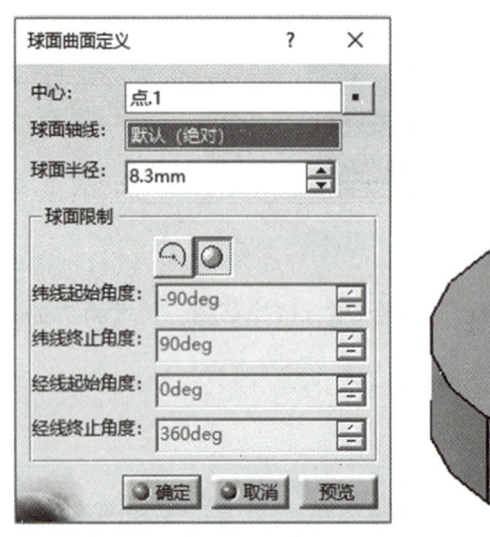

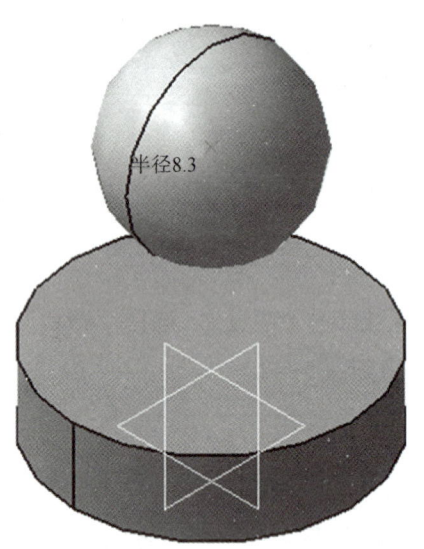

图 5-44 球面曲面定义

(5) 单击"开始"→"机械设计"→"零件设计",回到零件设计界面。选择"封闭曲面"命令 ◯,要封闭的对象选择球面,如图 5-45 所示,单击"确定"按钮。

(6) 将"球面"隐藏,便得到固定插头万向节球头模型,如图 5-46 所示。

(7) 选择圆柱上表面,单击"草图"命令 ◯,进入草图绘制界面,运用"圆"命令 ◯ 绘制圆形轮廓,并添加"约束" ◯,直径为 7.4 mm,得到草图轮廓,如图 5-47 所示。

(8) "退出工作台" ◯,选择"凸台"命令 ◯,选择草图,"类型"选择"直到曲面",单击"封闭曲面",单击"确定"按钮,如图 5-48 所示。

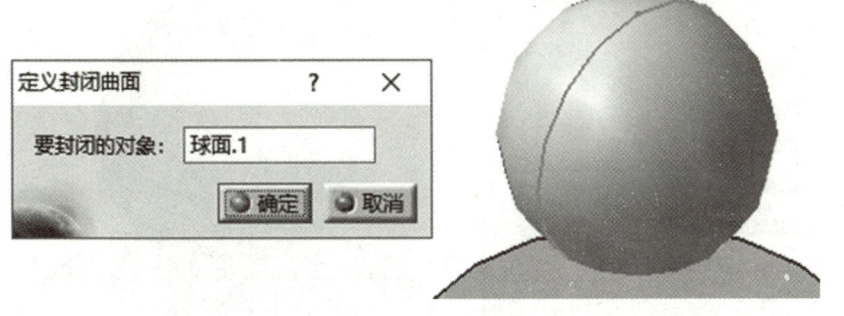

图 5-45 定义封闭曲面

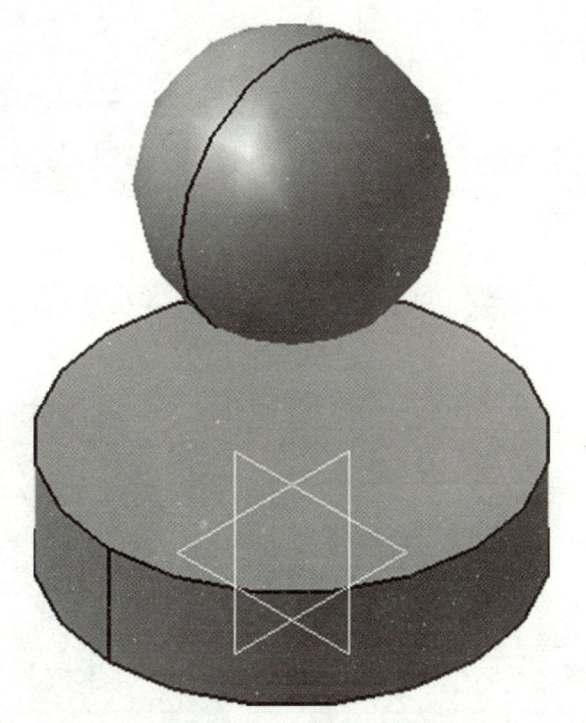

图 5-46 "球面"隐藏

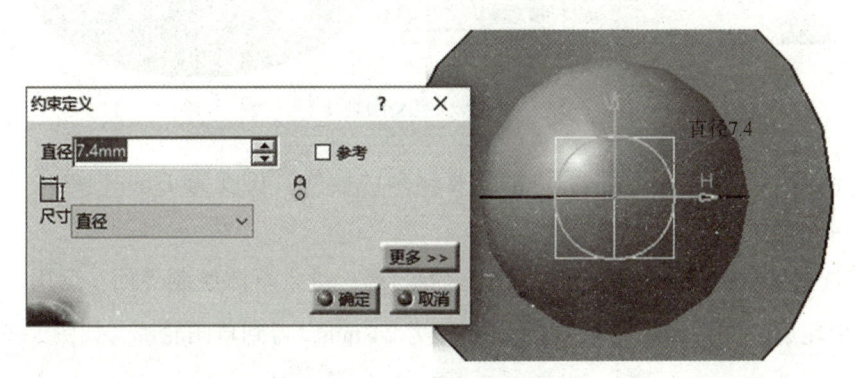

图 5-47 绘制草图轮廓 2

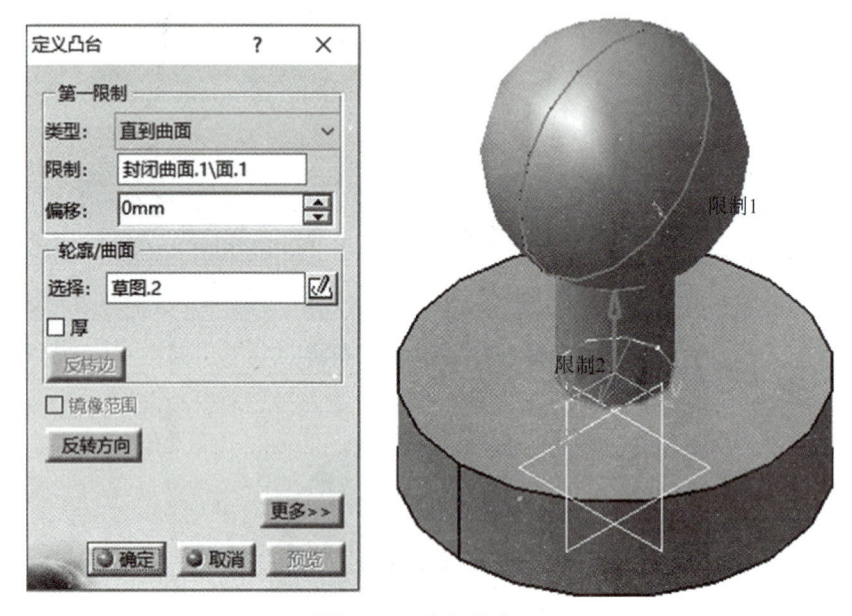

图 5-48　定义凸台 2

(9) 使用"圆角"命令，单击需要圆角的棱线，半径为 5 mm，单击"确定"按钮，如图 5-49 所示。

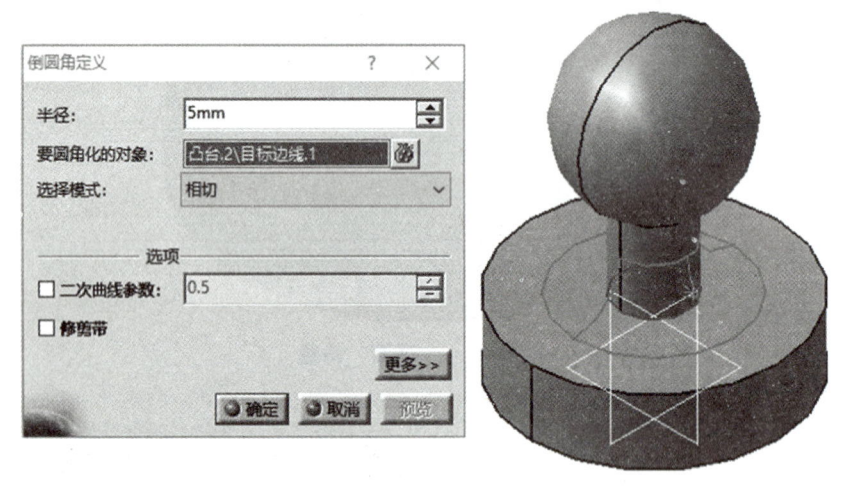

图 5-49　定义圆角 1

(10) 使用"倒角"命令，单击需要倒角的棱线，长度为 1 mm，单击"确定"按钮，如图 5-50 所示。

(11) 选择圆柱下表面，单击"草图"命令，进入草图绘制界面，运用"圆"命令绘制圆形轮廓，并添加"约束"，直径为 24 mm，得到草图轮廓，如图 5-51 所示。

(12) "退出工作台"，选择"凸台"命令，选择草图，长度为 0.5 mm，单击"确定"按钮，得到图 5-52。

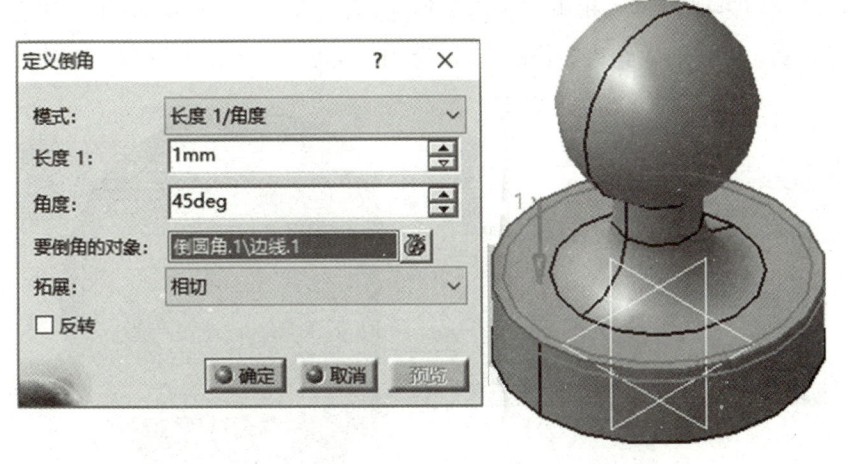

图 5-50 定义倒角

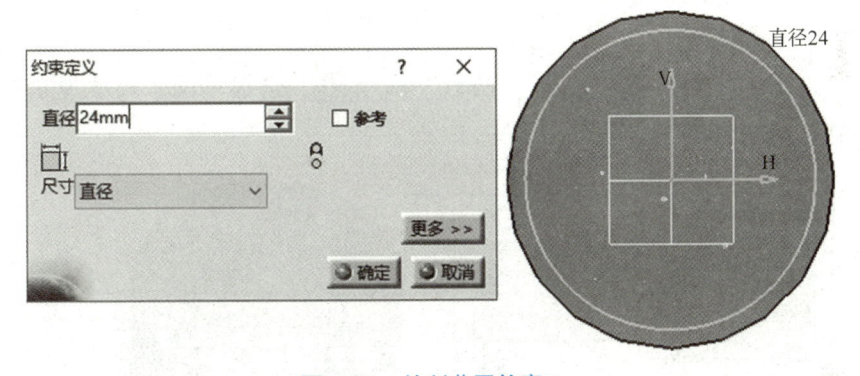

图 5-51 绘制草图轮廓 3

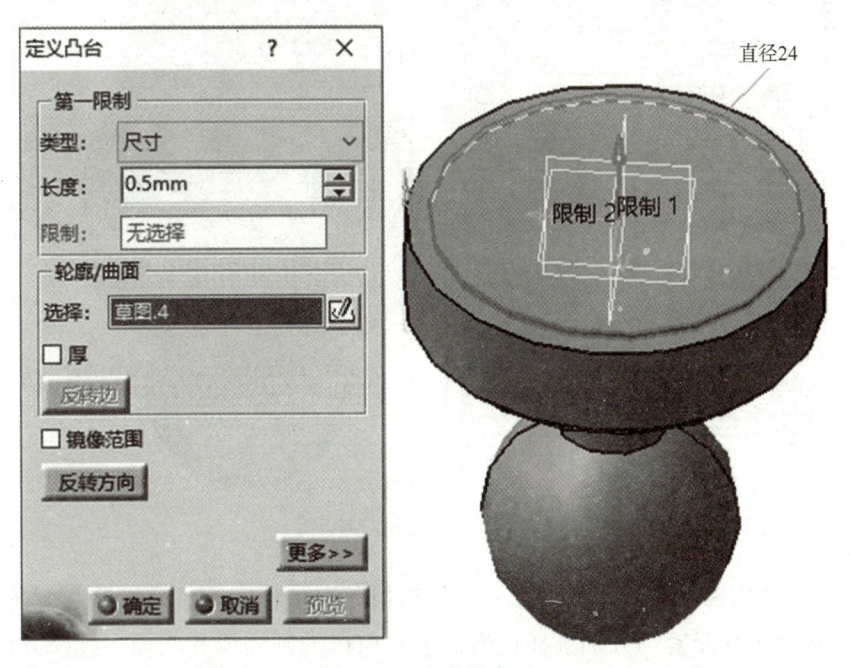

图 5-52 定义凸台 3

(13) 选择最下端圆柱面,单击"草图"命令,进入草图绘制界面,运用"圆"命令绘制圆形轮廓,并添加"约束",直径为 21.5 mm,得到草图轮廓,如图 5-53 所示。

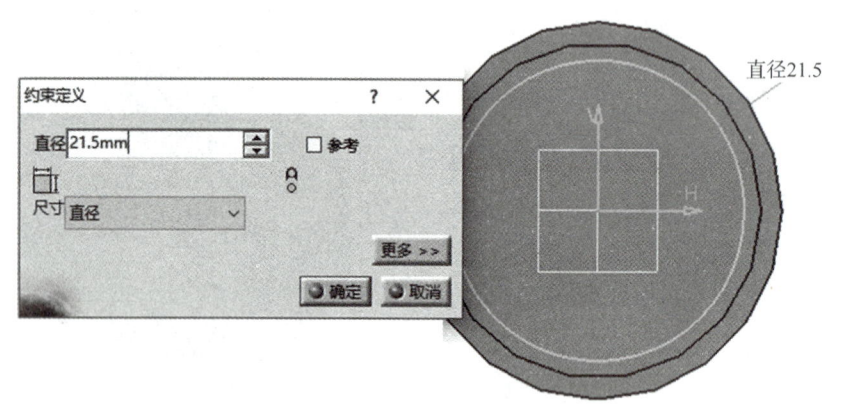

图 5-53 绘制草图轮廓 4

(14) "退出工作台",选择"凸台"命令,选择草图,长度为 35 mm,单击"确定"按钮,得到图 5-54。

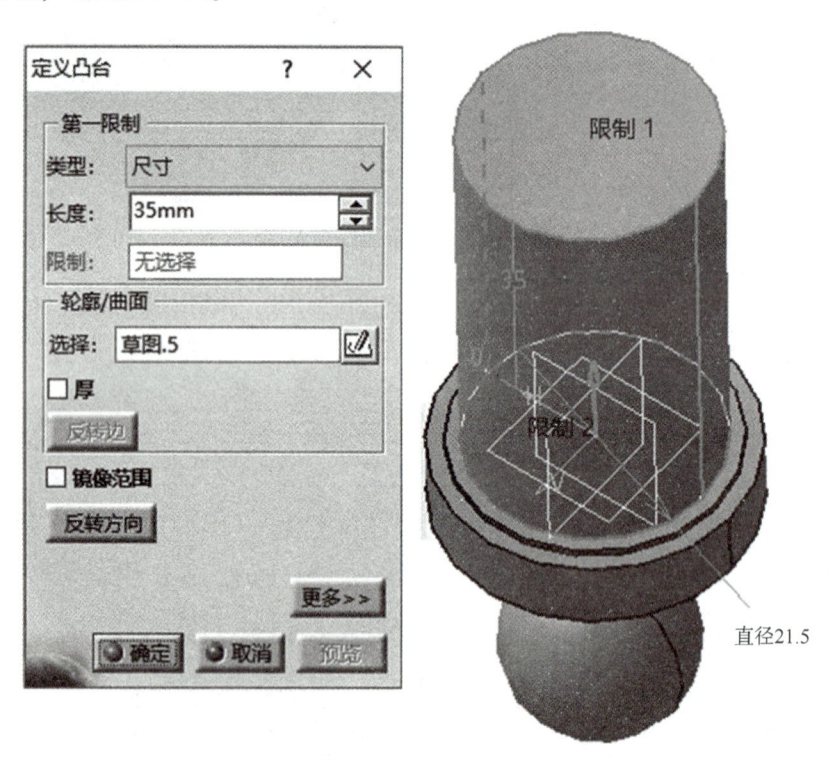

图 5-54 定义凸台 4

(15) 单击"拔模斜度"命令,"定义拔模"对话框中的"角度"设置为 10°,"要拔模的面"和"中性元素"分别选择拔模棱边几何体的圆周面和底面,拔模方向设置为 Z 轴负方向,单击"确定"按钮,如图 5-55 所示。

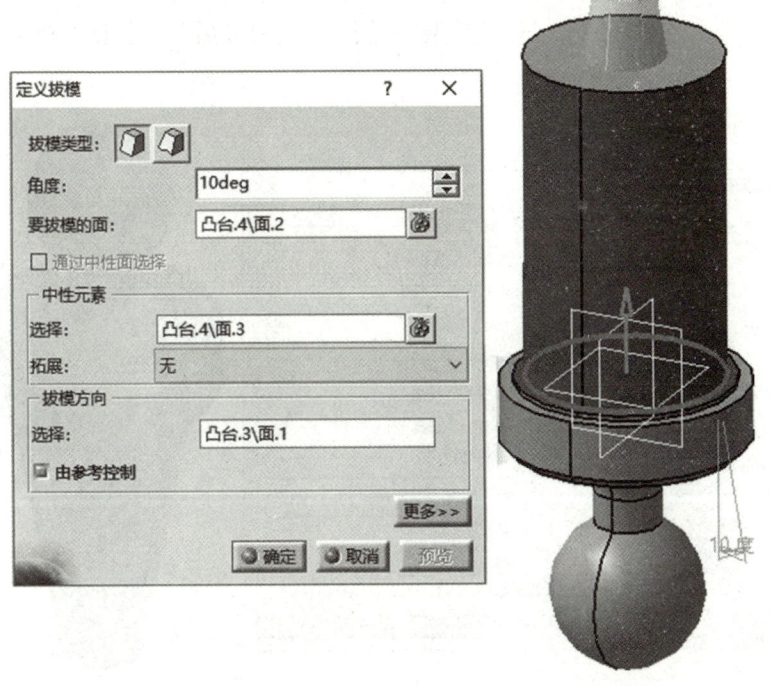

图 5-55　定义拔模

（16）选择"zx 平面"，单击"草图"命令，进入草图绘制界面，运用"轮廓"命令绘制轮廓，并添加"约束"，得到草图轮廓，如图 5-56 所示。

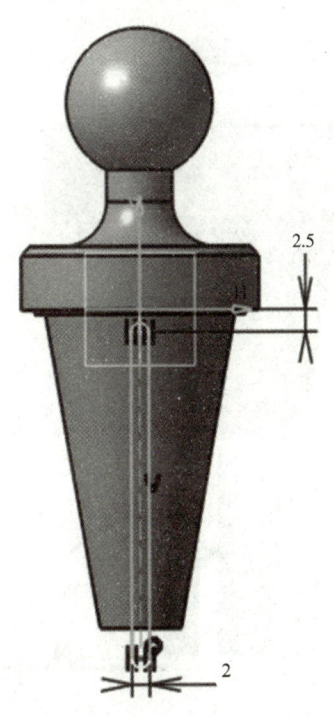

图 5-56　绘制草图轮廓 5

（17）"退出工作台"，选择"凹槽"命令，选择草图，"第一限制"中"类型"选择"直到最后"，"第二限制"中"类型"选择"直到最后"，单击"确定"按钮，得到图 5-57。

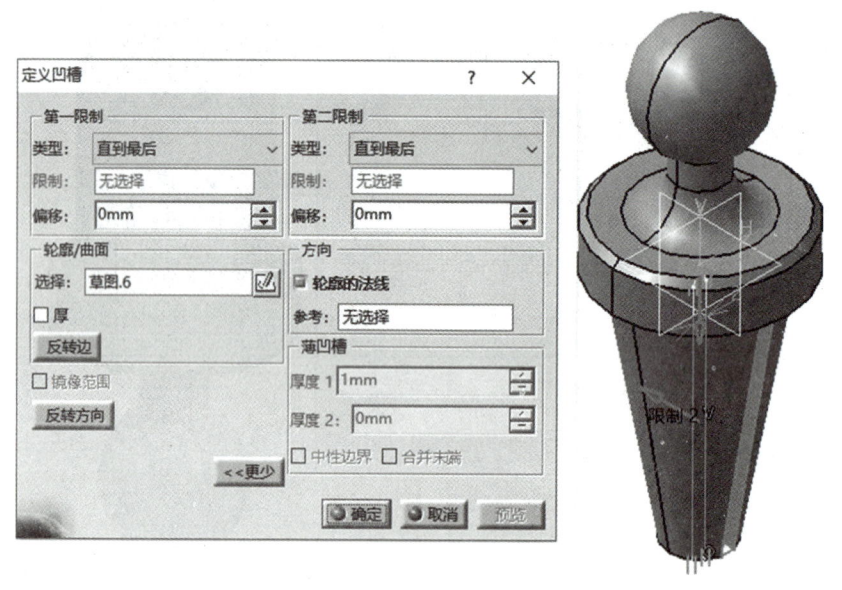

图 5-57　定义凹槽 1

（18）选择"zx 平面"，单击"草图"命令，进入草图绘制界面，运用"轮廓"命令绘制轮廓，并添加"约束"命令，得到草图轮廓，如图 5-58 所示。

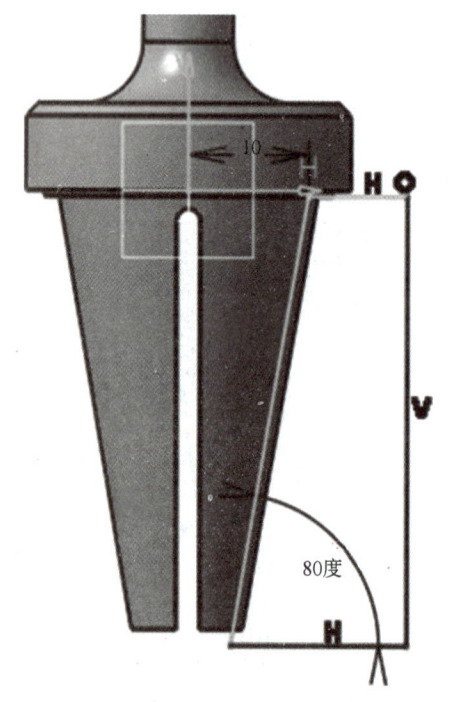

图 5-58　绘制草图轮廓 6

（19）"退出工作台" ，选择"凹槽"命令 ，选择草图，"第一限制"中"类型"选择"直到最后"，"第二限制"中"类型"选择"直到最后"，单击"确定"按钮，得到图 5-59。

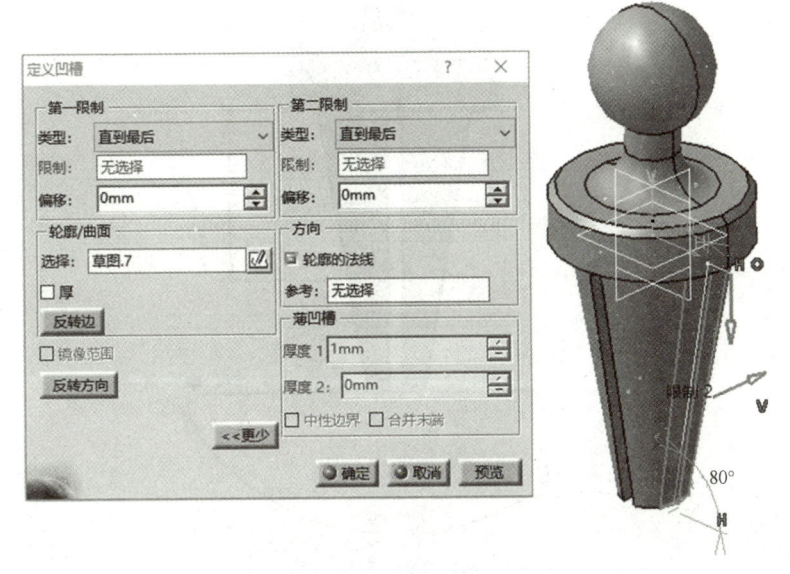

图 5-59　定义凹槽 2

（20）选择"镜像"命令 ，镜像元素选择"yz 平面"，将第 19 步骤凹槽进行镜像，如图 5-60 所示。

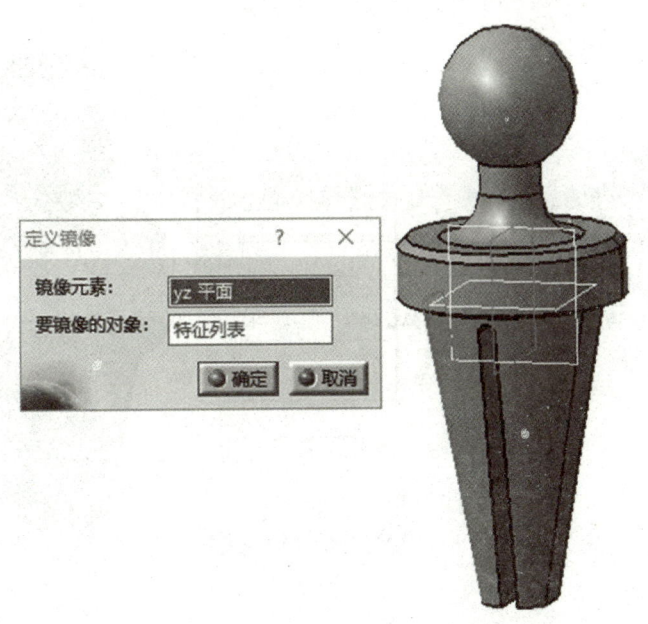

图 5-60　定义镜像

（21）选择"zx 平面"，单击"草图"命令 ，进入草图绘制界面，运用"轮廓"命令 绘制轮廓，并添加"约束" ，得到草图轮廓，如图 5-61 所示。

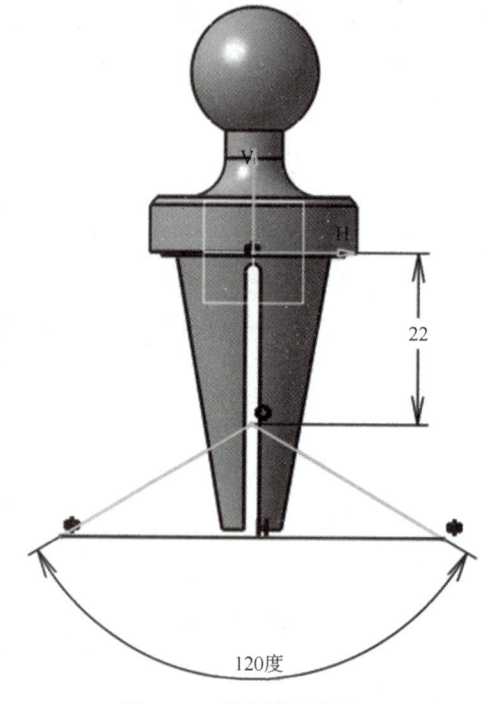

图 5-61　绘制草图轮廓 7

（22）"退出工作台"　，选择"凹槽"命令　，选择草图，"第一限制"中"类型"选择"直到最后"，"第二限制"中"类型"选择"直到最后"，单击"确定"按钮，得到图 5-62。

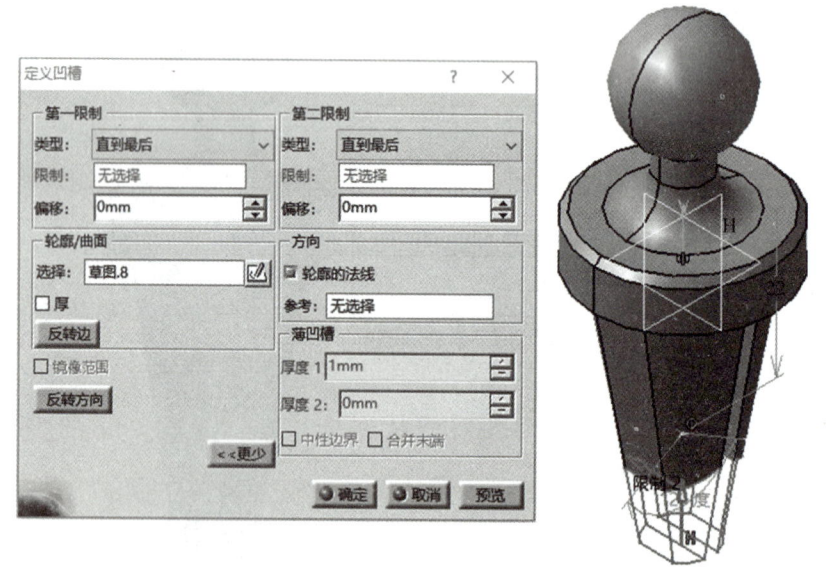

图 5-62　定义凹槽 3

（23）使用"圆角"命令　，对尖棱位置做合理圆角处理，锁扣圆角半径为 0.5 mm，圆角半径为 0.2~0.5 mm，圆角处理后如图 5-63 所示。

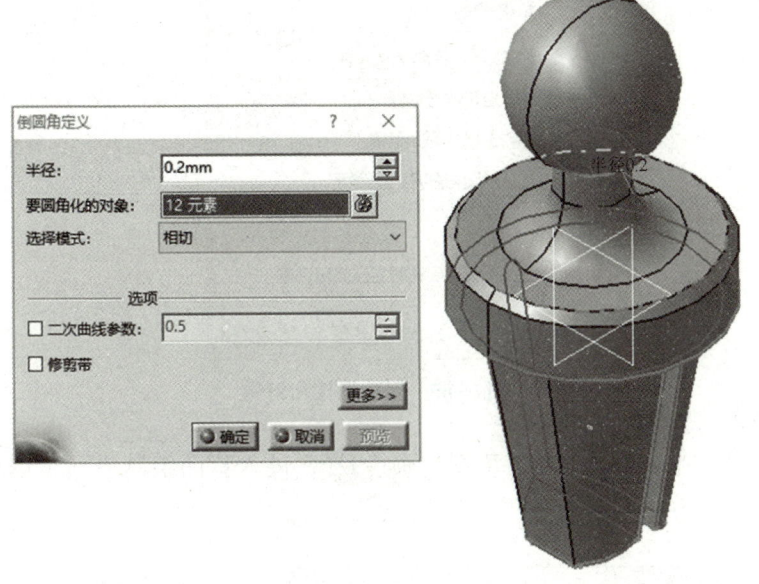

图 5-63　定义圆角 2

（24）完成固定插头模型设计创建，如图 5-64 所示。

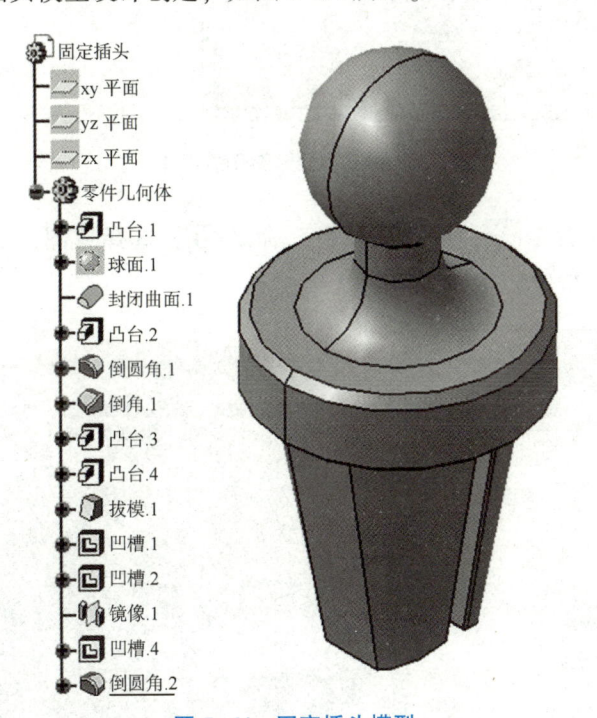

图 5-64　固定插头模型

步骤三：旋紧螺母建模

（1）启动 CATIA，单击"开始"→"机械设计"→"零件设计"，新建零件窗口输入零件名称，如图 5-65 所示。

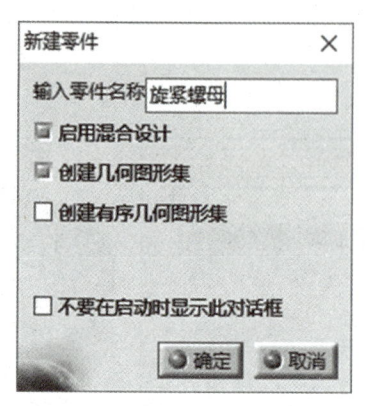

图 5-65　新建零件几何体

（2）选择"xy 平面"，单击"草图"命令，进入草图绘制界面，运用"圆"命令绘制圆形轮廓，并添加"约束"，直径为 27 mm，得到草图轮廓，如图 5-66 所示。

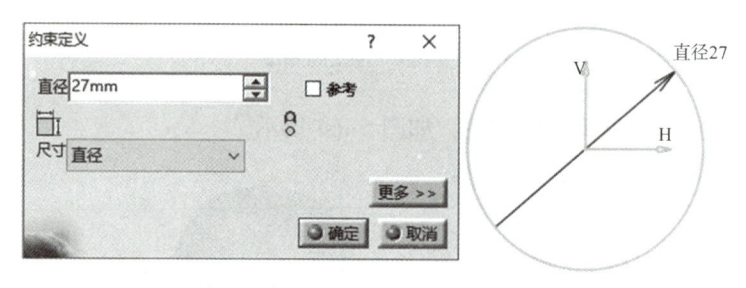

图 5-66　绘制草图轮廓 1

（3）"退出工作台"，选择"凸台"命令，选择草图，长度为 7.2 mm，选中"镜像范围"，单击"确定"按钮，得到图 5-67。

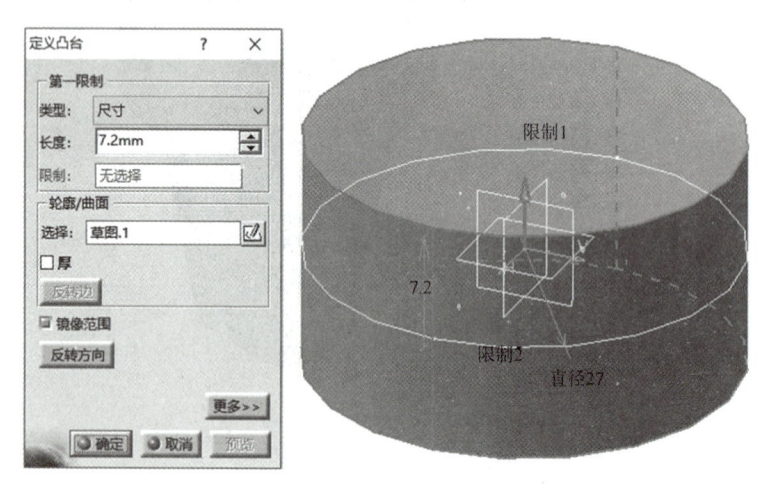

图 5-67　定义凸台 1

（4）创建辅助参考平面，单击"平面"命令，"平面类型"选择"偏移平面"，"参考"选择"yz 平面"，偏移距离为 20 mm，预览，单击"确定"按钮，得到如图 5-68 所示平面 1。

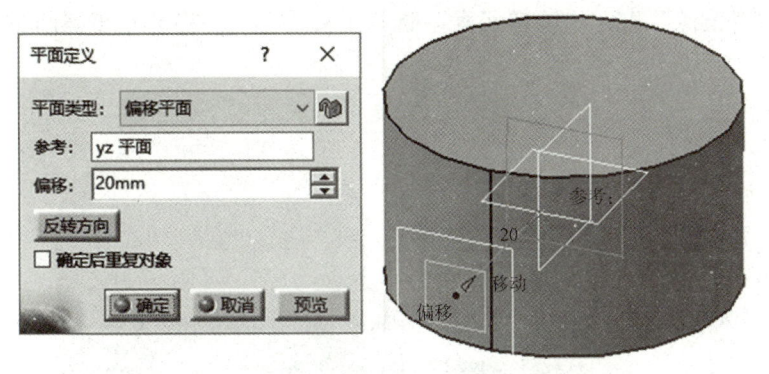

图 5-68 创建参考平面

（5）选择平面 1，单击"草图"命令，进入草图绘制界面，运用"矩形"命令绘制旋钮主体轮廓，并添加"约束"，得到草图轮廓，如图 5-69 所示。

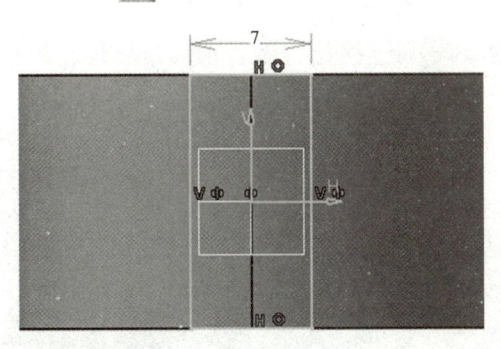

图 5-69 绘制草图轮廓 2

（6）"退出工作台"，选择"凸台"，选择刚刚绘制的草图，"第一限制"中"类型"选择"直到曲面"，"限制"选中"凸台.1\面.1"，如图 5-70 所示，预览，单击"确定"按钮，得到图 5-70。

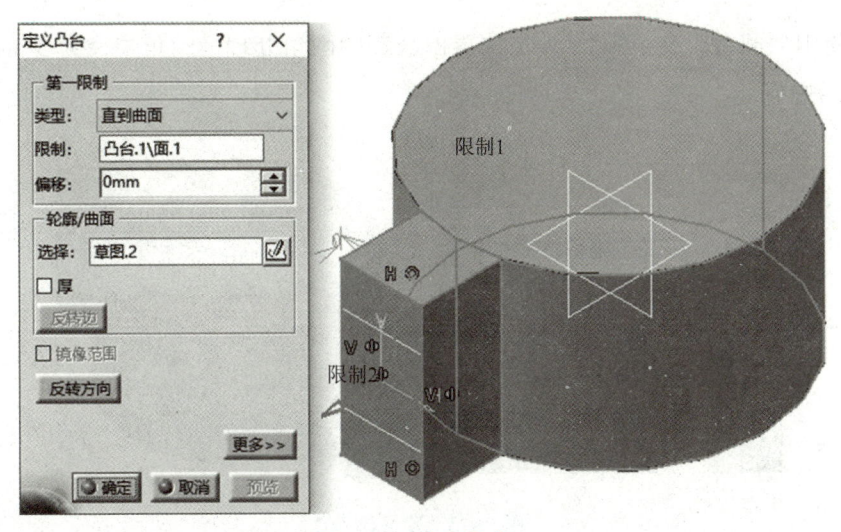

图 5-70 定义凸台 2

(7)选择"镜像" ，"镜像元素"选择"yz 平面",将第 6 步骤凸台进行镜像,如图 5-71 所示。

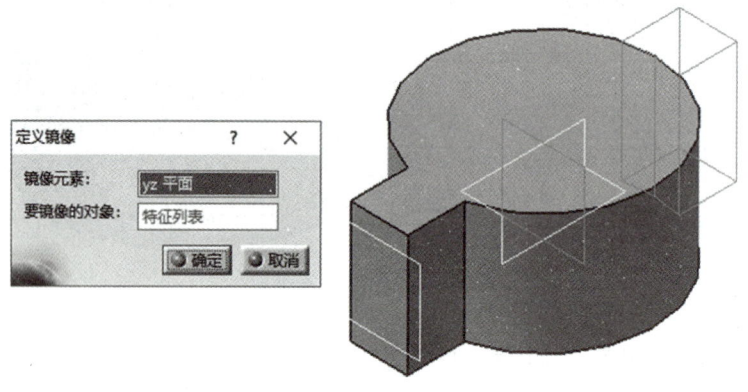

图 5-71 定义镜像

(8)使用"圆角"命令 对连接位置做合理圆角处理,圆角半径为 5 mm,圆角处理后如图 5-72 所示。

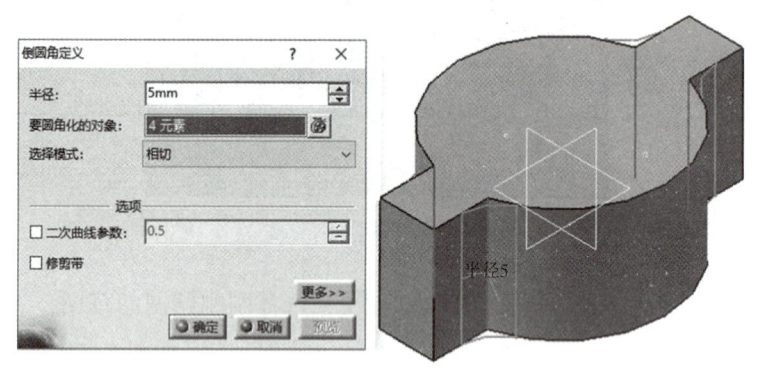

图 5-72 定义圆角 1

(9)使用"圆角"命令 对尖棱位置做合理的圆角处理,圆角半径为 3 mm,圆角处理后如图 5-73 所示。

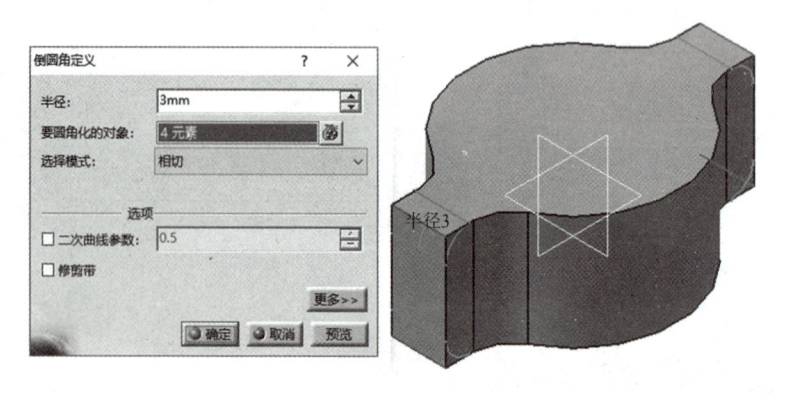

图 5-73 定义圆角 2

(10) 使用"倒角"命令 ⌧，单击需要倒角的棱线，长度为 1 mm，单击"确定"按钮，如图 5-74 所示。

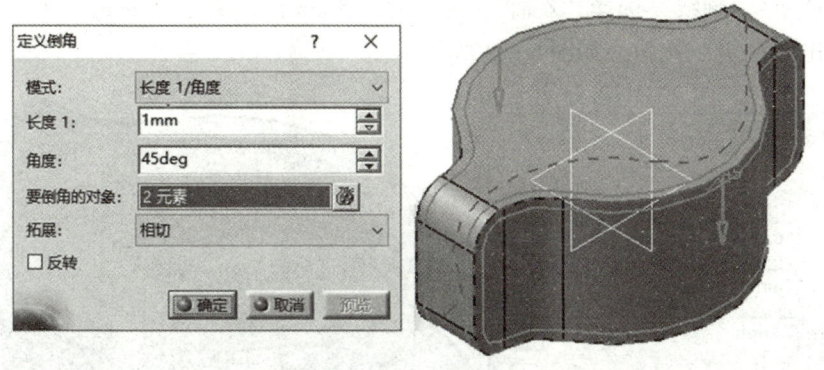

图 5-74 定义倒角

(11) 选择上端面，单击"草图"命令 ⌧，进入草图绘制界面，运用"圆"命令 ⌧ 绘制圆形轮廓，并添加"约束" ⌧，直径为 20.4 mm，得到草图轮廓，如图 5-75 所示。

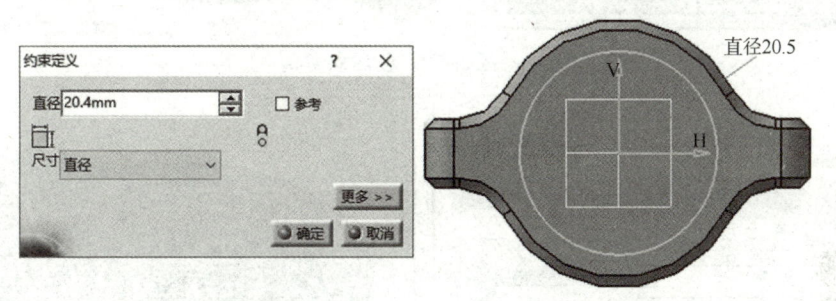

图 5-75 绘制草图轮廓 3

(12) "退出工作台" ⌧，选择"凹槽" ⌧，选择草图，"第一限制"中"类型"选择"直到最后"，单击"确定"按钮，得到图 5-76。

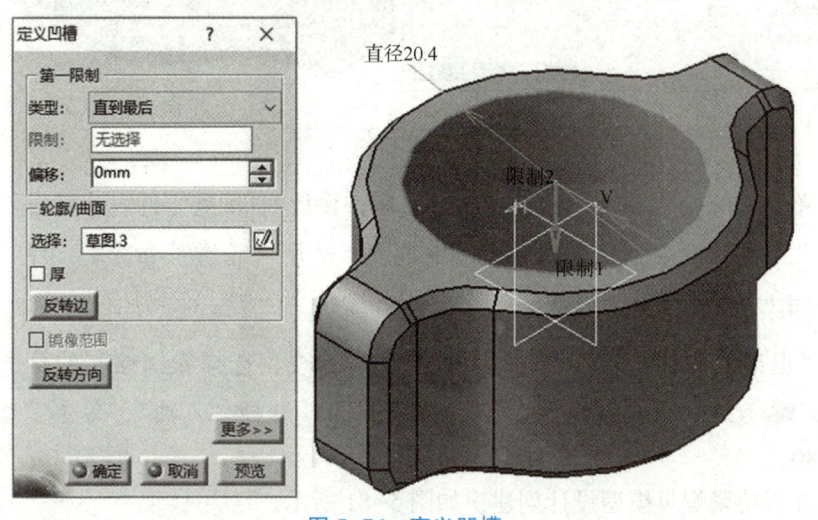

图 5-76 定义凹槽

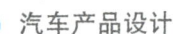

(13) 单击"开始"→"形状"→"创成式外形设计",进入创成式外形设计工作界面,选择"螺旋"命令,在螺旋线起点创建点,点的 X、Y、Z 坐标为(10.2,0,7.2),如图 5-77 所示,"轴线"选择"Z 轴",螺距为 1.5 mm,高度为 17 mm,"方向"选择"逆时针",单击"确定"按钮,如图 5-78 所示。

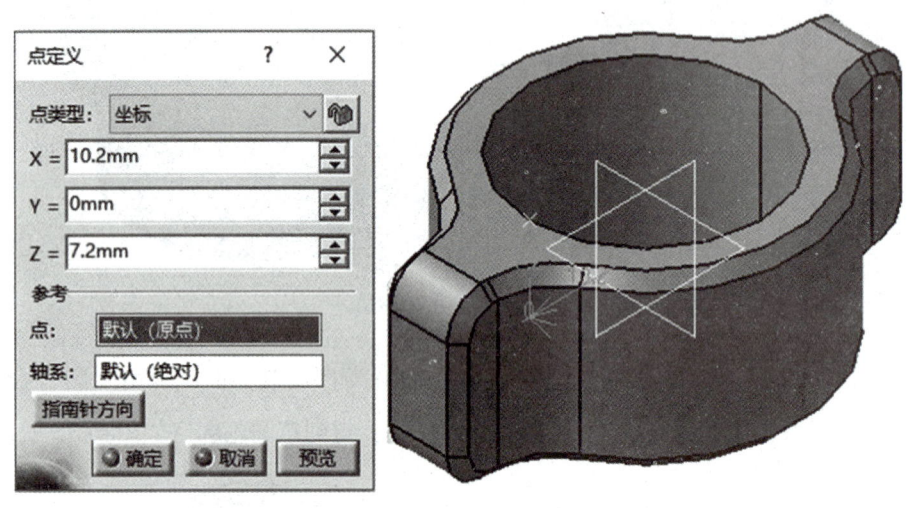

图 5-77　创建点

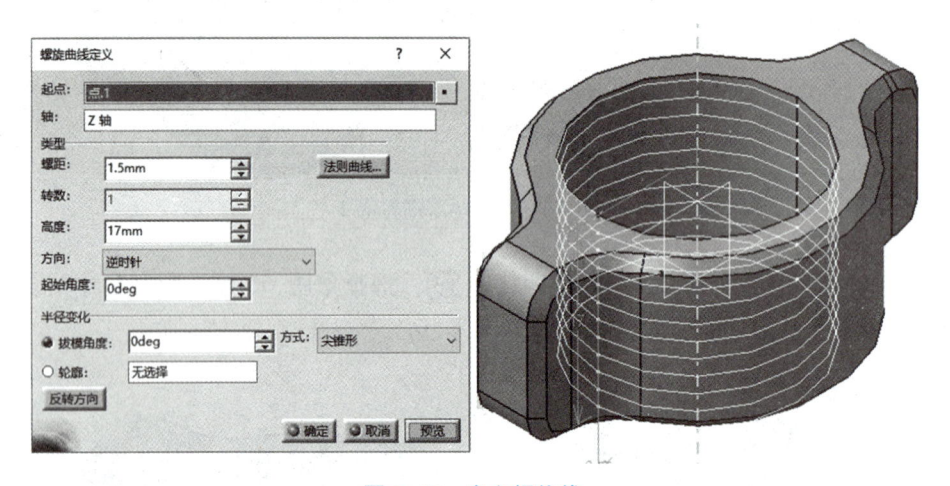

图 5-78　定义螺旋线

(14) 单击"开始"→"机械设计"→"零件设计",回到零件设计界面。选择"zx 平面",单击"草图"命令,进入草图绘制界面,运用"轮廓"命令绘制三角形轮廓,并添加"约束",得到草图轮廓,如图 5-79 所示。

(15)"退出工作台",选择"开槽"命令,选择轮廓绘制的草图,"中心曲线"选择"螺旋 1","控制轮廓"中"拔模方向"选择"Z 轴",单击"确定"按钮,得到图 5-80。

(16) 完成旋紧螺母模型设计创建,如图 5-81 所示。

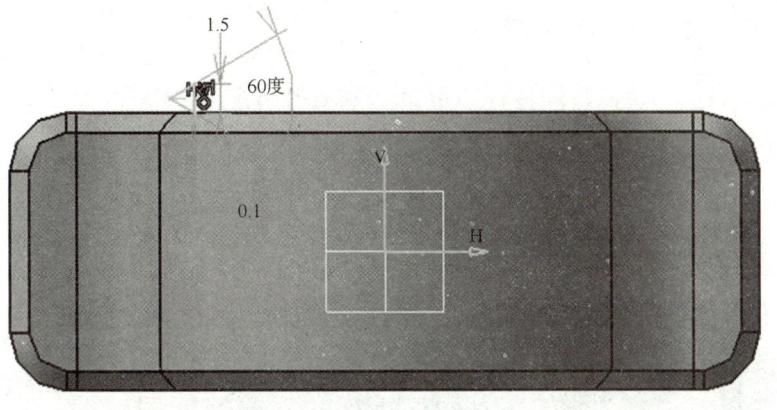

图 5-79 绘制草图轮廓 4

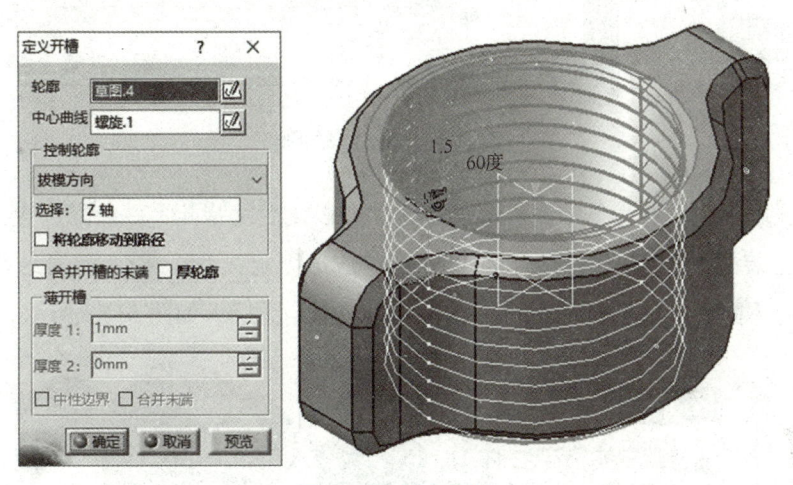

图 5-80 定义开槽

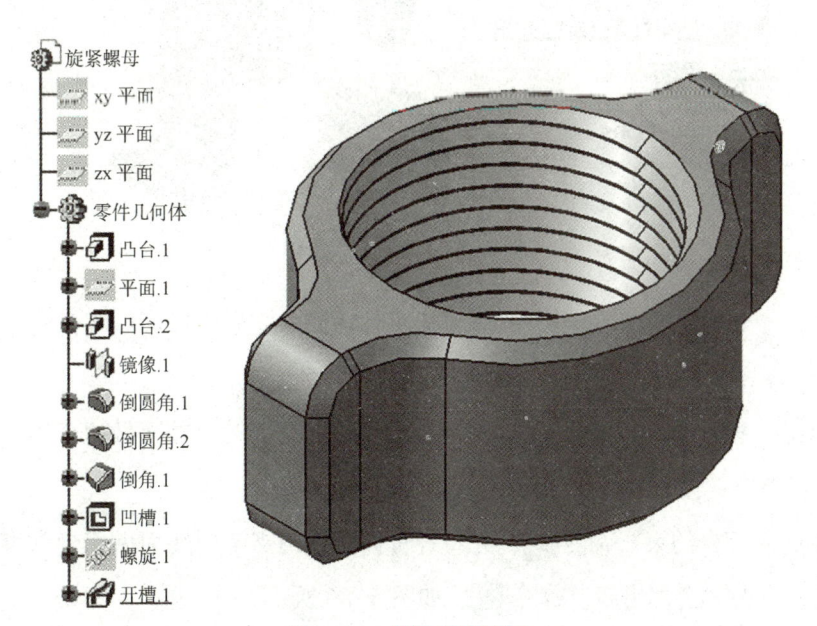

图 5-81 旋紧螺母模型

步骤四：车载手机导航支架装配

（1）启动 CATIA，选择装配设计，单击"现有部件"命令 ，单击左上角"产品／Product1"，在弹出窗口中选择已创建零件（可多选一次导入）。

（2）单击"分解"命令 ，在分解窗口中确定分解的产品，单击"确定"按钮，得到如图 5-82 所示的分解后零件的相对位置。

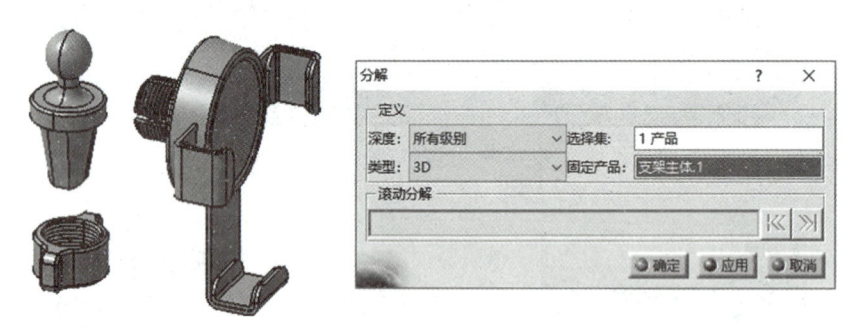

图 5-82　零件位置分解

装配过程以骨架位置为基准，将其固定不动，以免后续装配零件装配位置错乱。

（3）单击装配体结构树中的支架主体，再单击"固定"命令 ，此时结构树中的约束集出现支架主体固定的信息显示，同时数模上出现固定图标，如图 5-83 所示。

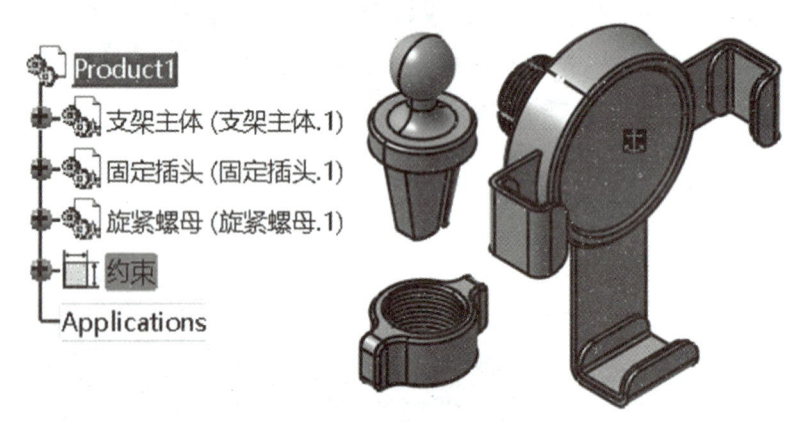

图 5-83　固定支架主体

（4）单击"接触约束"命令 ，先将插头外球面与支架内球面做相合约束，确定选择约束对象后，单击"全部更新"命令 ，如图 5-84 所示。

（5）单击"相合约束"命令 ，先将插头回转面与支架回转面做相合约束，确定选择约束对象后，单击"全部更新"命令 ，如图 5-85 所示。

（6）单击"相合约束"命令 ，先将螺母回转面与支架回转面做相合约束，确定选择约束对象后，单击"全部更新"命令 ，如图 5-86 所示。

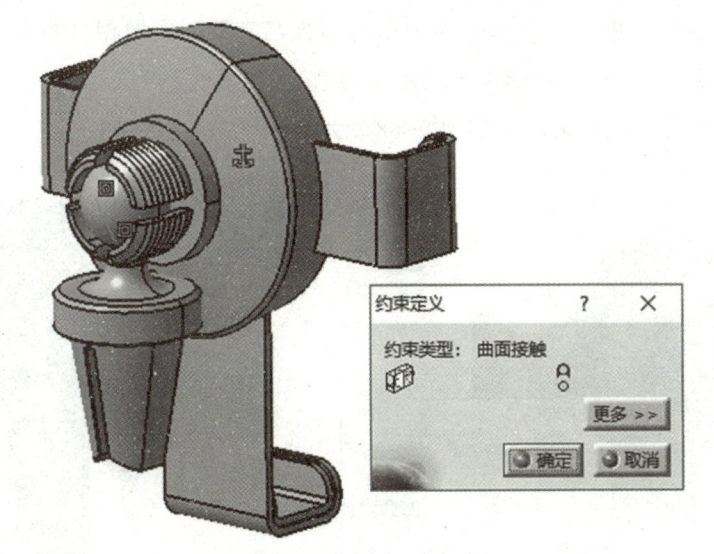

图 5-84　定义接触约束

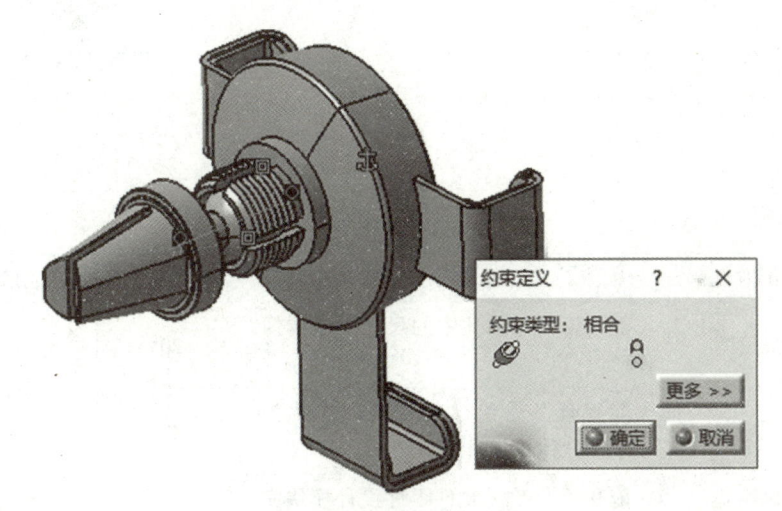

图 5-85　定义相合约束 1

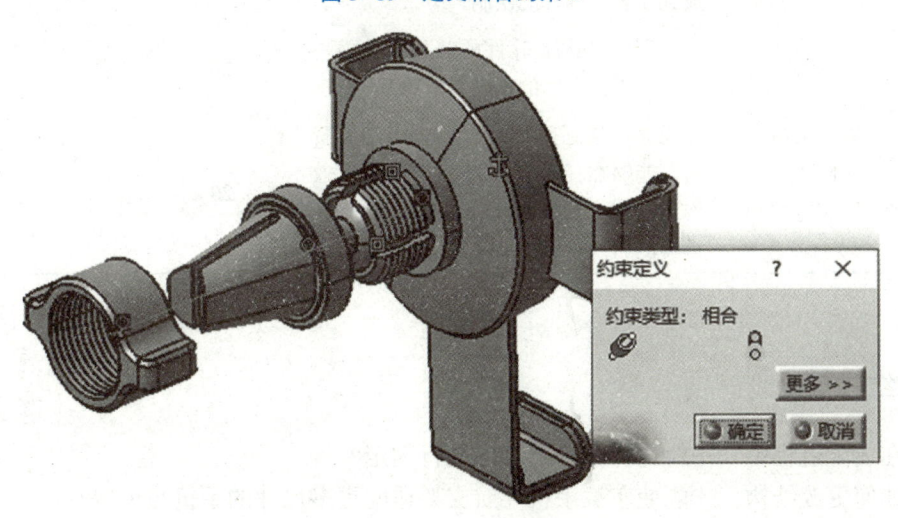

图 5-86　定义相合约束 2

（7）单击"接触约束"命令，先将螺母端面与支架端面做相合约束，确定选择约束对象后，单击"全部更新"命令，如图5-87所示。

（8）完成手机导航支架装配，如图5-88所示。

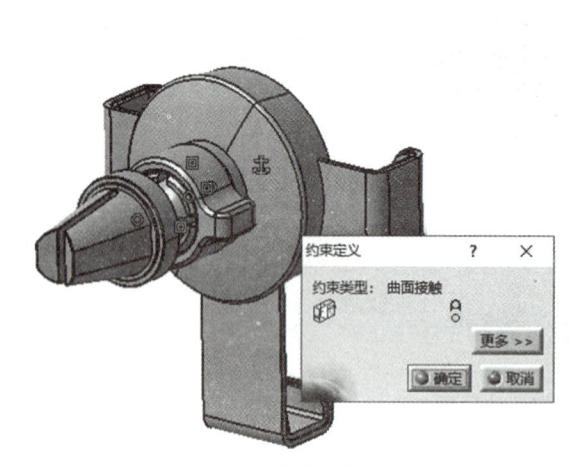

图5-87　定义接触约束

图5-88　车载手机导航支架模型

任务评价

序号	评价内容	评价要求	参考分值	完成情况	评分
1	正确读图	能根据任务描述中的尺寸要求看懂图形	20		
2	草图绘制	能将任务中给出的三视图转化为CATIA软件的草图	20		
3	正确绘制各装配零件	能利用CATIA软件零件设计模块完成旋钮各零部件的绘制	20		
4	装配	能利用CATIA软件的装配设计模块完成各零件之间的正确装配关系	20		
5	查阅资料、团队协作、审美能力、民族自豪感等	能够在遇到困难时有效查阅相关资料，能够在任务实施过程中做到有效沟通交流，提升对于工程图形的整体审美能力及对民族品牌的自豪感	20		

思考总结

1. 在装配过程中，一般选择哪种零部件进行固定？
2. 如何更改结构，才能使车载手机导航支架适配更多尺寸的手机与车型？

项目 6

安全带锁建模实例

学习目标

【知识目标】

1. CATIA 创成式外形设计模块中常用命令的操作；
2. CATIA 几何体模块中常用命令的操作；
3. CATIA 装配模块中常用命令的操作。

【技能目标】

1. 掌握 CATIA 零件设计模块中"凸台""凹槽""阵列""旋转""倒圆角"和"布尔运算"等常用命令的使用；
2. 掌握 CATIA 创成式外形设计模块中"拉伸""相交""分割""填充"和"多截面曲面"等常用命令的使用。

【素养目标】

1. 通过汽车安全带锁设计建模，对零件设计及创成式外形设计中的命令融会贯通；
2. 培养学生勇于探索创新的能力，推动民族品牌发展。

任务描述

请运用 CATIA 软件，绘制如图 6-1 所示汽车安全带锁模型的建模。按照 CATIA 绘图准则，参照案例尺寸准确、快速地完成绘图，并保存成 Part 文件。

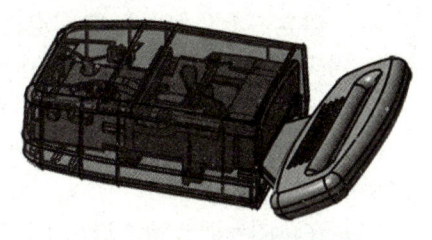

图 6-1 汽车安全带锁模型

任务分析

本任务需要完成汽车安全带锁的建模，主要设计思路是先分析安全带锁的结构，把安全带锁分成安全带连接器盒体内部支架、连接器盒体、安全带锁装饰件、安全带锁舌等零部件，首先要建立零部件的模型，然后创建装配体进行装配。零件建模时需要注意零件之间的装配关系，装配时应该充分考虑各个零件、各个面的几何关系来进行装配。

建模的难点在于形状与形面不规则，需灵活运用创成式外形设计和零件设计两个模块，采用自上向下的设计思路综合运用软件命令，完成三维模型的创建。

任务实施

步骤一：支架主本体建模

本部分将设计安全带连接器盒体内部支架的三维模型。在基本接触 CATIA 草图设计和零件设计工作台的基础上，设计三维模型。难点在于整体轮廓的绘制，它是形成支架三维模型的关键，在其他三维模型的建模中也经常使用。本项目最终形成的内部支架结构三维模型如图 6-2 所示。

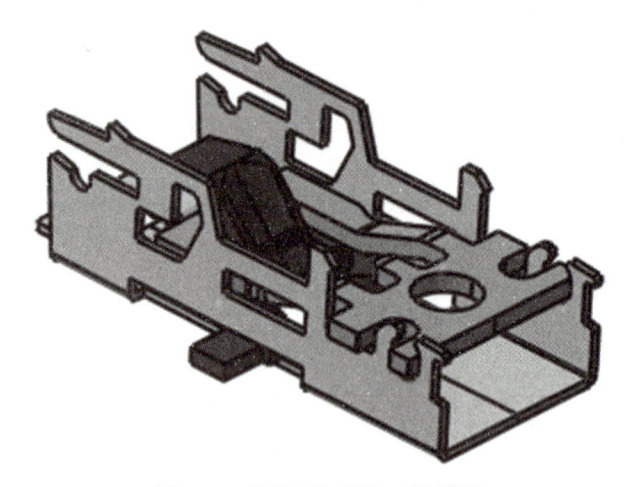

图 6-2 内部支架结构三维模型

（1）在桌面上双击 CATIA 的快捷方式图标，进入 CATIA 软件；或者从开始菜单选择 CATIA 命令，运行该软件。进入 CATIA 软件界面后，选择"开始"→"机械设计"→"零件设计"命令，进入零件设计界面。

（2）建立一个几何图形集，定义几何图形集。选中左边模型树中的"xy 平面"，选择"参考元素"中的"平面"命令，作出一个偏移 2 mm 的参考平面。在工具栏中单击草图绘制器，就进入草图设计模式。

（3）在草图中作出如图 6-3 所示的草图，因为安全带连接器通常都做成对称形状，故只需要做出对称一边即可。

（4）在草图界面找到"退出工作台"命令，单击"退出工作台"按钮。选择"开始"→"形状设计"→"创成式外形设计"命令，进入"创成式设计"界面。单击"填充"命令，将做好的草图填充成面。找到"扫掠"命令，选中填充出的面的边界，扫掠出如图 6-4 所示的样子，然后单击"修剪"命令将两个面修剪在一起，并在修剪处进行倒角，这样支架本体的外部表面就做好了。

图 6-3　草图展示

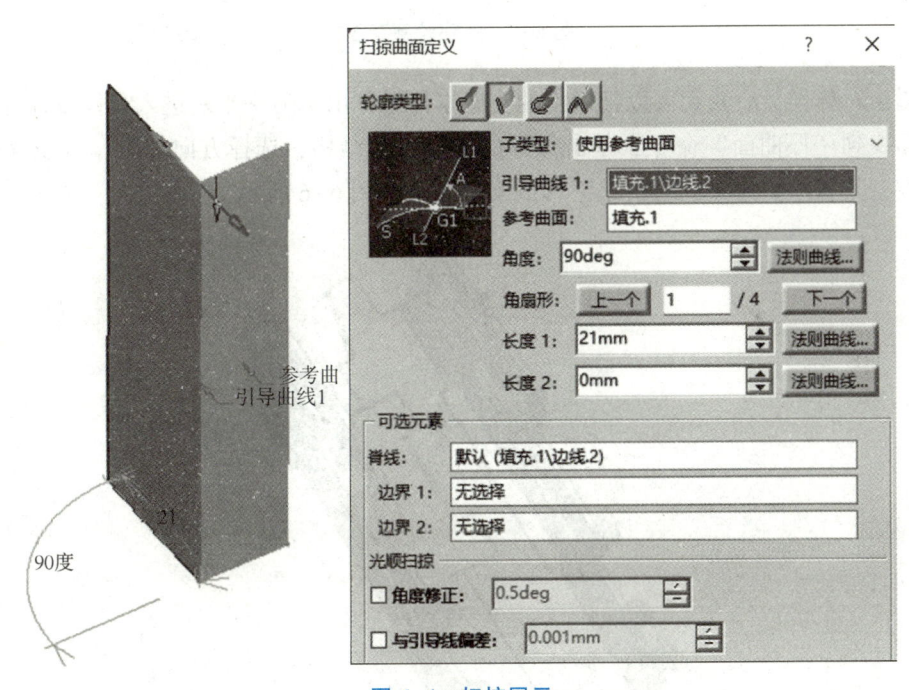

图 6-4　扫掠展示

（5）为了切除掉支架本体的多余部分，需要做出支架本体的最大轮廓。单击"草图"命令，选择与支架本体使用的参考平面垂直的平面进入草图。在草图中作出支架本体的外部轮廓，如图 6-5 所示。

（6）单击"退出工作台"命令，在创成式外形设计界面找到"拉伸"命令，将作出的草图沿着草图支持面进行拉伸，拉伸到可以分割掉支架整体多余部分即可；找到"倒角"命令，将拉伸出来的面进行倒角，倒角数值以规定为准；将支架本体与完成倒角的面进行分割，留下需要的部分即可。我们需要在支架主体上开出各种异形孔，以便节省材料、降低自身重量以及支架主体和其他配合件的安装配合。前面讲过安全带盒体属于对称件，因此内部

081

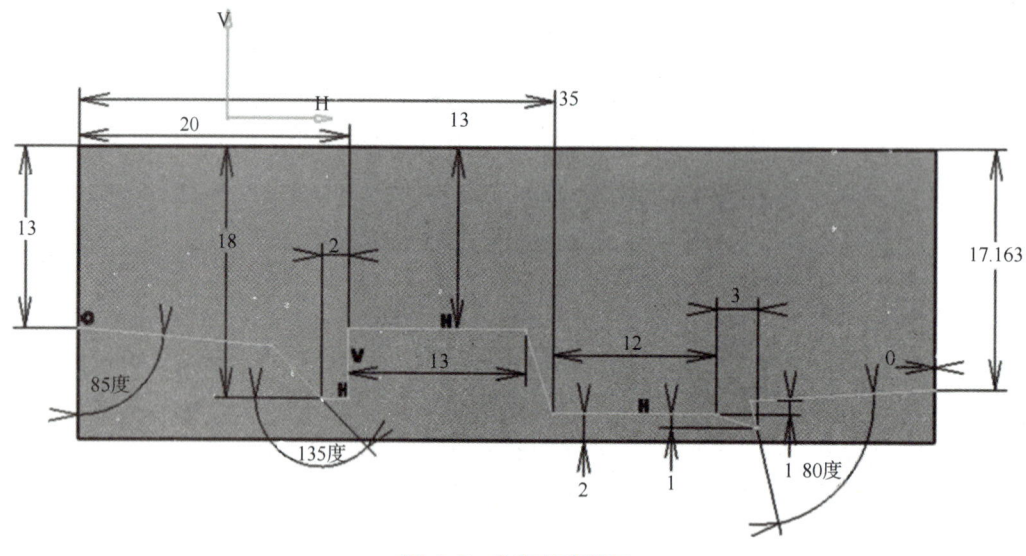

图 6-5 外部轮廓草图

支架也属于对称件，故我们可以把做出的支架本体对称出来另一半。进入零件设计界面，在设计界面找到"厚曲面"命令，单击做好的支架本体结构，选择方向加料厚（支架本体属于钣金件，其料厚值为 1 mm）。最终形成支架主体如图 6-6 所示。

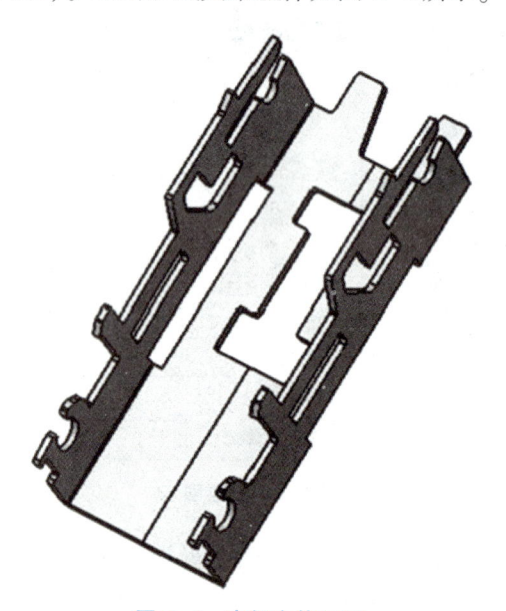

图 6-6 支架主体展示

步骤二：底座建模

弹簧卡座分为底座和卡子，考虑到零部件之间的装配，因此在建模时需要考虑到零件与零件之间配合面的关系是重合还是留有一定的间隙。

（1）单击"插入"命令，插入一个几何体，选定几何体，单击右键将其定义为工作对象；以"xy 面"进入草图，作出一条平行于 X 轴的直线，然后退出工作台，进入零件设计界面，找到凸台命令将草图的直线进行凸台操作，如图 6-7 所示。

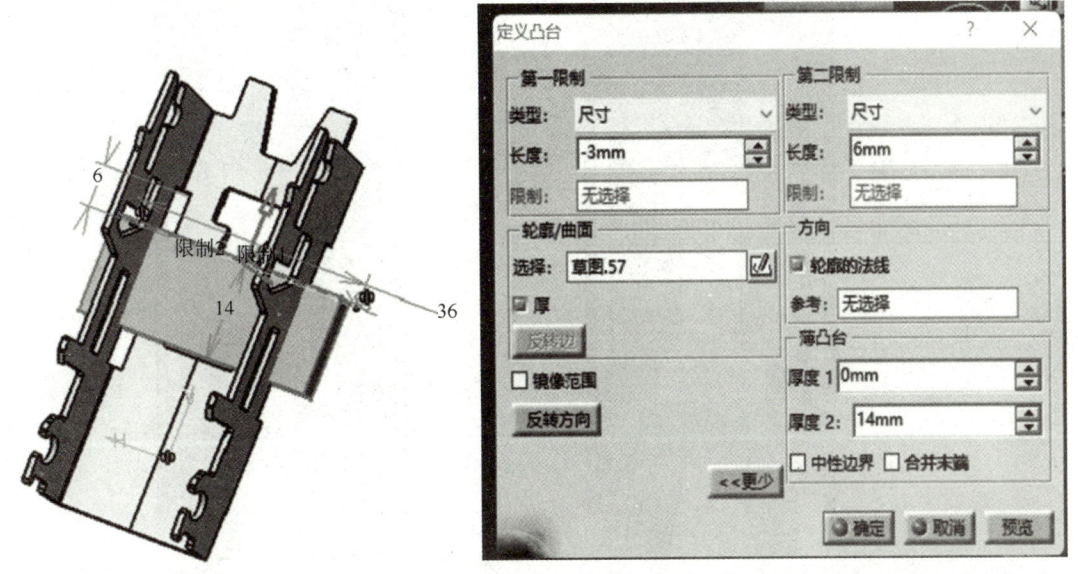

图 6-7　凸台展示

（2）单击这个实体所在的几何体，右键找到"复制"选项，将其复制后再单击一次右键，找到"选择性粘贴"，选择其中与原文档相关联的结果，复制出来一份与原来几何体相关联的新的几何体，其目的是保证每一次操作都带有关联，作用在于后面结尾工作，更改最初零件数值时，后面一系列的操作都会跟着自动变动，节省了一步步的数值调动时间，真正做到牵一发而动全身。

回归正题，在零件设计中找到"厚度"命令，单击靠近坐标轴与"zx 面"平行的实体面，"料厚"选择"-6 mm"，然后再次单击"厚度"，选择与"yz 面"平行的实体面，"料厚"选择"-28 mm"，形成一个长 8 mm、宽 8 mm、高 3 mm 的块体；然后在"零件设计"中找到"镜像"命令，将这个块体沿着"yz 面"镜像出一个与之对称的块体。在"零件设计"中找到"移除"命令，单击"移除"命令将新做的实体块从最初的实体中移除掉。

继续复制出来一个带有关联的几何体，重复上述步骤做出与"yz 面"对称的长 6 mm、宽 1 mm、高 3 mm 且与"zx 面"相距 14.3 mm 的两个实体块，将其与刚移除块的实体再次进行一处操作。

在"零件设计"中找到"倒角"选项，单击"倒角"命令，"模式"选择"长度/角度"，选中移除块位置边，作一个长度为 1 mm、角度为 40°的倒角。在"零件设计"中找到"拔模"命令，"拔模面"选择倒角处，"中性面"选择地面，"拔模方向"选择 Z 方向，作一个角度为 20°的拔模。选择拔模面边线作一个长 1 mm、角度 15°的倒角。插入一个新的几何体，以"zx 面"进入草图，在草图中分别作出如图 6-8 所示的图形。

（3）进行"凸台"命令操作，第一个作出一个厚度为 1 mm 的实体，第二个作出厚度为 8 mm 的实体，将拔模之后的实体先后与这两个实体块进行"移除"命令操作。继续复制出一个与第一个几何体相关联的几何体，通过"厚度"操作，作出一个长 5 mm、宽 3.2 mm、

汽车产品设计

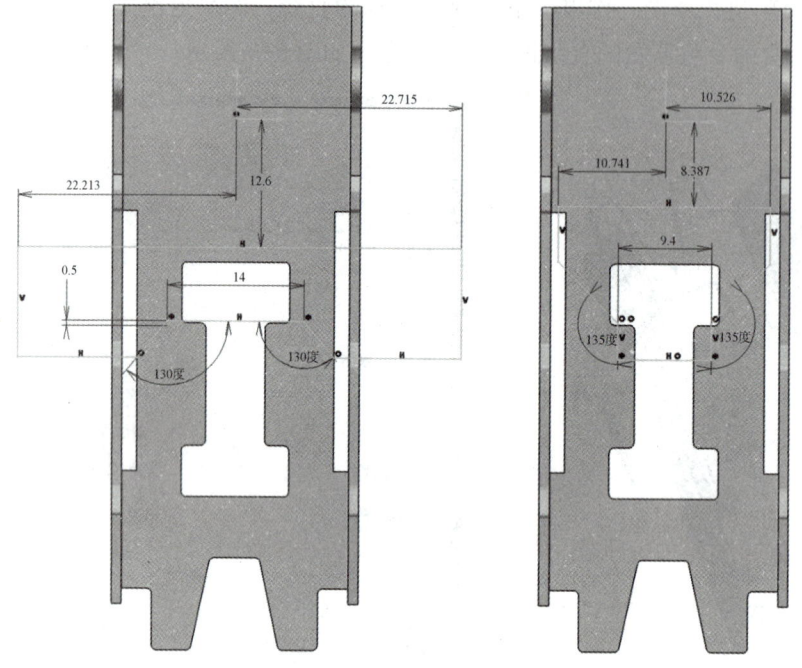

图 6-8 草图展示

高 3 mm 且两边与"yz 面"对称的实体块；在零件设计中找到装配命令，单击"装配"命令将这个几何体装配到底座主体上。选中装配实体块处的边线作一个长度为 3 mm、角度为 30°的倒角。如图 6-9 所示。

图 6-9 实体块倒直角

（4）继续复制出一个关联几何体，通过加减料厚值得出一个长 1 mm、宽 5 mm、高 3.5 mm，距离 zx 面 19.8 mm 的实体块，将实体块的一面拔模 45°，然后将拔模后的实体块沿着 yz 面镜像出一个对称实体块，如图 6-10 所示。

（5）将作出的实体装配到底座主体上。选择参考元素中的平面命令，将 xy 面向上偏移 6 mm，创建出一个新的参考平面；建立一个新的几何体，定义几何体为工作对象，选择偏移过后的 xy 面进入草图，在草图中作一个圆心距横轴 21.9 mm、纵轴 6.3 mm 的半圆，退出工作台之后使用"凸台"命令做出一个 10.5 mm 的凸台。使用"移除"命令将作出的实体块从底座主体上移除，如图 6-11 所示。

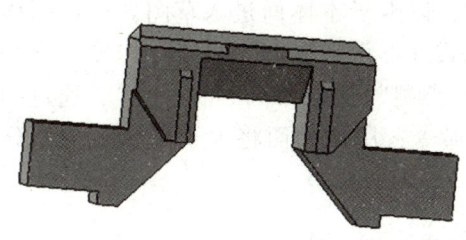

图 6-10 实体

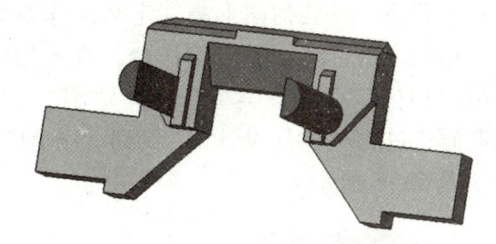

图 6-11 移除块展示

（6）定义一个新的几何体，选择 yz 面进入草图，在草图中作出一个圆心距离横轴 4.5 mm，纵轴 21.9 mm 的圆形，"退出工作台"，使用"凸台"命令作出一个 13.6 mm 的圆柱体。使用"移除"命令将作出的圆柱体从底座主体中移除，此时底座主体就算完成了，如图 6-12 所示。

图 6-12 底座主体

步骤三：卡子建模

（1）将 13.6 mm 的圆柱体复制出两份相关联的几何体，通过加减料厚作出一个 0.3 mm 的圆柱体作为卡子本体；另一个几何体通过加减料厚得出一个沿着 yz 平面对称的 9 mm 圆柱体，将作出的 8 mm 高度的圆柱体装配到卡子本体上。创建一个几何体，以 yz 平面进入草图，在草图中作出卡子截面，如图 6-13 所示。

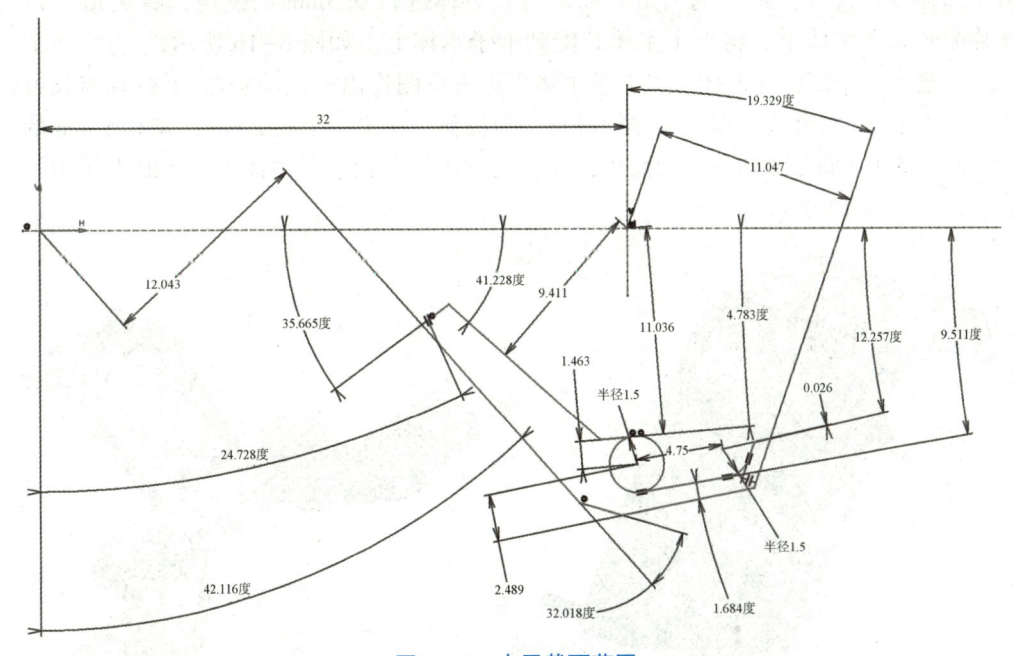

图 6-13 卡子截面草图

（2）"退出工作台"，使用"凸台"命令沿着参考平面凸台 4.4 mm 作出卡子主体，如图 6-14 所示。

（3）建立一个几何图形集，定义工作对象，以卡子本体面进入草图，在草图作出一条与纵轴相合的直线，退出工作台，进入创成式外形设计界面，找到"扫掠"命令，鼠标单击"扫掠"，"轮廓类型"选择"圆"，"子类型"选择"圆心和半径"，通过扫掠作出辅助面；进入"零件设计"，找到"分割"命令，用辅助面将卡子主体多余部分移除掉。如图6-15所示。

图6-14 卡子本体1

图6-15 移除之后的卡子本体

（4）创建新的几何体，以卡子主体面进入草图，作出一个边线距离纵轴2 mm、宽1.5 mm的对称长方形。退出工作台，以草图参考面为方向进行凸台操作，作出一个3 mm的实体；在零件设计找到"倒圆角"命令将长方体进行0.5mm的倒角，将倒角之后的长方体装配到卡子主体上，将卡子主体装配到卡子本体上。如图6-16所示。

（5）插入一个新的几何体，以卡子主体面进入草图作出一条与 xy 面平行且与长方体中线相合的6.8 mm对称线，退出工作台进行凸台操作，作出一个高2 mm、宽0.5 mm的长方体，将长方体上平面倒0.5 mm的圆角，并将长方体装配到卡子主体上，此时卡子主体就算完成了，如图6-17所示。

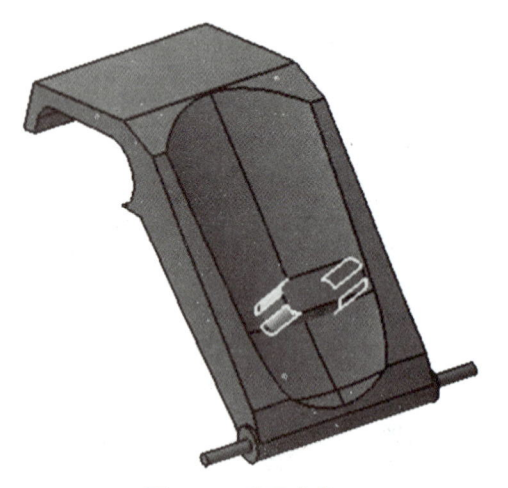

图6-16 卡子本体2

图6-17 卡子主体完成

步骤四：支架上盖建模

（1）插入新的几何图形集并定义。在支架本体后半部分上盖安装面处取一个参考点，使用参考元素中平面，选择平面类型为"平行通过点"，参考元素为"zx 平面"，选取刚建立的参考点建立出一个与 zx 平面平行的参考平面；以这个参考平面进入草图作出一条直线，直线与主轴系横轴相距 11 mm，直线长度为 27 mm，其两端沿纵轴对称；退出工作台，将草图作出的直线沿着参考平面进行拉伸，数值为正方向 12.5 mm、反方向 3.5 mm；将拉伸出的平面沿着 y 方向平移 25 mm；将平移出的面向反方向偏移 3 mm；进入"创成式外形设计"界面找到"桥接"命令，将拉伸出的面与偏移出的面进行桥接；在"创成式"界面找到"修剪"命令，将三个面进行修建操作；将修剪后的整体面中偏移面的另一边进行扫掠操作，"轮廓类型"选择直线，"子类型"选择使用参考曲面，引导曲线选择要进行扫掠的边线，参考曲面选择偏移后的平面，扫掠角度为 95°、长度为 6 mm。将扫掠面与修剪出的主体面进行修剪，然后进行倒圆角操作，在创成式外形设计中找到"倒圆角"命令，将修建出的面离轴系近的尖角倒 2°，将中间处倒 4°，扫掠处尖角则倒 1°。以拉伸出的面为草图参考平面进入草图，在草图中作出支架上盖的最大轮廓，如图 6-18 所示。

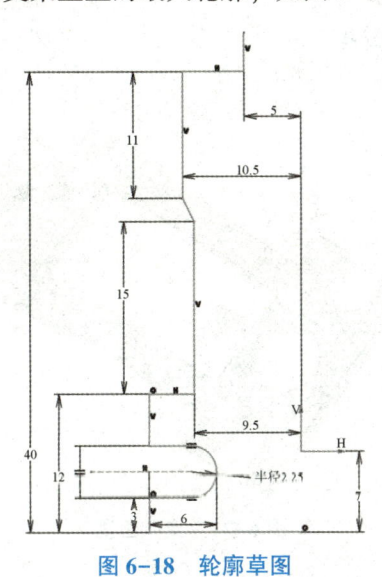

图 6-18 轮廓草图

（2）退出工作台，将作出的草图以草图参控平面进行拉伸，直到可以分割主体面多余部分为止，拉伸之后的面距离主轴系由远到近的尖角处依次倒 1°、0.2°、0°、1°、0.3°、0.2°、0.2°、0.2°、0.2°，如图 6-19 所示。

（3）将倒圆角之后的面沿着 yz 面对称出整个支架盖的另一边轮廓，并使两面进行接合，接合值为 0.001 mm。将作好的主体面与最大轮廓面进行分割，保留需要部分；因为支架上盖为钣金件，为了降低重量，需要开一个减重孔。以 xy 平面为参考平面进入草图，作出如图 6-20 所示的减重孔。

（4）退出工作台，将草图轮廓沿着草图参考面进行拉伸到可以分割掉上盖多余部分即可，将主体面与减重孔轮廓面分割留下需要部分。进入零件设计页面，插入一个几何体并定义，支架上盖的料厚为 2.2 mm，单击"厚曲面"命令将主体面进行加厚曲面处理。这样，支架主体的支架上盖就完成了，成品如图 6-21 所示。

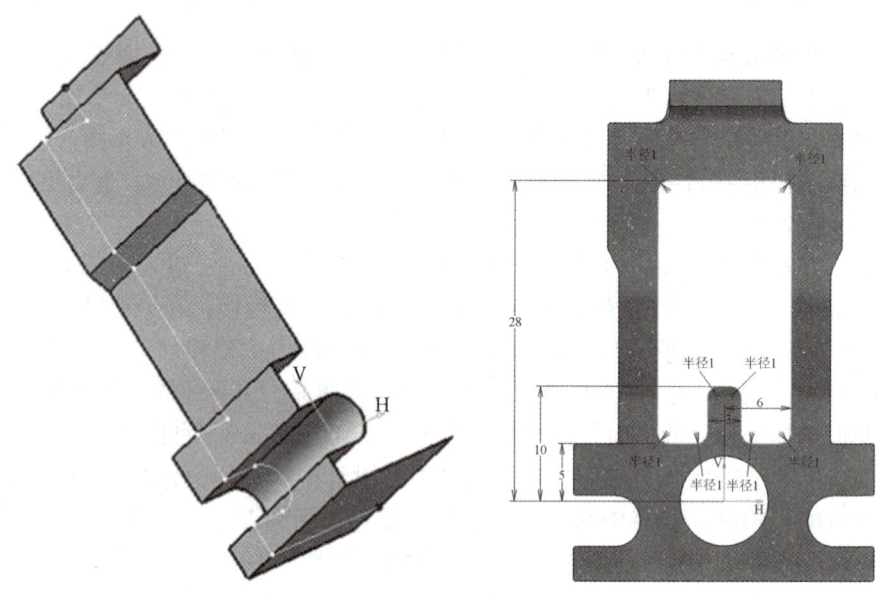

图 6-19　倒角面

图 6-20　减重孔草图

图 6-21　支架上盖

步骤五：连接器整盒体的模型建模

本部分是设计安全带连接器盒体的三维模型，使用最多的命令是"布尔运算"，通过对安全带连接器上盒体的三维模型设计，可以熟练掌握此命令。本部分的难点是实体块之间布尔运算的运用以及与内部钣金件之间的配合。最终形成的安全带连接器盒体三维模型如图 6-22 所示。

（1）插入新的几何体并定义工作对象，以 xy 面为参考平面进入草图，作出如图 6-23 所示的盒体轮廓草图。

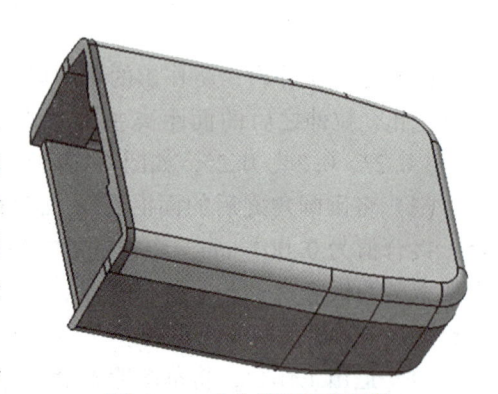

图 6-22　安全带连接器盒体

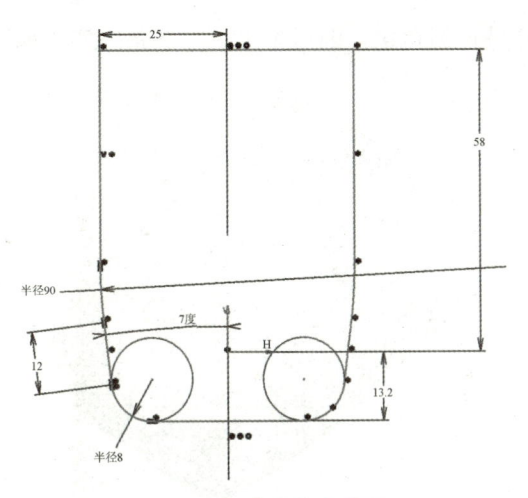

图 6-23　盒体轮廓草图

（2）退出工作台，因为连接器外壳为塑料件，需考虑到出模，所以需要作出出模方向，这里选择的出模方向为 z 向出模。

单击"草图"，选择"凸台"命令，选择凸台方向为 z 向，正方向为 25.2 mm，反方向为 1 mm。考虑到塑料件自身结构与支架的配合关系，需要将上顶盖处增加一定的坡度面；插入一个新的几何图形集并定义工作对象；提取上盖处面，进入创成式界面，找到"等参曲线"命令，参考曲面选择提取出的面，将等参线偏移至距盒体尾部 42.5 mm 处，使用参考曲面扫掠出一个 7°、长度为 60 mm 的平面。

进入零件设计界面，定义整个盒体所在的几何体为工作对象；选择"分割"命令对扫掠出来的面和整个盒体进行分割，保留需要的部分。找到"倒圆角"命令，单击分割之后出现的尖角位置的线，倒出一个 80°的圆角。

塑料件还需要考虑到分型线也就是整个件沿着出模方向看到的整个连接器外壳的最大轮廓。这里选择的分型线所在位置为平行于底部 9 mm 处。将盒体底部面向正方向偏移 9 mm，在创成式界面找到"外插延伸"命令，"连续"选择曲率连续，"拓展模式"选择点延续，"边界"选择偏移之后的面的边线，外插延伸的面则选择偏移面，延伸数值不固定，能分割开整盒体即可。

在零件设计界面找到"拔模"命令，要拔模的面选择整个盒体的四周面，"中性元素"选择分型面，"拔模方向"选择 z 向，点开右下角的"更多"，选中"双侧拔模"，单击"确认"即可，关于双向拔模的用法如图 6-24 所示。

图 6-24　双侧拔模展示

（3）将盒体上下部分进行圆角化，倒角为3°，盒体最终实体如图6-25所示。

图6-25　安全带盒体

步骤六：连接盒上盒体建模

（1）将作好的整盒体复制出一份带有关联的几何体，运用分割命令选择分型面分割几何体，保留上盒体，在零件设计界面找到"盒体"命令，选择要移除的面为盒体尾部面和分型面，默认内壁厚度为1.8 mm，抽盒之后的实体为上盒体本体。插入一个新的集合体并定义为工作对象，选择 zx 面为参考平面进入草图，在草图中作出一个距离横轴3 mm、宽度为9 mm、长度为24 mm且长边两端与纵轴对称的长方形，在草图中找到"圆角"命令，将四处尖角圆角化，倒角数值为4。退出工作台，使用"凸台"命令，选中"凸台"命令中的"镜像范围"，正反方向各凸30 mm。单击"移除"命令将长方体从上盒体本体移除。插入一个新的几何体，选择 xy 面为参考平面进入草图，作出如图6-26所示样子。

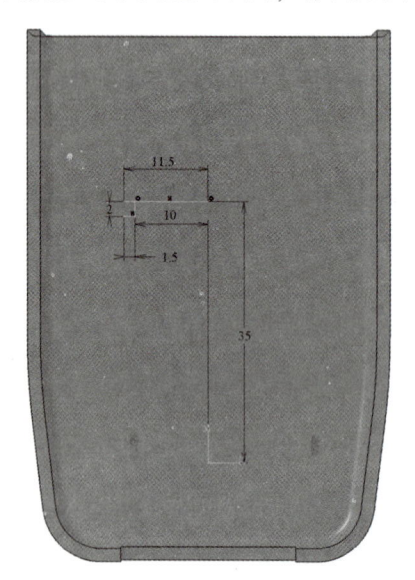

图6-26　上盒体主体

（2）退出工作台，选择"凸台"命令，勾选"厚度"，"第一限制"中的"尺寸"为28 mm，

"第二限制"中的"尺寸"为-20.4 mm。单击"更多"选项,选择"中性边界","厚度"为1 mm,"出模方向"选择 z 向。插入一个新的几何体并定义工作对象,选择 xy 面为参考平面进入草图,作出一个长 1 mm、宽 2.5 mm 的长方体,且长距横轴 33 mm、宽距纵轴 11.5 mm。退出工作台,进行凸体操作,"第一限制"中的"尺寸"为 25.2 mm,"第二限制"中的"尺寸"为-21 mm,凸台方向选择 z 向。将这两个实体装配在一起,选择"镜像"命令将这个新实体沿着 yz 面镜像出另一部分,然后在零件设计界面找到"联合修剪"命令,单击"联合修剪",选中新实体和上盒体本体,移除面(选择的不需要保留部分的面)。最终成品如图 6-27 所示。

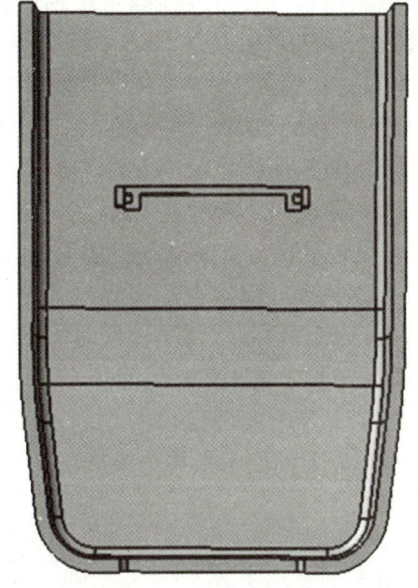

图 6-27 筋部分展示 1

(3)插入一个新的几何体并定义为工作对象,选择 xy 面为参考平面进入草图,在草图中作出一个 E 字形状的草图,距离横轴 4.5 mm,草图两边线段对称于中间线段,两边线段长为 3.5 mm,中间线段长为 2 mm 且距横轴 7.25 mm。竖边与纵轴距离为 9 mm。退出工作台,选择"凸台"命令,"第一限制"中的"尺寸"为 28 mm,"第二限制"中的"尺寸"为-18 mm,选"中厚",选择"中性边界",厚度为 1 mm,"凸台方向"为 z 向。如图 6-28 所示。

(4)插入一个新的几何体并定义工作对象,选择 xy 面为参考平面进入草图,在草图中作出一条线与纵轴平行且相距 12 mm,直线上端点距横轴 4.5 mm。退出工作台,选择"凸台"命令,选"中厚"和"中性边界","第一限制"中的"尺寸"为 28 mm,"第二限制"中的"尺寸"为-15.669 mm,"厚度"为 1 mm,"凸台方向"为 z 向。选择轴系下方边线进行倒角,"倒角模式"选择"长度/长度","长度 1"为 1.31 mm,"长度 2"为 2 mm;轴系上方边线倒角"长度 1"为 2.55 mm,"长度 2"为 6 mm。将两个实体块装配成为一个新的几何体,如图 6-29 所示。

图 6-28 筋部分展示 2

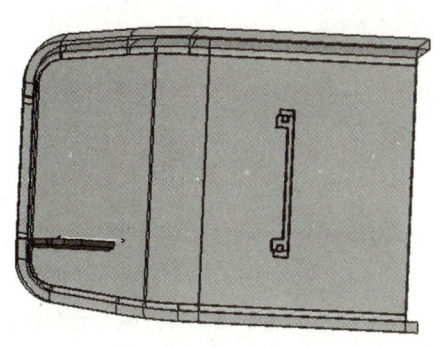

图 6-29 筋部分展示 3

（5）插入一个新的几何体，选择 xy 面为参考平面进入草图，在草图中作出一条直线，直线与纵轴平行，直线顶端与横轴相距 6.5 mm、与纵轴相距 12 mm。退出工作台，进行凸台操作，选"中厚"和"中性边界"，"凸台方向"为 z 向，"第一限制"中的"尺寸"为 28 mm，"第二限制"中的"尺寸"为-17 mm。距离轴系最远的边需要进行一次倒角，"长度 1"为 1.5 mm，"长度 2"为 2 mm。将这个实体块装配到刚建立的新的几何体里成为一个新的几何体，如图 6-30 所示。

（6）插入一个新的几何体，选择 xy 面为参考平面进入草图，在草图中作出一条直线，直线与纵轴平行，直线端点距横轴 10 mm，直线距离纵轴 12 mm。退出工作台，进行凸台操作，选"中厚"和"中性边界"，"凸台方向"为 z 向，"第一限制"中的"尺寸"为 28 mm，"第二限制"中的"尺寸"为-20 mm。距离轴系较远的边需要倒角，"长度 1"为 3.2 mm，"长度 2"为 2.5 mm。将已经倒了角的实体块继续装配到那个几何体里，然后将这个最终实体沿着 yz 面镜像出它的对称实体。将这个完整实体与上盒体本体进行联合修剪，移除掉不需要的面。最终结果如图 6-31 所示。

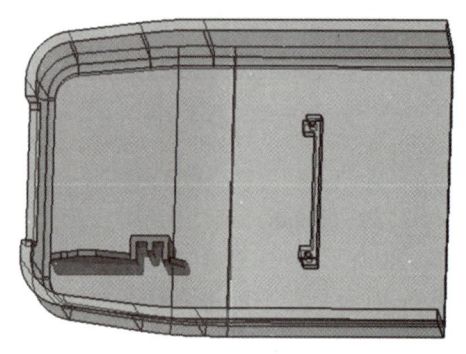

图 6-30 筋部分展示 4

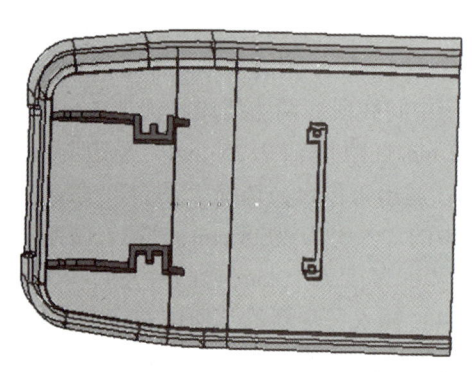

图 6-31 筋部分展示 5

（7）插入一个新的几何体，以 xy 面为参考平面进入草图，在草图中作出两条直线，一条直线长度为 4 mm，端点距横轴为 5 mm，距离纵轴 10.5 mm；另一条直线长度为 2 mm，端点距纵轴为 8.5 mm，直线距离横轴 9 mm。退出工作台，将草图进行"凸台"操作，选"中厚"和"中性边界"，"凸台方向"为 z 向，"厚度"为 0.8 mm，"第一限制"中的"尺寸"为 28 mm，"第二限制"中的"尺寸"为-15.669 mm。如图 6-32 所示。

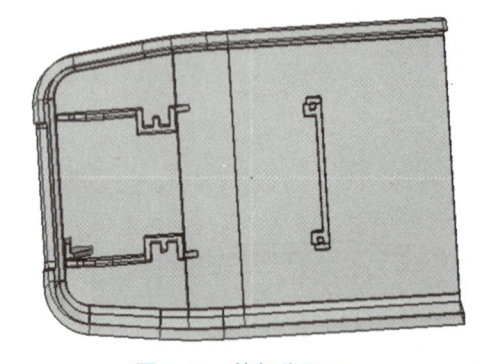

图 6-32 筋部分展示 6

（8）插入一个新的几何体，以 xy 面为参考平面进入草图，在草图中作出一条直线，直线与横轴平行，距离横轴 9 mm，直线长 9 mm，直线一端与纵轴相合。退出工作台，将草图进行"凸台"操作，选"中厚"和"中性边界"，"凸台方向"为 z 向，"厚度"为 0.8 mm，"第一限制"中的"尺寸"为 28 mm，"第二限制"中的"尺寸"为-17.669 mm。将两个实体块装配到一起并将尖角处全部倒圆角，倒角值为 1°。将实体沿着 yz 面镜像处对称实体，然后与上盒主体进行联合修建，移除掉不需要的结构。如图 6-33 所示。

（9）插入一个新几何体并定义为工作对象，以 xy 面为参考平面进入草图，在草图中作出一条直线，直线距离横轴 47.052 mm，直线长为 44 mm 且直线两端与纵轴对称。退出工作台，进行"凸台"操作，选"中厚"，"凸台方向"为 z 向，"厚度"为 50 mm，"第一限制"中的"尺寸"为 30 mm，"第二限制"中的"尺寸"为 -20 mm。使用"移除"命令将几何体从上盒主体中移除。复制出来带关联的整盒体，使用"分割"命令，抽盒弄出一个上盒体主体。最后用非参面进行分割，最后得出自己想要的实体块，如图 6-34 所示。

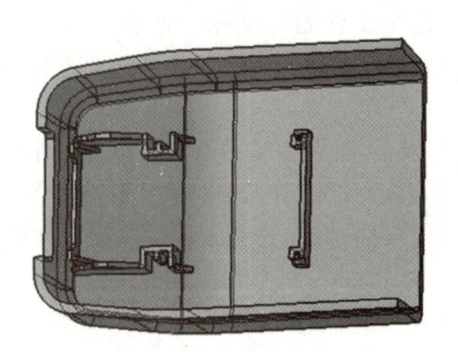

图 6-33　支撑筋展示 1

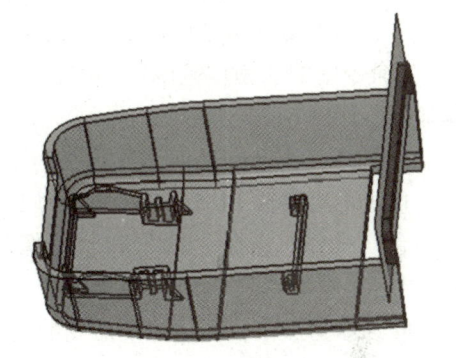

图 6-34　上下盒体配合处展示

（10）将这个实体块装配到上盖主体上。插入一个新的几何体，以 xy 面为参考平面进入草图，作出如图 6-35 所示的草图。

（11）退出工作台，使用"凸台"命令，"第一限制"中的"角度"为 2.5 mm。两侧位置需要倒角，"长度 1"为 5 mm，"长度 2"为 1.7 mm。插入一个新的几何体，以 xy 面为参考平面进入草图，创建出一个长方形，距离横轴 53.754 mm，长度为 18 mm 且两侧与纵轴对称。退出工作台，使用"凸台"命令，"第一限制"中的"长度"为 3 mm，"第二限制"中的"长度"为 -1.5 mm。将此实体块从上个几何体中移除，移除部分出现的尖角皆是倒 1°的圆角。在上盒实体中提取面向里侧偏移 3 mm，插入一个新的几何体并定义。向外加料厚 3 mm，提取整盒外表面，使用"分割"命令将多余部分用外表面移除掉，然后镜像出它的对称结构，装配到上盒主体上。这样上盒体就算完成了，如图 6-36 所示。

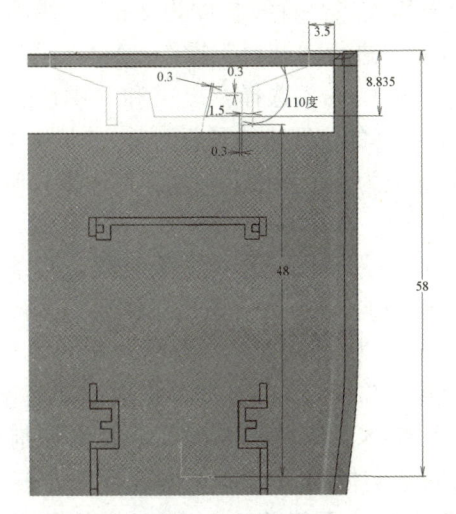

图 6-35　草图展示

图 6-36　上盒体整体展示

步骤七：连接盒下盒体建模

（1）复制出一份带有关联的整盒体几何体，使用分型面将整盒体分割开来，保留下盒体部分。选择进行抽盒操作，移除分型面和整盒体尾部面，内部厚度为 1.8 mm。插入一个新的集合体并定义为工作对象，选择 zx 面为参考平面进入草图，在草图中作出一个距离横轴 3 mm，宽度为 9 mm、长度为 24 mm 且长边两端与纵轴对称的长方形，在草图中找到"圆角"命令，将四处尖角圆角化，倒角数值为 4。退出工作台，使用"凸台"命令，选中"凸台"命令中的"镜像范围"，正反方向各凸 30 mm。单击"移除"命令将长方体下盒体本体移除。如图 6-37 所示。

（2）插入一个新的几何体并定义为工作对象。以 xy 面为参考平面进入草图，作出一条直线，直线距离横轴 14.5 mm，长度为 11 mm，且直线两端沿着纵轴对称。退出工作台，进行"凸台"操作，选择"厚"和"镜像范围"，"凸台方向"选择 z 向，"第一限制"和"第二限制"中的"尺寸"均为 3 mm，"厚度 2"为 1 mm。将整理完成的块体与下盒体本体进行联合修剪操作，移除掉不需要的部分。如图 6-38 所示。

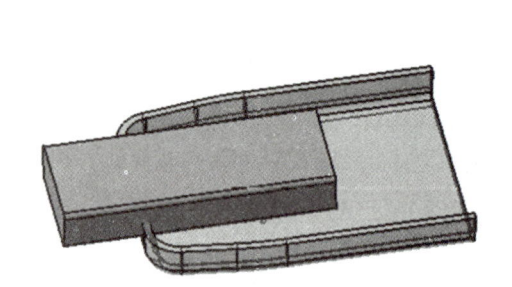

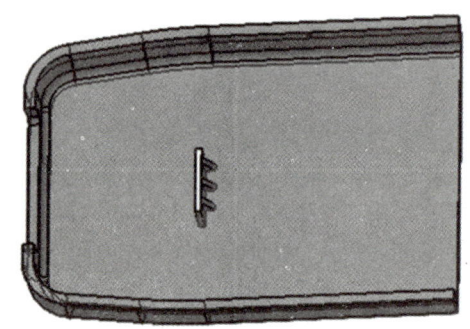

图 6-37　移除块展示　　　　图 6-38　支撑筋展示 2

（3）插入一个新的几何体并定义为工作对象。以 xy 面为参考平面进入草图，作出三条直线，其中一条直线与纵轴重合，三条直线处于偏移关系，直线长度为 2 mm，线间距为 3.5 mm，直线端点距横轴相距 15.5 mm。退出工作台，进行"凸台"操作，"第一限制"中的"尺寸"为 0 mm，"第二限制"中的"尺寸"为 3 mm；选择"厚"和"中性边界"，"凸台方向"选择 z 向，"厚度"为 1 mm。距离轴系较远的位置边线需要倒角，"长度 1"为 2 mm，"长度 2"为 3 mm。将这两个实体块进行装配成为一个新的几何体，使用该几何体与下盒体本体进行联合修剪操作，并移除掉不需要的部分。如图 6-39 所示。

（4）插入一个新的几何体，以 xy 面为参考平面进入草图，作出两条直线，两条直线沿横轴对称，且两条直线相距 5.4 mm，直线端点距纵向 2.3 mm。退出工作台，进行"凸台"操作，选择"厚"和"中性边界"，"凸台方向"为 z 向，"第一限制"中的"尺寸"为 0 mm，"第二限制"中的"尺寸"为 3 mm，"厚度"为 1 mm。非参提取支架底座面，将面偏移 0.5 mm。使用偏移之后的面分割这个几何体，保留需要的部分。将分割后的几何体沿着 yz 面镜像出它的对称实体，使用此完整实体与下盒体本体进行联合修剪操作，移除掉不需要的结构。非参提取主盒体尾部面，将面偏移 1.5 mm，用偏移出来的面分割下盒体实体，保留需要的部分。如图 6-40 所示。

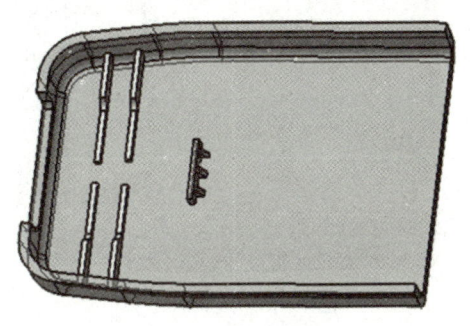

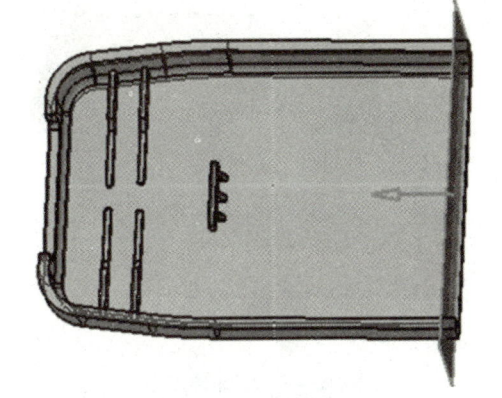

图 6-39　支撑筋展示 3　　　　　　　图 6-40　上盒体配合面分割展示

（5）插入一个新的几何体，以 xy 面为参考平面进入草图，在草图中作出一条直线，长度为 16.4 mm，直线两端沿着纵轴对称，直线距离横轴 44 mm。退出工作台，进行"凸台"操作，选择"厚"与"中性边界"，"凸台方向"为 z 向，"第一限制"中的"尺寸"为 2 mm，"第二限制"中的"尺寸"为 0 mm，"厚度"为 1 mm。将作出的几何体装配到下盒体本体上，这样整个下盒体就算完成了，如图 6-41 所示。

步骤八：安全带锁装饰件建模

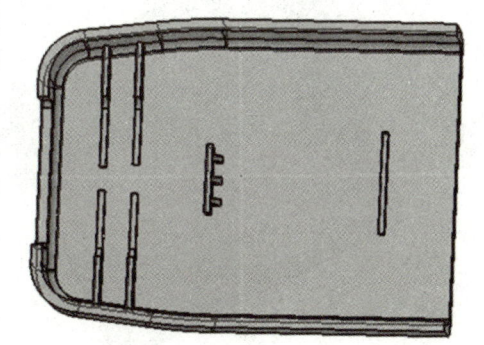

图 6-41　下盒体整体展示

本部分是设计安全带锁装饰件的三维模型，使用最多的命令是"布尔运算"，通过对安全带锁装饰件的三维模型设计，可以熟练掌握这些命令。本部分难点是实体块之间布尔运算的运用以及与内部钣金件之间的配合。最终形成的安全带连接器盒体三维模型如图 6-42 所示。

（1）首先我们在建模之前需要先做一个准备工作，创建一个空的几何体，几何体名字写为"装饰件本体"，然后创建一个新的几何图形集，定义几何集，作出一个参考点（参考点位置选择安全带内支架中心线上距离支架位置）和参考平面（参考平面选择整车坐标 xy 面），然后选择草图中的定位草图，"草图定位类型"选择我们所作出的参考平面，"原点类型"选择投影点。然后进入草图进行草图轮廓操作，选择"凸台"命令，作出一个长 45 mm、宽 45.5 mm、高 22 mm 的长方体，如图 6-43 所示。

（2）将作出的几何体以底面为中性面进行拔模，选择"拔模"命令，选中需要拔模的面，"中性面"选择底面，"方向"选择出模方向，"拔模角度"选择 3°即可。将新作出的几何体装配进几何体装饰件本体中。复制一份拔模之前的长方体，按照与原来相关联的形式进行粘贴，然后通过加减厚度的方式作出如图 6-44 所示的深色几何体块。

（3）使用"布尔运算"中的"移除"命令，将新作出的几何体块从装饰件本体中移除即可进行下一步操作。继续复制几何体并且按照相关联粘贴，做出一个以 yx 面对称的长 27 mm、宽 25 mm 的实体块，如图 6-45 所示。

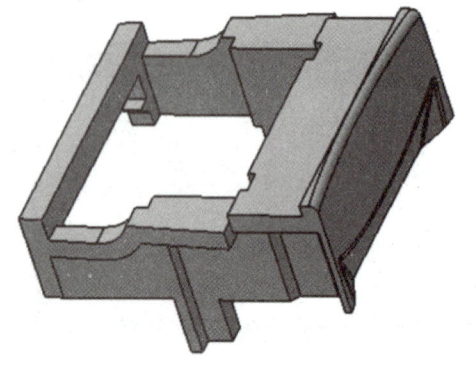

图 6-42　装饰件展示

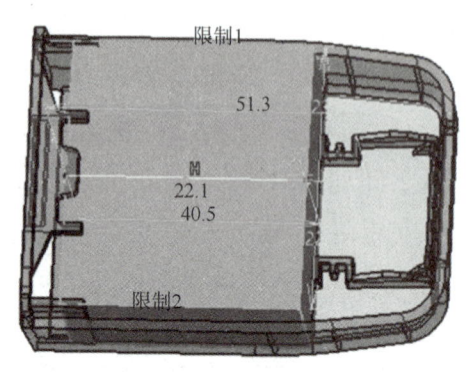

图 6-43　装饰件主体

图 6-44　移除块展示 1

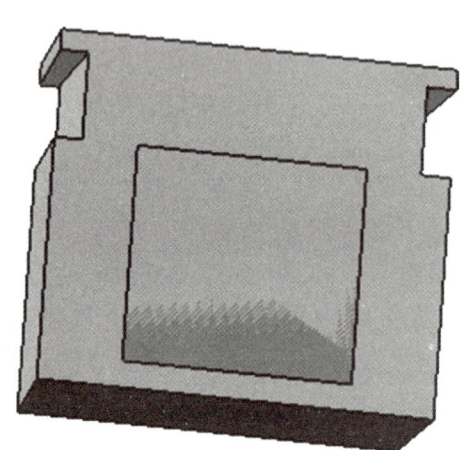

图 6-45　移除块展示 2

（4）将新作出的几何体从装饰件本体中移除即可进行下一步的操作。将两边以深色面为中性面拔模 3°。继续复制几何体并且按照相关联形式进行粘贴，作出一个以 yx 面对称的长 31 mm、宽 13 mm 的几何体。如图 6-46 所示。

（5）将作出的几何体从装饰件本体中移除即可进行下一步的操作。选中"盒体"命令，然后移除面选择除内部面之外的所有面，"默认内侧厚度"选择 2.5 mm，随后单击"确定"按钮即可进行下一步操作。具体操作如图 6-47 所示。

（6）继续复制一个拔模之前的几何体，进行加减厚度操作，作出一个宽 3 mm、高 1.4 mm 的长方体，并且距离装饰件本体有大约 3.1 mm 的间隙。将贴着装饰件本体的面进行倒角处理，倒角数值为 3 mm 即可。将倒角完成的几何体从装饰件本体中移除即可进行下一步的操作。在装饰件本体中进行操作，将部分位置进行加减料厚处理，如图 6-48 所示。

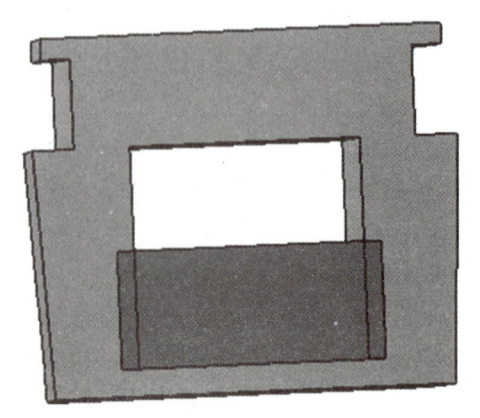

图 6-46　移除块展示 3

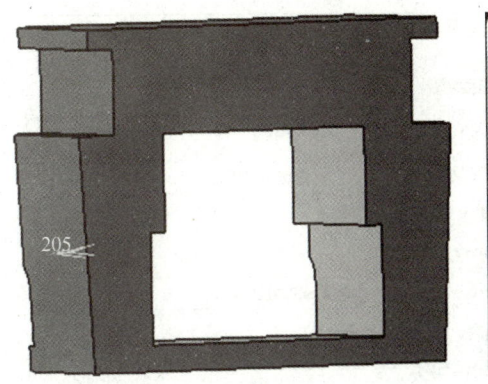

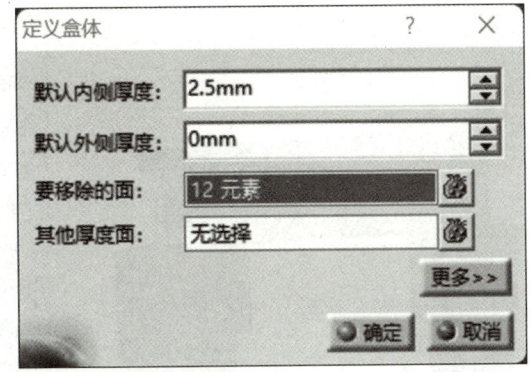

图 6-47 盒体操作展示

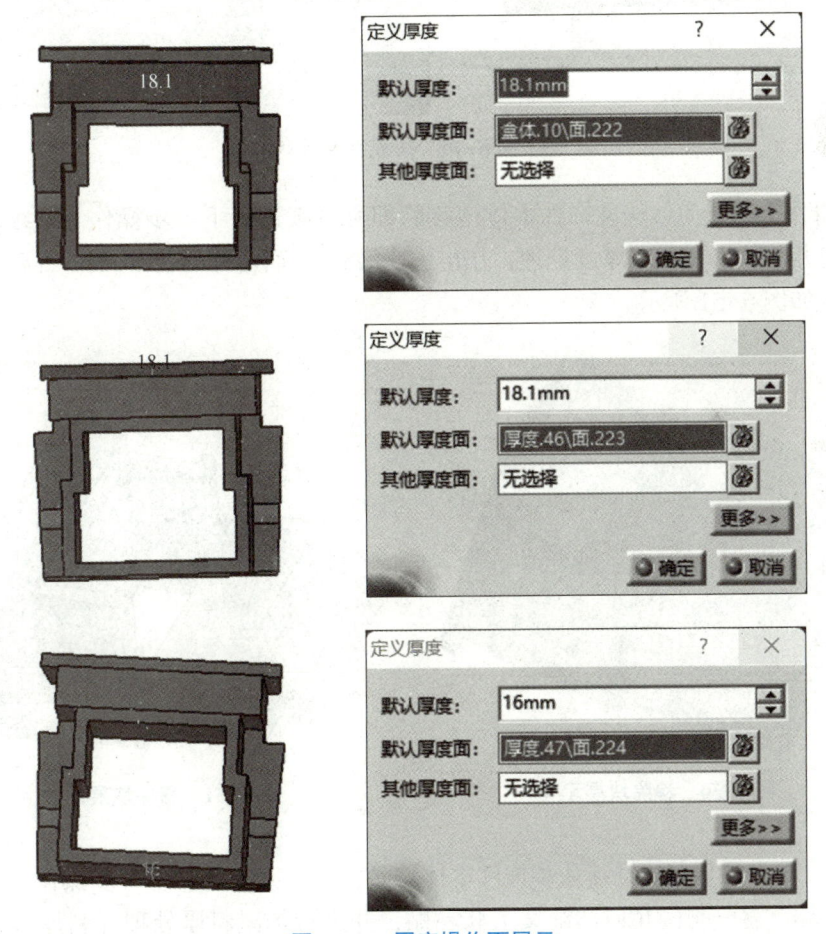

图 6-48 厚度操作面展示

（7）继续复制拔模之前的几何体，将几何体往一侧加减料厚所得的几何体进行拔模处理，拔模面选择里侧面，中性面选择拔模面相邻的平面，方向选择另一个面，拔模角角度为 4.5°。最终形成的实体如图 6-49 所示。

（8）将作出的实体以 yx 面进行镜像处理。将新作出的几何体从装饰件本体中移除即可进行下一步操作。继续复制拔模之前的几何体，通过加减厚度处理作出如图 6-50 所示的几何体。

097

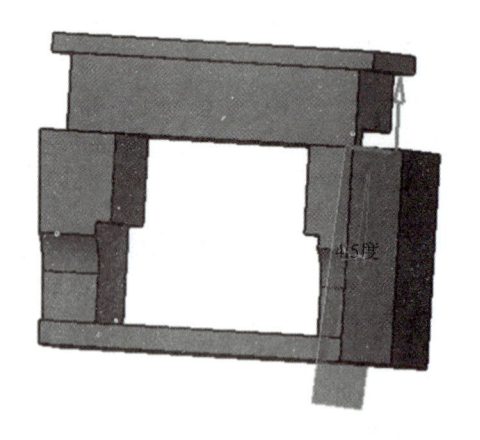

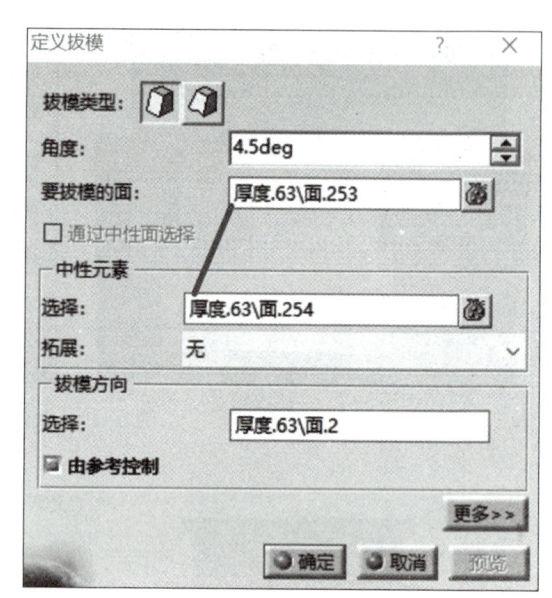

图 6-49　拔模面展示

（9）将作出的几何体从装饰件本体中移除即可继续进行下一步操作。继续复制之前的几何体，将几何体进行加减厚度处理，作出一个沿着 yx 面对称的长 27 mm、高 3.5 mm 的几何体，位置如图 6-51 所示。

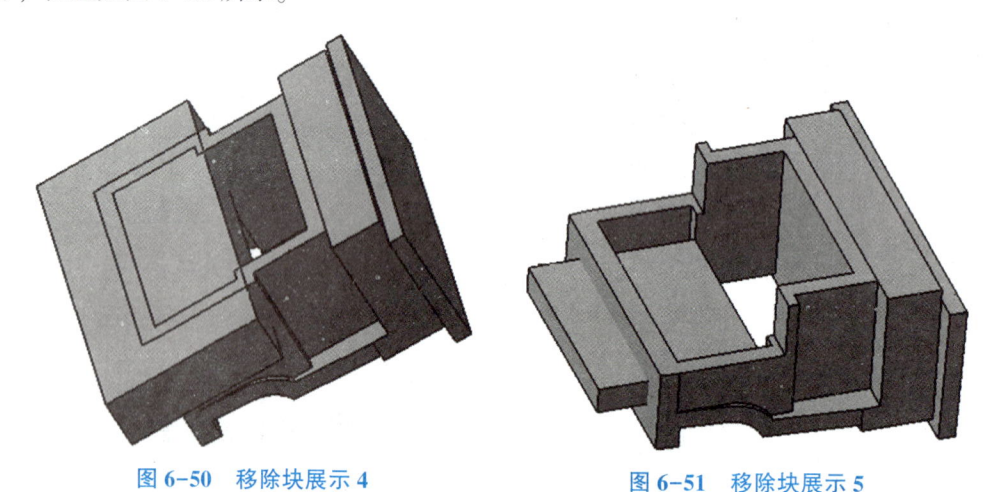

图 6-50　移除块展示 4　　　　图 6-51　移除块展示 5

（10）将作好的几何体继续从装饰件本体移除，然后开始进行下一步操作。继续复制未拔模的几何体，将复制的几何体继续关联粘贴，并进行加减料厚处理（料厚值大概确定即可），将加减料厚处理后的几何体贴着装饰件本体的线进行倒直角，"模式"选择"长度/角度"，"长度"选择 2 mm，"角度"选择 45°即可。最终形成的实体如图 6-52 所示。

（11）将最终实体从装饰件本体中移除即可进行下一步操作。继续复制拔模之前实体，然后以关联性进行粘贴，将其粘贴到几何体进行加减厚度处理，作出一个高为 15 mm 的几何体，将几何体以 yx 面镜像，最终实体如图 6-53 所示。

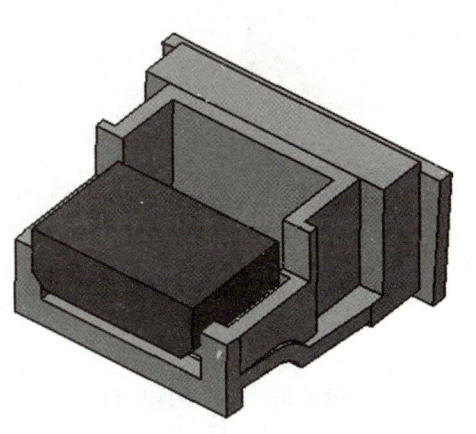

图 6-52　移除块展示 6　　　　　　　图 6-53　移除块展示 7

（12）将作出的实体从装饰件本体中移除之后即可进行下一步操作。继续复制拔模之前实体，然后以关联性进行粘贴，将其粘贴到几何体进行加减厚度处理，作出一个高为 15 mm 且以 yx 面对称的几何体，如图 6-54 所示。

（13）将作出的实体从装饰件本体中移除之后即可进行下一步操作。继续复制拔模之前实体，然后以关联性进行粘贴，将其粘贴到几何体进行加减厚度处理，作出一个长 5 mm、宽 11.5 mm、高 15.1 mm 的几何体，将作出的几何体以 yx 面镜像出另一边，具体位置如图 6-55 所示。

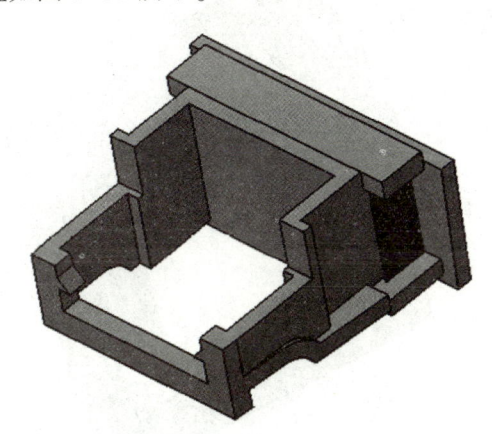

图 6-54　移除块展示 8　　　　　　　图 6-55　移除块展示 9

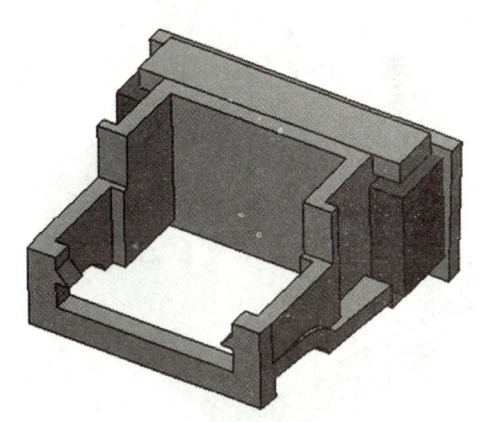

（14）将作出的实体从装饰件本体中移除即可进行下一步操作。继续复制拔模之前实体，然后以关联性进行粘贴，将其粘贴到几何体进行加减厚度处理，作出一个以 yx 面对称的长 55 mm、宽 18.5 mm、高 8.1 mm 的实体，具体位置如图 6-56 所示。

（15）将作出的实体从装饰件本体中移除即可进行下一步操作。继续复制拔模之前实体，然后以关联性进行粘贴，将其粘贴到几何体进行加减厚度处理，作出一个长 9 mm、宽 12.5 mm、高 22.1 mm 的几何体，将作出的几何体以 yx 面为镜像面作出另外一边，具体位置如图 6-57 所示。

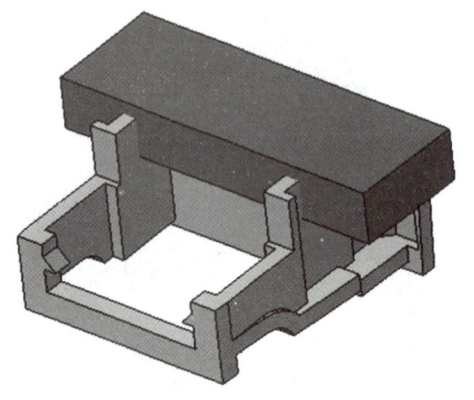

图 6-56 移除块展示 10　　　　　图 6-57 移除块展示 11

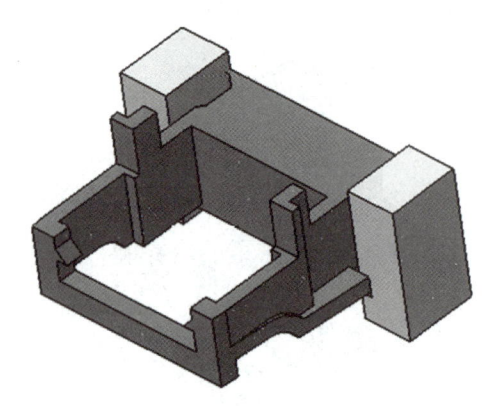

(16) 将作出的实体从装饰件本体中移除即可进行下一步操作。继续复制拔模之前实体，然后以关联性进行粘贴，将其粘贴到几何体进行加减厚度处理，作出一个长 3 mm、高 12.9 mm 的几何体，然后将新作出的几何体沿着 yx 面进行镜像处理，具体位置如图 6-58 所示。

(17) 将作出的实体从装饰件本体中移除即可进行下一步操作。继续复制拔模之前实体，然后以关联性进行粘贴，将其粘贴到几何体进行加减厚度处理，作出一个长 3 mm、高 4 mm 左右的几何体，将几何体沿着 yx 面进行镜像操作，具体位置如图 6-59 所示。

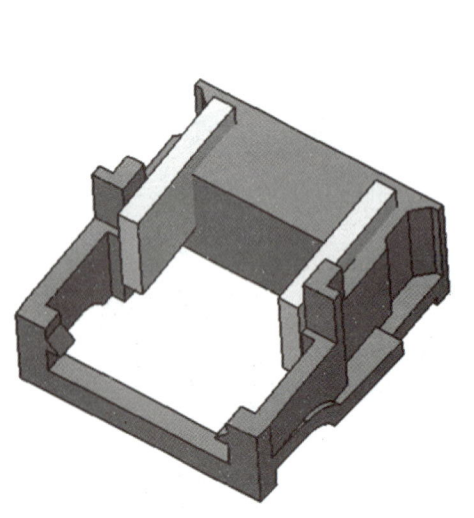

图 6-58 移除块展示 12　　　　　图 6-59 移除块展示 13

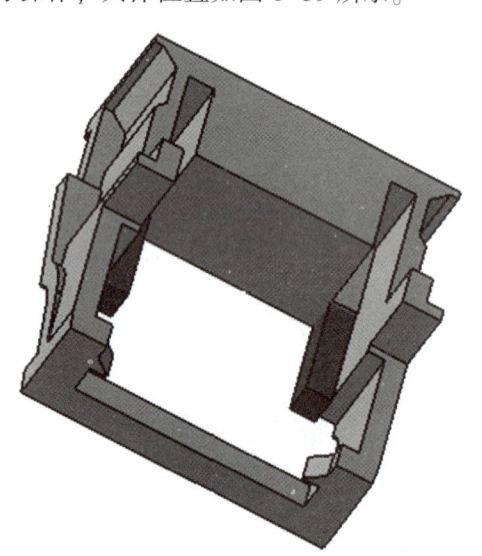

(18) 将作出的实体从装饰件本体中移除即可进行下一步操作。继续复制拔模之前实体，然后以关联性进行粘贴，将其粘贴到几何体进行加减厚度处理，作出一个长 9 mm、高 7.8 mm 的几何体，将几何体沿着 yx 面镜像出另一部分，具体位置如图 6-60 所示。

(19) 将作出的实体从装饰件本体中移除即可进行下一步操作。继续复制拔模之前实体，然后以关联性进行粘贴，将其粘贴到几何体进行加减厚度处理，作出一个长 1.5 mm、高 3.8 mm 的几何体，将几何体沿着 yx 面镜像出另一部分，具体位置如图 6-61 所示。

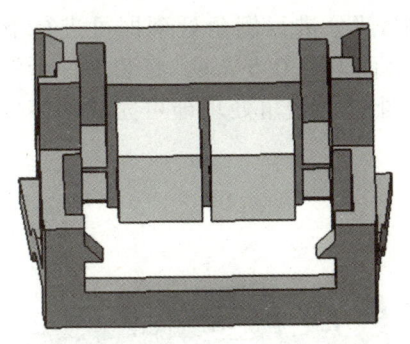

图 6-60 移除块展示 14　　　　　　　图 6-61 装配件展示 15

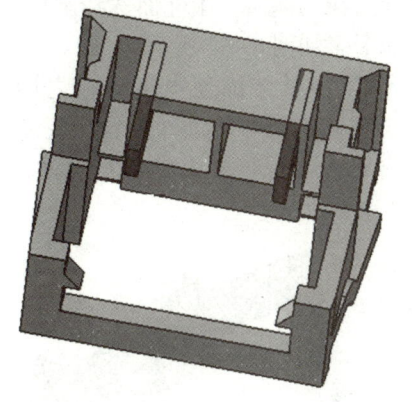

（20）将作出的实体装配在装饰件本体上即可进行下一步操作。创建一个几何体，选择一个参考平面进入草图并作出一个椭圆形，具体位置如图 6-62 所示。

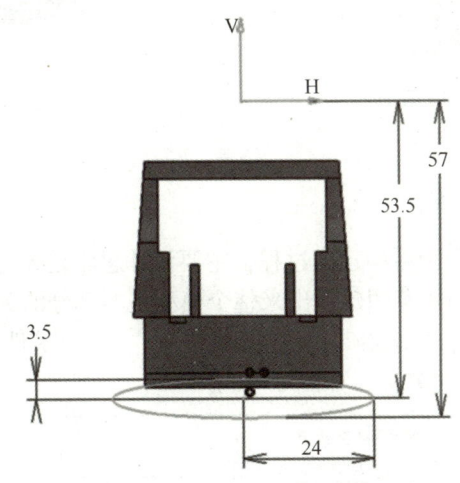

图 6-62 移除块草图展示

（21）将草图进行凸台操作，形成的实体与装饰件本体进行"移除"操作，将实体从装饰件本体上移除掉即可进行下一步操作。继续复制拔模之前实体，然后以关联性进行粘贴，将其粘贴到几何体进行加减厚度处理，作出一个长 24 mm、高 8 mm、干涉装饰件本体 1.4 mm 左右且沿着 yx 面对称的几何体，具体位置如图 6-63 所示。

（22）将作出的实体干涉进装饰件本体的下线进行倒直角处理，定义倒角选择"长度/长度"，"长度 1"选择 2.2 mm，"长度 2"选择 8 mm 即可；将倒完角的实体进行拔模处理，拔模面选择两侧面，中性面选择上平面，方向选择出模线，角度 35°即可；将拔模之后的实体继续进行拔模处

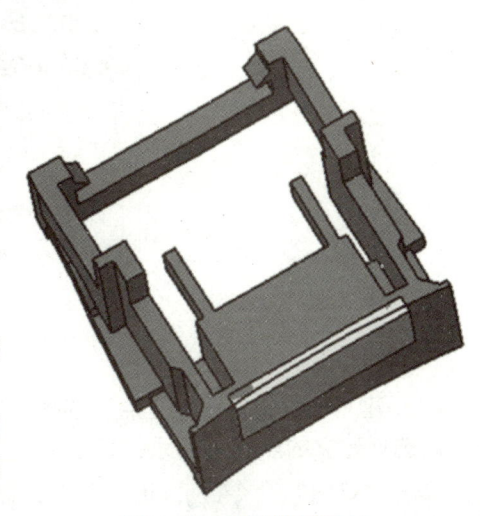

图 6-63 移除块展示 16

理，拔模面选择两侧面，中性面选择倒角面，方向选择对立面，角度为 60°，即可形成最终实体，具体形态如图 6-64 所示。

（23）将实体从装饰件本体移除之后，将移除部分进行倒角处理即可进行下一步操作。用安全带锁支架与装饰件配合，提取支架配合面偏移 0.5 mm，将装饰件干涉部分采用"分割"命令去除掉多余的部分，然后将分割处进行倒角处理即可完成整体设计。分割处如图 6-65 所示。

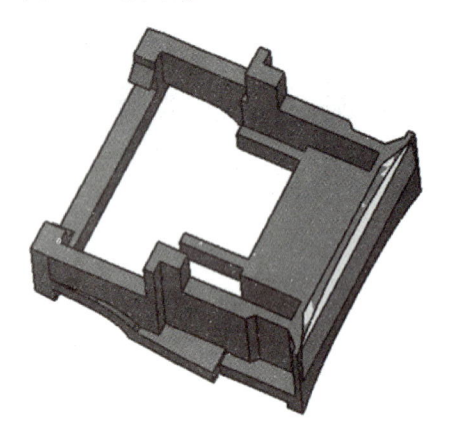

图 6-64　移除块展示 17　　　　　　图 6-65　分割处展示

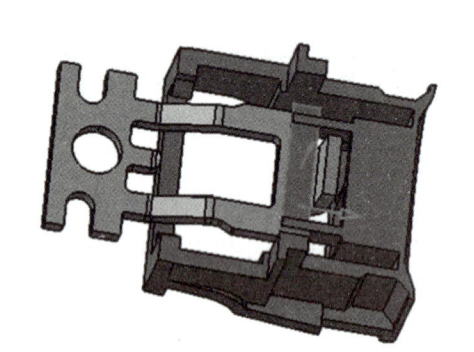

步骤九：安全带锁舌建模

本部分详细介绍了安全带锁舌的建模过程，主要设计思路是先考虑安全带锁的整体结构，如何更快地用草图建立出来整个模型是本部分的关键。

（1）启动 CATIA，单击"开始"→"机械设计"→"零件设计"，在"新建零件"窗口输入零件名称，如图 6-66 所示。

安全带锁舌建模

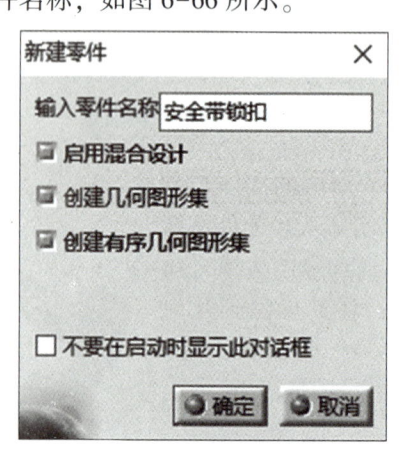

图 6-66　新建零件窗口

（2）建立轴系，首先建立点，选择坐标，然后建立平面，选择平行通过点，选择平面，然后以选择建立的点建立轴系，定位草图参考面选择新建轴系的 zx 面，投影点选择新建的点，单击"草图"命令，进入草图绘制界面，运用"轮廓"命令绘制主体轮廓，并添加"约束"，得到草图轮廓，如图 6-67 所示。

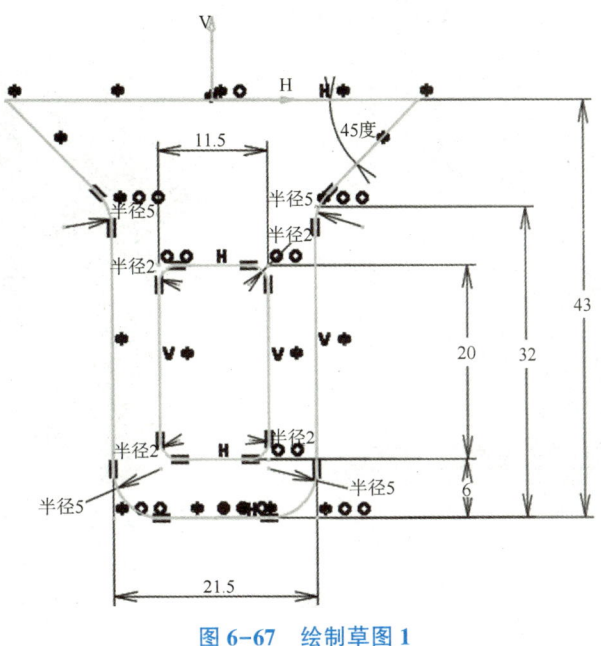

图 6-67 绘制草图 1

（3）"退出工作台" ，选择"凸台"命令 ，选择草图，长度为 3 mm，如图 6-68 所示，预览，确定，得到图 6-69。

图 6-68 定义凸台

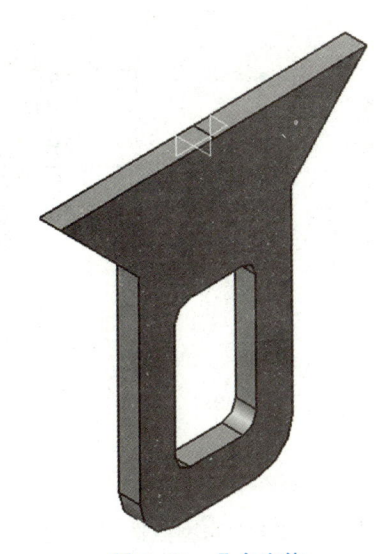

图 6-69 凸台实体

（4）创建辅助参考平面，单击"平面" ，"平面类型"选择"与平面成一定角度或垂直"，"旋转轴"选择新建立轴系的"X 轴"，"参考"选择"xy 平面"，"角度"选择 −60°，如图 6-70 所示，预览，确定，得到图 6-71 所示平面 1。

（5）选择平面 1，单击"草图"命令 ，进入草图绘制界面，运用"轮廓"命令 绘制旋钮主体轮廓，并添加"约束" ，得到草图轮廓，如图 6-72 所示。

103

图 6-70 平面定义

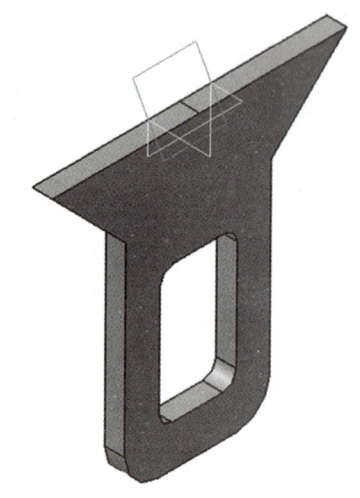

图 6-71 辅助参考平面 1

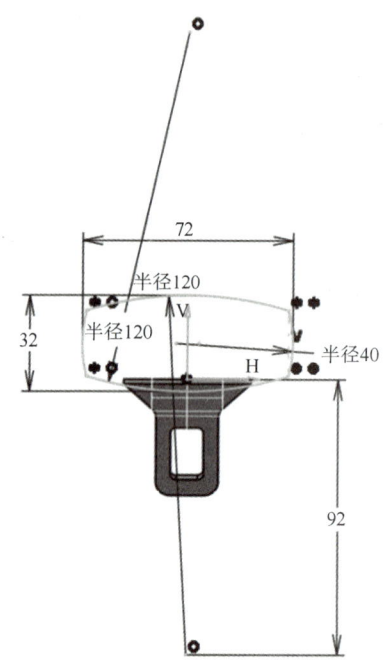

图 6-72 绘制草图 2

（6）"退出工作台"，选择"凸台"命令，选择刚刚绘制的草图，"第一限制"中的"长度"为 4.5 mm，"第二限制"中的"长度"为 3.5 mm，如图 6-73 所示，预览，确定，得到图 6-73，将新建立的实体通过装配命令装配到最先完成的实体上即可。

（7）选择平面 1，进入"草图"界面。使用"轮廓"命令完成图 6-74，并进行"约束"，绘制完选"退出工作台"命令。

（8）"退出工作台"，选择"凸台"，"轮廓/曲面"选择"草图 5"，凸台两个限制都改为"直到最后"，然后将新完成实体通过"移除"命令将其添加在上一步完成实体上，如图 6-75 所示，预览后确定，得到图 6-76。

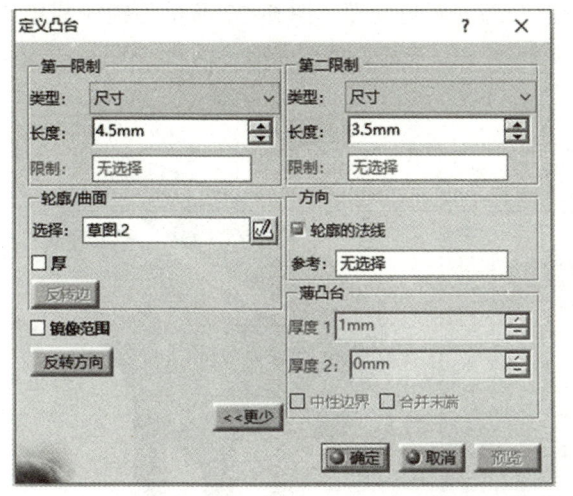

图 6-73 手柄部分实体建模

图 6-74 绘制草图 3

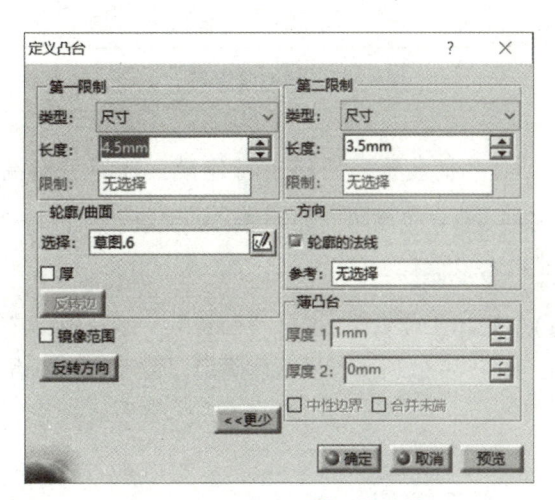

图 6-75 手柄开槽实体建模

图 6-76 手柄开槽实体

项目六 安全带锁建模实例

105

(9) 使用"圆角" ，对相应位置做合理的圆角处理，图6-77所示为锁扣圆角参数，锁扣倒圆角半径为0.5 mm，手柄处圆角半径为3~5 mm，圆角处理后得到如图6-78所示的实体。

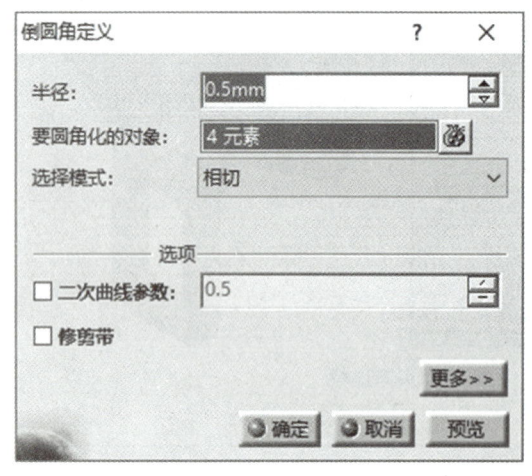

图6-77 倒圆角定义

图6-78 倒圆角

(10) 对手柄装饰防滑槽进行建模，选择手柄端平面，进入"草图" 界面。使用"轮廓"命令 完成草图，如图6-79所示，并进行"约束" 操作，绘制完后选择"退出工作台"命令 。

(11) "退出工作台"，选择"凸台"，"第一限制"中的"类型"选择"尺寸"，"长度"为1 mm，如图6-80所示，预览后确定，装饰防滑凹槽如图6-81所示。

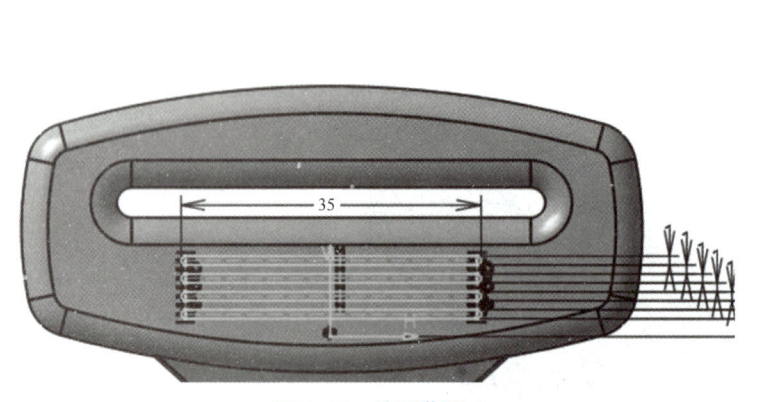

图6-79 绘制草图4

图6-80 装饰防滑凹槽建模1

(12) 可以用同样的方式在手柄的另一侧绘制草图完成装饰防滑槽建模，也可使用"镜像" 命令完成装饰防滑槽建模，装饰防滑凹槽如图6-82所示。

图 6-81　装饰防滑凹槽　　　　　　　　　图 6-82　装饰防滑凹槽建模 2

（13）由于需要确保锁舌与安全带锁其他零件能够配合上，故需要将完成的锁舌进行一些角度的调整，选择零件设计中的"旋转"命令，将旋转轴定义为新建轴系的 Y 轴，将其进行一个 180°的旋转，如图 6-83 所示。

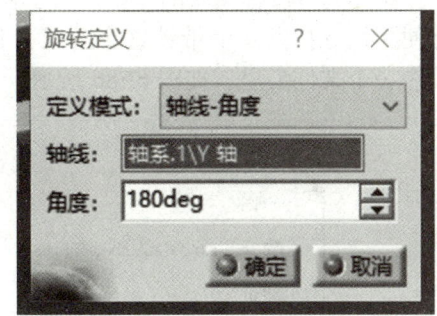

图 6-83　旋转命令展示 1

选择零件设计中的旋转命令将旋转轴定义为新建轴系的 X 轴，将其进行一个正方向 90°的旋转，如图 6-84 所示。

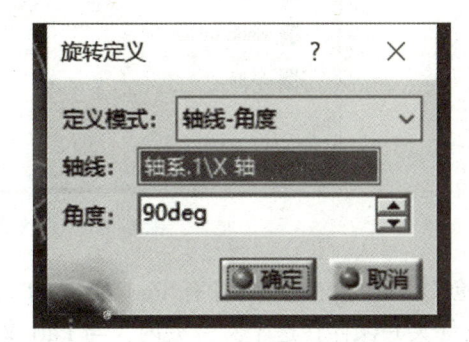

图 6-84　旋转命令展示 2

（14）完成安全带锁扣模型的设计创建，如图 6-85 所示。

图 6-85　安全带锁扣模型

步骤十：安全带锁零部件装配

本部分介绍了安全带锁各部分之间的装配，即将零部件组合成一个总成。如何控制零件之间的装配关系和 Part 文件的放置是本部分的重点。

1. 零件文件夹的放置

由于考虑到每一部分零件需要单独存在，因此需要把每一部分零件进行拆分放入单独的 Part 文件中，让其成为没有关联的零件。由于在整车项目当中，不单单只有安全带锁一个总成，为了方便更快寻找到安全带锁这个总成，我们可以将这个总成中所有零件所在的 Part 数据全部放在一个文件夹里，如图 6-86 所示。

图 6-86　文件夹放置展示

继续创建一个文件夹，将有 Part 数据的文件夹放在新创建的文件夹里，创建一个 Product 文件夹并保存在这个文件夹内，与 Part 文件夹保持在同一级别。如图 6-87 所示。

图 6-87　文件夹展示

2. 零件的装配

打开文件夹中的 Product，然后打开 Part 数据所在的文件夹，框选中所有的 Part 文件，单击鼠标右键，选择其中的"插入"命令即可将所有的零件放进一个 Product 中，最终结果如图 6-88 所示。

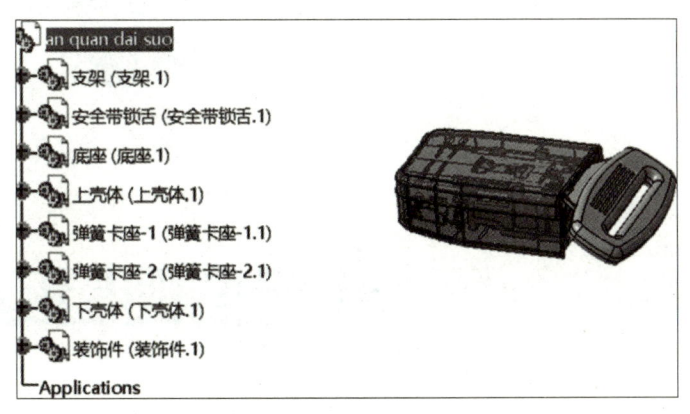

图 6-88 安全带锁整体装配展示

任务评价

序号	评价内容	评价要求	参考分值	完成情况	评分
1	正确读图	能根据任务描述中的尺寸要求，看懂图形	20		
2	草图绘制	能将任务中给出的三视图转化为 CATIA 软件的草图	15		
3	正确绘制各装配零件	能利用 CATIA 软件零件设计模块完成旋钮各零部件的绘制	20		
4	各零件的配合	能利用 CATIA 软件的装配设计模块查看各零件之间是怎样的配合关系，从而确保零件之间没有干涉问题出现	30		
5	查阅资料、团队协作、审美能力、民族自豪感等	能够在遇到困难时有效查阅相关资料，能够在任务实施过程中做到有效沟通、交流，提升对于工程图形的整体审美能力及对民族品牌的自豪感	15		

思考总结

1. 使用"布尔运算"进行建模的优点有哪些？
2. 采用"自上向下"与"自下向上"两种建模思路有哪些区别与联系？

项目 7

车载点烟器建模实例

学习目标

【知识目标】

1. CATIA 几何体模块中旋转类命令的操作；
2. CATIA 几何体模块中布尔运算类命令的操作；
3. CATIA 几何体模块中拔模类命令的操作。

【技能目标】

1. 掌握 CATIA 几何体模块中"旋转体"命令的使用；
2. 使用 CATIA 几何体模块中"布尔添加""布尔移除"等常用命令。

【素养目标】

1. 了解汽车造型设计改装三维建模软件工具；
2. 培养学生自主创新，促进民族品牌发展。

工作任务

本任务案例详细介绍了车载点烟器的建模过程。点烟器总成安装在汽车的副仪表板区域，通过 12 V 电源加热金属丝，实现点烟的功能。点烟器的建模难点在于组成零件较多，共计 11 个零件，其中包括塑料注塑件、冲压金属件、螺杆和弹簧等，各零件间相互配合，关系较复杂，需要了解装配方式与结构，并具备一定的空间想象能力。建模过程中主要用到"草图""凸台""凹槽""阵列""旋转""提取""加厚面""拔模""添加"和"倒圆角"等命令，建模命令应用比较全面，建模难度相对容易。点烟器的模型如图 7-1 所示。

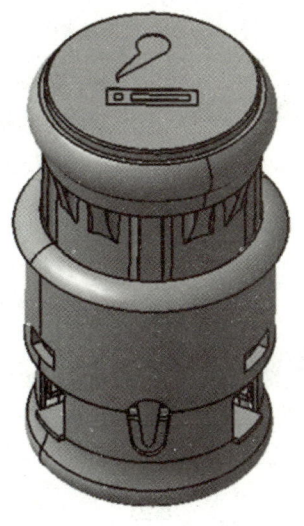

图 7-1 点烟器模型

任务实施

零件建模

步骤一：点烟器按钮帽的建模

点烟器按钮帽的建模思路是先使用"凸台"命令构建出按钮帽的大体外形轮廓，再使用"凹槽"命令构建按钮帽的内部结构，再使用"凸台""拔模斜度"和"添加"命令添加加强筋，最后使用"圆角"和"倒角"命令细化按钮帽模型，按钮帽模型如图 7-2 所示。

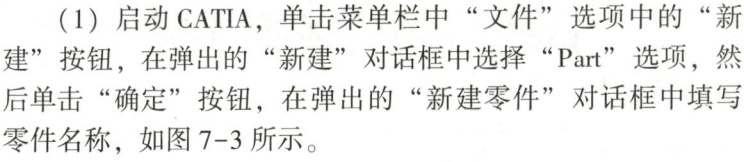

（1）启动 CATIA，单击菜单栏中"文件"选项中的"新建"按钮，在弹出的"新建"对话框中选择"Part"选项，然后单击"确定"按钮，在弹出的"新建零件"对话框中填写零件名称，如图 7-3 所示。

（2）单击菜单栏"插入"选项中的"几何体"按钮 几何体，此时结构树中会出现新建的几何体，软件对新增几何体进行了默认命名，如需更改名称可右键单击几何体，选择"属性" 属性，重新命名为按钮帽，如图 7-4 所示。

点烟器按钮帽的建模

图 7-2 按钮帽模型

（3）单击"草图"命令 ，在结构树中单击"xy 平面" xy 平面，进入草图绘制界面，单击"圆"命令 ，先单击坐标轴圆心再单击其他位置，则完成了一个以坐标轴为圆心的圆形的绘制。单击"约束"命令 ，再单击圆周任意位置对圆进行直径的尺寸标注，此时圆由白色变成绿色，说明此圆已完成尺寸约束。双击尺寸标注将直径更改为 19 mm（见图 7-5），单击"退出工作台"命令 完成草图的绘制。

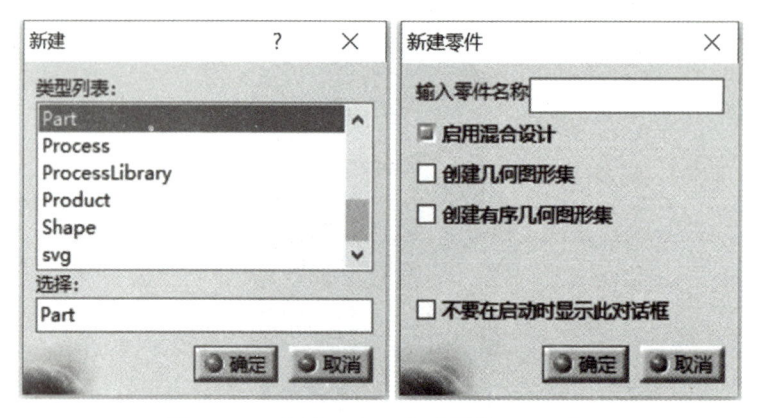

图 7-3 "新建"和"新建零件"对话框

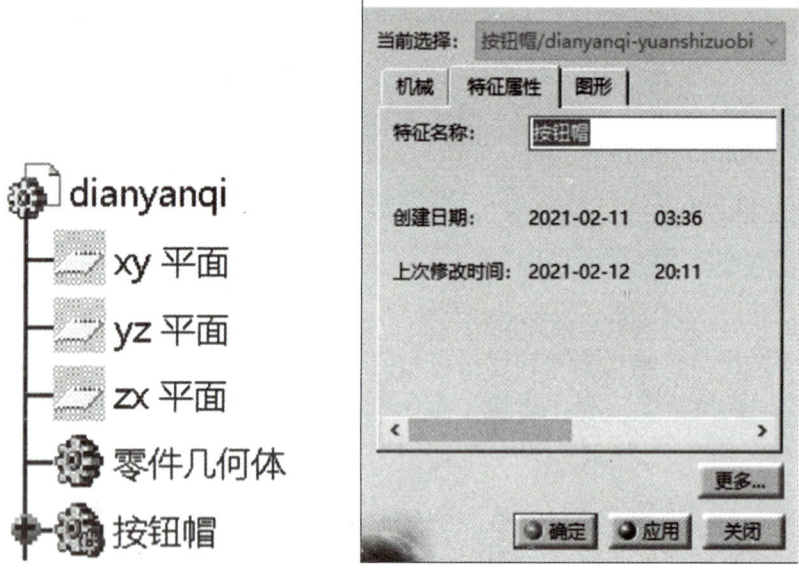

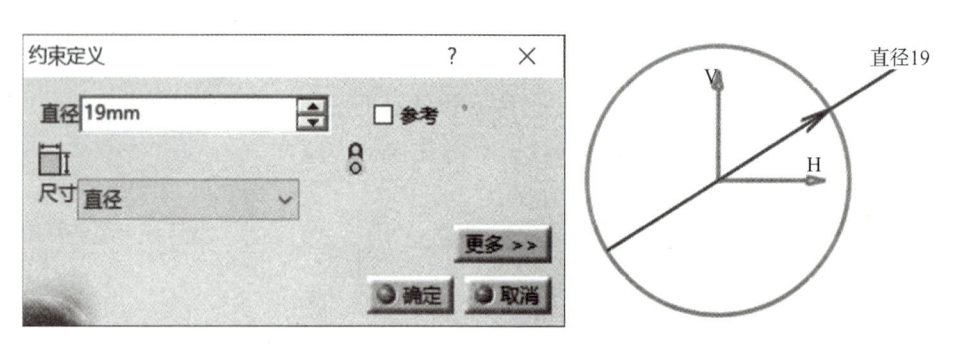

图 7-4 "属性"对话框

图 7-5 "约束定义"对话框

（4）单击"凸台"命令，再单击结构树中的草图，在弹出的"定义凸台"对话框的"长度"中填写 2 mm，单击"确定"按钮，如图 7-6 所示。

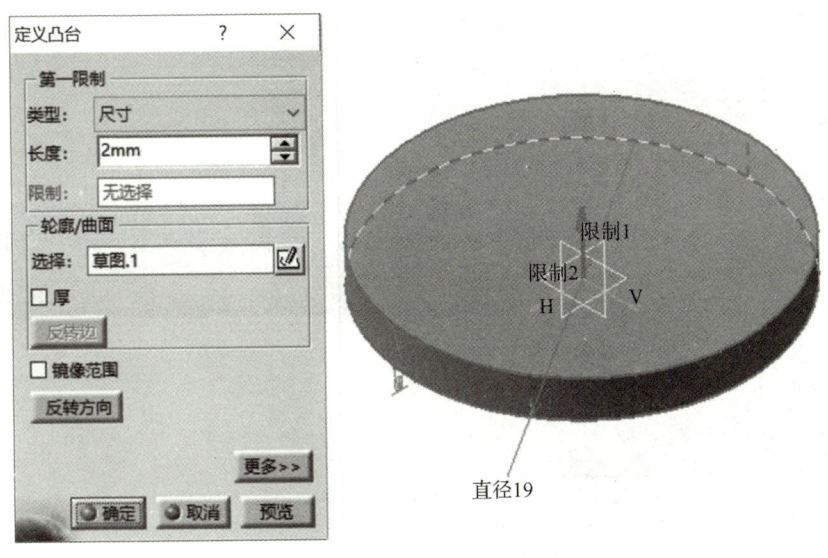

图 7-6 "定义凸台"对话框

(5) 单击菜单栏"插入"选项中的"几何体"按钮 几何体，并重新命名为圆形棱边，单击"草图"命令，在结构树中单击"yz 平面" yz 平面，进入草图绘制界面，绘制草图（见图 7-7），其中圆心坐标是两条直线的交点，单击"直线"命令 绘制，单击"相交点"命令，再分别单击两条直线即可得到两条直线的相交点，由于此两条直线和圆心为构造元素，需直线和圆心在被选中状态下单击"构造/标准元素"按钮 将直线和圆心变为虚线状态，单击"退出工作台"命令 完成草图的绘制。

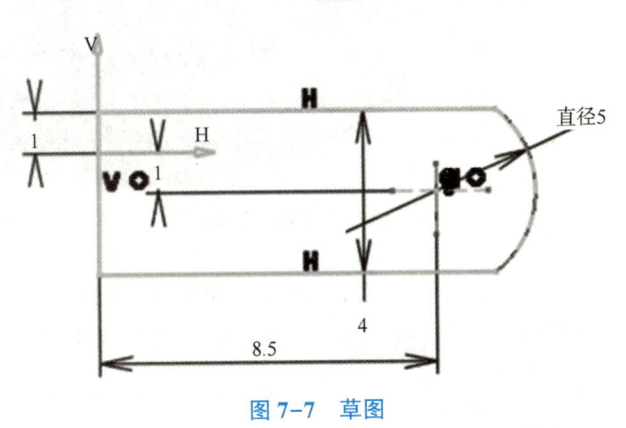

图 7-7 草图

(6) 单击"旋转体"命令，再单击上一步中的草图，在弹出的"定义旋转体"对话框"第一角度"中填写"360deg"，"轴线"选择"Z 轴"，单击"确定"按钮，如图 7-8 所示。

(7) 单击"添加"命令，分别单击圆形棱边和按钮帽几何体，单击"确定"按钮，如图 7-9 所示。

汽车产品设计

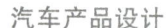

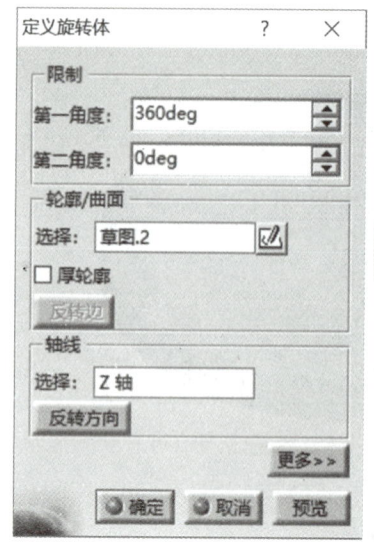

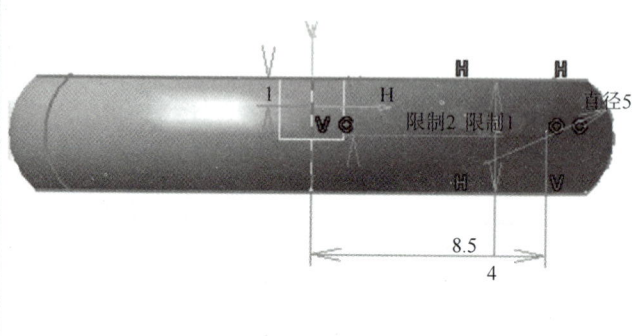

图7-8 "定义旋转体"对话框

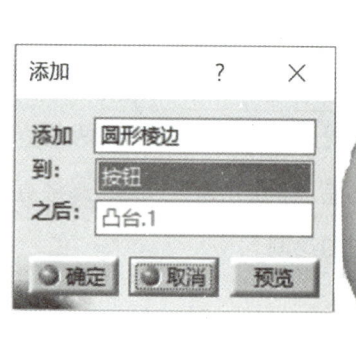

图7-9 "添加"对话框

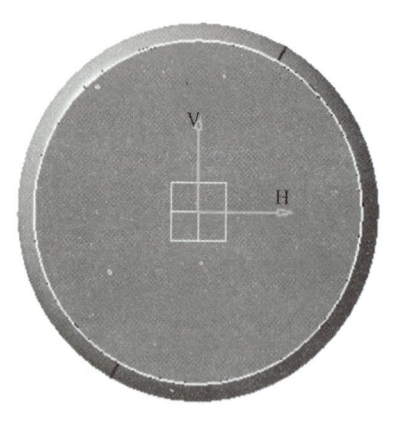

图7-10 投影圆形

（8）单击菜单栏中"插入"选项中的"几何体"，并重新命名为拔模棱边，单击"草图"命令，单击圆形棱边几何体的底面，进入草图绘制界面，单击"投影"命令，再单击圆形棱边的底面圆形边线，在草图上投影出一个黄色的圆形（见图7-10），单击"退出工作台"命令完成草图的绘制，再单击"凸台"命令，"定义凸台"对话框中"长度"设置为"2 mm"，"凸台方向"设置为Z轴负方向，单击"确定"按钮。

(9) 单击"拔模斜度"命令，"定义拔模"对话框中的"角度"设置为"10deg"，"要拔模的面"和"中性元素"分别选择拔模棱边几何体的圆周面和顶面，"拔模方向"设置为 Z 轴负方向，单击"确定"按钮（见图 7-11）。单击"添加"命令，分别单击拔模棱边和按钮帽几何体，单击"确定"按钮，如图 7-12 所示。

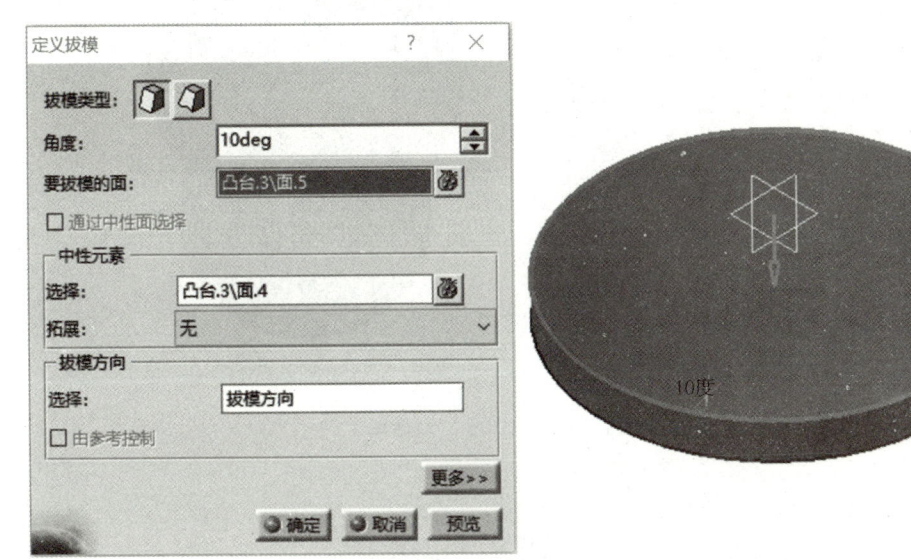

图 7-11 "定义拔模"对话框 1

图 7-12 拔模后模型

(10) 单击"草图"命令，单击按钮帽几何体的底面，进入草图绘制界面，以坐标原点为圆心绘制直径为 17 mm 的圆，单击"退出工作台"命令完成草图的绘制。单击"凸台"命令，"定义凸台"对话框中"长度"设置为"22 mm"，"凸台方向"设置为 Z 轴负方向，单击"确定"按钮。

(11) 单击"草图"命令，单击上一步凸台的底面，以坐标原点为圆心绘制直径为 16 mm 的圆，单击"退出工作台"命令完成草图的绘制。单击"凹槽"命令，"定义凹槽"对话框中"深度"设置为"25 mm"，"凹槽方向"设置为 Z 轴正方向，单击"确定"按钮，如图 7-13 所示。

(12) 单击"草图"命令，单击上一步凹槽的顶面，以坐标原点为圆心绘制直径为 4 mm 的圆，单击"退出工作台"命令完成草图的绘制。单击"凹槽"命令，"定义凹槽"对话框中"深度"设置为"2 mm"，"凹槽方向"设置为 Z 轴正方向，单击"确定"按钮，如图 7-14 所示。

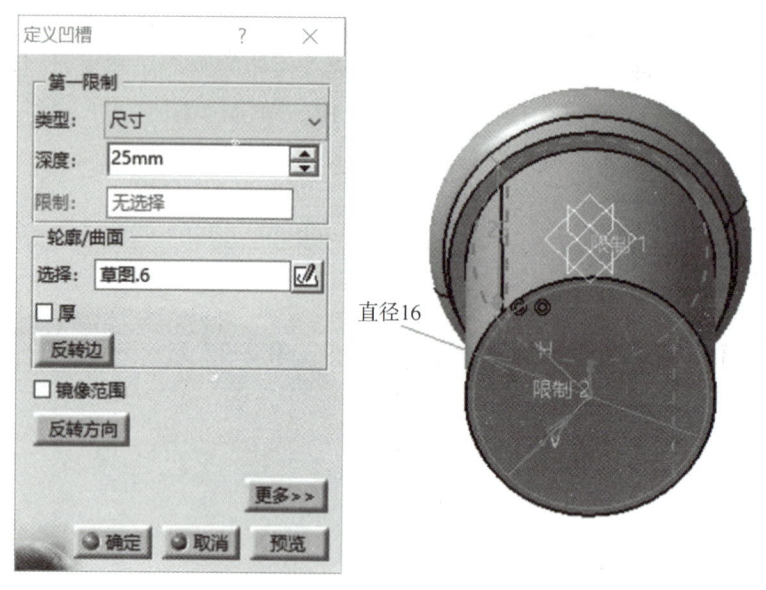

图 7-13 "定义凹槽"对话框 1

图 7-14 "定义凹槽"对话框 2

（13）单击菜单栏中"插入"选项中的"几何体" ，并重新命名为"加强筋长"，单击"草图"命令 ，单击第 8 步中拔模棱边几何体的底面，进入草图绘制界面，绘制草图，其中投影 出的圆需设置为构造元素 ，呈现虚线状态，通过按住【Ctrl】按键的同时选中矩形右上角点和圆，单击对话框中的"约束定义"命令 ，在"约束定义"对话框中选择"相合"选项，单击"确定"按钮（见图 7-15），此时点和圆就固连在一起，单击"退出工作台"命令 完成草图的绘制。单击"凸台"命令 ，"定义凸台"对话框中"长度"设置为"17 mm"，"凸台方向"设置为 Z 轴负方向，单击"确定"按钮。

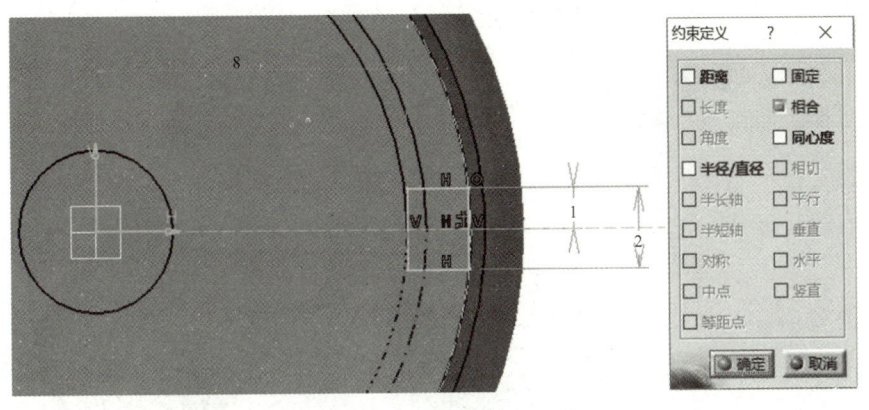

图7-15 "约束定义"对话框

(14) 单击"拔模斜度"命令，"定义拔模"对话框中的"角度"设置为"60deg"，"要拔模的面"和"中性元素"分别选择加强筋长几何体的底面和侧面（圆周方向），"拔模方向"设置为X轴正方向，单击"确定"按钮（见图7-16）；单击"拔模斜度"命令，"定义拔模"对话框中的"角度"设置为"10deg"，"要拔模的面"和"中性元素"分别选择加强筋长几何体的侧面（半径方向）和侧面（圆周方向），"拔模方向"设置为X轴正方向，单击"确定"按钮，如图7-17所示。

图7-16 "定义拔模"对话框2

(15) 单击"圆形阵列"命令，"定义圆形阵列"对话框中的"实例"设置为"4"，"角度间距"设置为"90deg"，"参考元素"设置为"Z轴"，单击"确定"按钮。单击"添加"命令，分别单击加强筋长几何和按钮帽几何体，单击"确定"按钮，如图7-18所示。

(16) 单击菜单栏中"插入"选项中的"几何体"，并重新命名为"加强筋短"，单击"草图"命令，单击第8步中拔模棱边几何体的底面，进入草图绘制界面，绘制草图（见图7-19），其中注意事项与第13步相同，单击"退出工作台"命令完成草图的绘制，再单击"凸台"命令，"定义凸台"对话框中"长度"设置为"8 mm"，"凸台方向"设置为Z轴负方向，单击"确定"按钮。

117

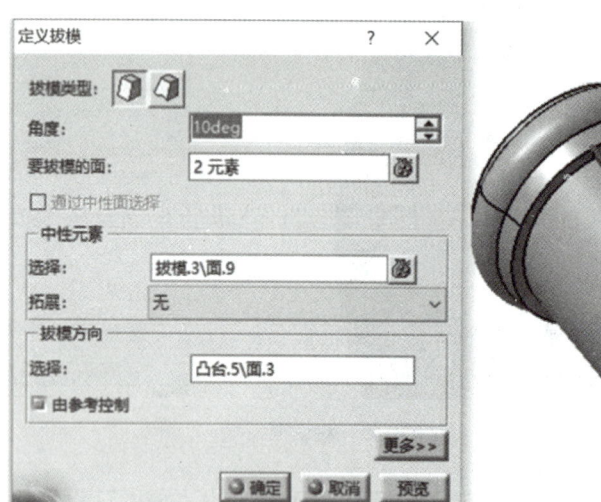

图 7-17 "定义拔模"对话框 3

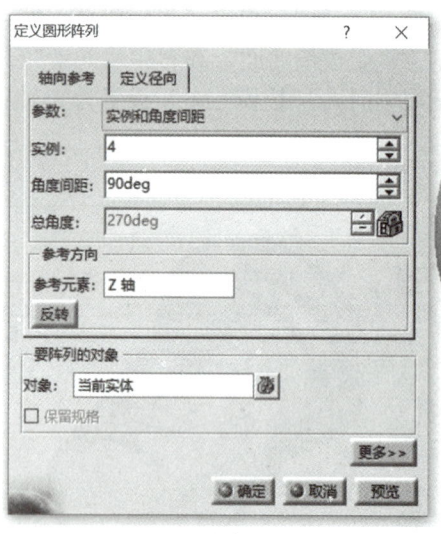

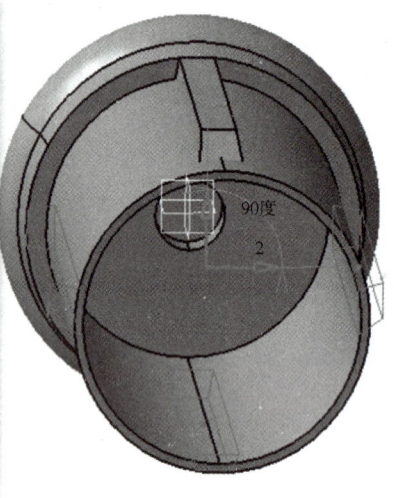

图 7-18 "定义圆形阵列"对话框 1

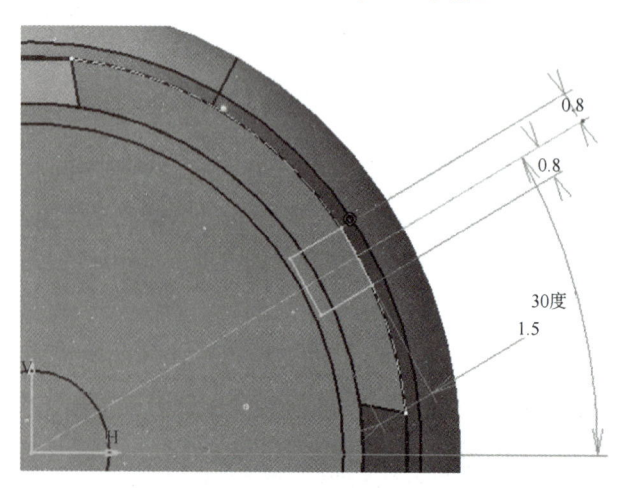

图 7-19 草图

(17) 单击"拔模斜度"命令 ，"定义拔模"对话框中的"角度"设置为"16deg"，"要拔模的面"和"中性元素"分别选择加强筋短几何体的侧面（圆周方向）和顶面，"拔模方向"设置为 Z 轴负方向，单击"确定"按钮（见图 7-20）；单击"拔模斜度"命令 ，"定义拔模"对话框中的"角度"设置为"3deg"，"要拔模的面"和"中性元素"分别选择加强筋长几何体的侧面（半径方向）和侧面（圆周方向），"拔模方向"设置为 Z 轴负方向，单击"确定"按钮（见图 7-21）。其中加强筋短几何体的顶面被覆盖无法选择，需将按钮帽几何体隐藏后方可操作，在结构树中找到需要隐藏的几何体或元素，单击右键菜单中的"隐藏/显示"命令即可 隐藏/显示。

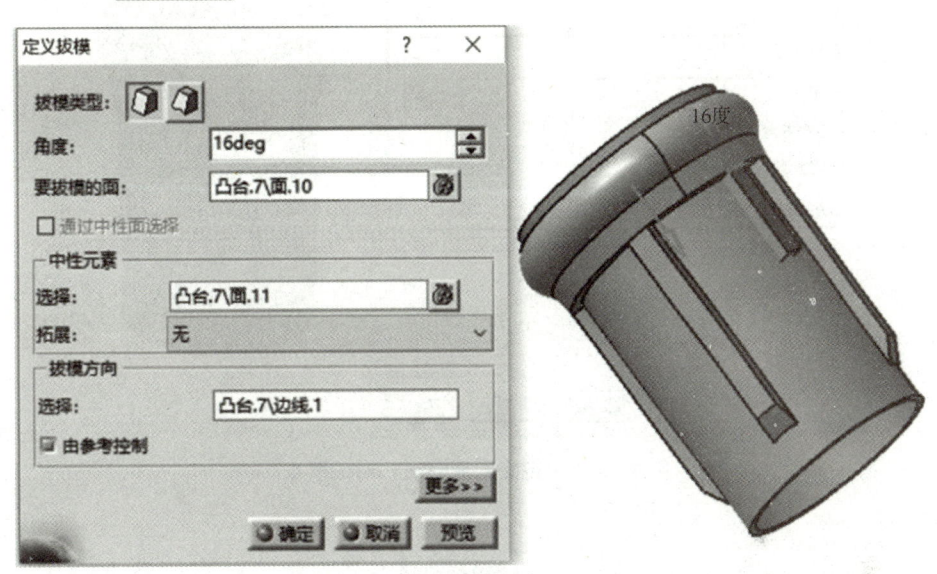

图 7-20 "定义拔模"对话框 4

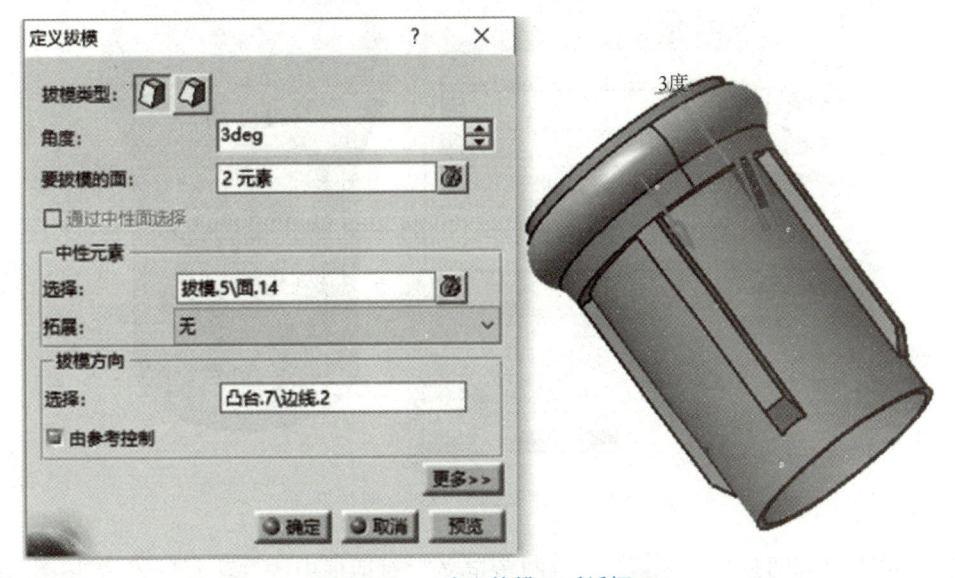

图 7-21 "定义拔模"对话框 5

(18) 单击"圆形阵列"命令 ，"定义圆形阵列"对话框中的"实例"设置为"2"，

"角度间距"设置为"30deg","参考元素"设置为"Z轴";再次单击"圆形阵列"命令，"定义圆形阵列"对话框中的"实例"设置为"4","角度间距"设置为"90deg","参考元素"设置为"Z轴",单击"确定"按钮,(见图7-22)。单击"添加"命令，分别单击加强筋短和按钮帽几何体,单击"确定"按钮,如图7-23所示。

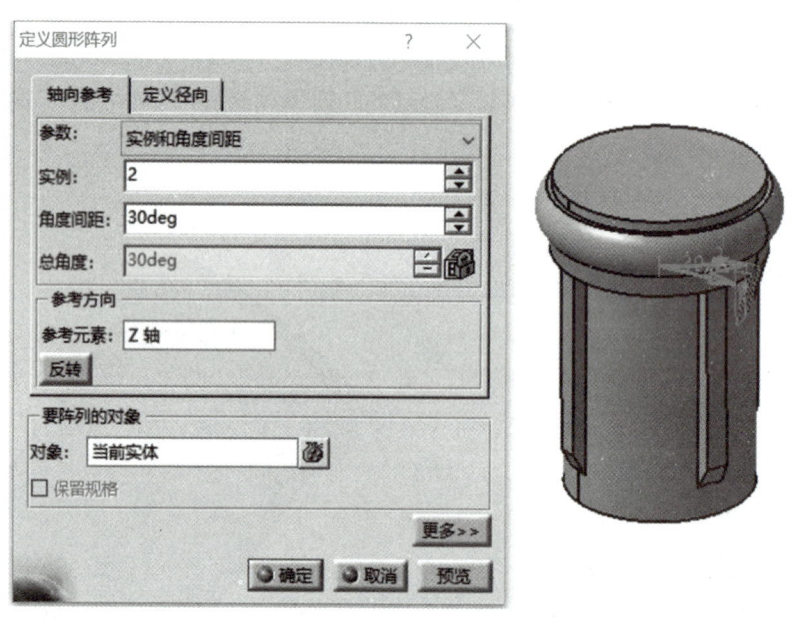

图7-22 "定义圆形阵列"对话框2

图7-23 "定义圆形阵列"对话框3

(19)单击"倒圆角"命令，"倒圆角定义"对话框中的"半径"设置为"1 mm",要圆角化的对象在模型上选择12个加强筋的棱边,单击"确定"按钮,如图7-24所示。

(20)单击"倒角"命令，"定义倒角"对话框中的"长度"设置为"0.2 mm",

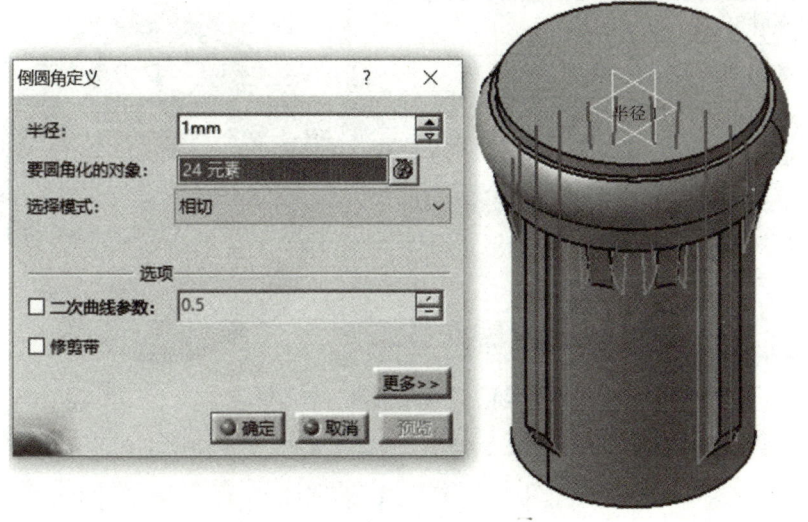

图 7-24 "倒圆角定义"对话框

"角度"设置为"45deg","要倒角的对象"在模型上选择按钮帽的两端棱边,单击"确定"按钮,如图 7-25 所示;单击"倒角"命令 ,"定义倒角"对话框中的"长度"设置为"0.5 mm","角度"设置为"45deg","要倒角的对象"在模型上选择按钮帽的内腔根部棱边,单击"确定"按钮,如图 7-26 所示。

图 7-25 "定义倒角"对话框 1

(21) 单击"草图"命令 ,单击按钮帽的顶面,绘制草图(见图 7-27),单击"退出工作台"命令 完成草图的绘制,再单击"凹槽"命令 ,在"定义凹槽"对话框中,"深度"设置为"0.1 mm","凹槽方向"设置为 Z 轴负方向,单击"确定"按钮,如图 7-28 所示。

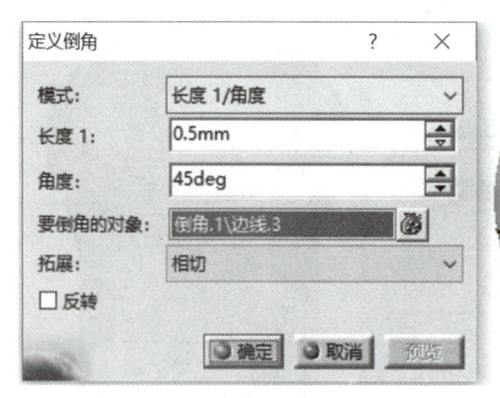

图 7-26 "定义倒角"对话框 2

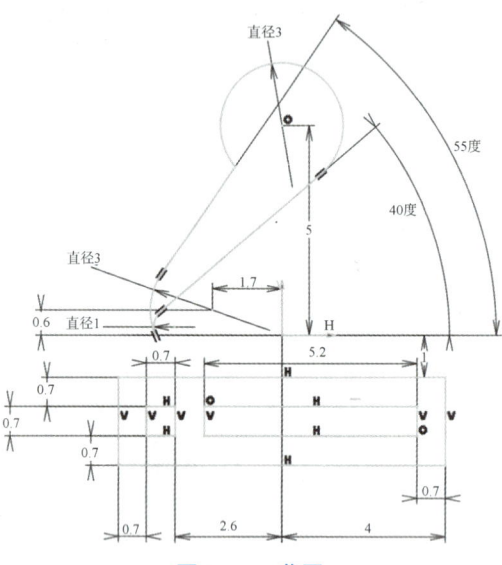

图 7-27 草图

图 7-28 "定义凹槽"对话框 3

步骤二：点烟器中心安装轴的建模

点烟器中心安装轴的建模思路是先使用"旋转"命令构建出中心安装轴的主体形状，再使用"凹槽"命令构建加热丝的安装结构，中心安装轴模型如图7-29所示。

（1）单击菜单栏"插入"选项中的"几何体"选项 ，并重新命名为"中心安装轴"，单击"草图"命令 ，在结构树中单击"zx平面" zx平面，进入草图绘制界面，绘制草图（见图7-30），单击"退出工作台"命令 完成草图的绘制，此时按钮帽的模型会影响模型绘制，可先将其隐藏。

图7-29 中心安装轴模型

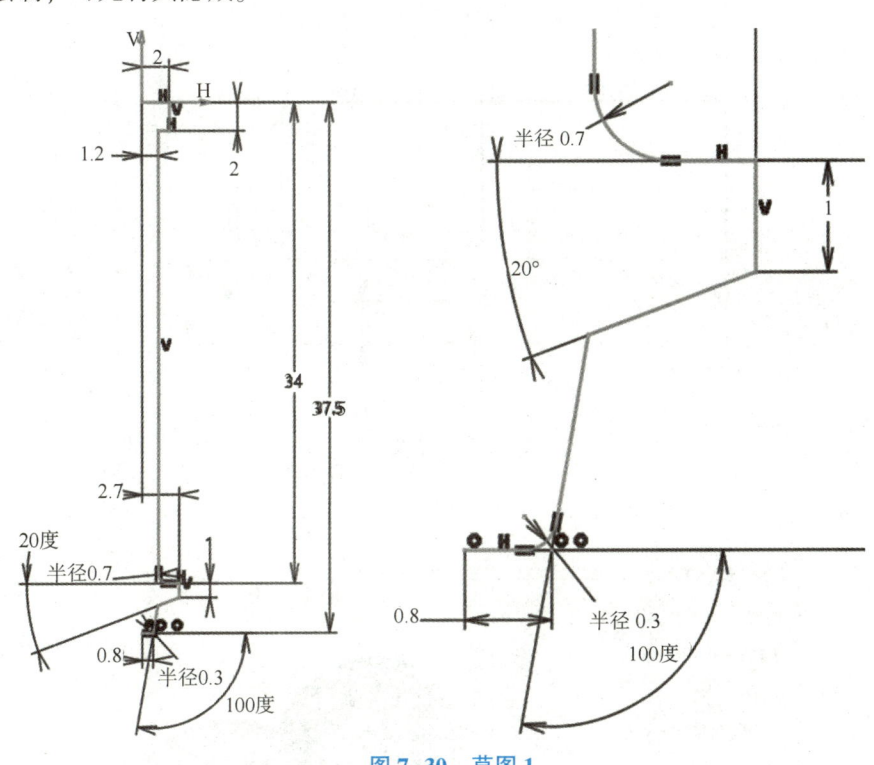

图7-30 草图1

（2）单击"旋转体"命令 ，再单击上一步的草图，在弹出的"定义旋转体"对话框的"第一角度"中填写"360deg"，"轴线"选择"Z轴"，单击"确定"按钮，如图7-31所示。

（3）单击"草图"命令 ，单击中心安装轴的底面，绘制草图（见图7-32），单击"退出工作台"命令 完成草图的绘制。单击"凹槽"命令 ，在"定义凹槽"对话框中，"深度"设置为"1.932 mm"，"凹槽方向"设置为Z轴正方向，单击"确定"按钮，如图7-33所示。

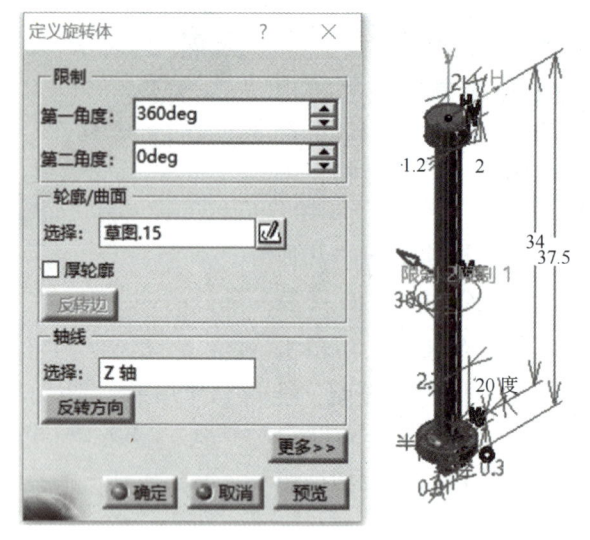

图 7-31 "定义旋转体"对话框

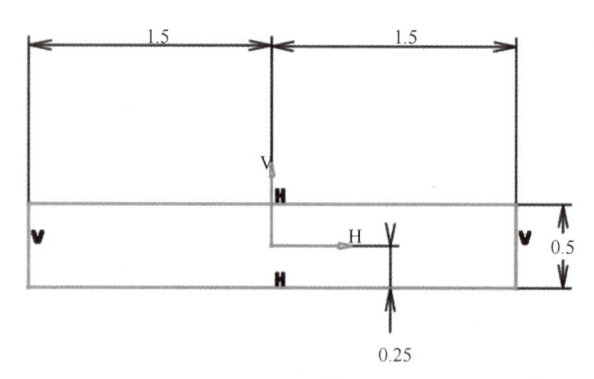

图 7-32 草图 2

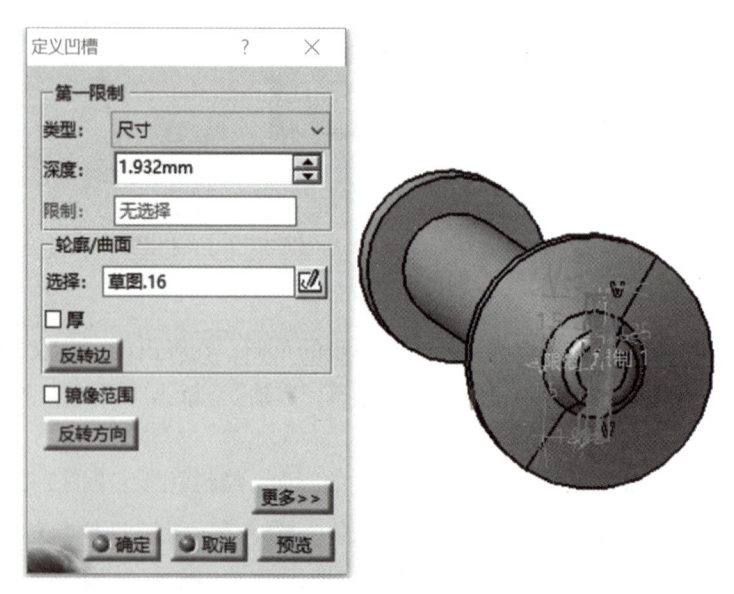

图 7-33 "定义凹槽"对话框

步骤三：点烟器内衬支架的建模

点烟器内衬支架的建模思路是使用"凸台"命令，构建出内衬支架的主体形状，再使用"倒圆角"命令进行倒圆角操作，内衬支架模型如图 7-34 所示。

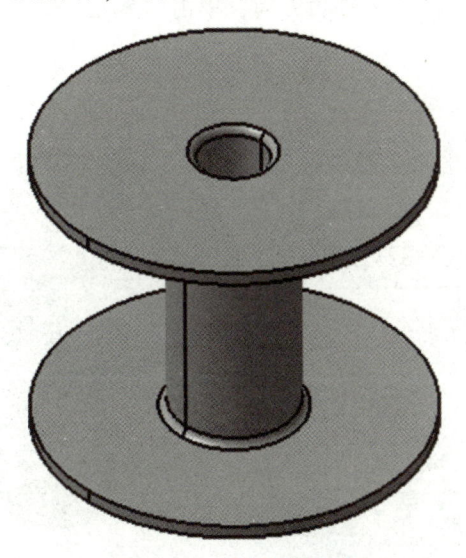

图 7-34　内衬支架模型

（1）单击菜单栏"插入"中的"几何体"选项 几何体，并重新命名为"内衬支架"，单击"草图"命令 ，单击中心安装轴上端凸缘的底面，进入草图绘制界面，绘制草图为以坐标轴原点为圆心的两个同心圆，直径分别是 15 mm 和 2.8 mm，单击"退出工作台"命令 完成草图的绘制，再单击"凸台"命令 ，在"定义凸台"对话框中"长度"设置为"0.5 mm"，"凸台方向"设置为 Z 轴负方向，单击"确定"按钮，如图 7-35 所示。

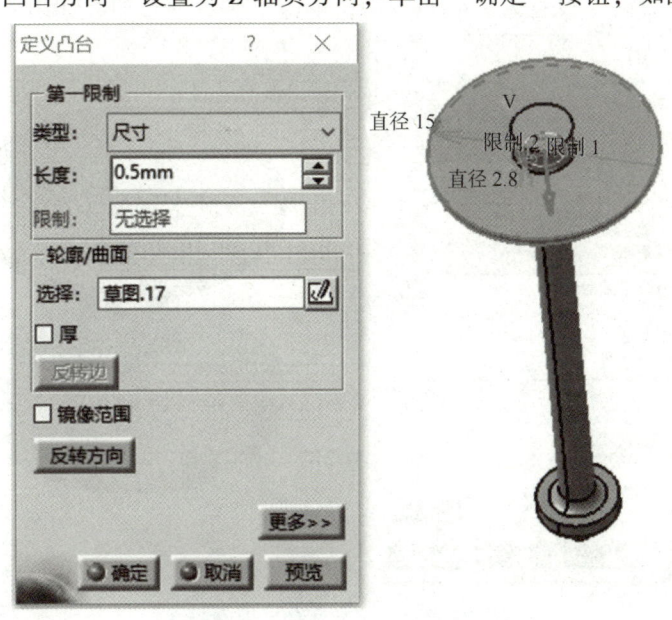

图 7-35　"定义凸台"对话框 1

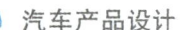

(2)单击"草图"命令，单击上一步凸台的底面，进入草图绘制界面，绘制草图为以坐标轴原点为圆心的两个同心圆，直径分别是 5 mm 和 2.8 mm，单击"退出工作台"命令完成草图的绘制。单击"凸台"命令，在"定义凸台"对话框中"长度"设置为"7.5 mm"，"凸台方向"设置为 Z 轴负方向，单击"确定"按钮，如图 7-36 所示。

图 7-36　"定义凸台"对话框 2

(3)单击"草图"命令，单击上一步凸台的底面，进入草图绘制界面，绘制草图为以坐标轴原点为圆心的两个同心圆，直径分别是 15 mm 和 2.8 mm，单击"退出工作台"命令完成草图的绘制。单击"凸台"命令，在"定义凸台"对话框中，"长度"设置为"0.5 mm"，"凸台方向"设置为 Z 轴负方向，单击"确定"按钮，如图 7-37 所示。

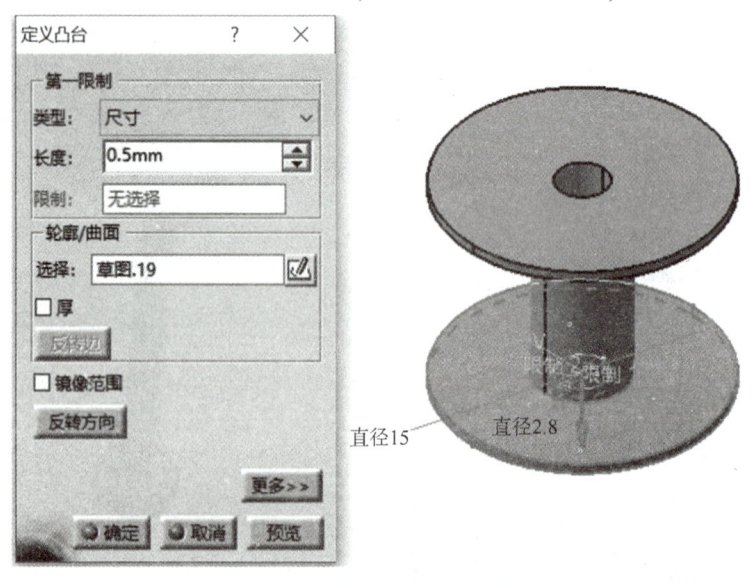

图 7-37　"定义凸台"对话框 3

(4) 单击"倒圆角"命令，在"倒圆角定义"对话框中，"半径"设置为"0.3 mm"，"要圆角化的对象"在模型上选择两端内外的 4 条棱边，单击"确定"按钮，如图 7-38 所示。

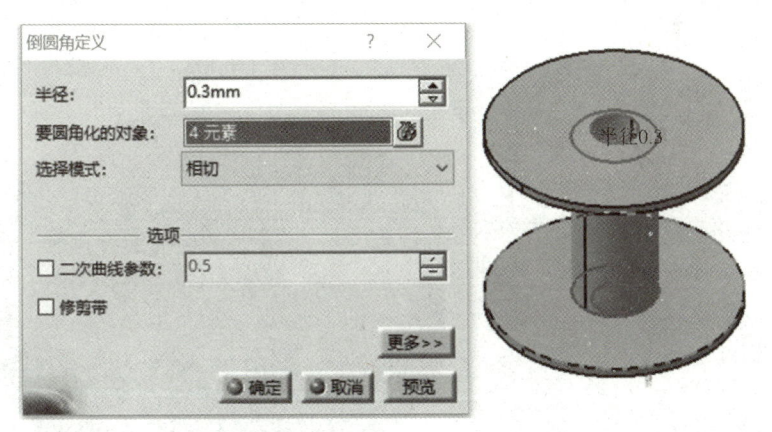

图 7-38　"倒圆角定义"对话框

步骤四：点烟器弹簧托盘的建模

点烟器弹簧托盘的建模思路是在零件设计模块中使用"凸台""凹槽""厚度"和"倒圆角"命令，构建出弹簧托盘的实体模型，再使用"创成式外形设计"模块中的"提取"命令提取出弹簧托盘的表面，回到"零件设计"模块进行厚曲面操作，弹簧托盘模型如图 7-39 所示。

(1) 单击菜单栏"插入"中的"几何体"选项，并重新命名为"弹簧托盘-实体"，单击"平面"命令，在"平面定义"对话框中，"平面类型"选择"偏移平面"，"参考"设置为"xy 平面"，"偏移"设置为"32 mm"，"方向"设置为 Z 轴负方向，单击"确定"按钮，如图 7-40 所示。

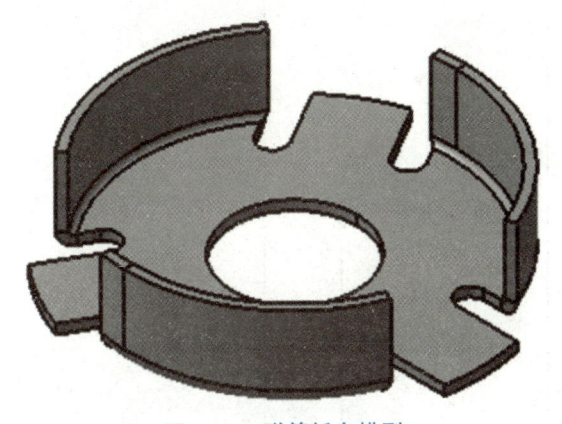

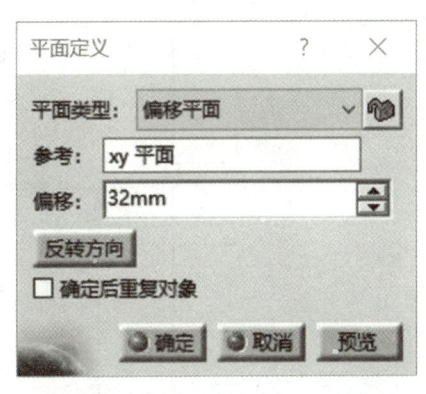

图 7-39　弹簧托盘模型　　　　图 7-40　"平面定义"对话框

(2) 单击"草图"命令，单击上一步建立的平面，进入草图绘制界面，绘制草图为

汽车产品设计

以坐标轴原点为圆心的两个同心圆，直径分别是 19 mm 和 7 mm，单击"退出工作台"命令完成草图的绘制。单击"凸台"命令，在"定义凸台"对话框中"长度"设置为"4.5 mm"，凸台方向设置为 Z 轴正方向，单击"确定"按钮，如图 7-41 所示。

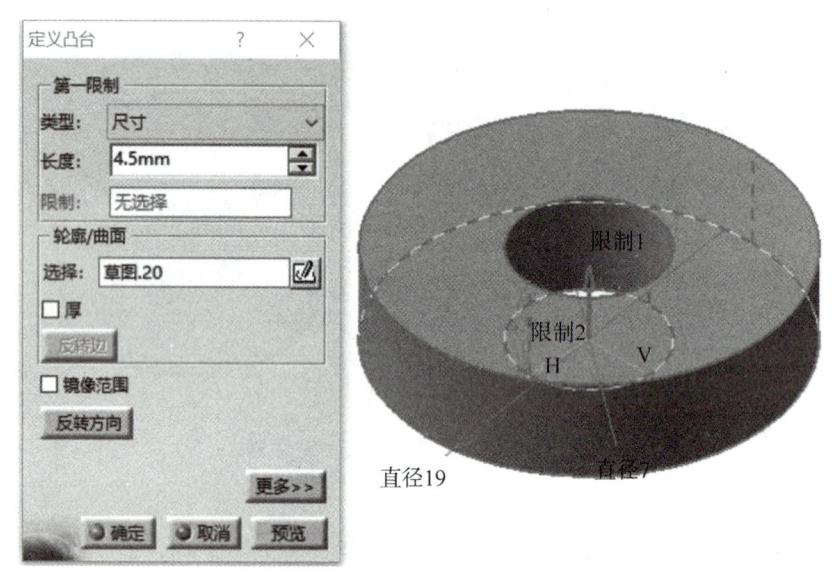

图 7-41 "定义凸台"对话框

（3）单击"草图"命令，单击中心安装轴的底面，绘制草图，单击"退出工作台"命令完成草图的绘制，如图 7-42 所示。单击"凹槽"命令，在"定义凹槽"对话框中，"深度"设置为"4.5 mm"，"凹槽方向"设置为 Z 轴负方向，单击"确定"按钮，如图 7-43 所示。

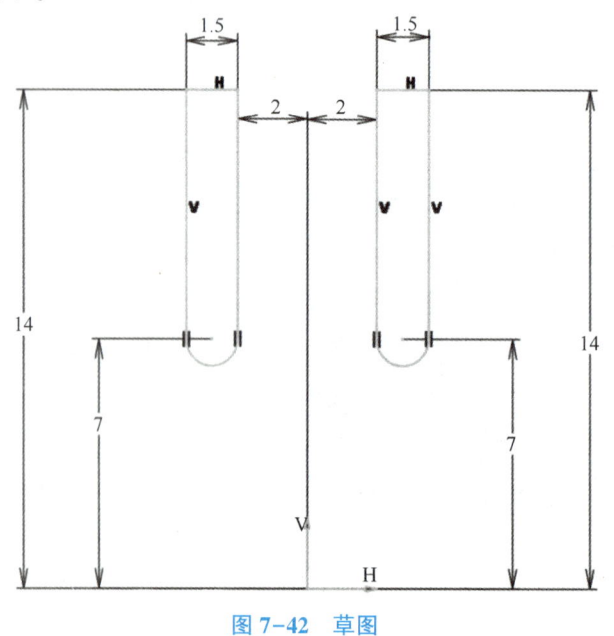

图 7-42 草图

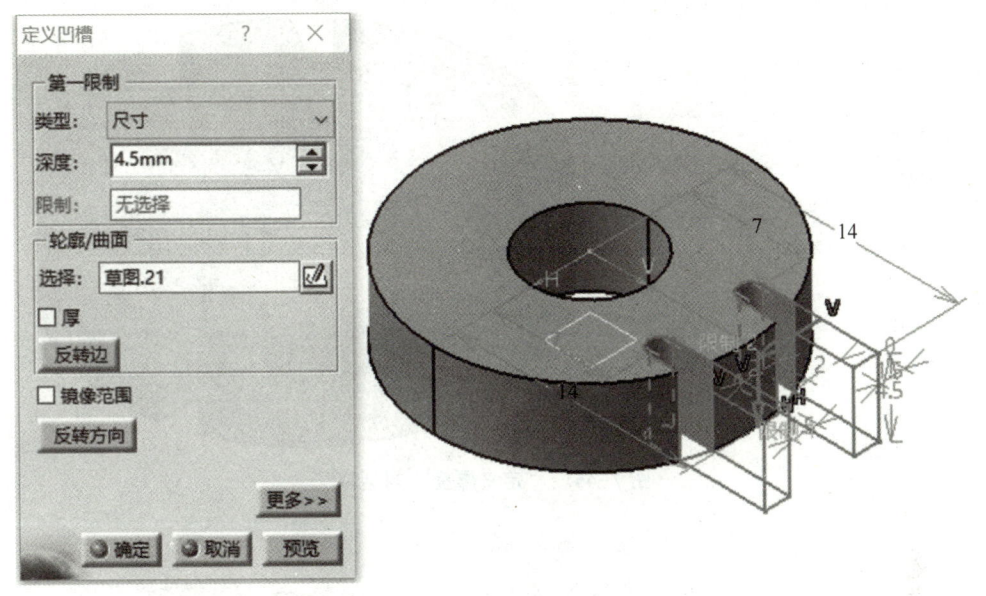

图 7-43 "定义凹槽"对话框

(4) 单击"圆形阵列"命令，在"定义圆形阵列"对话框中，"实例"设置为"3"，"角度间距"设置为"120deg"，"参考元素"设置为"Z轴"，"对象"选择上一步绘制的凹槽，单击"确定"按钮，如图 7-44 所示。

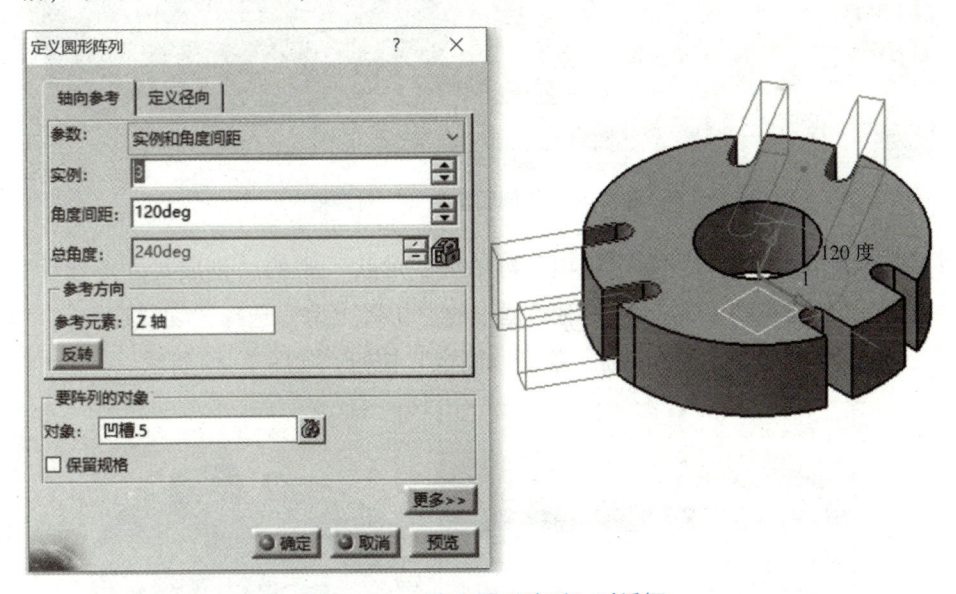

图 7-44 "定义圆形阵列"对话框

(5) 单击"厚度"命令，在"定义厚度"对话框中，"默认厚度"设置为"1 mm"，"默认厚度面"选择 3 个小端面，单击"确定"按钮，如图 7-45 所示。

(6) 单击"倒圆角"命令，在"倒圆角定义"对话框中，"半径"设置为"0.8 mm"，"要圆角化的对象"在模型上选择底面的 3 条圆弧边，单击"确定"按钮，如图 7-46 所示。

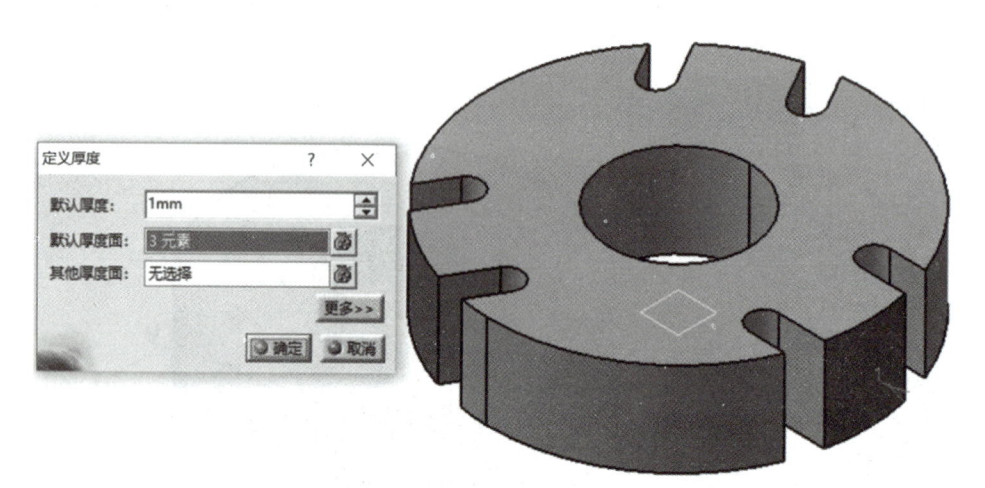

图 7-45 "定义厚度"对话框

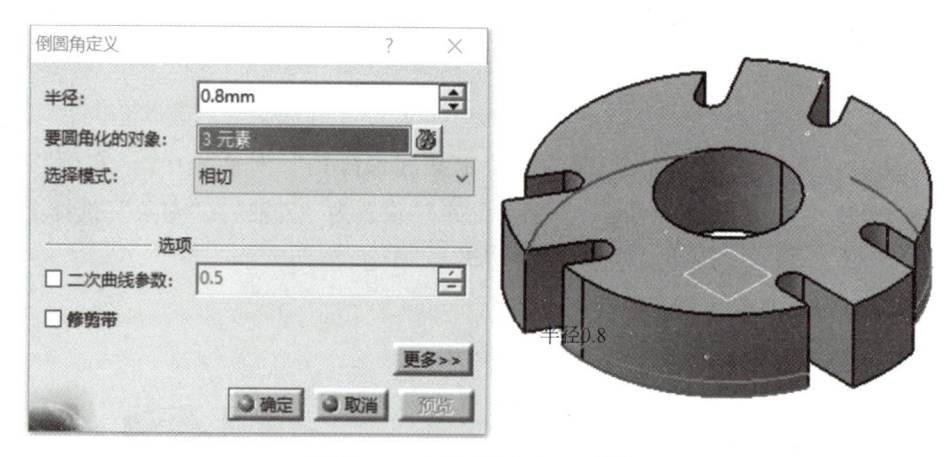

图 7-46 "倒圆角定义"对话框

（7）单击菜单栏中的"开始"选项，再单击"形状"中的"创成式外形设计"选项，单击"提取"命令，"提取定义"对话框中的"拓展类型"选择"切线连续"，"要提取的元素"选择弹簧托盘-实体的底面，单击"确定"按钮，如图 7-47 所示。

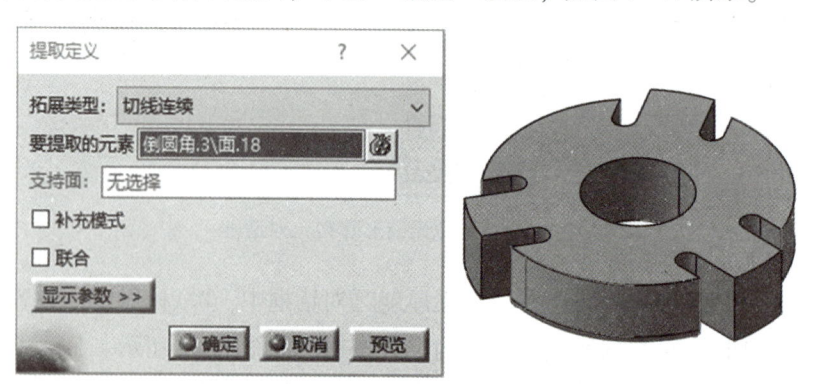

图 7-47 "提取定义"对话框

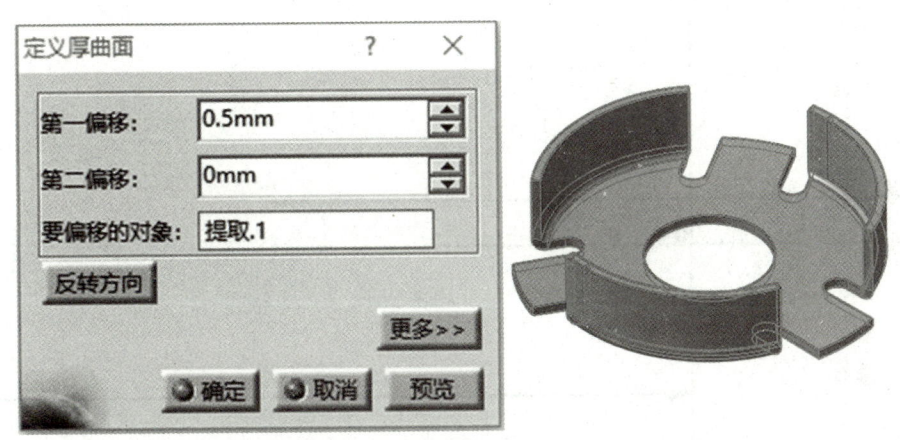

（8）单击菜单栏"插入"选项中的"几何体" 几何体，并重新命名为"弹簧托盘"，单击"厚曲面"命令，"定义厚度面"对话框中"第一偏移"设置为"0.5 mm"，"第二偏移"设置为"0 mm"，要偏移的对象选择上一步提取出的曲面，单击"确定"按钮，如图7-48所示，此时弹簧托盘-实体与弹簧托盘的模型是重合的，需要将弹簧托盘-实体隐藏，作为过程数据存放。

图 7-48　"定义厚曲面"对话框

步骤五：点烟器弹簧的建模

点烟器弹簧的建模思路是在"创成式外形设计"模块中使用"螺旋"命令，构建出弹簧的螺旋线，再使用"零件设计"模块中的"肋"命令绘制弹簧主体，弹簧模型如图7-49所示。

图 7-49　弹簧模型

（1）单击菜单栏"插入"中的"几何体"选项 几何体，并重新命名为"弹簧"，单击

"草图"命令 ![], 在结构树中单击"zx 平面" ![] zx 平面, 进入草图绘制界面, 绘制草图, 单击"退出工作台"命令 ![] 完成草图的绘制, 如图 7-50 所示, 其中弹簧上端与内衬支架接触, 故以内衬支架底面为边界条件, 单击"相交点"命令 ![] 得到两条构造线的交点, 交点为标准点, 作为螺旋线的起点。

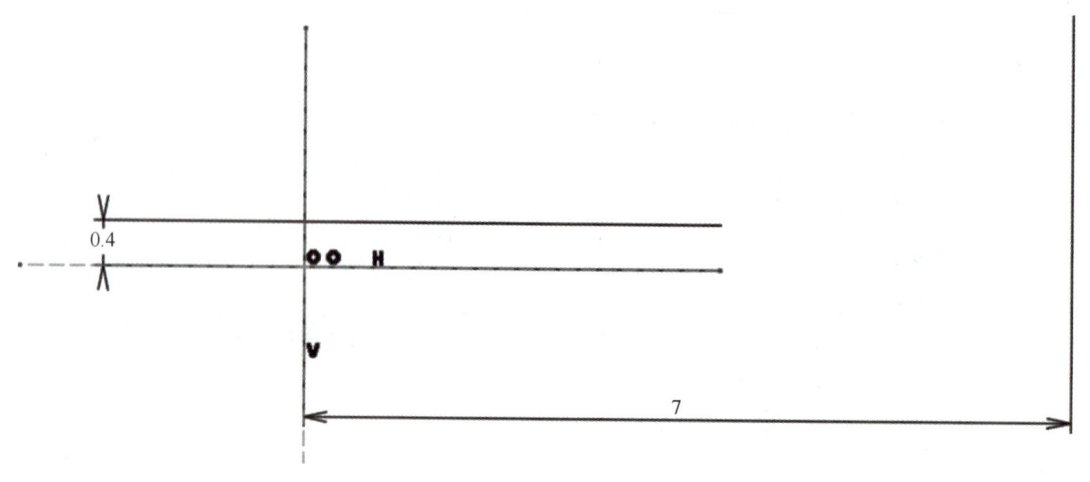

图 7-50　草图 1

（2）单击菜单栏中的"开始"选项, 再单击"形状"中的"创成式外形设计"选项, 单击"螺旋"命令 ![], "螺旋曲线定义"对话框中的"起点"选择第一步绘制的草图, "轴"选择"Z 轴", "螺距"设置为"2 mm", "高度"设置为"17 mm", "方向"为 Z 轴负方向, 单击"确定"按钮, 如图 7-51 所示。

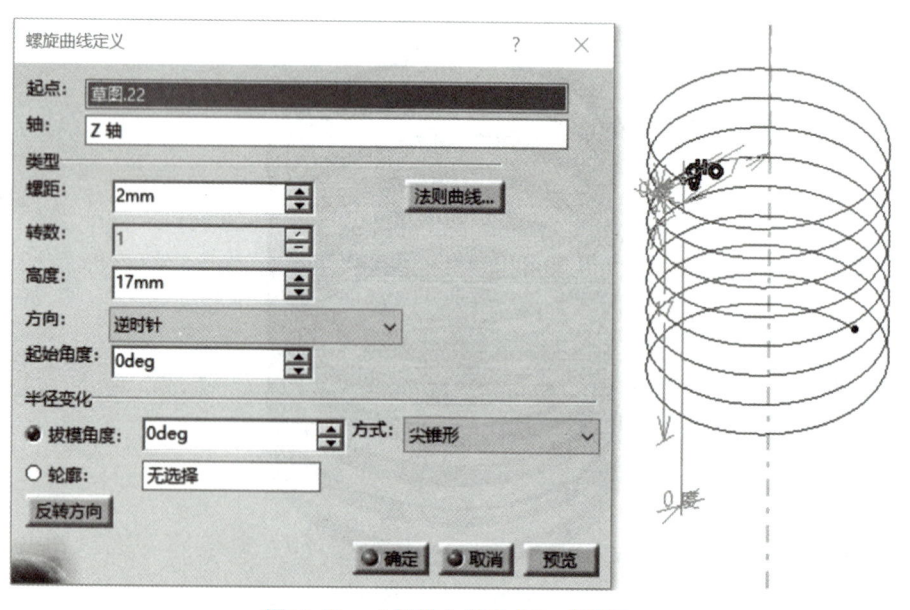

图 7-51　"螺旋曲线定义"对话框

（3）单击菜单栏中的"开始"选项, 再单击"机械设计"中的"零件设计"选项, 单击"草图"命令，在结构树中单击"zx 平面" zx **平面**，进入草图绘制界面，绘制草图（见图 7-52），单击"退出工作台"命令完成草图的绘制。单击"肋"命令，在"定义肋"对话框中，"轮廓"选择刚绘制的草图，"中心曲线"选择第二步绘制的螺旋线，单击"确定"按钮，如图 7-53 所示，其中草图的圆以螺旋线起点的投影点为圆心。

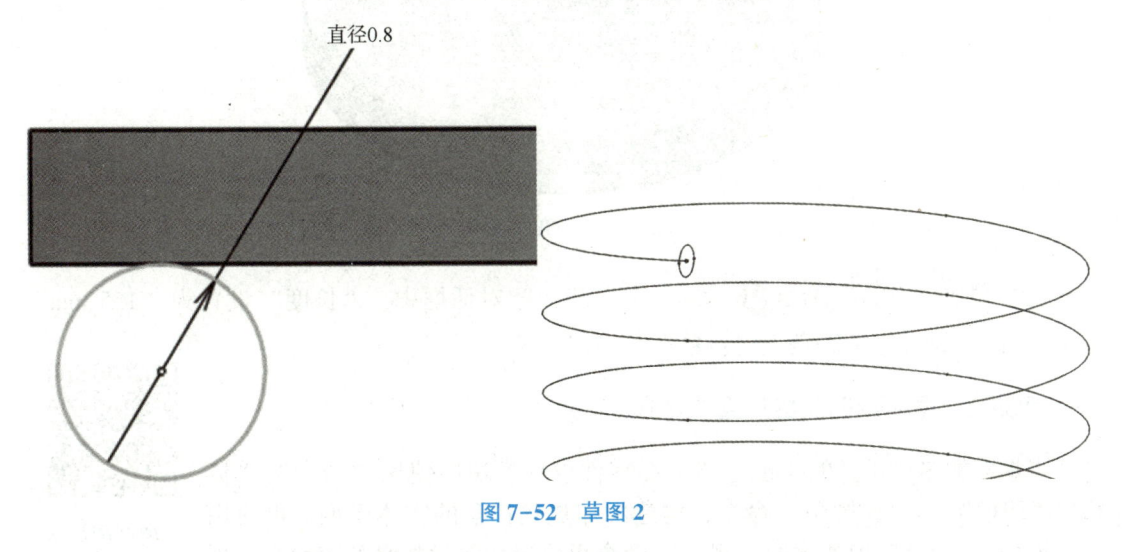

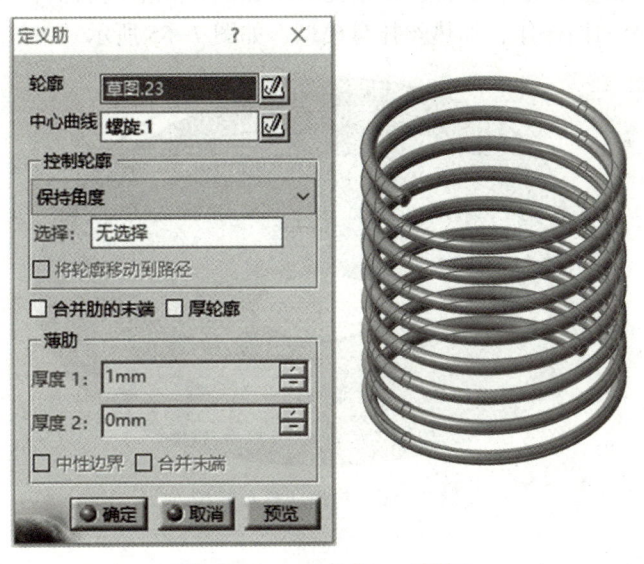

图 7-52　草图 2

图 7-53　"定义肋"对话框

步骤六：点烟器垫片的建模

点烟器垫片的建模思路是使用"凸台"命令绘制，垫片模型如图 7-54 所示。

（1）单击菜单栏"插入"中的"几何体"选项几何体，并重新命名为"垫片"，单击"草图"命令，单击弹簧托盘的底面，进入草图绘制界面，绘制草图为以坐标轴原点为圆心的两个同心圆，直径分别是 26 mm 和 13 mm，单击"退出工作台"命令完成草图的绘制。

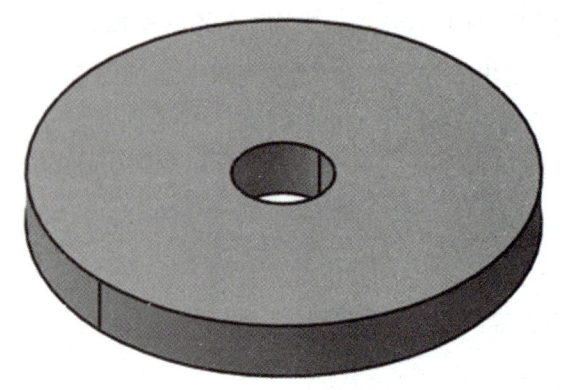

图 7-54　垫片模型

（2）单击"凸台"命令，在"定义凸台"对话框中，"长度"设置为"1.5 mm"，"凸台方向"设置为 Z 轴负方向，单击"确定"按钮。

步骤七：点烟器加热丝托盘的建模

点烟器加热丝托盘的建模思路是在零件设计模块中使用"凸台""拔模""凹槽"和"倒圆角"命令，构建出加热丝托盘的实体模型，再使用"创成式外形设计"模块中的"提取"命令提取出加热丝托盘的表面，回到零件设计模块进行厚曲面操作，加热丝托盘模型，如图 7-55 所示。

点烟器加热丝托盘的建模

图 7-55　加热丝托盘模型

（1）单击菜单栏"插入"中的"几何体"选项，并重新命名为"加热丝托盘-实体"，单击"草图"命令，单击垫片的底面，进入草图绘制界面，绘制以坐标轴原点为圆心的圆、直径是 19.5 mm 的圆，单击"退出工作台"命令完成草图的绘制。单击"凸台"命令，在"定义凸台"对话框中，"长度"设置为"3.5 mm"，"凸台方向"设置为 Z 轴负方向，单击"确定"按钮。

（2）单击"拔模斜度"命令，"定义拔模"对话框中的"角度"设置为"31deg"，"要拔模的面"和"中性元素"分别选择凸台的侧面和顶面，"拔模方向"设置为 Z 轴负方向，单击"确定"按钮，如图7-56所示。

图7-56 "定义拔模"对话框

（3）单击"倒圆角"命令，在"倒圆角定义"对话框中，"半径"设置为"1 mm"，"要圆角化的对象"选择凸台的上边沿，单击"确定"按钮，如图7-57所示。

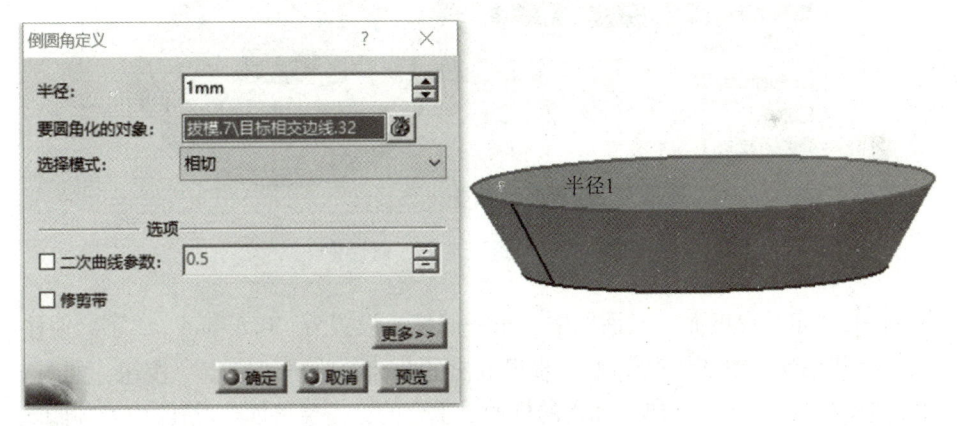

图7-57 "倒圆角定义"对话框

（4）单击"草图"命令，单击中心模型的底面，绘制以坐标原点为圆心、直径为4.4 mm的圆，单击"退出工作台"命令完成草图的绘制。单击"凹槽"命令，在"定义凹槽"对话框中，"深度"设置为"3.5 mm"，"凹槽方向"设置为Z轴正方向，单击"确定"按钮，如图7-58所示。

（5）单击菜单栏中的"开始"选项，再单击"形状"中的"创成式外形设计"选项，单击"提取"命令，"提取定义"对话框中的"拓展类型"选择"切线连续"，"要提取的元素"选择加热丝托盘-实体的顶面，单击"确定"按钮，如图7-59所示。

（6）单击菜单栏中的"开始"选项，再单击"机械设计"中的"零件设计"选项。单击菜单栏"插入"中的"几何体"选项，并重新命名为"加热丝托盘"，单击"厚

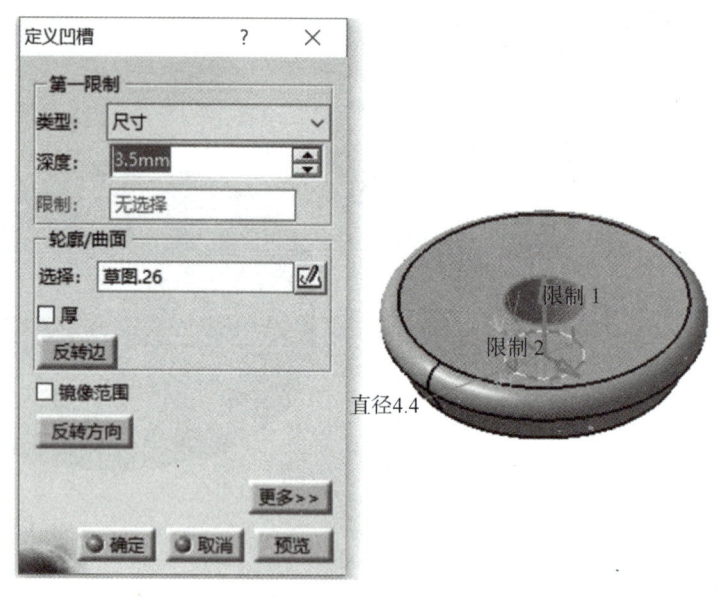

图 7-58 "定义凹槽"对话框

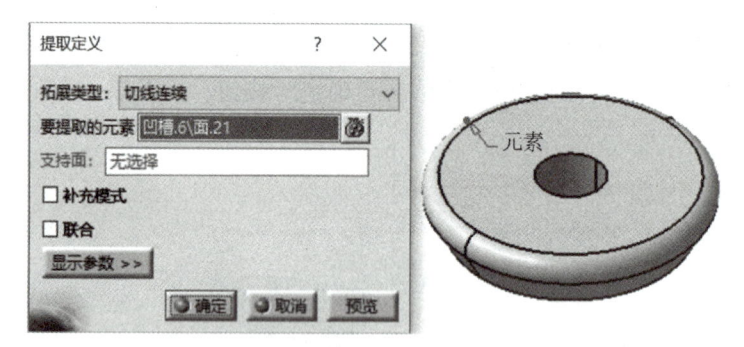

图 7-59 "提取定义"对话框

曲面"命令，"定义厚度面"对话框中"第一偏移"设置为"0.5 mm"，"第二偏移"设置为"0 mm"，"要偏移的对象"选择上一步提取出的曲面，单击"确定"按钮，如图 7-60 所示，此时加热丝托盘-实体与加热丝托盘的模型是重合的，需要将加热丝托盘-实体隐藏，作为过程数据存放。

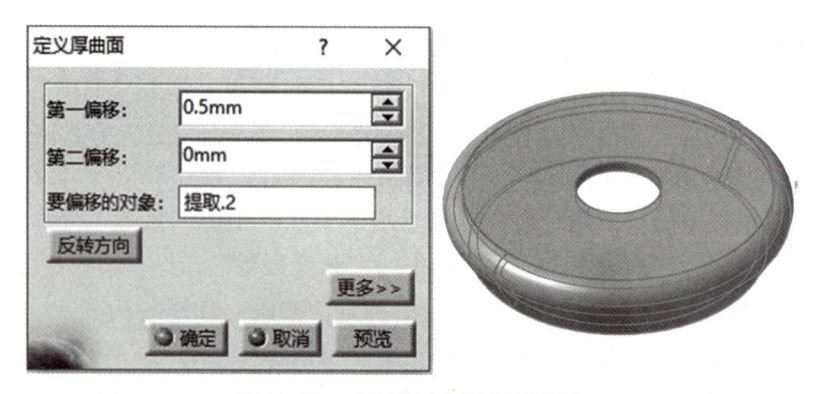

图 7-60 "定义厚曲面"对话框

步骤八：点烟器螺母的建模

点烟器螺母的建模思路是使用"凸台""相交"和"镜像"命令，构建出螺母的实体模型，螺母模型如图 7-61 所示。

点烟器螺母的建模

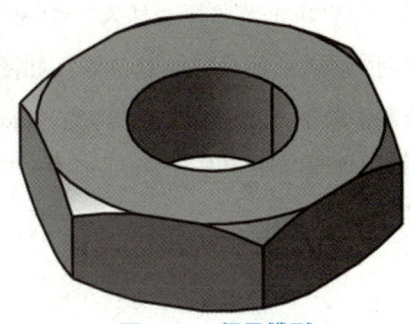

图 7-61 螺母模型

（1）单击菜单栏"插入"中的"几何体"选项 几何体，并重新命名为"螺母"，单击"草图"命令 ，单击垫片的顶面，进入草图绘制界面，单击"六边形"命令 ，绘制以坐标原点为中心的六边形，单击"退出工作台"命令 完成草图的绘制，如图 7-62 所示。单击"凸台"命令 ，"定义凸台"对话框中"长度"设置为"0.75 mm"，"凸台方向"设置为 Z 轴正方向，单击"确定"按钮，如图 7-63 所示。

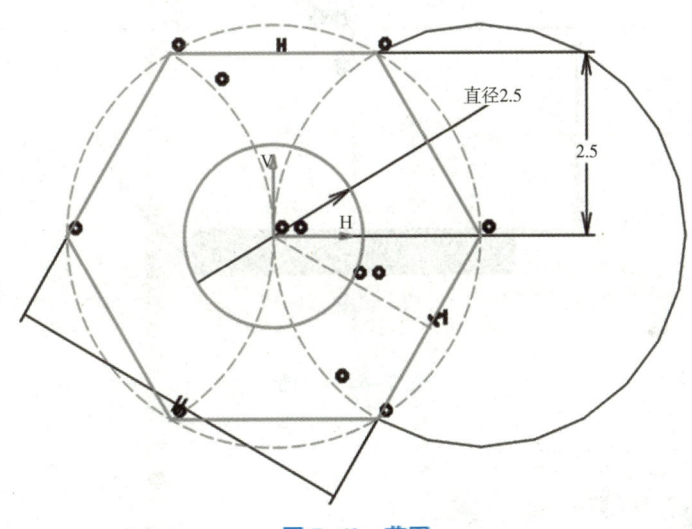

图 7-62 草图

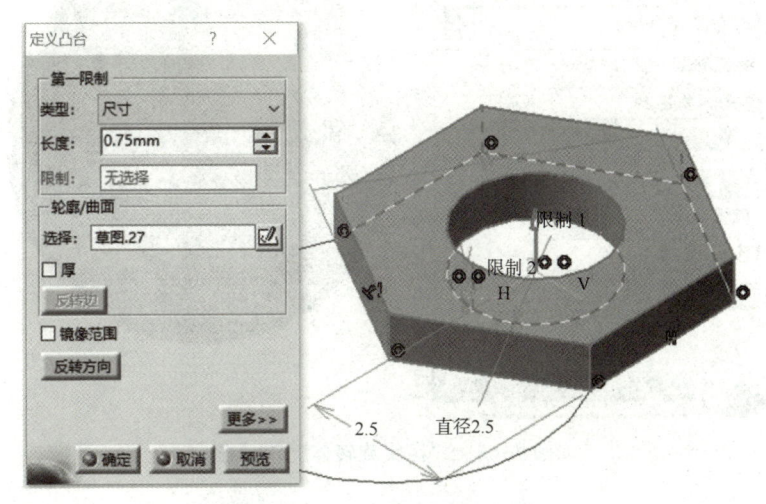

图 7-63 "定义凸台"对话框

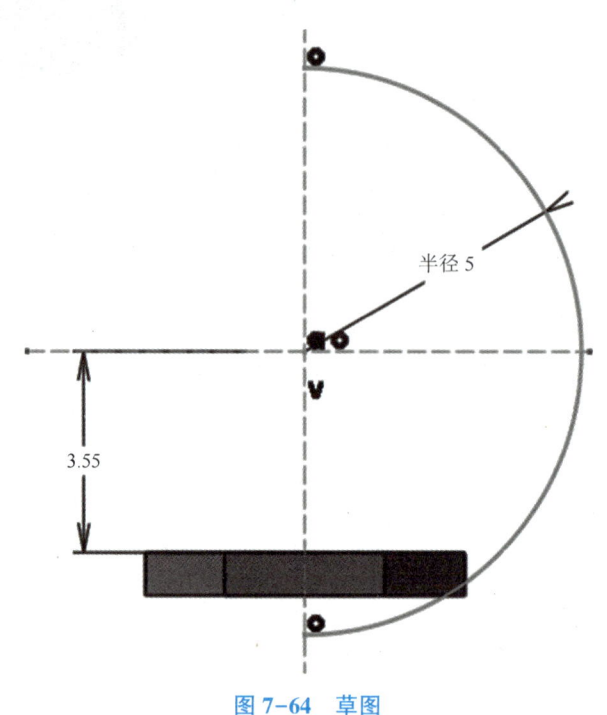

（2）单击菜单栏"插入"中的"几何体"选项 几何体，并重新命名为球体，单击"zx平面" zx平面，绘制草图，如图7-64所示，单击"退出工作台"命令 完成草图的绘制。单击"旋转体"命令 ，再单击刚绘制的草图，在弹出的"定义旋转体"对话框的"第一角度"中填写"360deg"，"轴线"选择"Z轴"，单击"确定"按钮，如图7-65所示。

图7-64 草图

图7-65 "定义旋转体"对话框

(3) 单击"相交"命令 ⊛，分别单击球体和螺母几何体，单击"确定"按钮，如图 7-66 所示。

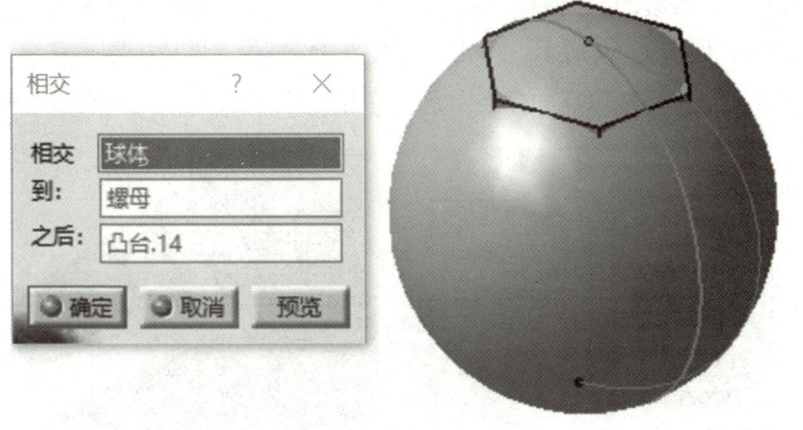

图 7-66 "相交"对话框

(4) 单击"镜像"命令 ，"定义镜像"对话框中默认选项，单击"确定"按钮，如图 7-67 所示。

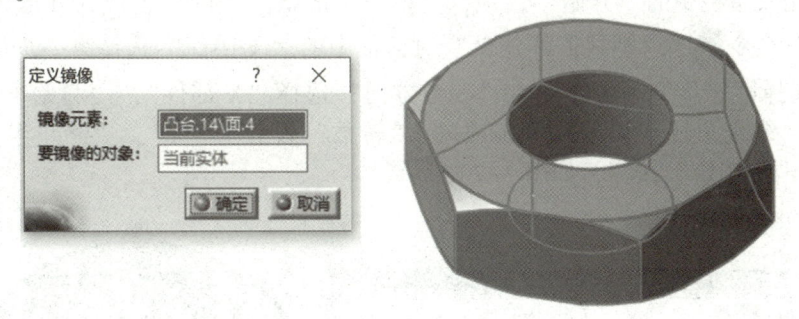

图 7-67 "定义镜像"对话框

步骤九：点烟器加热丝的建模

点烟器加热丝的建模思路是在"创成式外形设计"模块中使用"螺线"命令，构建出加热丝的螺线，再使用"零件设计"模块中的"肋"命令绘制加热丝主体，加热丝模型如图 7-68 所示。

图 7-68 加热丝模型

(1）单击菜单栏"插入"中的"几何体"选项 几何体，并重新命名为"加热丝"，单击"平面"命令 ，"平面定义"对话框中"平面类型"选择"偏移平面"，"参考"设置为中心安装柱的底部安装面，"偏移"设置为"0.7 mm"，"方向"设置为 Z 轴负方向，单击"确定"按钮，如图 7-69 所示。单击"草图"命令 ，再单击刚偏移出的平面，进入草图绘制界面，投影出坐标原点的标准元素，单击"退出工作台"命令 完成草图的绘制。

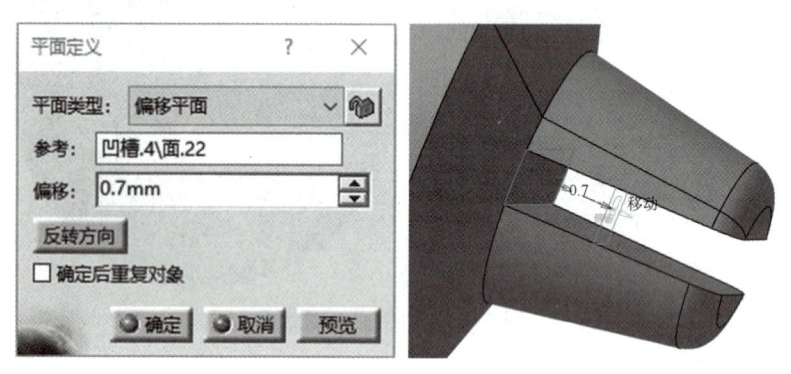

图 7-69 "平面定义"对话框

（2）单击菜单栏中的"开始"选项，再单击"形状"中的"创成式外形设计"选项，单击"螺线"命令 ，"螺线曲线定义"对话框中的"支持面"选择第一步偏移的平面，"中心点"选择第一步绘制的草图，"参考方向"选择"X 部件"，"起始半径"设置为"1.5 mm"，"终止角度"设置为"0deg"，"转数"设置为"7"，"终止半径"设置为"7 mm"，单击"确定"按钮，如图 7-70 所示。

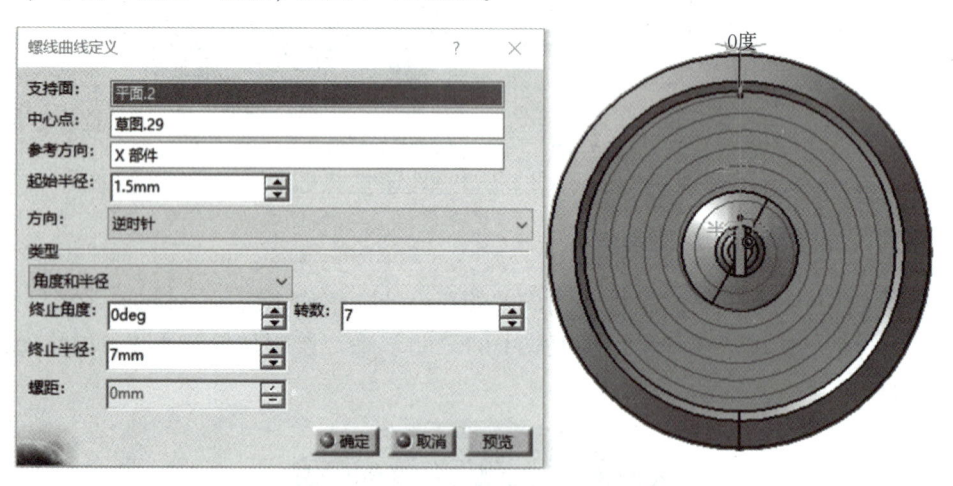

图 7-70 "螺线曲线定义"对话框

（3）单击菜单栏中的"开始"选项，再单击"机械设计"中的"零件设计"选项，单击"草图"命令 ，在结构树中单击"zx 平面" zx 平面，进行草图绘制界面，绘制草图，如图 7-71 所示，单击"退出工作台"命令 完成草图的绘制；单击"草图"命令 ，单击第一步的偏移平面，绘制草图，如图 7-72 所示，单击"退出工作台"命令 完成草图的绘制。其中第二张草图是将螺线头引到草图上。

图 7-71 草图

图 7-72 草图

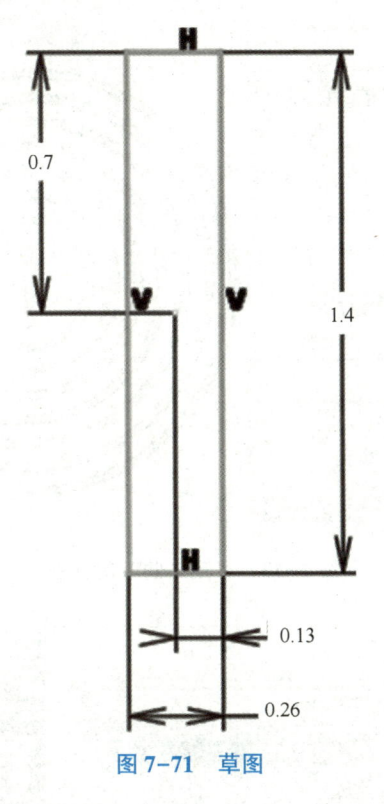

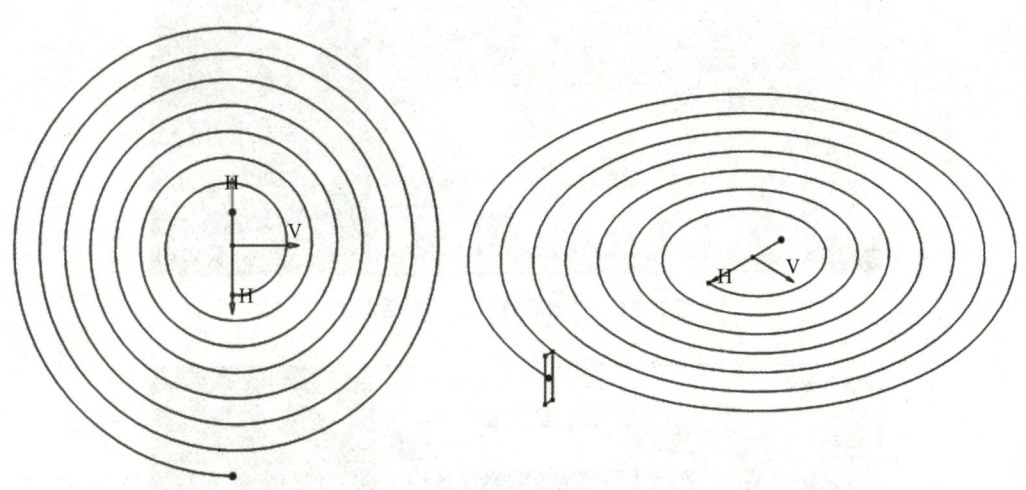

(4) 单击"肋"命令 ，在"定义肋"对话框中，"轮廓"选择第一张草图，"中心曲线"选择第二张，单击"确定"按钮，如图 7-73 所示。

(5) 单击"倒圆角"命令 ，"倒圆角定义"对话框中的"半径"设置为"0.35 mm"，"要圆角化的对象"选择加热丝的内边线，单击"确定"按钮，如图 7-74 所示；单击"倒圆角"命令 ，"倒圆角定义"对话框中的"半径"设置为"0.6 mm"，"要圆角化的对象"选择加热丝的外边线，单击"确定"按钮，如图 7-75 所示。

141

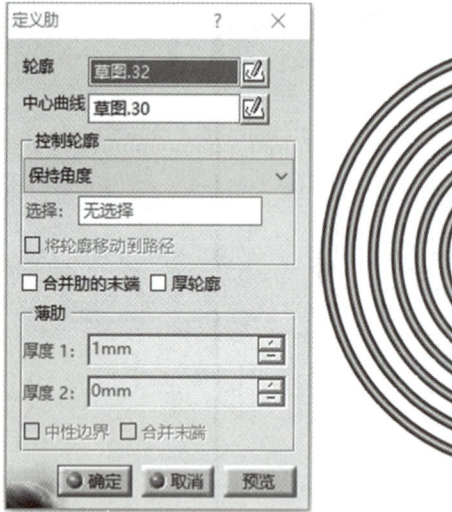

图 7-73 "定义肋"对话框

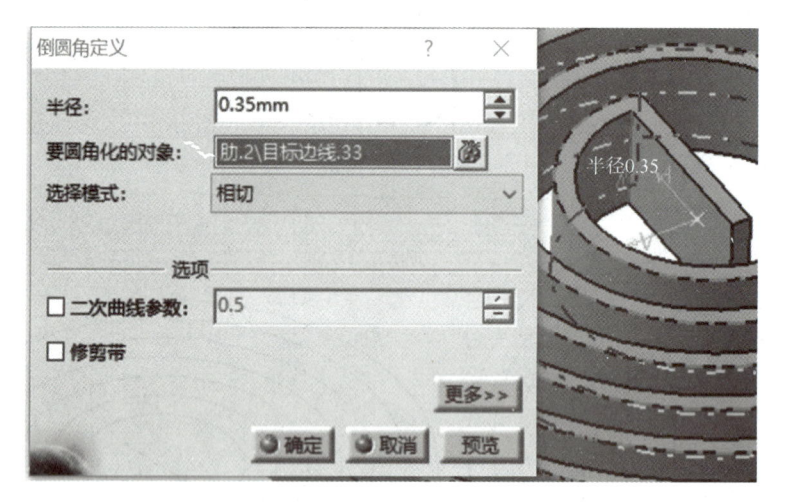

图 7-74 "倒圆角定义"对话框 1

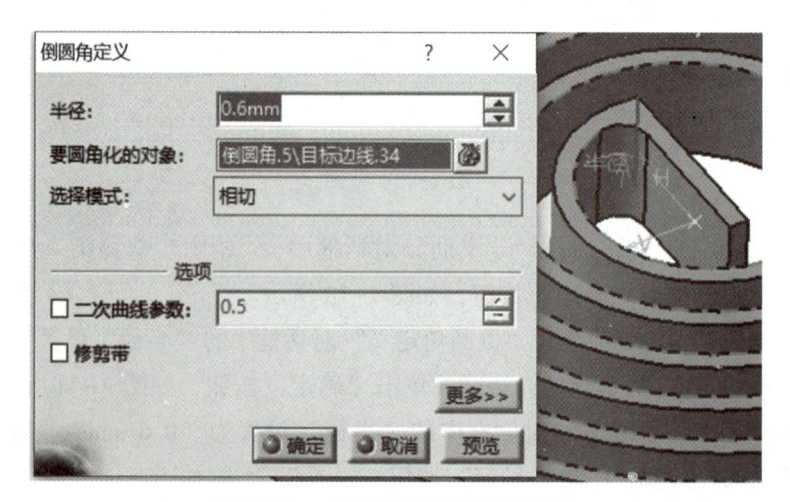

图 7-75 "倒圆角定义"对话框 2

步骤十：点烟器限位环的建模

点烟器限位环的建模思路是在零件设计模块中使用"凸台""凹槽"和"圆形阵列"命令，构建出限位环的实体模型，再使用"创成式外形设计"模块中的"提取"命令提取出限位环的表面，回到"零件设计"模块进行厚曲面操作，限位环模型如图7-76所示。

（1）单击菜单栏"插入"中的"几何体"选项 几何体，并重新命名为"限位环-实体"，单击"草图"命令 ，在结构树中单击"zx平面" zx平面，进入草图绘制界面绘制草图，如图7-77所示，单击"退出工作台"命令 完成草图的绘制。单击"旋转体"命令 ，"定义旋转体"对话框中的"第一角度"设置为"360deg"，"第二角度"设置为"0deg"，"轮廓/曲面"选择刚绘制的草图，"轴线"选择"Z轴"，单击"确定"按钮，如图7-78所示。

图7-76 限位环模型

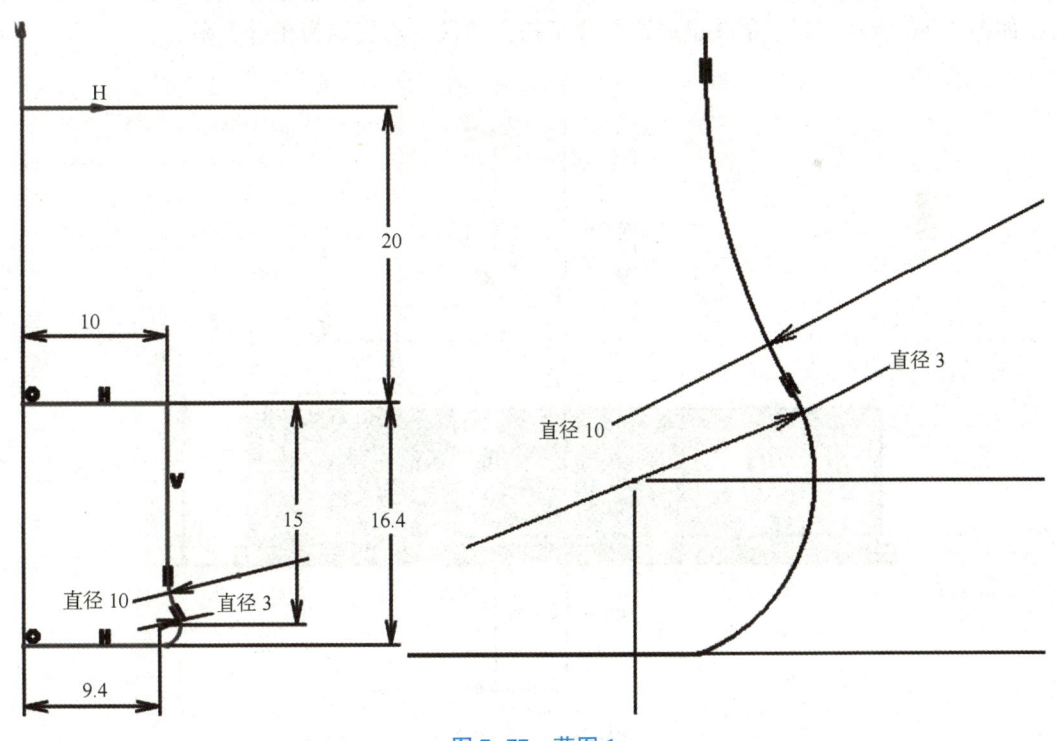

图7-77 草图1

（2）单击"草图"命令 ，在结构树中单击"zx平面" zx平面，进入草图绘制界面绘制草图，如图7-79所示，单击"退出工作台"命令 完成草图的绘制。单击"凹槽"命令 ，在"定义凹槽"对话框中，"第一限制"中的"深度"设置为"15 mm"，"第二

汽车产品设计

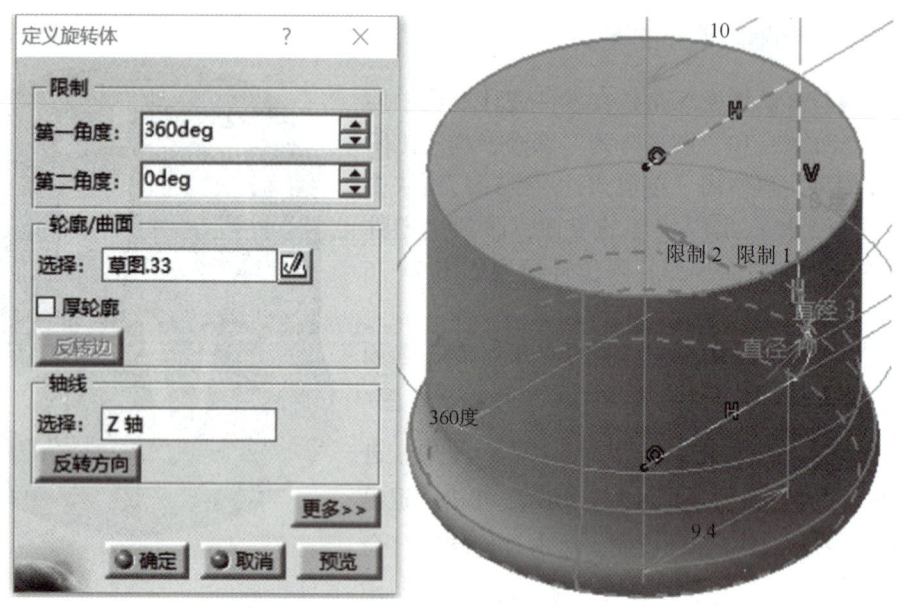

图 7-78 "定义旋转体"对话框

限制"中的"深度"设置为"-8 mm","凹槽方向"设置为 Y 轴正方向,单击"确定"按钮,如图 7-80 所示,其中草图最底边与弹簧托盘的最底边设置为相合关系。

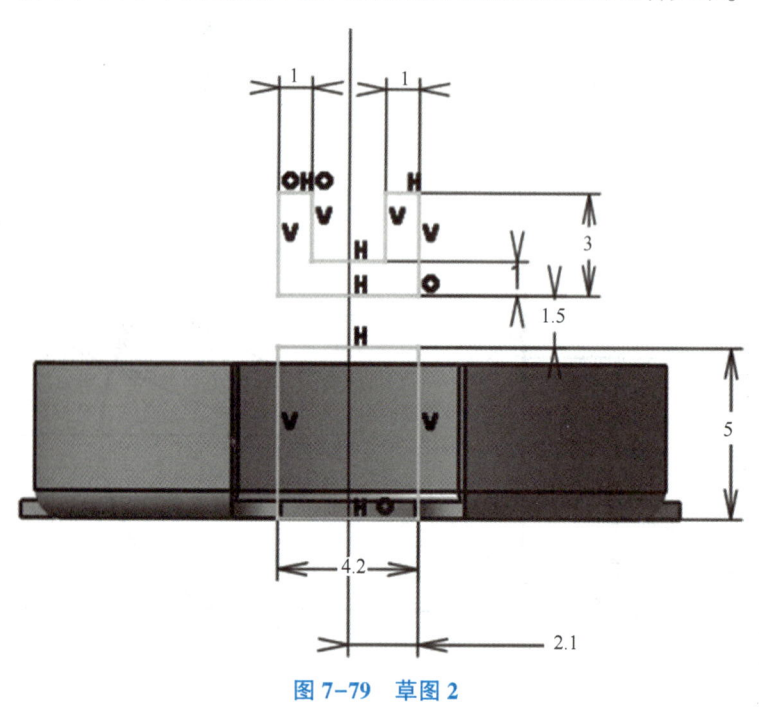

图 7-79 草图 2

(3)单击"圆形阵列"命令,"定义圆形阵列"对话框中的"实例"设置为"3","角度间距"设置为"120deg","参考元素"设置为"Z 轴","对象"选择上一步绘制的凹槽,单击"确定"按钮,如图 7-81 所示。

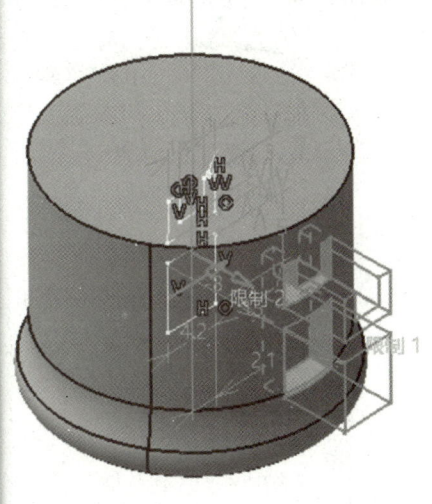

图 7-80 "定义凹槽"对话框 1

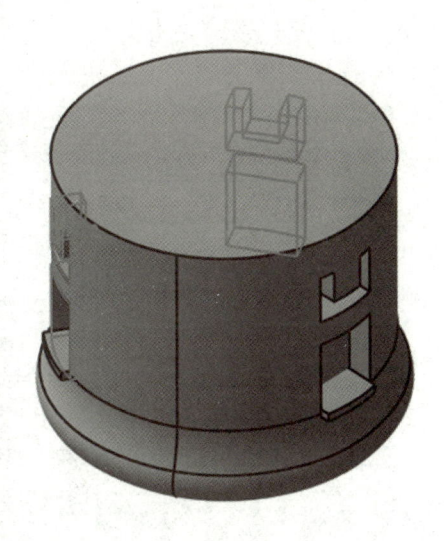

图 7-81 "定义圆形阵列"对话框 1

（4）单击"草图"命令，在结构树中单击"zx 平面" zx 平面，进入草图绘制界面绘制草图，如图 7-82 所示，单击"退出工作台"命令完成草图的绘制。单击"凹槽"命令，在"定义凹槽"对话框中，"第一限制"中的"深度"设置为"15 mm"，"第二限制"中的"深度"设置为"-8 mm"，"凹槽方向"设置为 Y 轴负方向，单击"确定"按钮，如图 7-83 所示，其中草图底部圆弧圆形与限位环的底边距离为 7 mm。

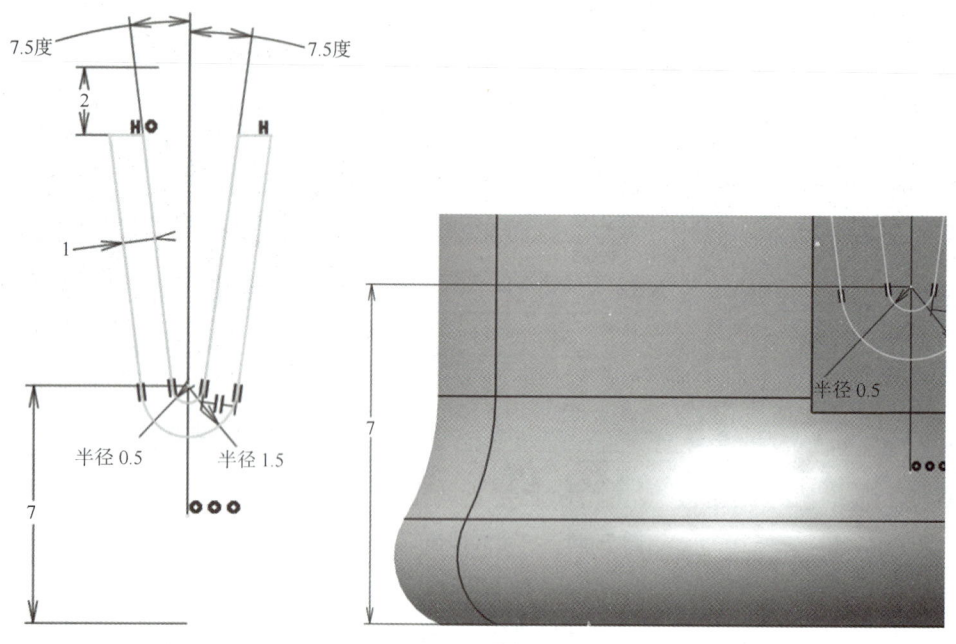

图 7-82　草图 3

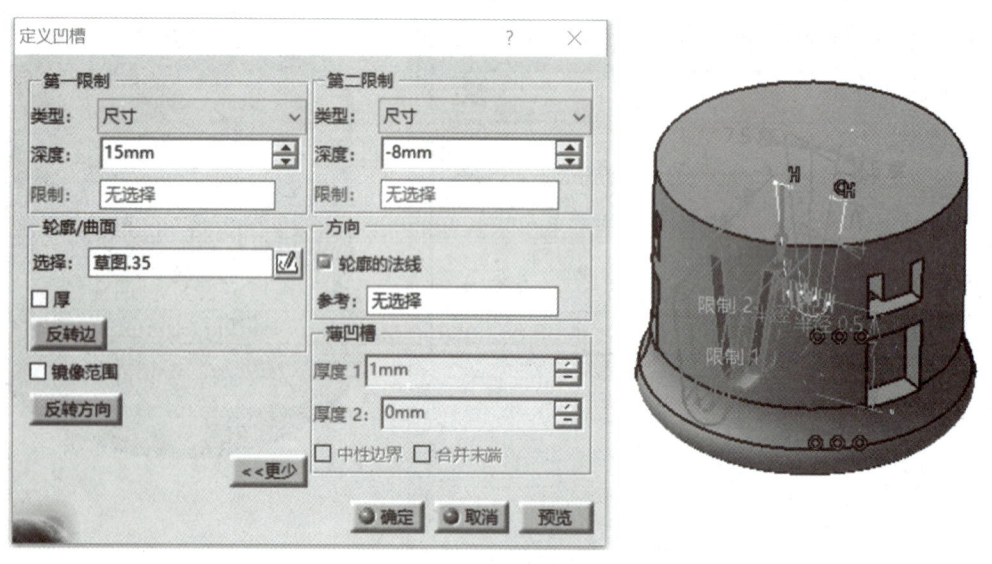

图 7-83　"定义凹槽"对话框 2

（5）单击"圆形阵列"命令，"定义圆形阵列"对话框中的"实例"设置为"3"，"角度间距"设置为"120deg"，"参考元素"设置为"Z 轴"，"对象"选择上一步绘制的凹槽，单击"确定"按钮，如图 7-84 所示。

（6）单击菜单栏中的"开始"选项，再单击"形状"中的"创成式外形设计"选项，单击"提取"命令，"提取定义"对话框中的"拓展类型"选择"切线连续"，"要提取的元素"选择限位环-实体的顶面，单击"确定"按钮，如图 7-85 所示。

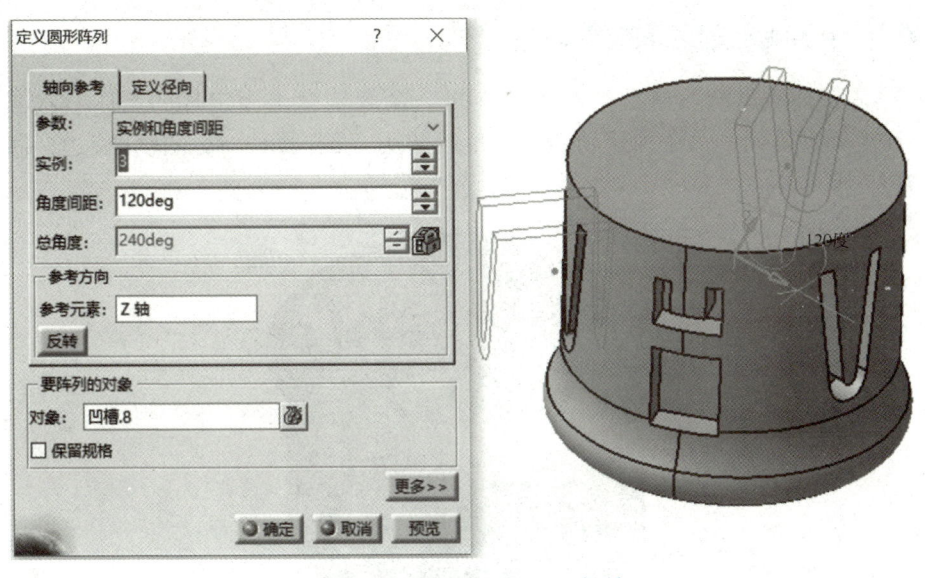

图 7-84 "定义圆形阵列"对话框 2

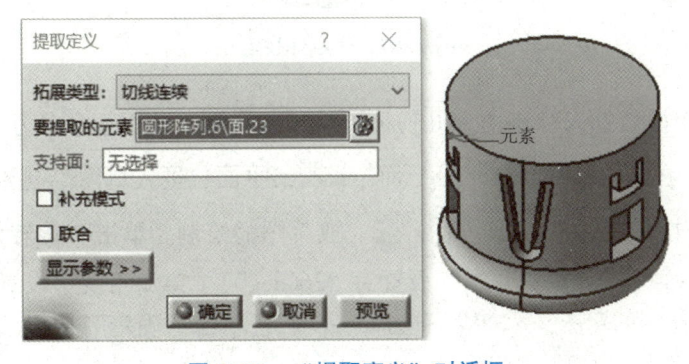

图 7-85 "提取定义"对话框

（7）单击菜单栏中的"开始"选项，再单击"机械设计"中的"零件设计"选项。单击菜单栏"插入"中的"几何体"选项 ，并重新命名为"限位环"，单击"厚曲面"命令 ，在"定义厚度面"对话框中，"第一偏移"设置为"0.4 mm"，"第二偏移"设置为"0 mm"，"要偏移的对象"选择上一步提取出的曲面，单击"确定"按钮，如图 7-86 所示，此时限位环-实体与限位环的模型是重合的，需要将限位环-实体隐藏，作为过程数据存放。

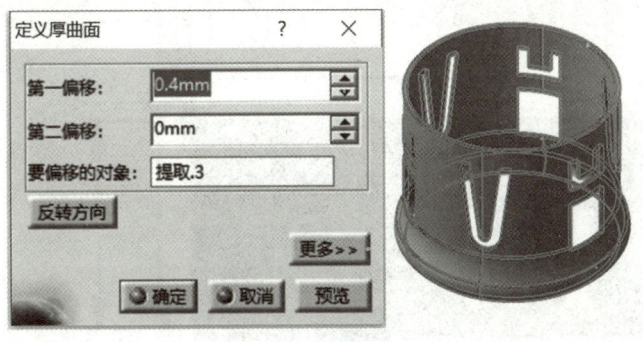

图 7-86 "定义厚曲面"对话框

147

步骤十一：点烟器固定环的建模

点烟器固定环的建模思路是先使用"旋转"命令构建出固定环的主体形状，再使用"凹槽"和"圆形阵列"命令构建功能孔，最后使用"倒圆角"命令优化棱边，固定环模型如图7-87所示。

图 7-87　固定环模型

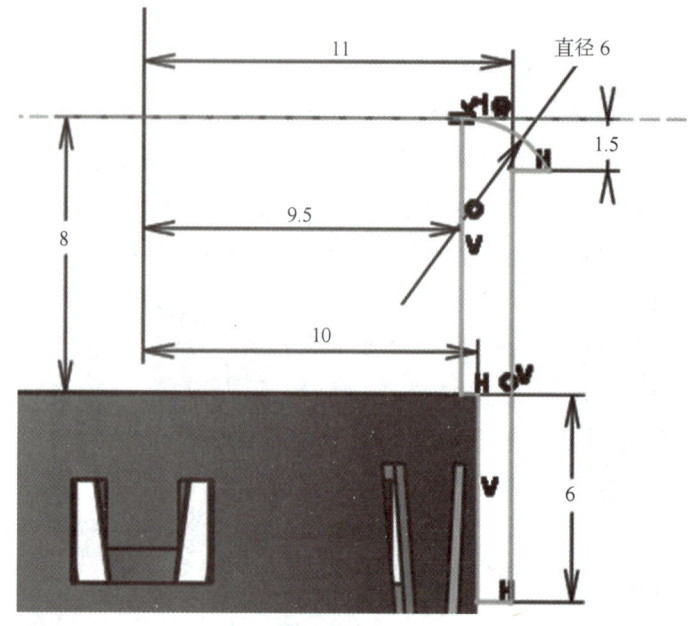

（1）单击菜单栏"插入"中的"几何体"选项 几何体，并重新命名为"固定环"，单击"草图"命令 ，在结构树中单击"zx 平面" zx 平面，进入草图绘制界面绘制草图，如图7-88所示，单击"退出工作台"命令 完成草图的绘制。单击"旋转体"命令 ，在"定义旋转体"对话框中，"第一角度"设置为"360deg"，"第二角度"设置为"0deg"，"轮廓/曲面"选择刚绘制的草图，"轴线"选择"Z 轴"，单击"确定"按钮，如图7-89所示，其中草图的台阶线与限位环顶边相合。

图 7-88　草图 1

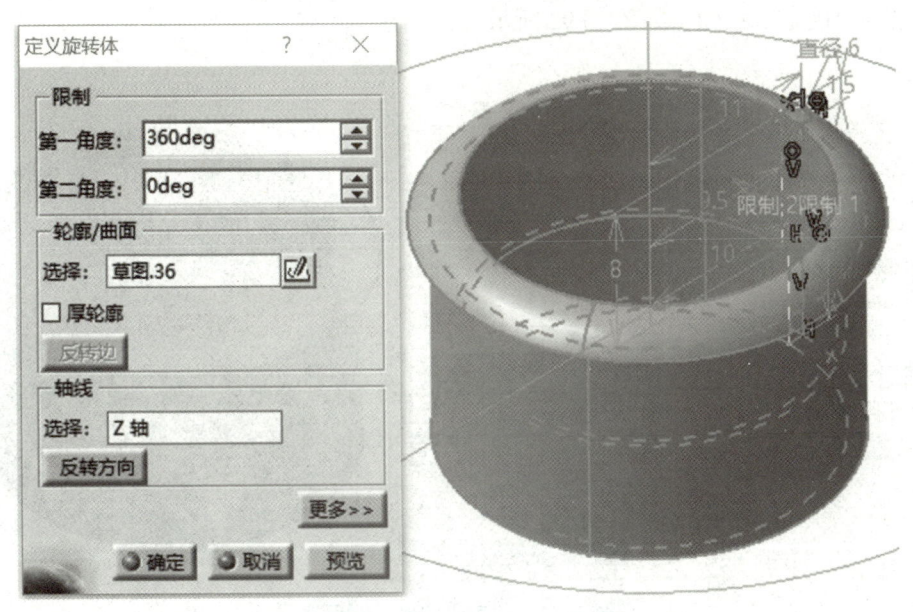

图 7-89 "定义旋转体"对话框

（2）单击"草图"命令，在结构树中单击"zx 平面" zx 平面，进入草图绘制界面绘制草图，如图 7-90 所示，单击"退出工作台"命令完成草图的绘制。单击"凹槽"命令，在"定义凹槽"对话框中，"第一限制"中的"深度"设置为"15 mm"，"第二限制"中的"深度"设置为"-7 mm"，"凹槽方向"设置为 Y 轴正方向，单击"确定"按钮，如图 7-91 所示，其中草图最底边与固定环的最底边距离设置为 2 mm。

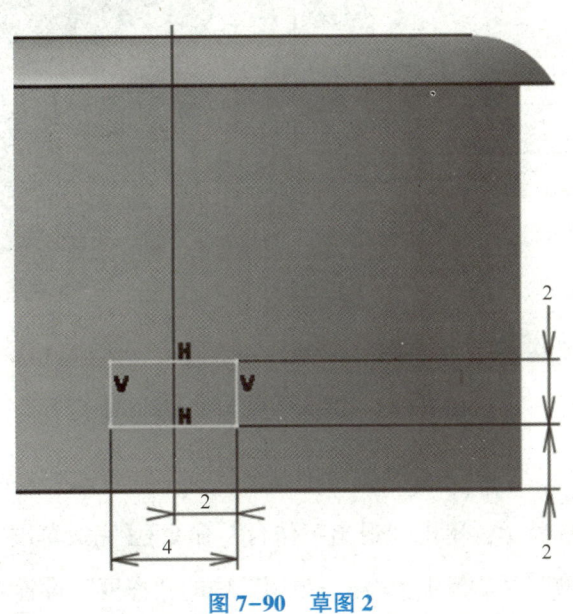

图 7-90　草图 2

（3）单击"圆形阵列"命令，"定义圆形阵列"对话框中的"实例"设置为"3"，"角度间距"设置为"120deg"，"参考元素"设置为"Z 轴"，"对象"选择上一步绘制的

凹槽，单击"确定"按钮，如图7-92所示。

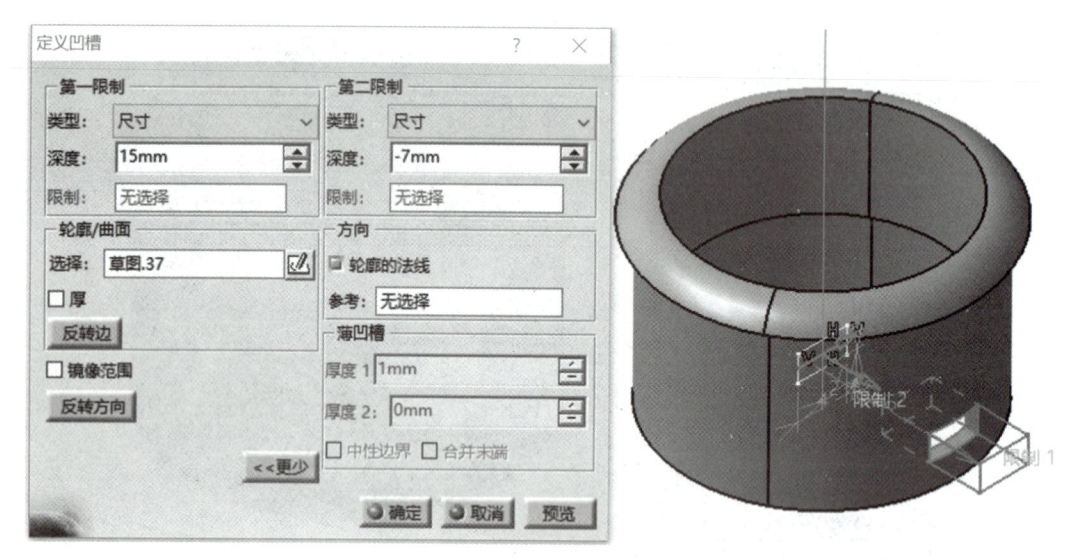

图7-91 "定义凹槽"对话框

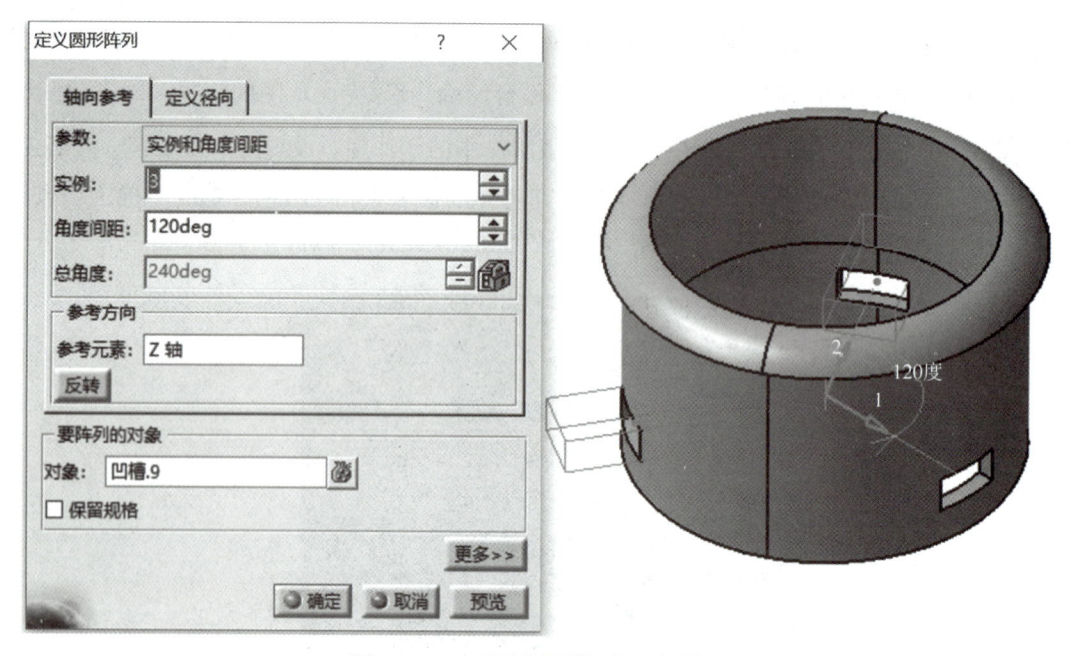

图7-92 "定义圆形阵列"对话框

（4）单击"草图"命令，在结构树中单击"zx 平面" zx 平面，进入草图绘制界面绘制草图，如图7-93所示，单击"退出工作台"命令完成草图的绘制。单击"凹槽"命令，在"定义凹槽"对话框中，"第一限制"中的"深度"设置为"15 mm"，"第二限制"中的"深度"设置为"-8 mm"，"凹槽方向"设置为 Y 轴负方向，单击"确定"按钮，如图7-94所示，其中草图圆心与固定环的最底边设置为相合关系。

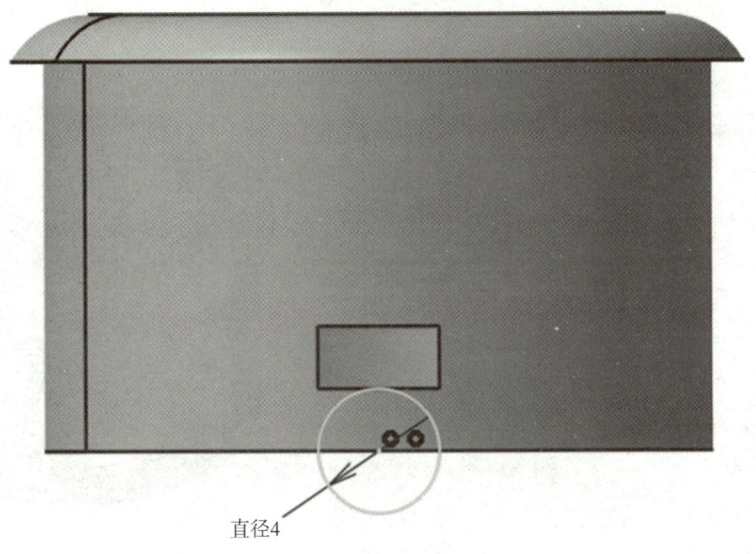

图 7-93 草图

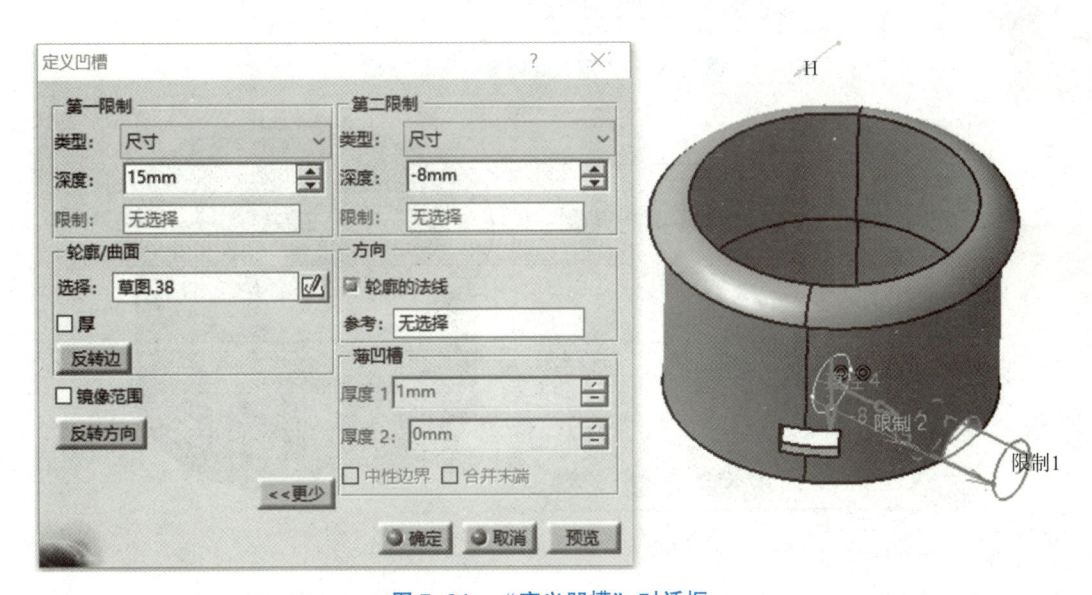

图 7-94 "定义凹槽"对话框

（5）单击"圆形阵列"命令，"定义圆形阵列"对话框中的"实例"设置为"3"，"角度间距"设置为"120deg"，"参考元素"设置为"Z轴"，"对象"选择上一步绘制的凹槽，单击"确定"按钮，如图 7-95 所示。

（6）单击"倒圆角"命令，"倒圆角定义"对话框中的"半径"设置为"0.5 mm"，"要圆角化的对象"在模型上选择 3 个底部棱边，单击"确定"按钮，如图 7-96 所示；单击"倒圆角"命令，"倒圆角定义"对话框中的"半径"设置为"0.25 mm"，"要圆角化的对象"在模型上选择顶部棱边，单击"确定"按钮，如图 7-97 所示。

以上为点烟器的全部建模过程，将隐藏的几何体显示后，即可得到完整的点烟器数模。

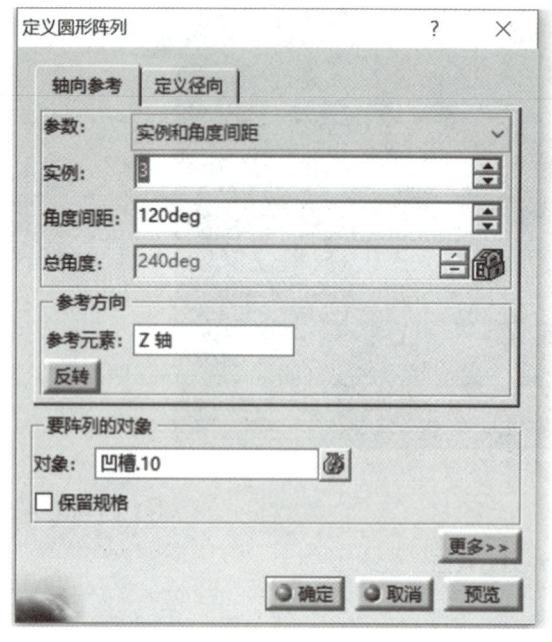

图 7-95 "定义圆形阵列"对话框

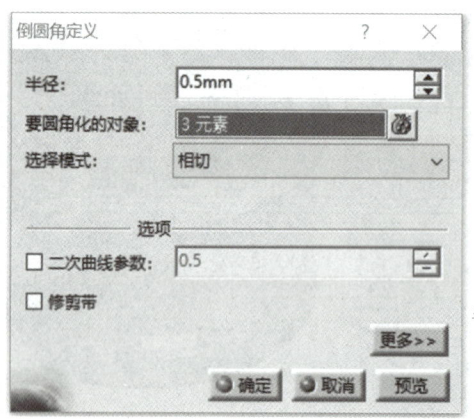

图 7-96 "倒圆角定义"对话框 1

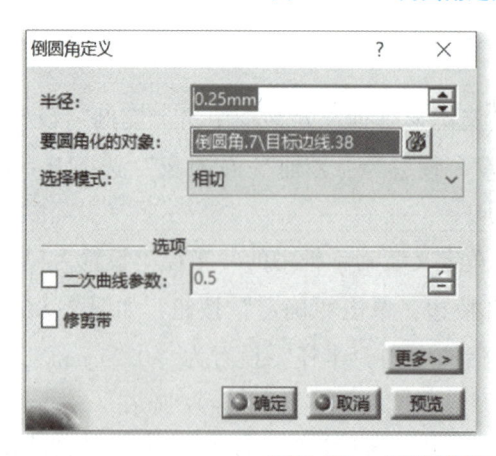

图 7-97 "倒圆角定义"对话框 2

思考总结

1. 点烟器弹簧托盘属于冲压件，使用的建模方法是先绘制实体，再提取特征面，最后再进行加厚，除了这种方法外是否还有其他冲压件建模的方法？

2. 点烟器按钮帽中加强筋的拔模角可以用草图进行绘制，其可以采用哪两种方法？这两种方法的不同点和各自的优缺点有哪些？

3. "布尔添加"和"布尔移除"命令与"凸台"和"凹槽"命令功能相似，大部分情况下可以互相替换，思考这两种建模思路的差异。

项目 8 换挡杆三维曲面建模

学习目标

【知识目标】

1. CATIA "创成式外形设计"模块中常用命令的操作；
2. CATIA "几何体"模块中常用命令的操作；
3. CATIA "装配"模块中常用命令的操作。

【技能目标】

1. 掌握 CATIA "创成式外形设计"模块中"拉伸""相交""分割""填充"和"多截面曲面"等常用命令的使用；
2. 使用 CATIA "几何体"模块中"凸台""凹槽""阵列""旋转""倒圆角"和"布尔运算"等常用命令的使用；
3. 使用 CATIA "装配"模块中"智能移动"命令的使用。

【素养目标】

1. 了解汽车造型设计改装三维建模软件工具；
2. 培养学生自主创新，促进民族品牌发展。

工作任务

本任务案例详细介绍了换挡手柄的建模过程，换挡手柄总成安装在汽车的副仪表板区域，通过换挡拉丝与变速箱连接，并通过推动换挡手柄实现汽车挡位的变换。该换挡手柄建模难点在于形状与型面不规则，构建难度大；组成零件较多，共计 11 个零件，零件间的相互配合关系较复杂，需要具备一定的空间想象能力，主要用到"草图""多截面曲面""分割""厚度""对称""相交""接合""填充""移除""凸台""凹槽""阵列""旋转""提取""厚曲面""拔模""添加"和"倒圆角"等命令完成该模型的建模。换挡手柄模型如图 8-1 所示。

图 8-1 换挡手柄模型

任务实施

一、零件建模

步骤一：下壳体型面建模

下壳体型面的建模思路是先使用"拉伸"命令构建拉伸面，再使用"相交"命令构建空间型面线条，然后使用"多截面曲面"命令构建下壳体型面的主型面，再使用"对称""接合""填充""分割"和"倒圆角"命令构建模型下壳体型面的其他型面。下壳体型面模型如图 8-2 所示。

图 8-2 下壳体型面模型

项目八 换挡杆三维曲面建模

155

汽车产品设计

(1) 启动 CATIA，单击菜单栏"文件"中的"新建"选项，在弹出的"新建"对话框中选择"Part"选项，如图 8-3 所示，然后单击"确定"按钮，在弹出的"新建零件"对话框中填写零件名称，如图 8-4 所示。

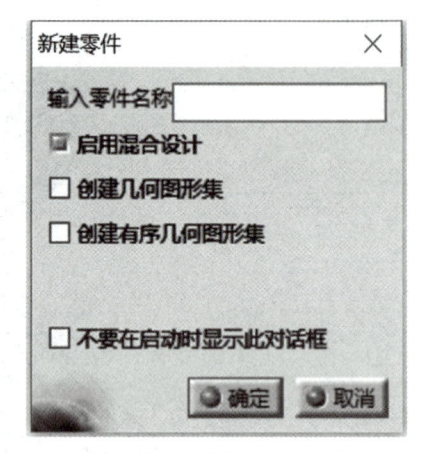

图 8-3　"新建"对话框　　　　图 8-4　"新建零件"对话框

(2) 单击菜单栏"插入"中的"几何图形集"选项 几何图形集...，此时结构树中会出现"插入几何图形集"对话框，如图 8-5 所示，填写名称后单击"确定"按钮，如需更改名称可右键单击"几何图形集"，选择"属性" 属性 进行重新命名，如图 8-6 和图 8-7 所示。

图 8-5　"插入几何图形集"对话框　　　图 8-6　结构树　　　图 8-7　"属性"对话框

(3) 单击"草图"命令 ，在结构树中单击"yz 平面" yz 平面，进入草图绘制界面，单击"直线"命令 ，绘制两条直线且相交，单击"圆角"命令 ，将两条相交线倒角，对草图进行尺寸约束直至白色线条变成绿色，说明此草图已完成尺寸约束，具体尺寸约束如图 8-8 所示，单击"退出工作台"命令 完成草图的绘制。

(4) 单击"拉伸"命令 ，再单击上一步中的草图，在弹出的"拉伸曲面定义"对话框的"尺寸"中填写"30 mm"，单击"确定"按钮，如图 8-9 所示。

(5) 单击"草图"命令 ，在结构树中单击"xy 平面" xy 平面，进入草图绘制界面绘制草图，如图 8-10 所示，其中上下两段水平线外端点均与 V 轴设置为相合且分别与上一步拉伸中的两端线相合，单击"退出工作台"命令 完成草图的绘制。

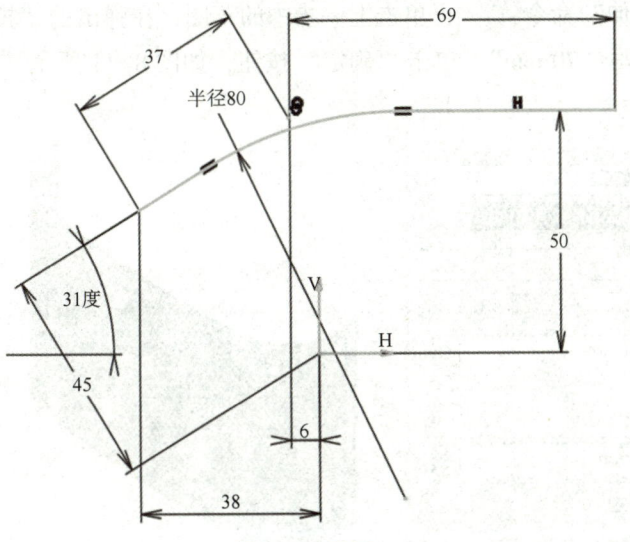

图 8-8 草图 1

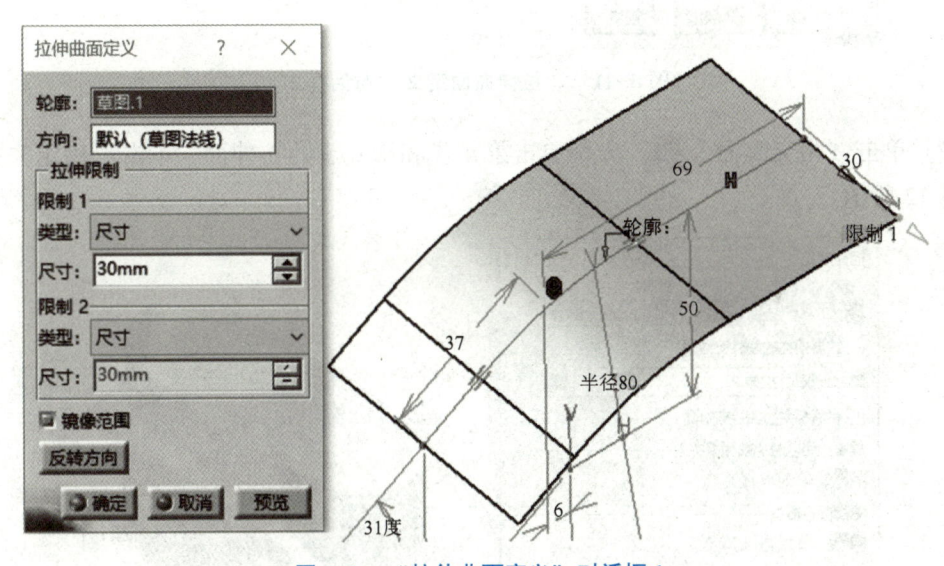

图 8-9 "拉伸曲面定义"对话框 1

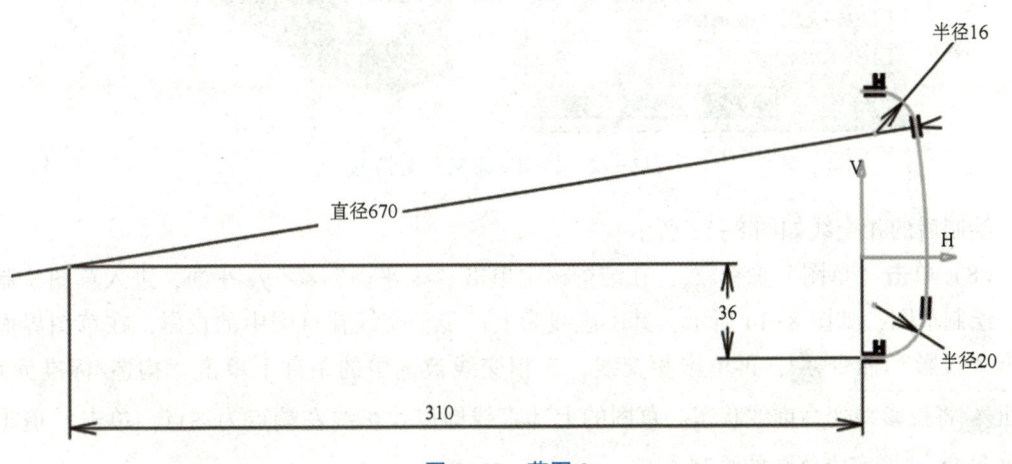

图 8-10 草图 2

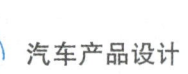

(6) 单击"拉伸"命令，再单击上一步中的草图，在弹出的"拉伸曲面定义"对话框的"尺寸"中填写"70 mm"，单击"确定"按钮，如图 8-11 所示。

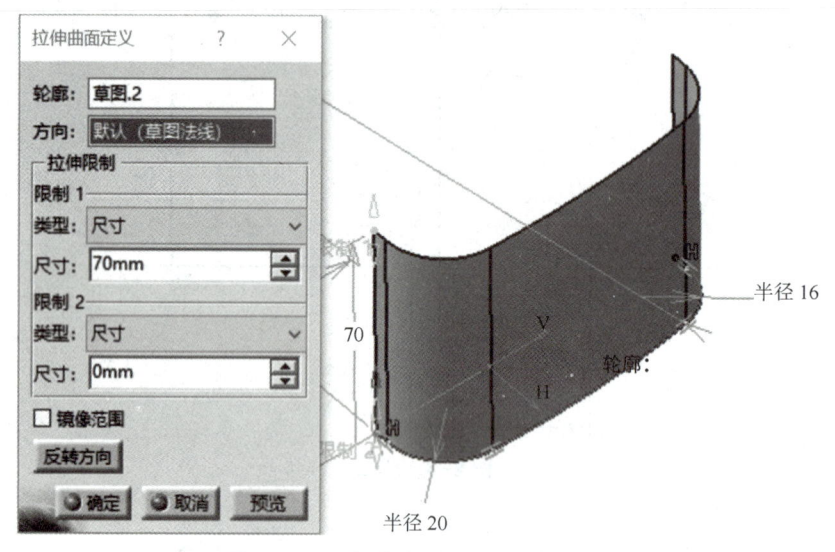

图 8-11 "拉伸曲面定义"对话框 2

(7) 单击"相交"命令，分别单击第 4 步和第 6 步的拉伸面，单击"确定"按钮，如图 8-12 所示。

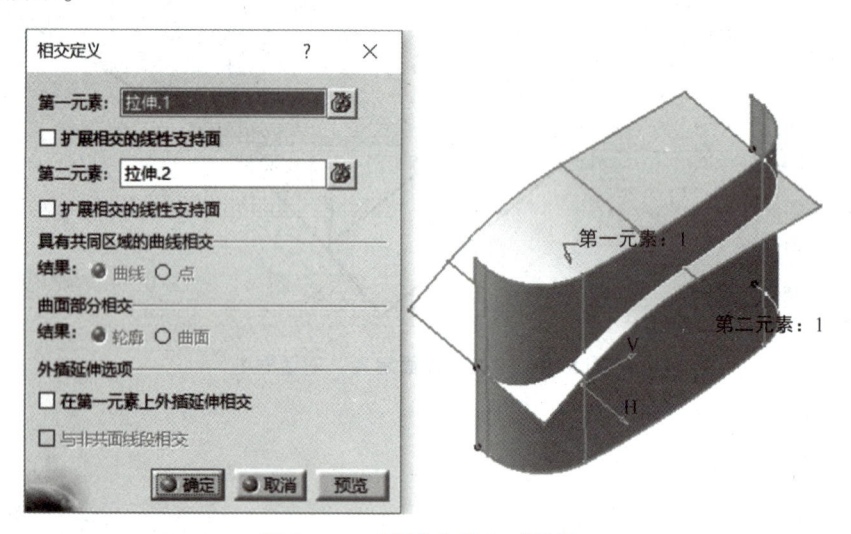

图 8-12 "相交定义"对话框

绘制后的相交线如图 8-13 所示。

(8) 单击"草图"命令，在结构树中单击"yz 平面" yz 平面，进入草图绘制界面，绘制草图，如图 8-14 所示，其中虚线为上一步相交线在草图中的投影，在草图界面中单击"投影"命令，再单击相交线，在相交线被选中的条件下单击"构造/标准元素"按钮将投影线变为虚线状态，草图的上部直线即以投影线左端点为端点，单击"退出工作台"命令完成草图的绘制。

图 8-13 相交线

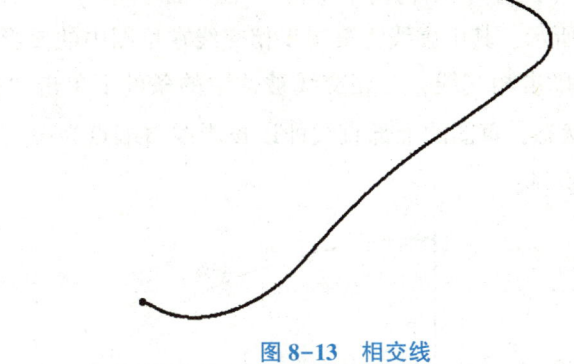

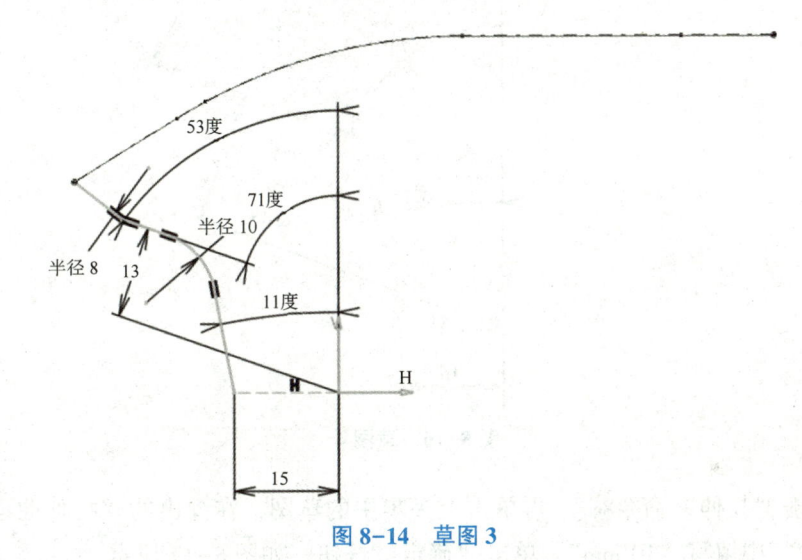

图 8-14 草图 3

（9）单击"拉伸"命令 ，再单击上一步中的草图，在弹出的"拉伸曲面定义"对话框的"尺寸"中填写"10 mm"，单击"确定"按钮，如图 8-15 所示。

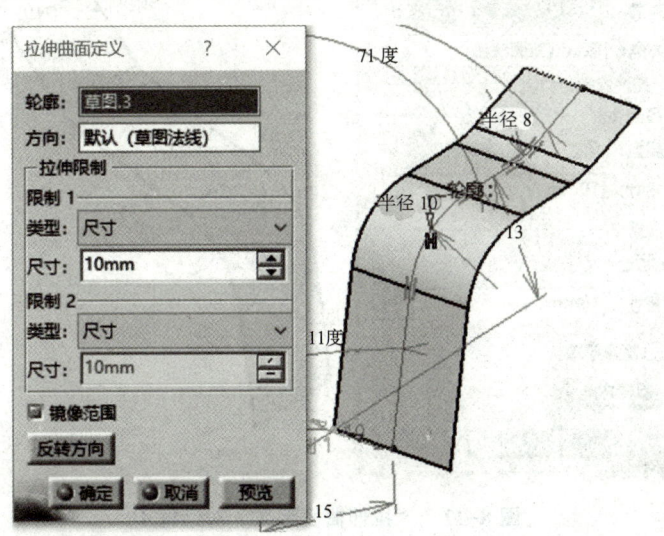

图 8-15 "拉伸曲面定义"对话框 3

159

(10)单击"草图"命令，在结构树中单击"yz 平面" yz 平面，进入草图绘制界面绘制草图，如图 8-16 所示，其中虚线为第 7 步相交线在草图中的投影，在草图界面中单击"投影"命令，再单击相交线，在相交线被选中的条件下单击"构造/标准元素"按钮将投影线变为虚线状态，草图的上部直线即以投影线右端点为端点，单击"退出工作台"命令完成草图的绘制。

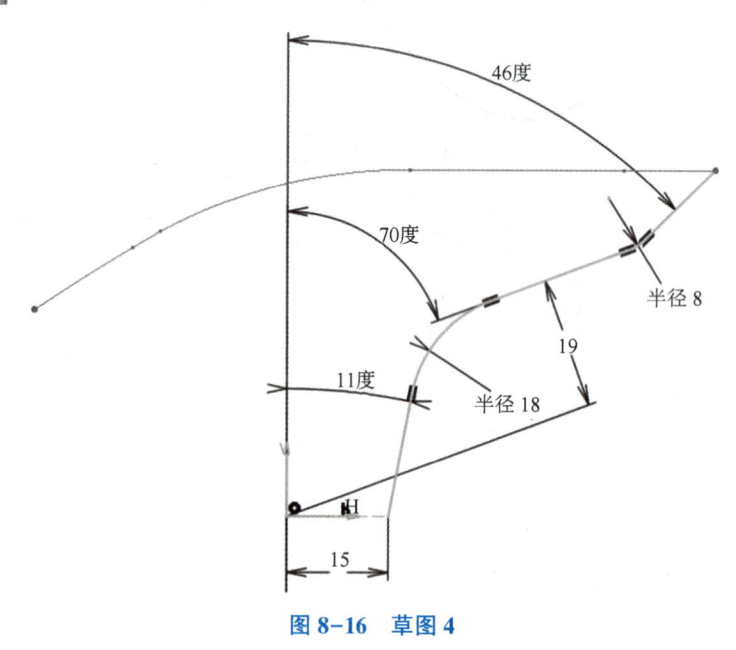

图 8-16　草图 4

(11)单击"拉伸"命令，再单击上一步中的草图，在弹出的"拉伸曲面定义"对话框的"尺寸"中填写"10 mm"，单击"确定"按钮，如图 8-17 所示。

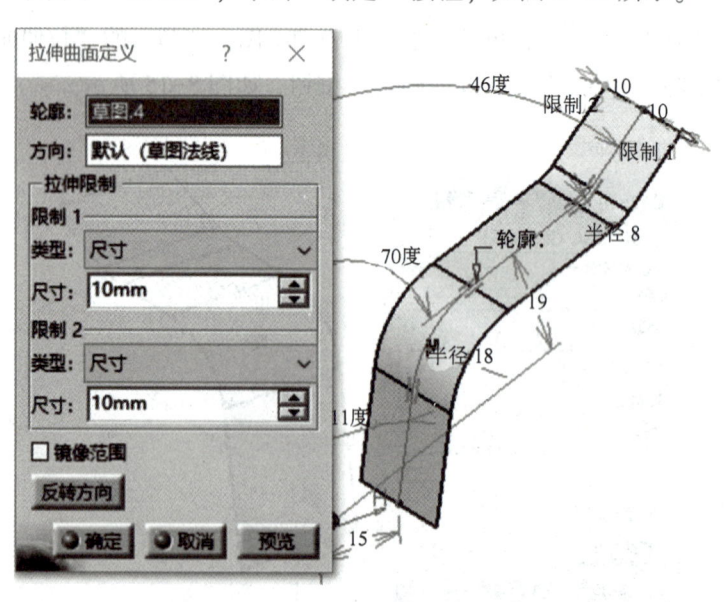

图 8-17　"拉伸曲面定义"对话框 4

(12) 单击"草图"命令，在结构树中单击"zx 平面" zx 平面，进入草图绘制界面绘制草图，如图 8-18 所示，其中草图上端点与第 7 步相交线相合，同时选中草图端点和相交线，再单击定义的"约束"命令，设置为"相合"，如图 8-19 所示，单击"退出工作台"命令完成草图的绘制。

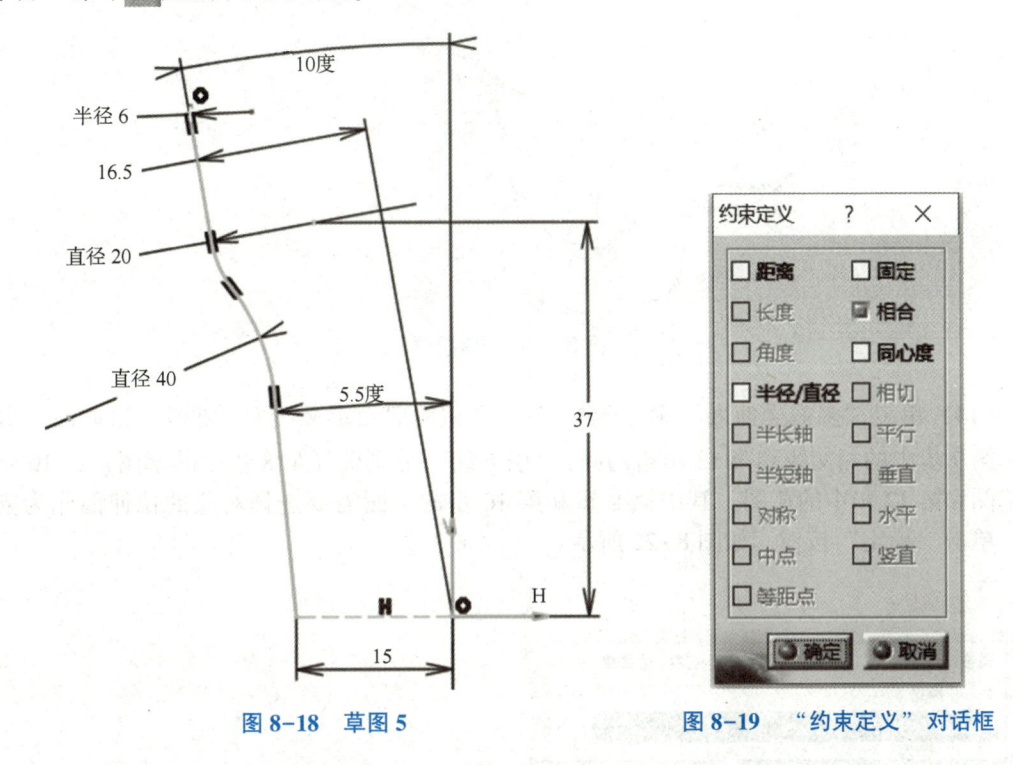

图 8-18　草图 5

图 8-19　"约束定义"对话框

(13) 单击"圆"命令，在"圆定义"对话框中"圆类型"选择"三点"，点分别选择 xy 平面上的三个点，"圆限制"选择"修剪圆"，单击"确定"按钮，如图 8-20 所示。

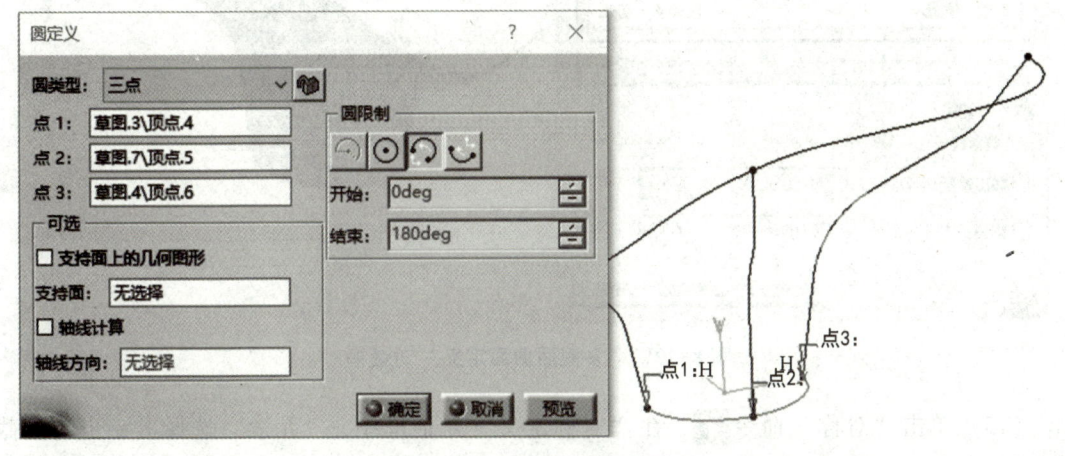

图 8-20　"圆定义"对话框

绘制后的构造线框如图 8-21 所示。

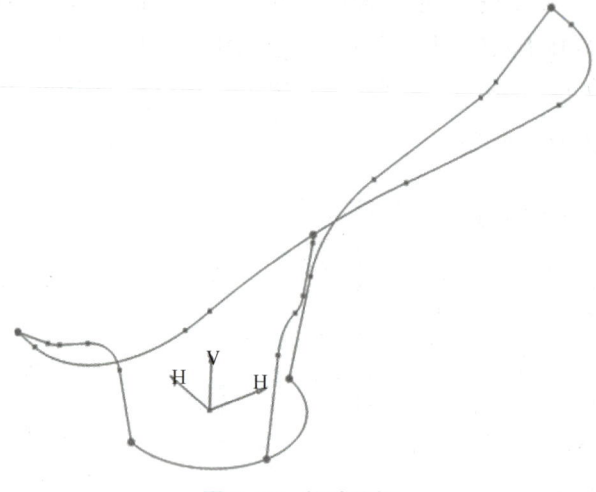

图 8-21　构造线框

（14）单击"多截面曲面"命令，在"多截面曲面定义"对话框中，"截面"分别选择第 7 步中的相交线和第 13 步给的圆，"引导线"分别选择第 8 步中的草图、第 10 步中的草图和第 12 步中的草图，其中第 8 步和第 10 步的草图需要选择对应的拉伸面作为支持面，单击"确定"按钮，如图 8-22 所示。

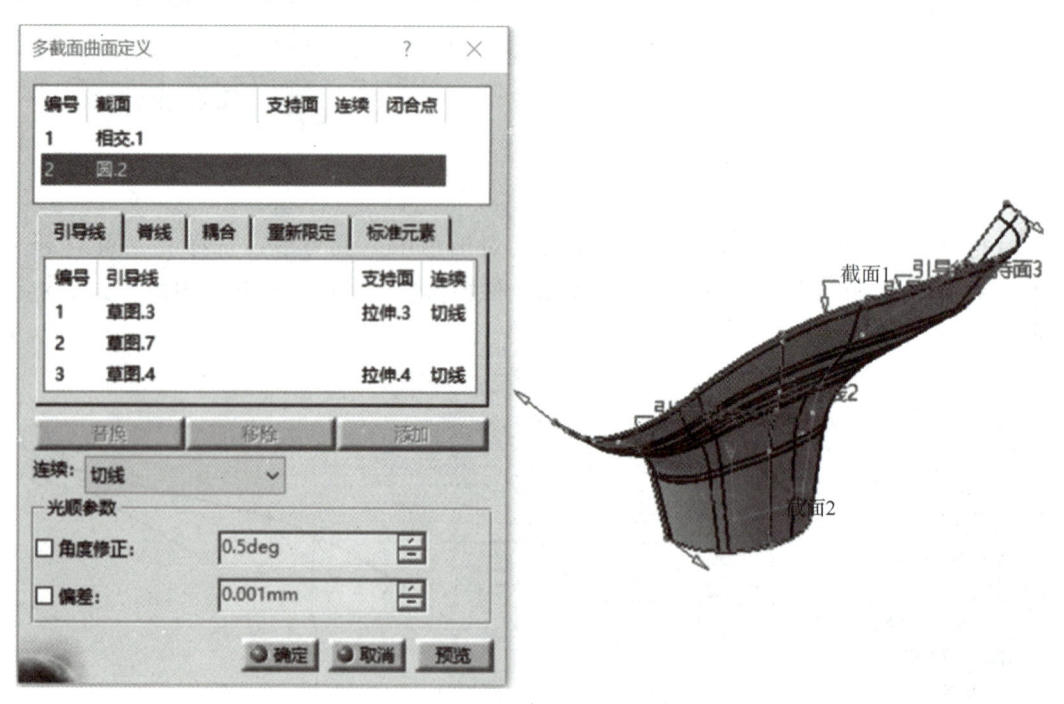

图 8-22　"多截面曲面定义"对话框

（15）单击"对称"命令，在"对称定义"对话框中，"元素"选择上一步的多截面曲面，"参考"选择"yz 平面"，单击"确定"按钮，如图 8-23 所示。

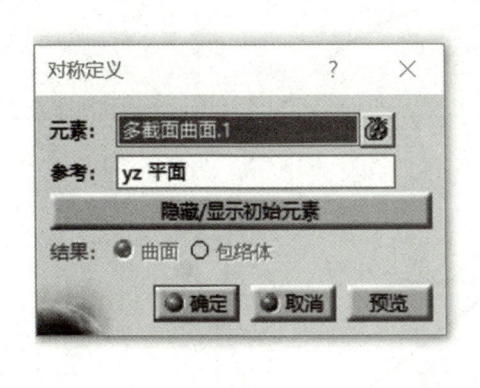

图 8-23 "对称定义"对话框

(16) 单击"接合"命令，在"接合定义"对话框中，"要接合的元素"选择第 14 步和第 15 步的曲面，单击"确定"按钮，如图 8-24 所示。

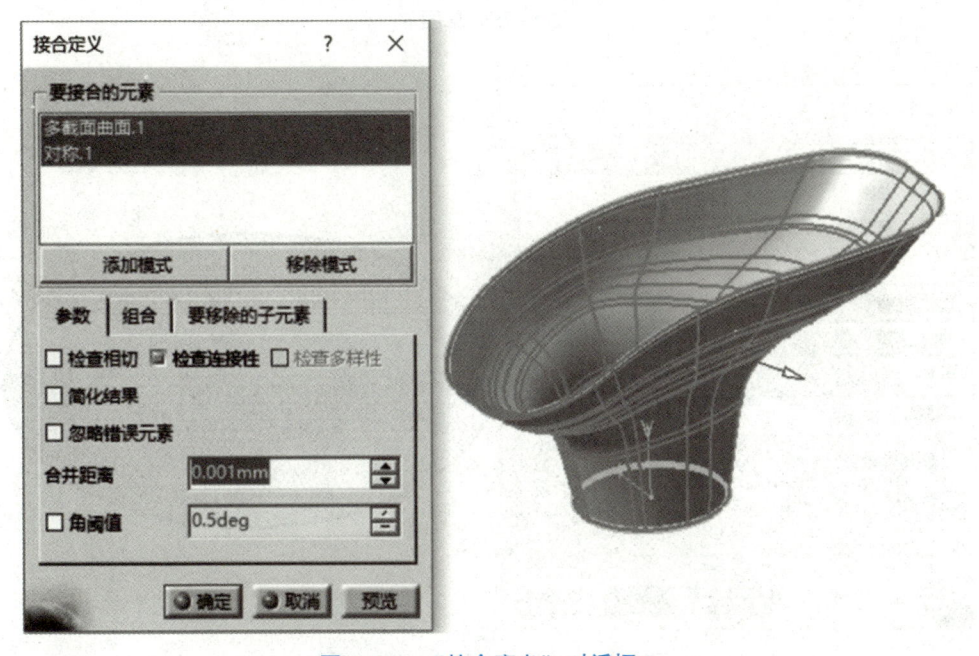

图 8-24 "接合定义"对话框 1

(17) 单击"草图"命令，在结构树中单击"xy 平面" xy 平面，进入草图绘制界面，绘制草图为以坐标轴原点为圆心的圆，直径设置为 30 mm，单击"退出工作台"命令 完成草图的绘制。单击"草图"命令，在结构树中单击"xy 平面" xy 平面，进入草图绘制界面绘制草图，如图 8-25 所示，单击"退出工作台"命令 完成草图的绘制。

(18) 单击"填充"命令，在"填充曲面定义"对话框中，"边界"选择上一步的第 1 个草图，单击"确定"按钮，如图 8-26 所示。

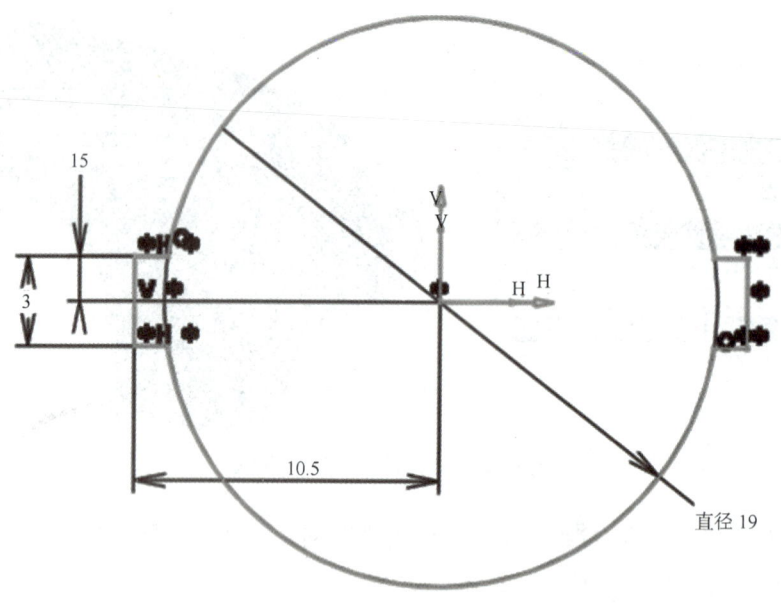

图8-25 草图6

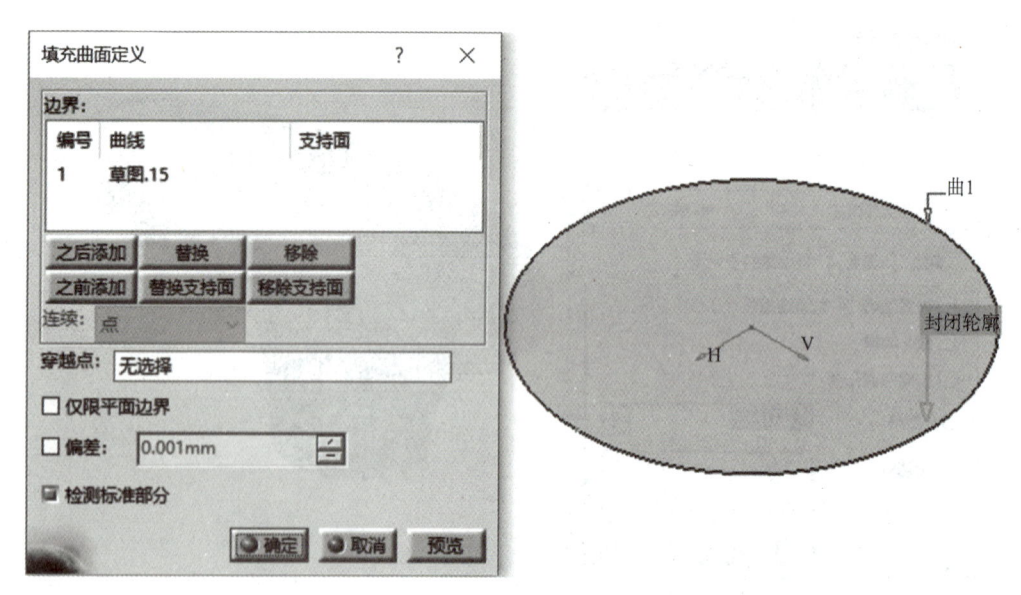

图8-26 "填充曲面定义"对话框

(19) 单击"分割"命令，在"定义分割"对话框中，"要切除的元素"选择上一步填充面，"切除元素"选择第17步中的第2个草图，单击"确定"按钮，如图8-27所示。

(20) 单击"接合"命令，在"接合定义"对话框中，"要接合的元素"选择第16步的接合面和第19步的分割曲面，单击"确定"按钮，如图8-28所示。

(21) 单击"倒圆角"命令，在"倒圆角定义"对话框中，"半径"设置为"1 mm"，"要圆角化的对象"选择模型底边棱边，单击"确定"按钮，如图8-29所示，即获得下壳体型面的最终型面。

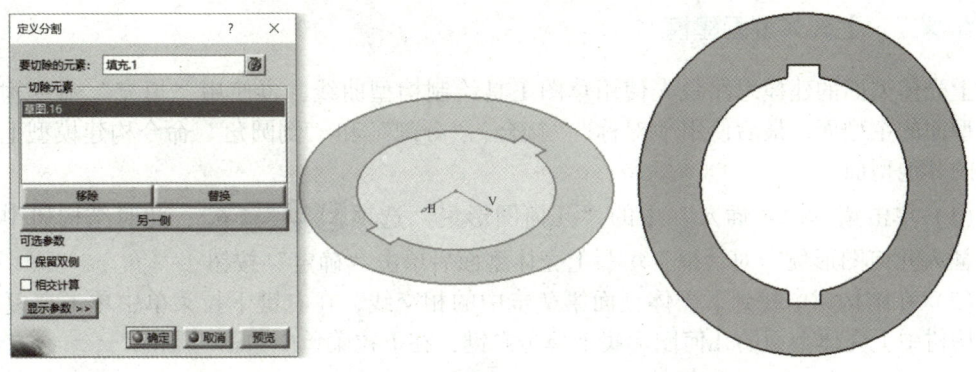

图 8-27 "定义分割"对话框

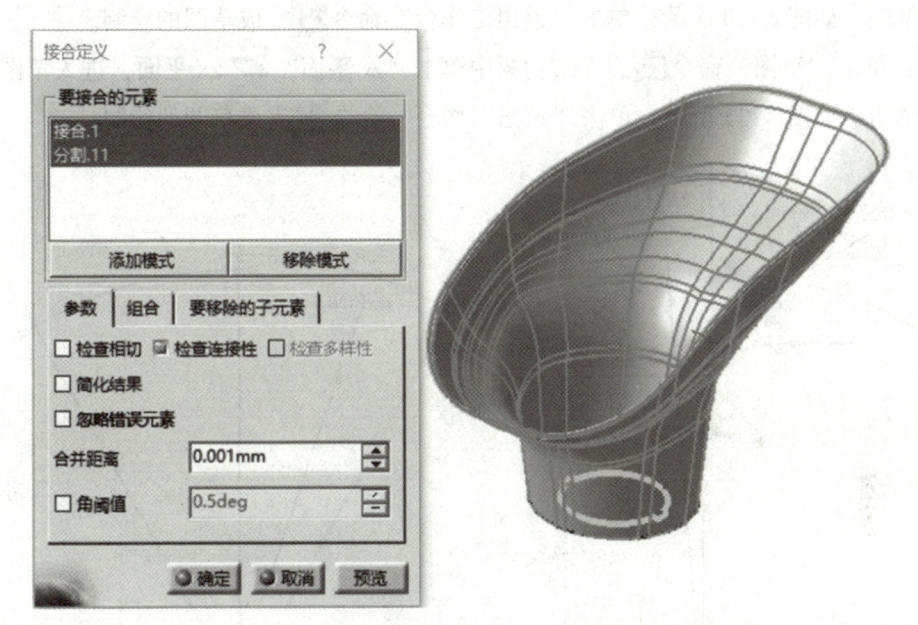

图 8-28 "接合定义"对话框 1

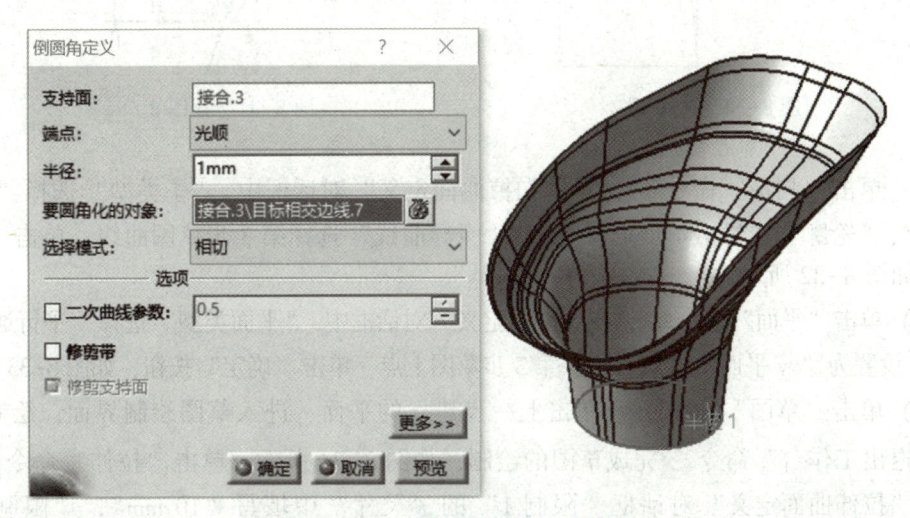

图 8-29 "倒圆角定义"对话框

165

步骤二：上壳体型面建模

上壳体型面的建模思路是先使用草图工具绘制构型曲线，再使用"填充"命令构建上壳体型面的主型面，最后使用"对称""接合""分割"和"倒圆角"命令构建模型上壳体型面的其他型面。

（1）单击菜单栏"插入"中的"几何图形集"选项 ，此时结构树中会出现"插入几何图形集"对话框，填写上壳体型面后单击"确定"按钮。

（2）在结构树中找到下壳体型面第 7 步中的相交线，在右键下拉菜单中单击"复制"，在结构树中上壳体型面的几何图形集上单击右键，在下拉菜单中单击"粘贴"。

（3）单击"草图"命令 ，在结构树中单击"yz 平面" yz 平面，进入草图绘制界面绘制草图，如图 8-30 所示，单击"退出工作台"命令 完成草图的绘制。

（4）单击"草图"命令 ，在结构树中单击"zx 平面" zx 平面，进入草图绘制界面绘制草图，如图 8-31 所示，单击"退出工作台"命令 完成草图的绘制。

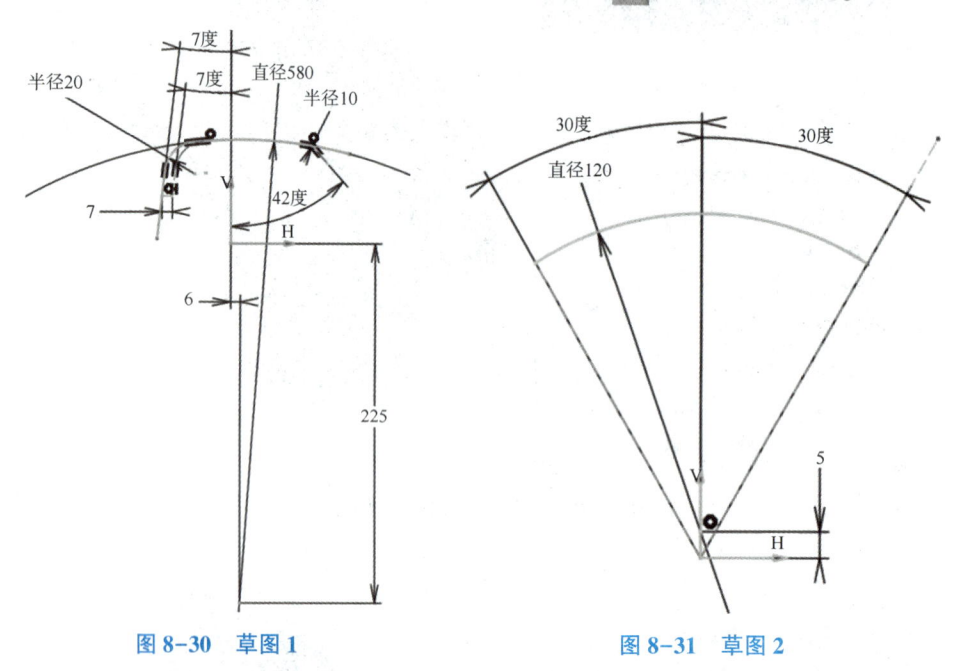

图 8-30　草图 1　　　　　　　　图 8-31　草图 2

（5）单击"扫掠"命令 ，在"扫掠曲面定义"对话框中，"子类型"选择"使用参考曲面"，"轮廓"选择第 4 步草图曲线，"引导曲线"选择第 3 步草图曲线，单击"确定"按钮，如图 8-32 所示。

（6）单击"平面"命令 ，在"平面定义"对话框中，"平面类型"选择"平行通过点"，"参考"设置为"xy 平面"，"点"选择第 3 步草图上点，单击"确定"按钮，如图 8-33 所示。

（7）单击"草图"命令 ，单击上一步建立的平面，进入草图绘制界面，绘制草图，单击"退出工作台"命令 完成草图的绘制，如图 8-34 所示。单击"拉伸"命令 ，在弹出的"拉伸曲面定义"对话框"限制 1"的"尺寸"中填写"10 mm"，"限制 2"的"尺寸"中填写"67 mm"，单击"确定"按钮，如图 8-35 所示。

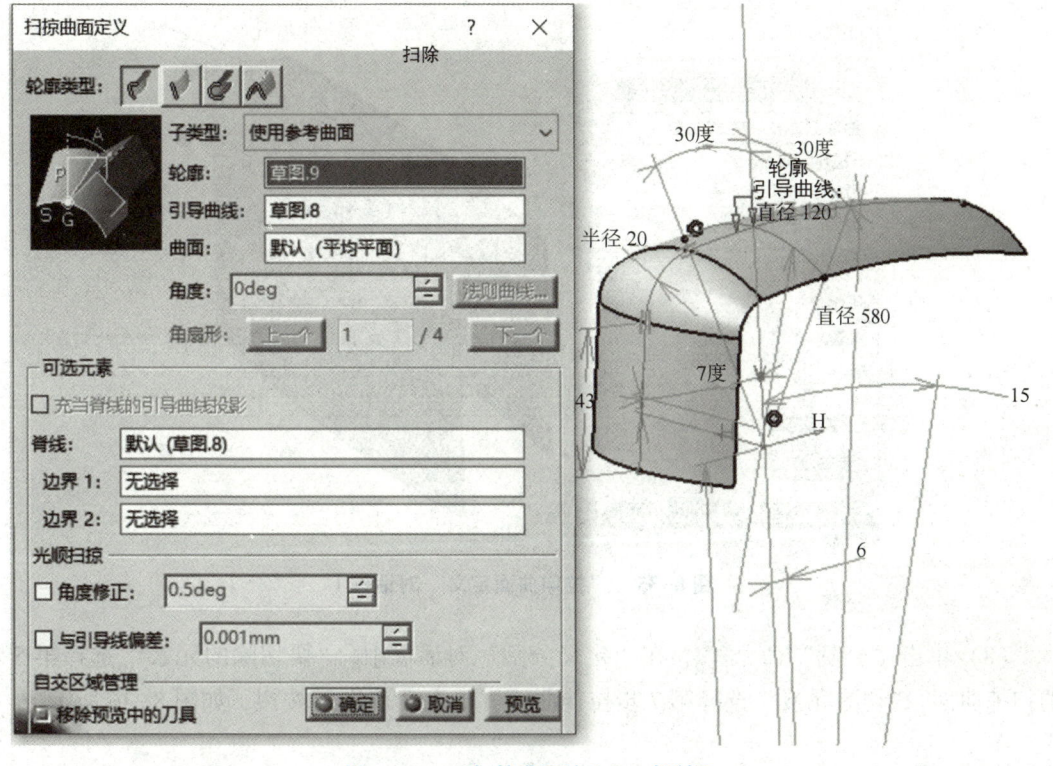

图 8-32 "扫掠曲面定义"对话框

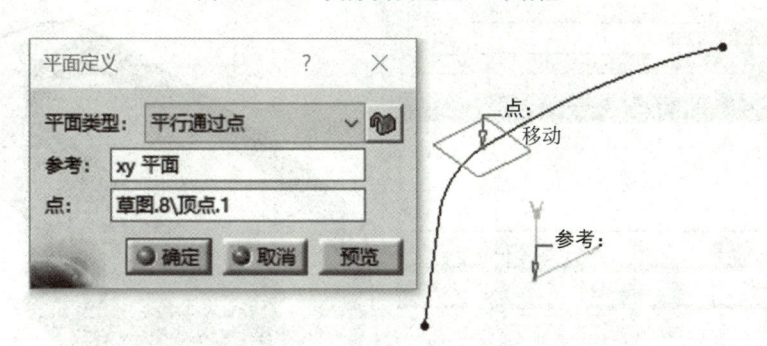

图 8-33 "平面定义"对话框 1

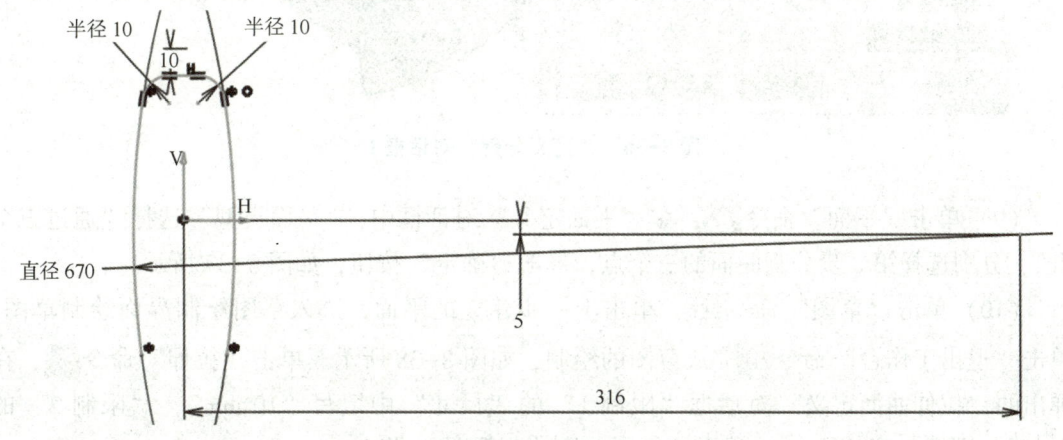

图 8-34 草图 3

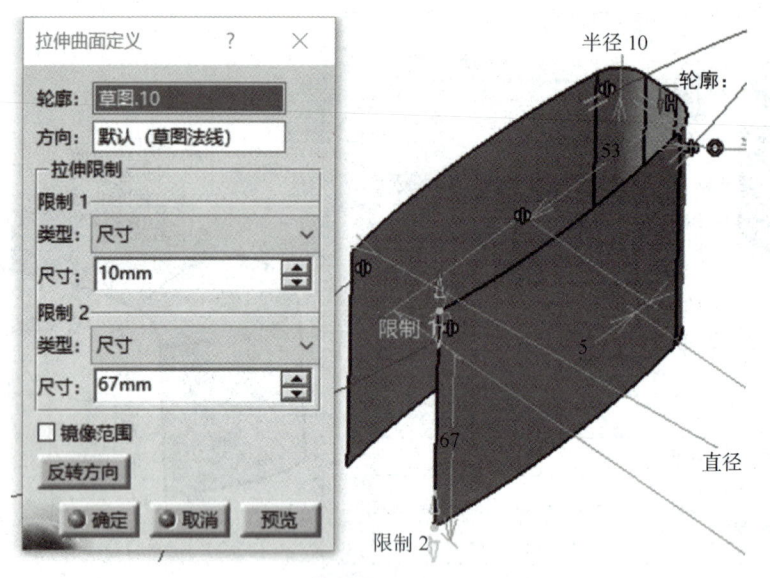

图 8-35 "拉伸曲面定义"对话框 1

(8) 单击"分割"命令，在"定义分割"对话框中，"要切除的元素"选择第 5 步的扫掠曲面，"切除元素"选择第 7 步拉伸曲面，单击"确定"按钮，如图 8-36 所示。

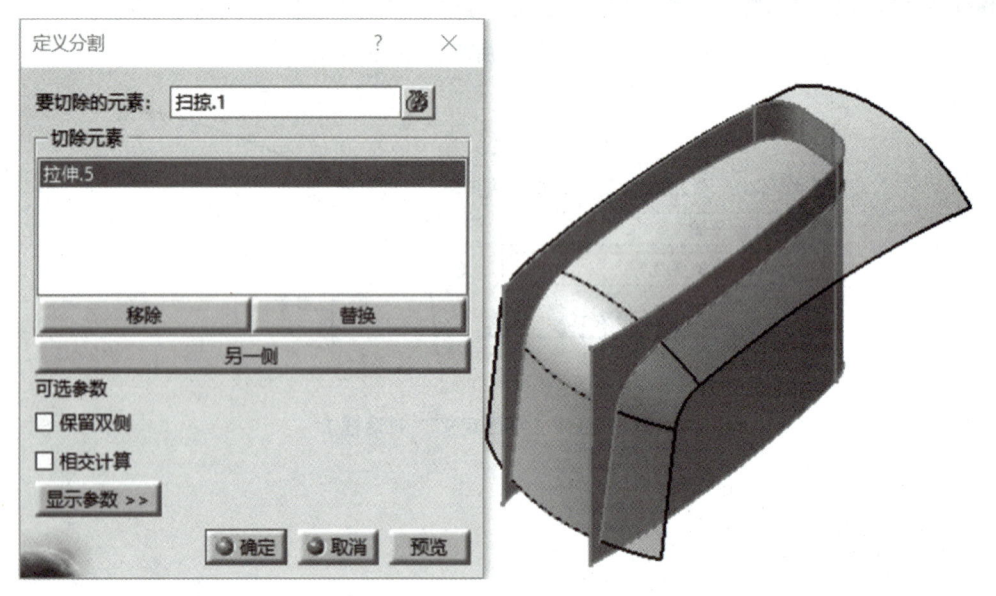

图 8-36 "定义分割"对话框 1

(9) 单击"平面"命令，在"平面定义"对话框中，"平面类型"选择"通过三个点"，分别选择第 8 步分割曲面的三个点，单击"确定"按钮，如图 8-37 所示。

(10) 单击"草图"命令，单击上一步建立的平面，进入草图绘制界面绘制草图，单击"退出工作台"命令完成草图的绘制，如图 8-38 所示。单击"拉伸"命令，在弹出的"拉伸曲面定义"对话框"限制 1"的"尺寸"中填写"10 mm"，"限制 2"的"尺寸"中填写"10 mm"，单击"确定"按钮，如图 8-39 所示。

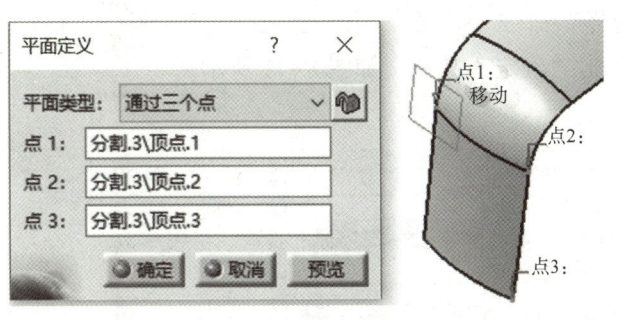

图 8-37 "平面定义"对话框 2

图 8-38 草图 4

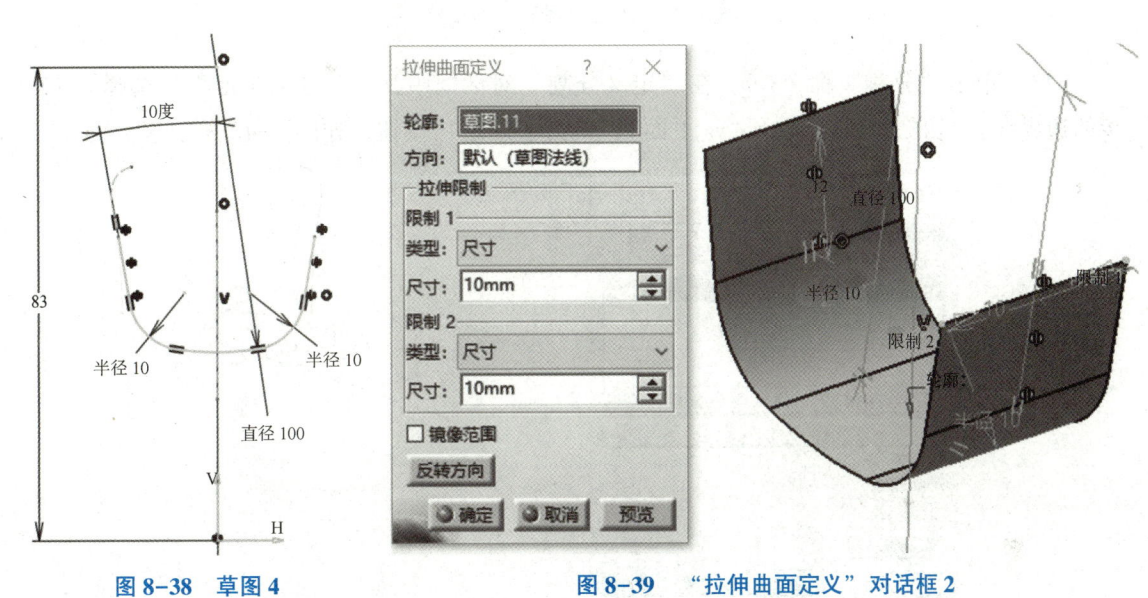

图 8-39 "拉伸曲面定义"对话框 2

（11）单击"分割"命令，"定义分割"对话框中"要切除的元素"选择第 8 步的分割曲面，"切除元素"选择第 10 步的拉伸曲面，单击"确定"按钮，如图 8-40 所示。

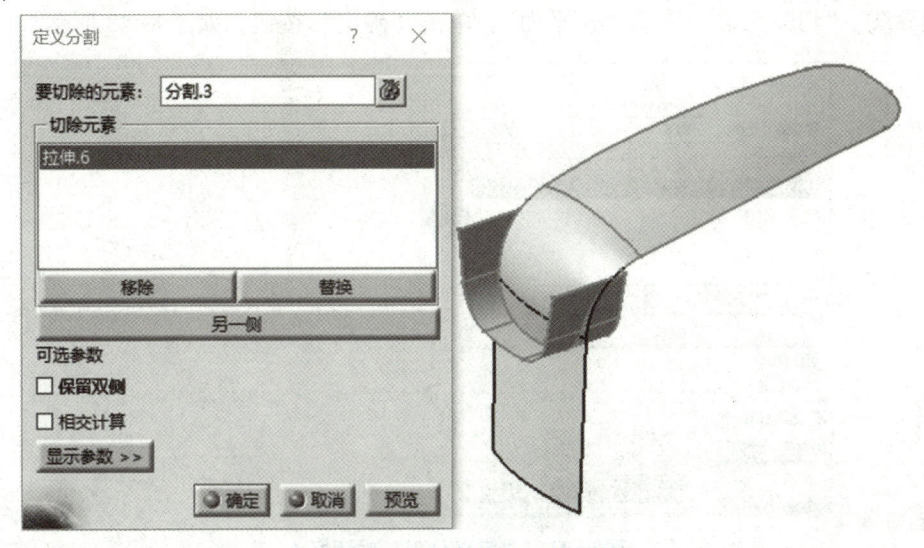

图 8-40 "定义分割"对话框 2

项目八 换挡杆三维曲面建模

169

汽车产品设计

（12）单击"边界"命令 ⌒，在"边界定义"对话框中，"曲面边线"选择上一步分割曲面的外边界，单击"确定"按钮，如图 8-41 所示。

图 8-41 "边界定义"对话框

（13）单击"分割"命令 ✂，在"定义分割"对话框中，"要切除的元素"选择第 12 步的边界线，"切除元素"选择"yz 平面"，单击"确定"按钮，如图 8-42 所示。

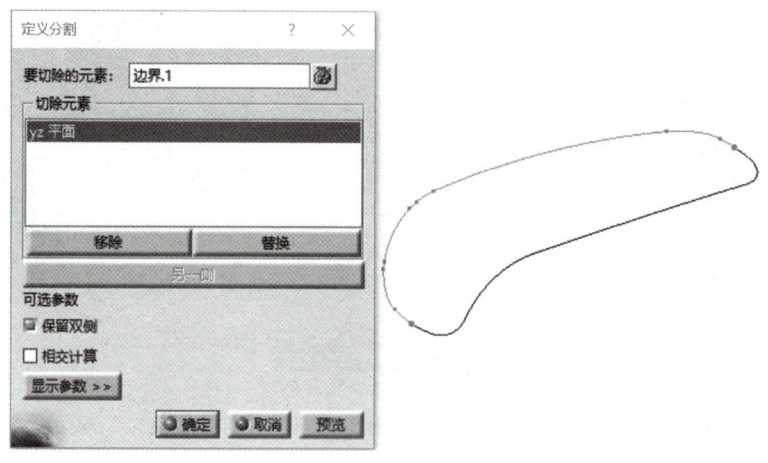

图 8-42 "定义分割"对话框 3

（14）单击"分割"命令 ✂，在"定义分割"对话框中，"要切除的元素"选择第 13 步的边界线，"切除元素"选择"zx 平面"，单击"确定"按钮，如图 8-43 所示。

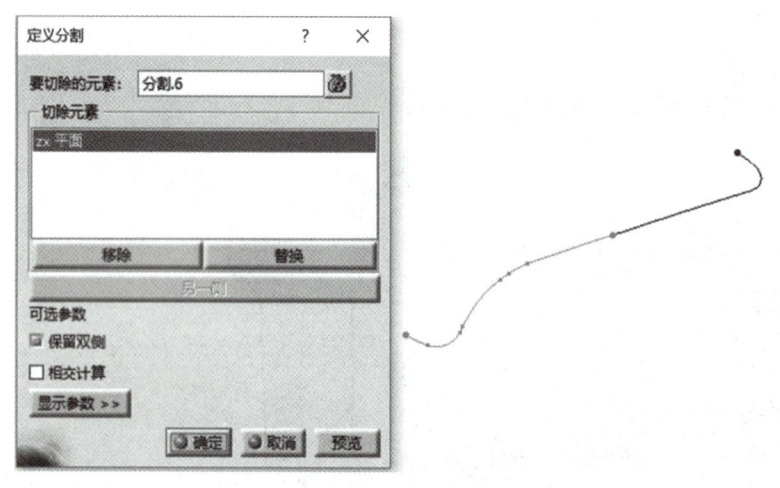

图 8-43 "定义分割"对话框 4

（15）单击"分割"命令，在"定义分割"对话框中，"要切除的元素"选择第 2 步中复制的相交线，"切除元素"选择"zx 平面"，单击"确定"按钮，如图 8-44 所示。

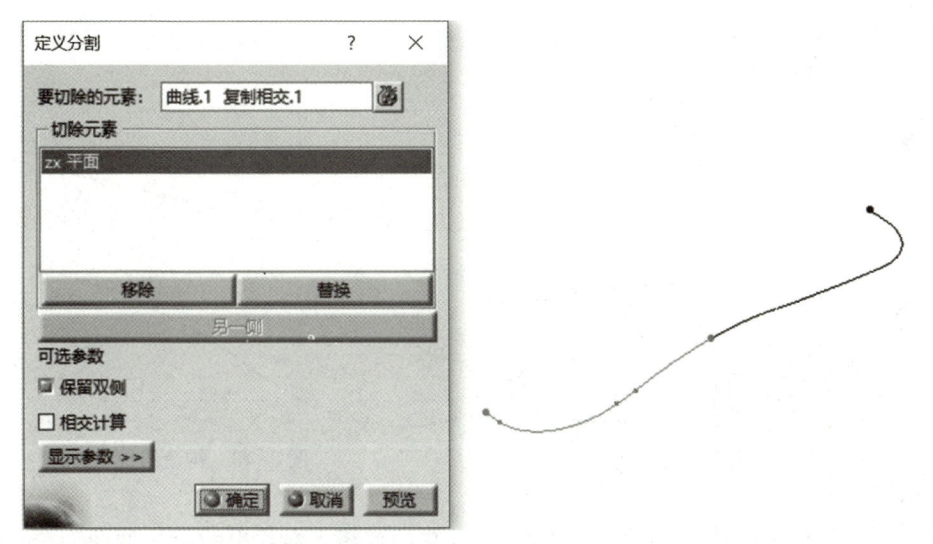

图 8-44　"定义分割"对话框 5

（16）单击"草图"命令，在结构树中单击"yz 平面" yz **平面**，进入草图绘制界面绘制草图，如图 8-45 所示，其中圆弧端点需与两条分割线相合，单击"退出工作台"命令完成草图的绘制。

（17）单击"草图"命令，在结构树中单击"yz 平面" yz **平面**，进入草图绘制界面绘制草图，如图 8-46 所示，其中圆弧端点需与两条分割线相合，单击"退出工作台"命令完成草图的绘制。

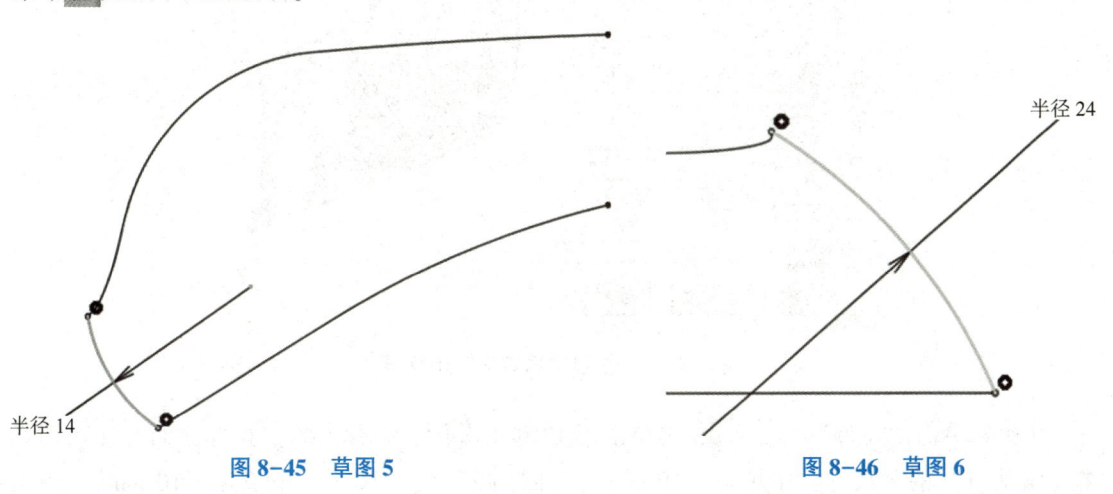

图 8-45　草图 5

图 8-46　草图 6

（18）单击"草图"命令，在结构树中单击"zx 平面" zx **平面**，进入草图绘制界面绘制草图，如图 8-47 所示，其中圆弧端点需与两条分割线相合，单击"退出工作台"命令完成草图的绘制。

绘制后的构造线框如图 8-48 所示。

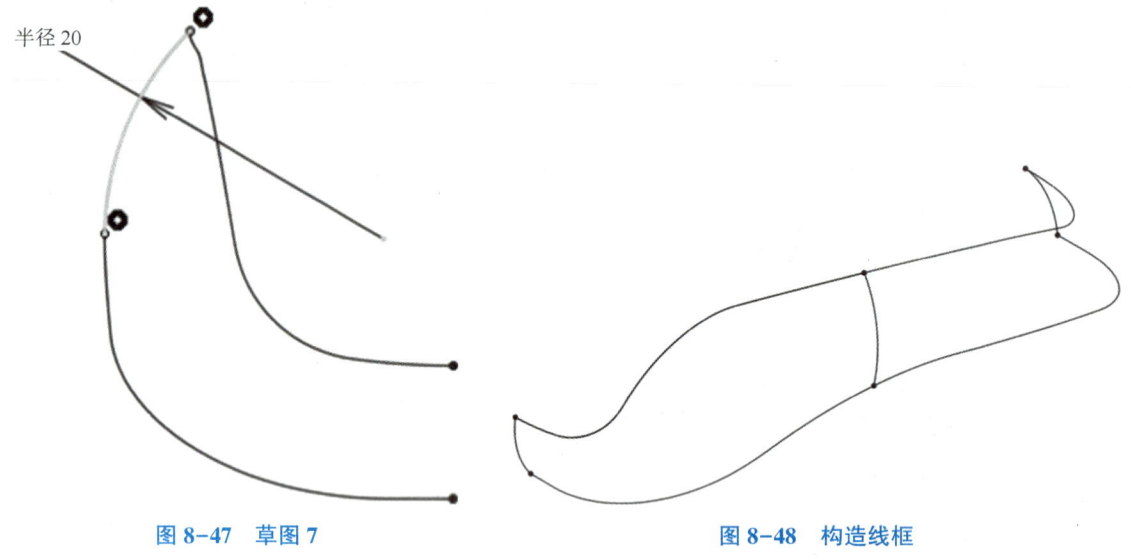

图 8-47　草图 7　　　　　　　　　　　　　图 8-48　构造线框

（19）单击"拉伸"命令，再单击第 16 步的草图，在弹出的"拉伸曲面定义"对话框"限制 1"的"尺寸"中填写"10 mm"，"限制 2"的"尺寸"中填写"10 mm"，单击"确定"按钮，如图 8-49 所示。

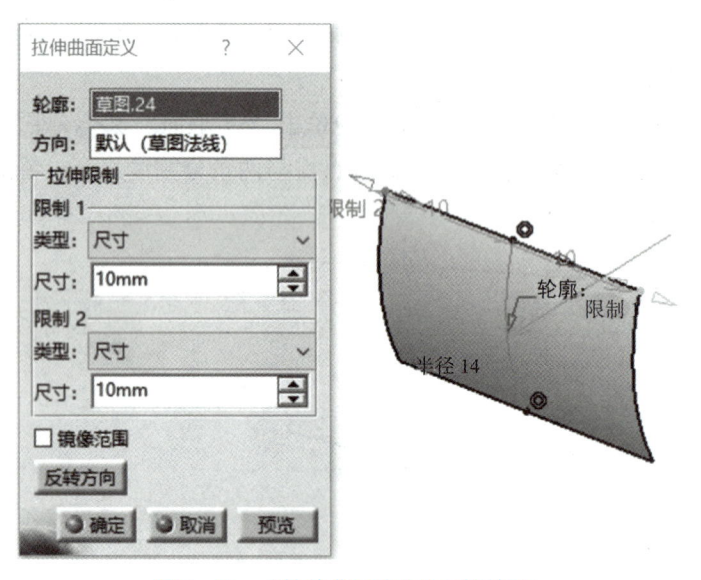

图 8-49　"拉伸曲面定义"对话框 3

（20）单击"拉伸"命令，再单击第 17 步的草图，在弹出的"拉伸曲面定义"对话框"限制 1"的"尺寸"中填写"10 mm"，"限制 2"的"尺寸"中填写"10 mm"，单击"确定"按钮，如图 8-50 所示。

（21）单击"填充"命令，"填充曲面定义"对话框中的边界选择前面的 4 条构造线，其中第 16 步的曲线需选择第 19 步的拉伸面作为支持面，单击"确定"按钮，如图 8-51 所示。

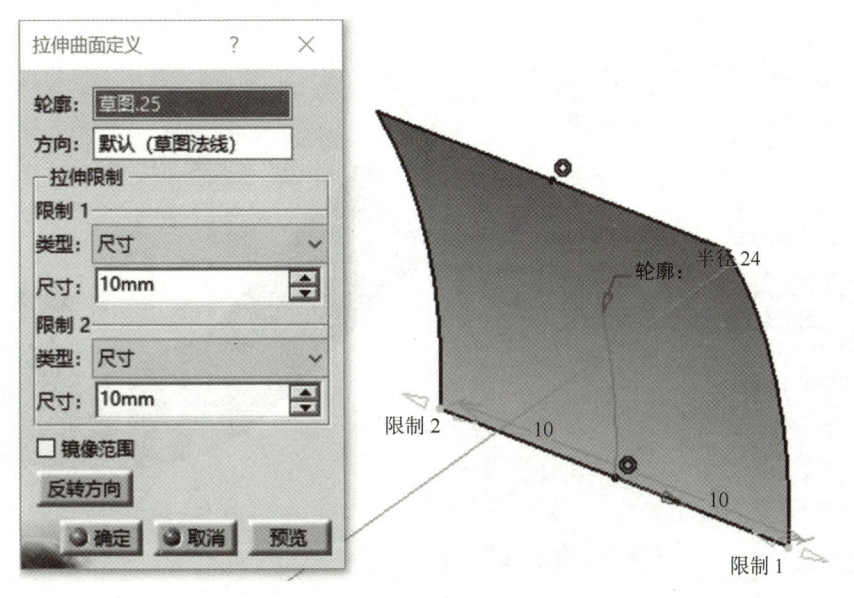

图 8-50 "拉伸曲面定义"对话框 4

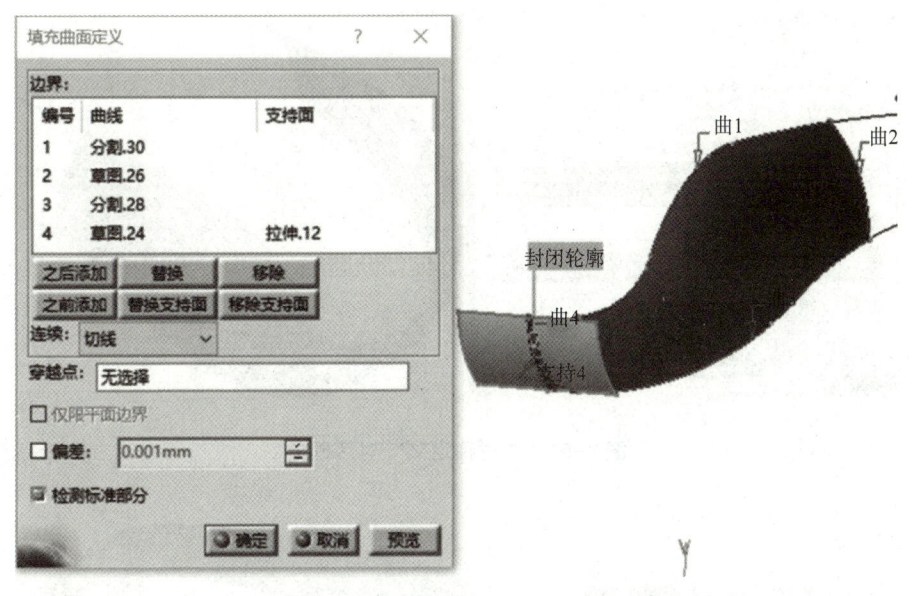

图 8-51 "填充曲面定义"对话框 1

(22) 单击"填充"命令 ◯，在"填充曲面定义"对话框中，"边界"选择前面的 4 条构造线，其中第 17 步的曲线需选择第 20 步的拉伸面作为支持面，单击"确定"按钮，如图 8-52 所示。

(23) 单击"对称"命令 ，在"对称定义"对话框中，"元素"选择第 21 步的多截面曲面，"参考"选择"yz 平面"，单击"确定"按钮，如图 8-53 所示。

(24) 单击"对称"命令 ，在"对称定义"对话框中，"元素"选择第 21 步的多截面曲面，"参考"选择"yz 平面"，单击"确定"按钮，如图 8-54 所示。

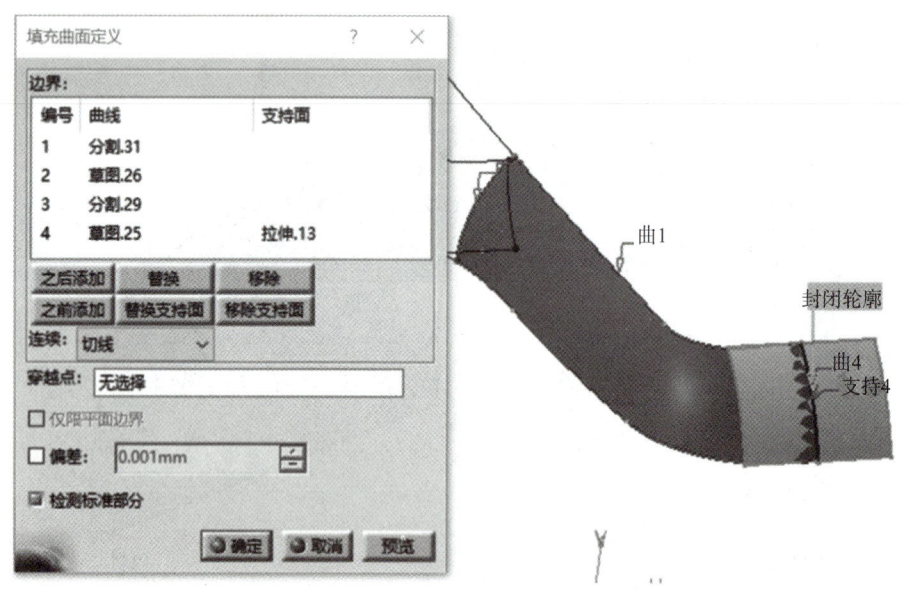

图 8-52 "填充曲面定义"对话框 2

图 8-53 "对称定义"对话框 1

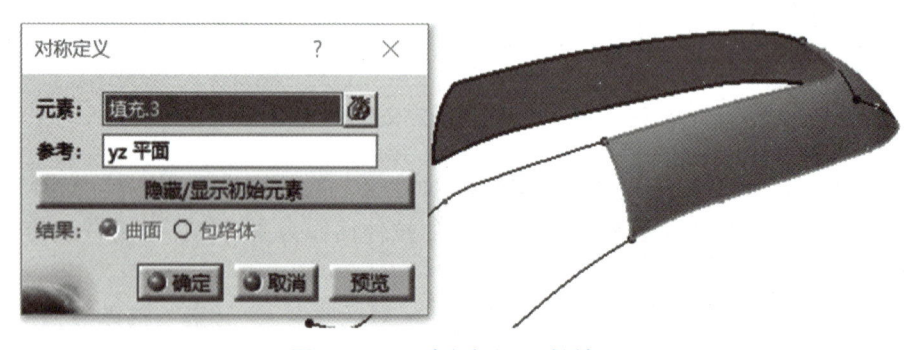

图 8-54 "对称定义"对话框 2

（25）单击"接合"命令，在"接合定义"对话框中，"要接合的元素"选择第 11 步的分割面、第 21 和 22 步的填充面及第 23 和 24 步的对称面，单击"确定"按钮，如图 8-55 所示。

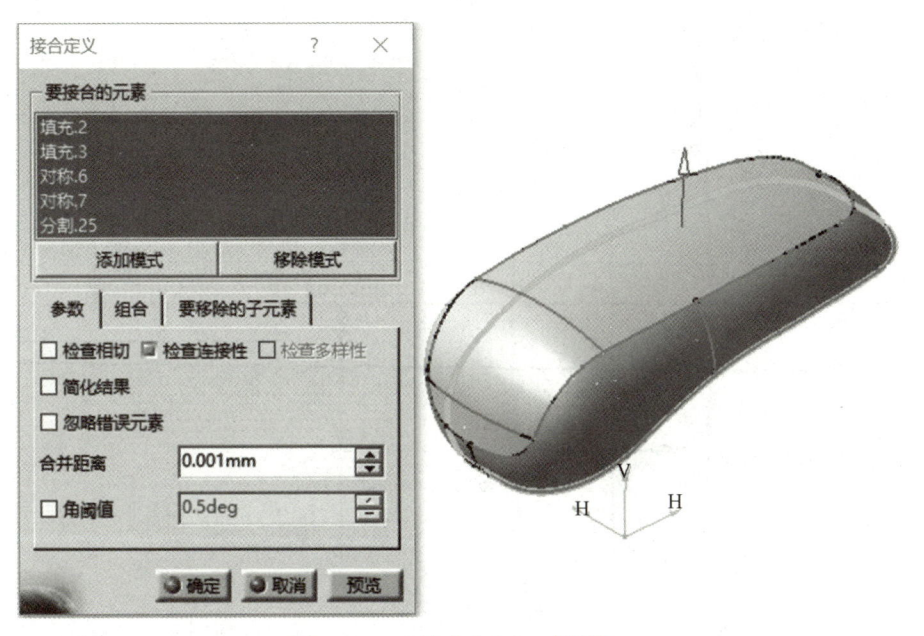

图 8-55 "接合定义"对话框 3

（26）单击"倒圆角"命令，在"倒圆角定义"对话框中，"半径"设置为"5 mm"，"要圆角化的对象"选择模型上部棱边，单击"确定"按钮，如图 8-56 所示。

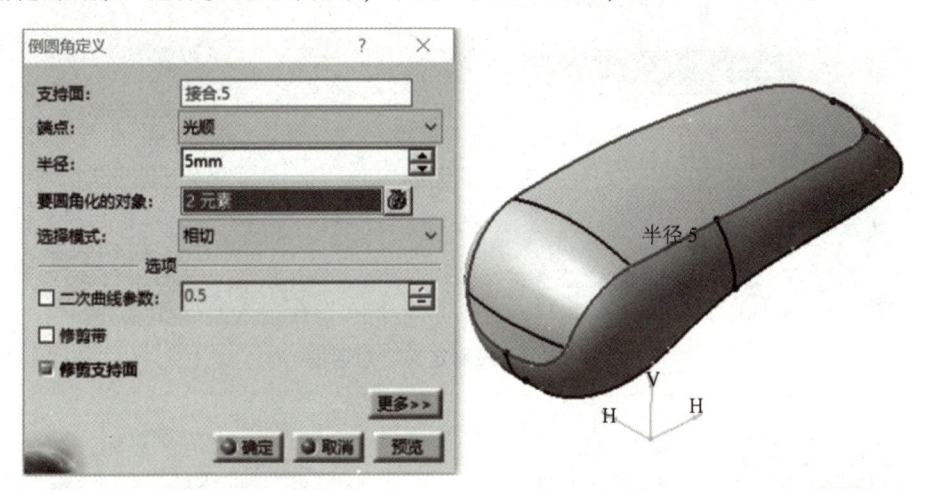

图 8-56 "倒圆角定义"对话框

（27）单击"草图"命令，在结构树中单击"xy 平面" xy **平面**，进入草图绘制界面绘制草图，单击"退出工作台"命令完成草图的绘制，如图 8-57 所示。单击"投影"命令，在弹出的"投影定义"对话框中，"支持面"选择第 26 步的曲面，单击"确定"按钮，如图 8-58 所示。

（28）单击"分割"命令，在"定义分割"对话框中，"要切除的元素"选择第 26 步的曲面，"切除元素"选择上一步生成的投影曲线，单击"确定"按钮，如图 8-59 所示，即获得下壳体型面的最终型面。

175

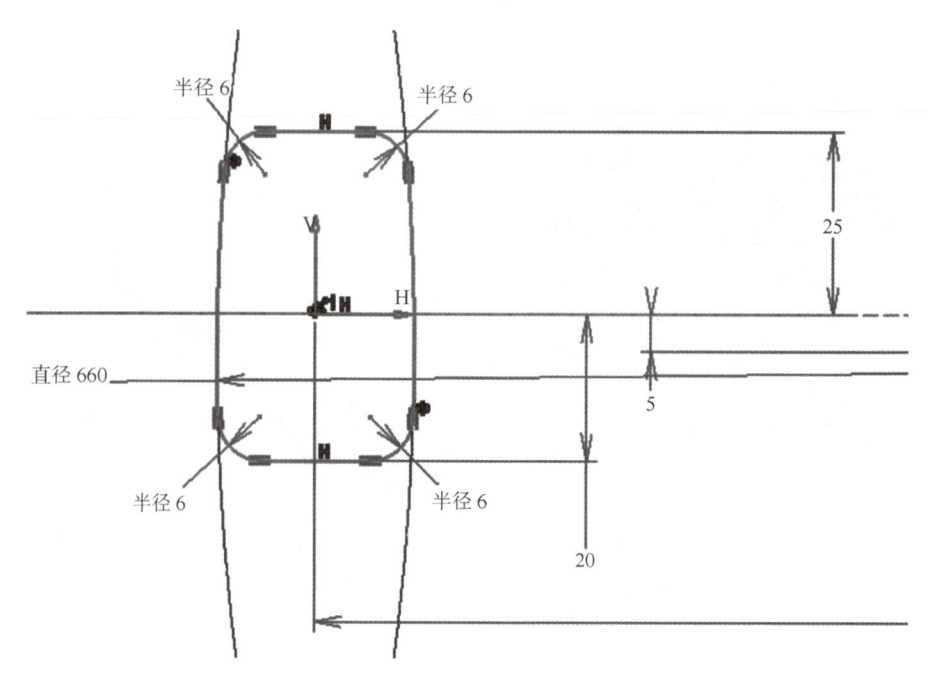

图 8-57　草图 8

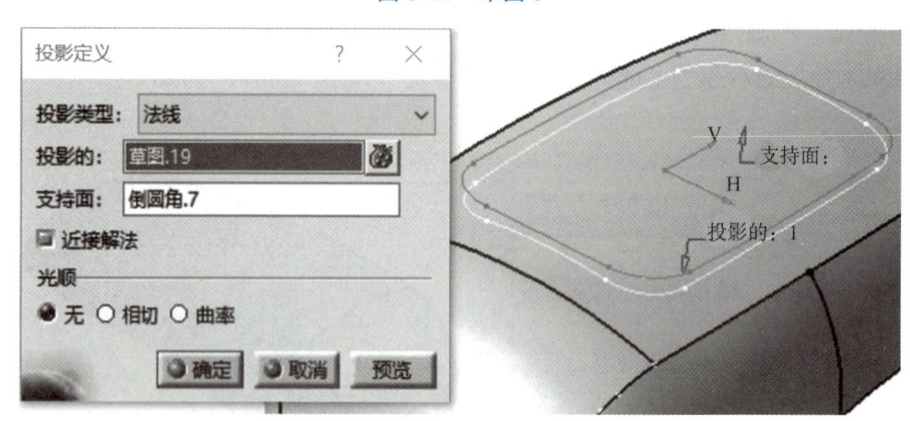

图 8-58　"投影定义"对话框

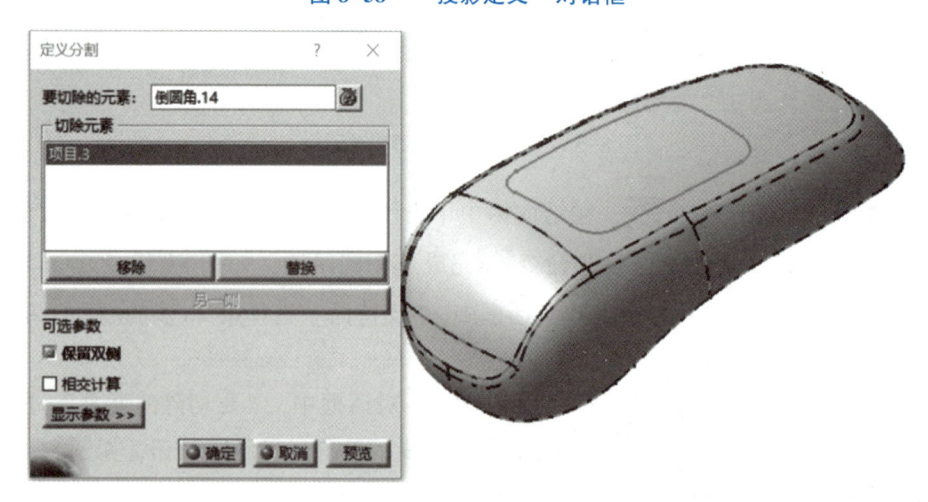

图 8-59　"定义分割"对话框 6

以上获得了换挡手柄的外部主体型面，如图8-60所示，接下来开始进入结构设计。

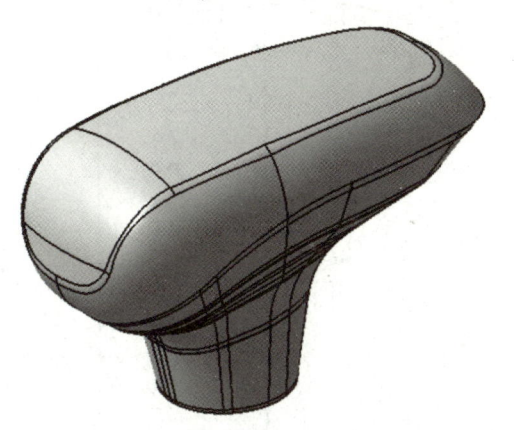

图8-60 换挡手柄外部主体型面

按钮的建模

步骤三：按钮的建模

按钮建模思路是先使用"凸台"和"凹槽"命令构建出按钮的大体外形轮廓，再使用"盒体"命令构建按钮的内部结构，再使用"凸台""倒圆角"和"添加"命令构建配合安装结构，最后使用"镜像"命令补全模型，按钮模型如图8-61所示。

（1）单击菜单栏"插入"中的"几何体"选项，结构树中会出现新建的几何体，此时软件对新增几何体进行了默认命名，如需更改名称可右键单击几何体，选择"属性"，重新命名为"按钮"。

（2）单击"平面"命令，"平面定义"对话框中"平面类型"选择"偏移平面"，"参考"选择"zx平面"，"偏移"设置为"33 mm"，"方向"设置为Y轴负方向，单击"确定"按钮，如图8-62所示。

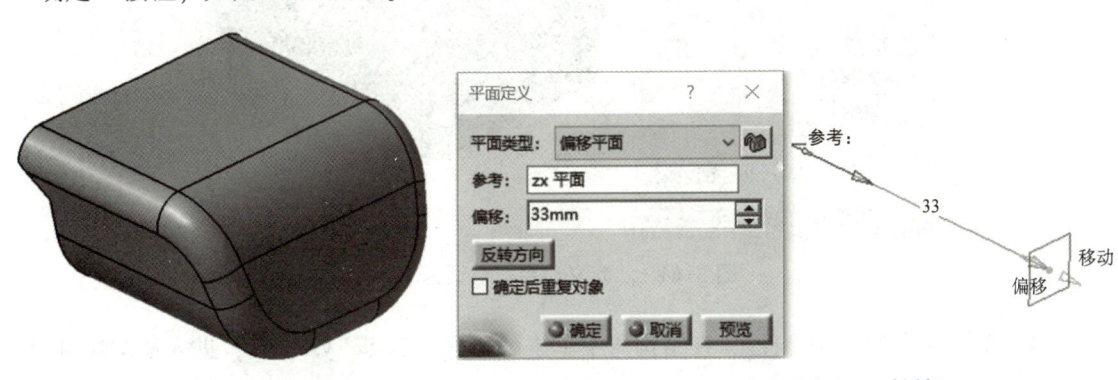

图8-61 按钮模型　　　　　图8-62 "平面定义"对话框

（3）单击"草图"命令，单击上一步的偏移平面，进入草图绘制界面绘制草图，如图8-63所示，单击"退出工作台"命令完成草图的绘制。单击"凸台"命令，在"定义凸台"对话框中，"长度"设置为"22 mm"，"凸台方向"设置为Y轴负方向，单击"确定"按钮，如图8-64所示。

177

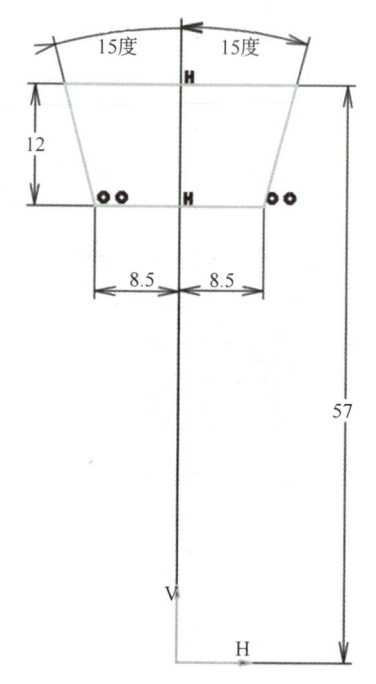

图 8-63 草图 1

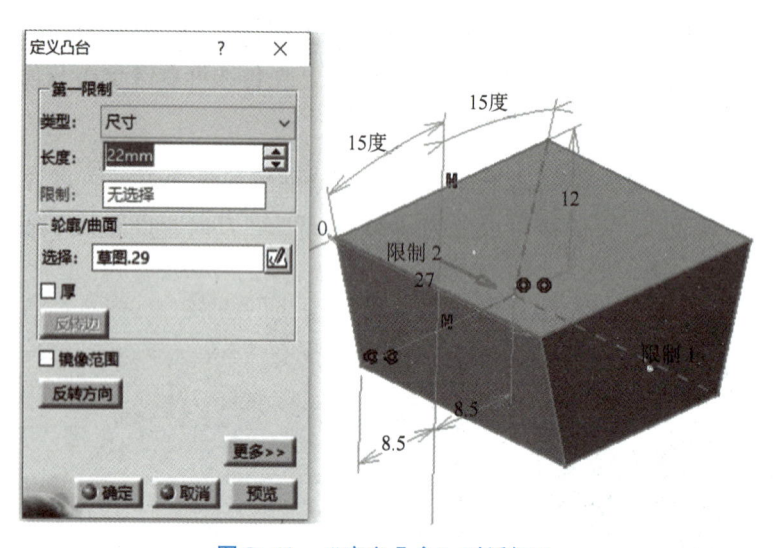

图 8-64 "定义凸台"对话框 1

（4）单击"草图"命令，在结构树中单击"yz 平面" yz 平面，进入草图绘制界面绘制草图，如图 8-65 所示，单击"退出工作台"命令 完成草图的绘制。单击"凹槽"命令，在"定义凹槽"对话框中，"深度"设置为"22 mm"，激活镜像范围，单击"确定"按钮，如图 8-66 所示，其中圆弧的圆心为构造线的交点。

（5）单击"倒圆角"命令，在"倒圆角定义"对话框中，"半径"设置为"6 mm"，"要圆角化的对象"在模型上选择顶部斜面的棱边，单击"确定"按钮，如图 8-67 所示。

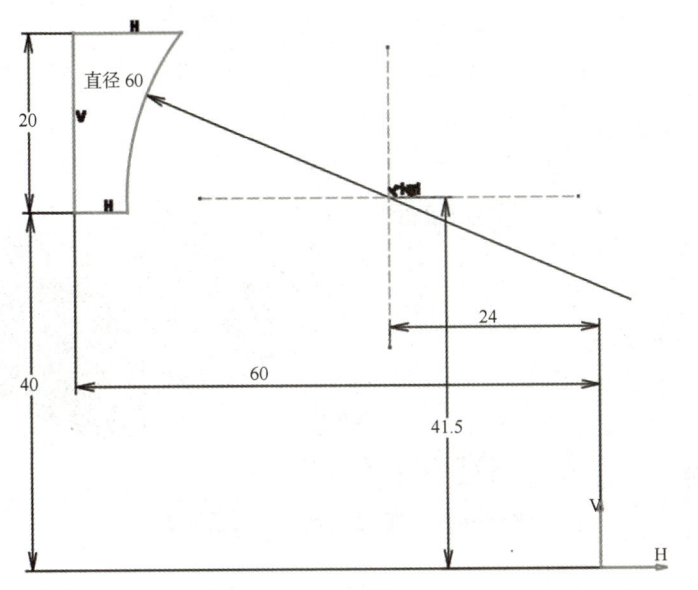

图 8-65 草图 2

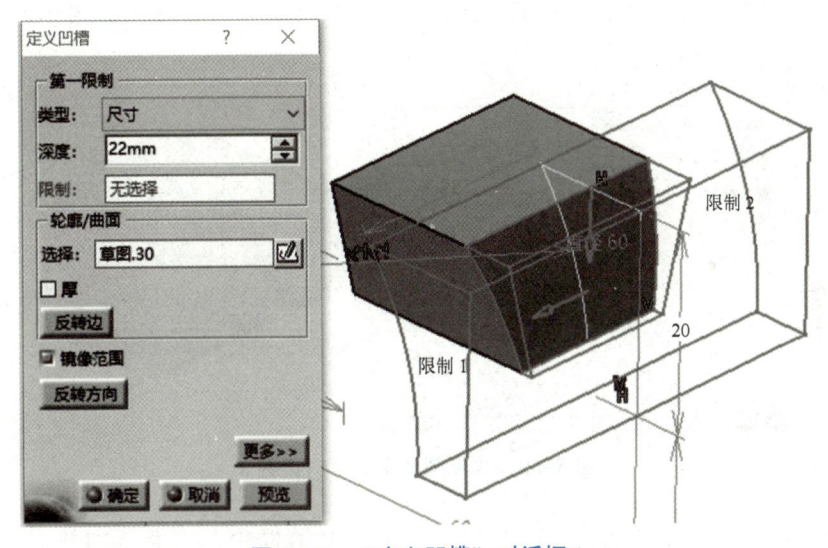

图 8-66 "定义凹槽"对话框 1

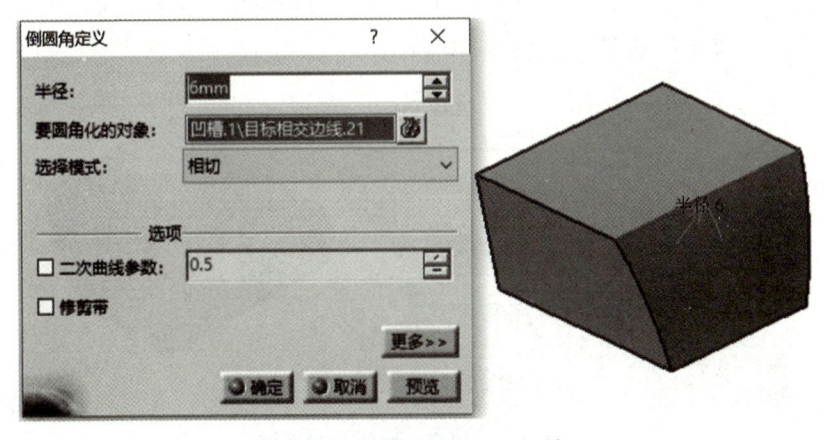

图 8-67 "倒圆角定义"对话框 1

（6）单击"倒圆角"命令，在"倒圆角定义"对话框中，"半径"设置为"7 mm"，"要圆角化的对象"在模型上选择底部的两条棱边，单击"确定"按钮，如图8-68所示。

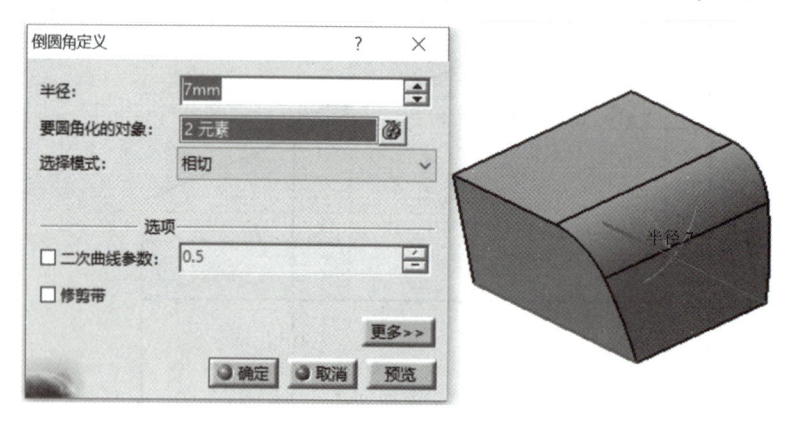

图8-68 "倒圆角定义"对话框2

（7）单击"倒圆角"命令，在"倒圆角定义"对话框中，"半径"设置为"2 mm"，"要圆角化的对象"在模型上选择外形面的棱边，单击"确定"按钮，如图8-69所示。

图8-69 "倒圆角定义"对话框3

（8）单击"盒体"命令，在"定义盒体"对话框中，"默认内侧厚度"设置为"2 mm"，"默认外侧厚度"设置为"0 mm"，"要移除的面"选择端面，"其他厚度面"选择顶面，单击"确定"按钮，如图8-70所示。

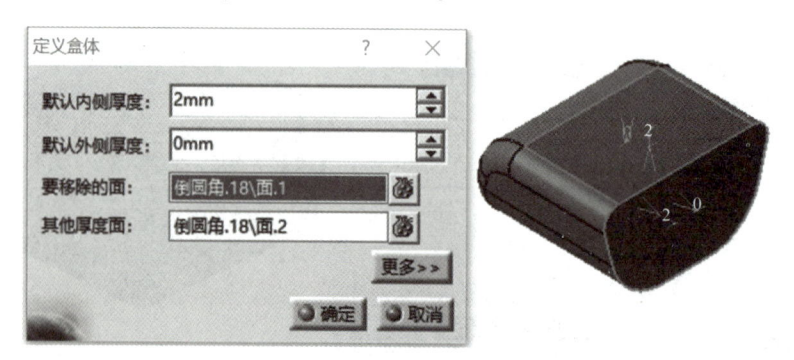

图8-70 "定义盒体"对话框

（9）单击"倒圆角"命令，在"倒圆角定义"对话框中，"半径"设置为"1 mm"，"要圆角化的对象"在模型上选择内腔棱边，单击"确定"按钮，如图 8-71 所示。

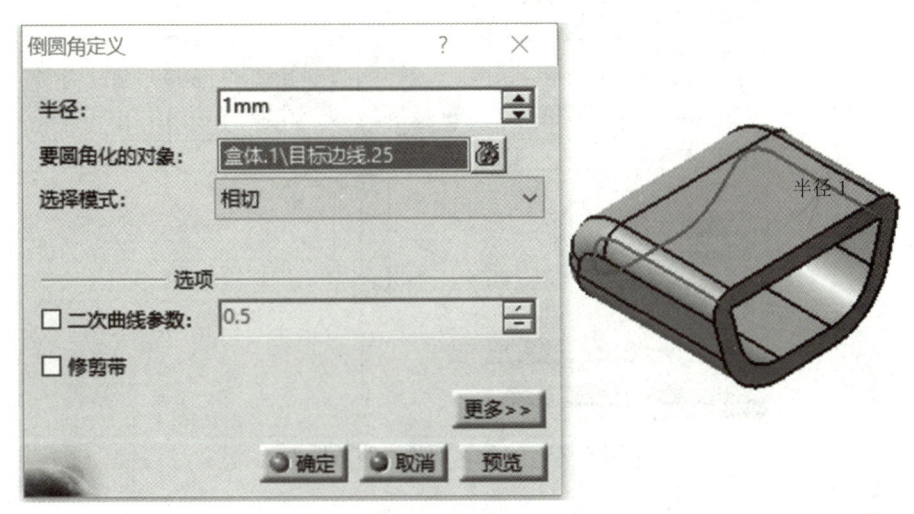

图 8-71 "倒圆角定义"对话框 4

（10）单击"草图"命令，在结构树中单击"yz 平面" yz 平面，进入草图绘制界面绘制草图，如图 8-72 所示，单击"退出工作台"命令完成草图的绘制。单击"凹槽"命令，在"定义凹槽"对话框中，"深度"设置为"22 mm"，激活镜像范围，单击"确定"按钮，如图 8-73 所示。

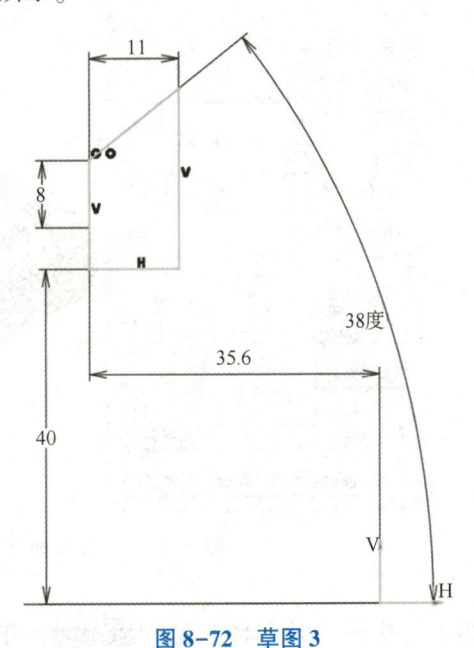

图 8-72 草图 3

（11）单击"草图"命令，在结构树中单击"zx 平面" zx 平面，进入草图绘制界面绘制草图，如图 8-74 所示，单击"退出工作台"命令完成草图的绘制。单击"凹

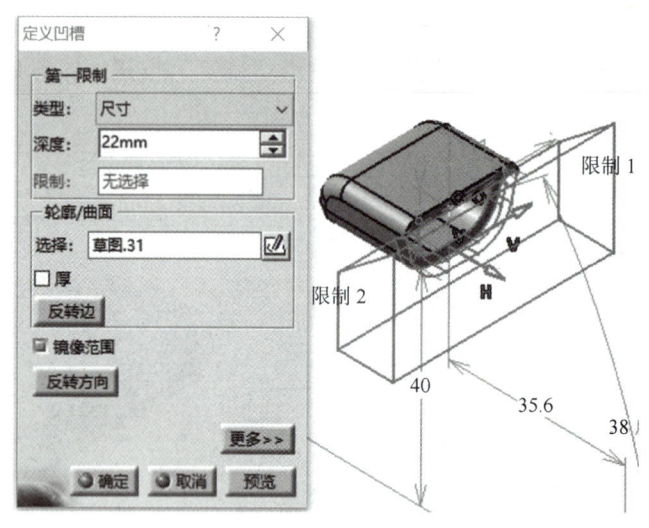

图 8-73 "定义凹槽"对话框 2

槽"命令，在"定义凹槽"对话框中，"深度"设置为"2.7 mm"，"凹槽方向"设置为 Y 轴负方向，单击"确定"按钮，如图 8-75 所示。

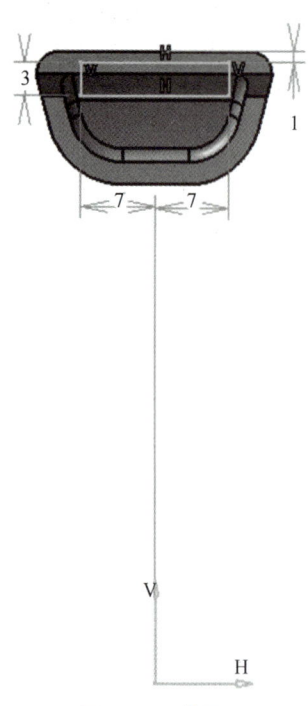

图 8-74 草图 4

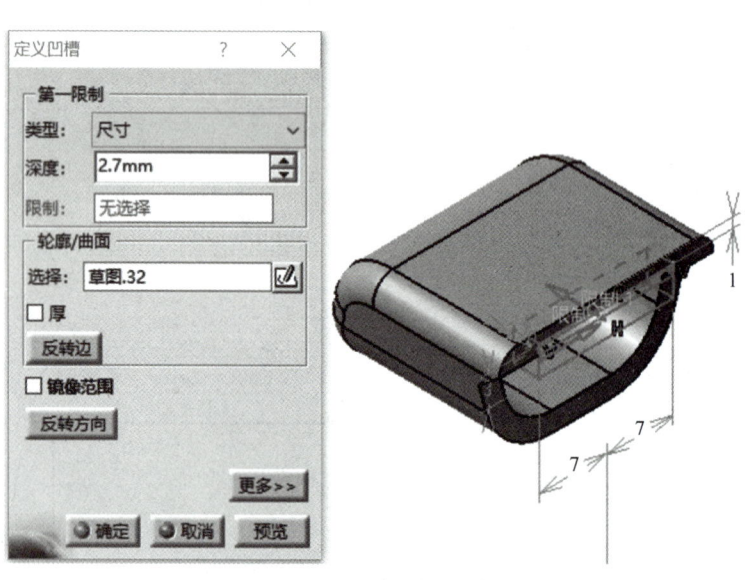

图 8-75 "定义凹槽"对话框 3

（12）单击菜单栏"插入"中的"几何体"选项 几何体，并重新命名为"导槽"，单击"草图"命令，在结构树中单击"zx 平面" zx 平面，进入草图绘制界面绘制草图，如图 8-76 所示，单击"退出工作台"命令完成草图的绘制。单击"凸台"命令，在"定义凸台"对话框中，"长度"设置为"20 mm"，"凸台方向"设置为 Y 轴负方向，单击"确定"按钮，如图8-77所示。

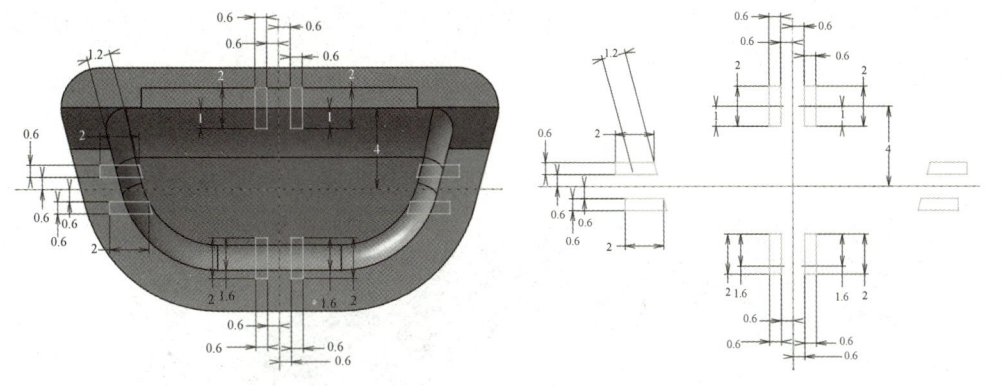

图8-76 草图5

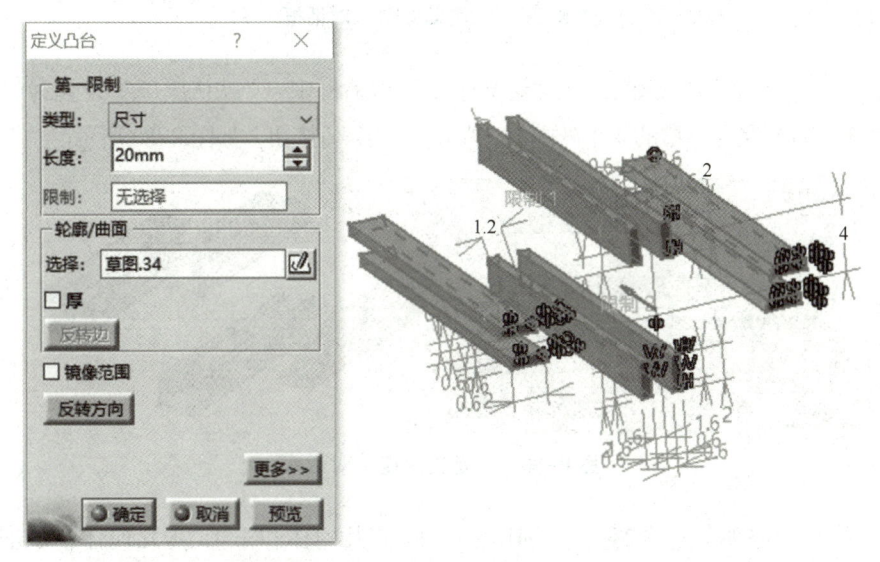

图8-77 "定义凸台"对话框2

（13）单击菜单栏中的"开始"选项，再单击"形状"中的"创成式外形设计"选项，单击"提取"命令，在"提取定义"对话框中，"拓展类型"选择"切线连续"，"要提取的元素"选择第11步中模型的外表面，单击"确定"按钮，如图8-78所示。

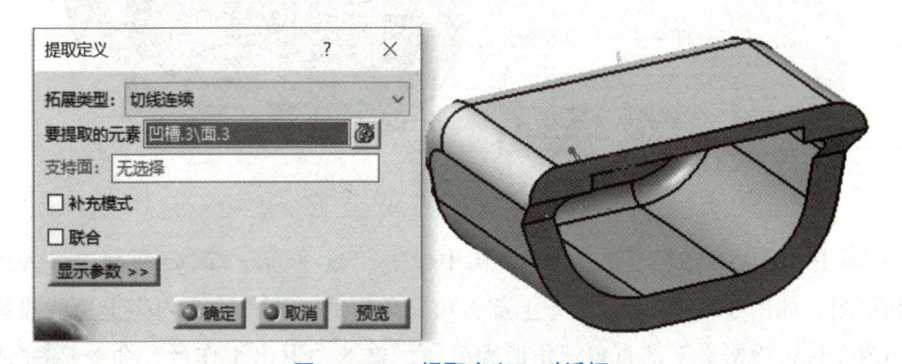

图8-78 "提取定义"对话框

(14) 单击菜单栏中的"开始"选项，再单击"机械设计"中的"零件设计"选项，单击"分割"命令 ，在"定义分割"对话框中，"分割元素"选择上一步中的提取面，单击"确定"按钮，如图 8-79 所示。

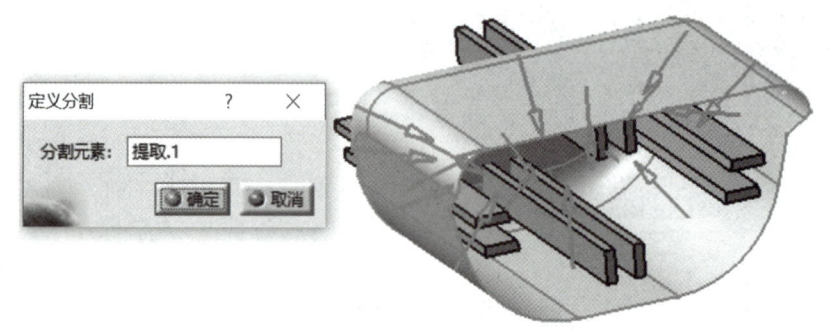

图 8-79 "定义分割"对话框

(15) 单击"厚度"命令 ，在"定义厚度"对话框中，"默认厚度"设置为"-4 mm"，"默认厚度面"选择竖直导槽的 4 个外端面，单击"确定"按钮，如图 8-80 所示。

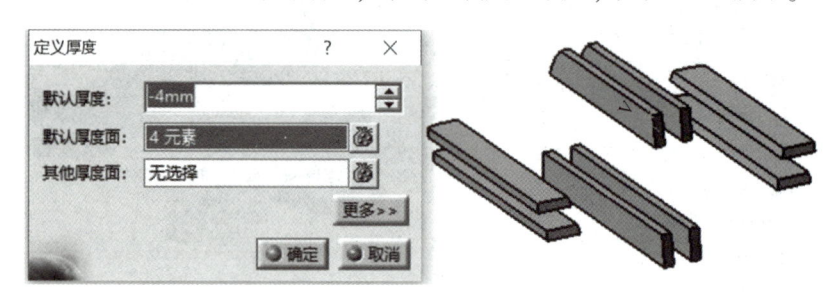

图 8-80 "定义厚度"对话框

(16) 单击"添加"命令 ，分别单击第 11 步几何体和第 15 步几何体，单击"确定"按钮，如图 8-81 所示。

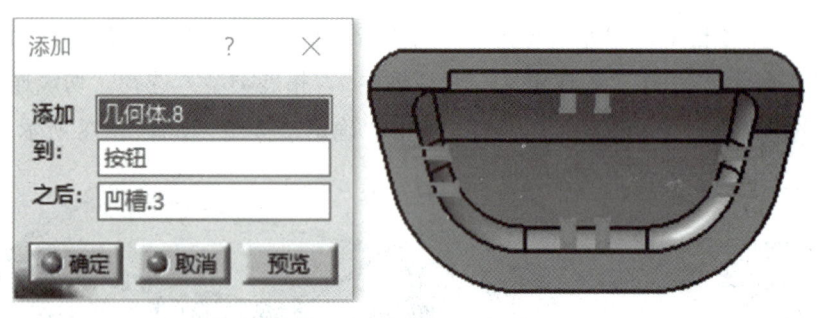

图 8-81 "添加"对话框

(17) 单击"草图"命令 ，在结构树中单击"yz 平面" yz 平面，进入草图绘制界面绘制草图，如图 8-82 所示，其中上部直角三角形的长直角边为内壳上边线投影，小锐角顶点为内壳棱边投影，下部直角三角形为镜像，单击"退出工作台"命令 完成草图的绘制。单击"凸台"命令 ，在"定义凸台"对话框中，"第一限制"中的"长度"设置为"5 mm","第二限制"中的"长度"设置为"-3 mm",凸台方向设置为 X 轴正方向,单击"确定"按钮,如图 8-83 所示。

选择投影边线时需要旋转视角,可通过单击"法线视角"命令 进行视角恢复。

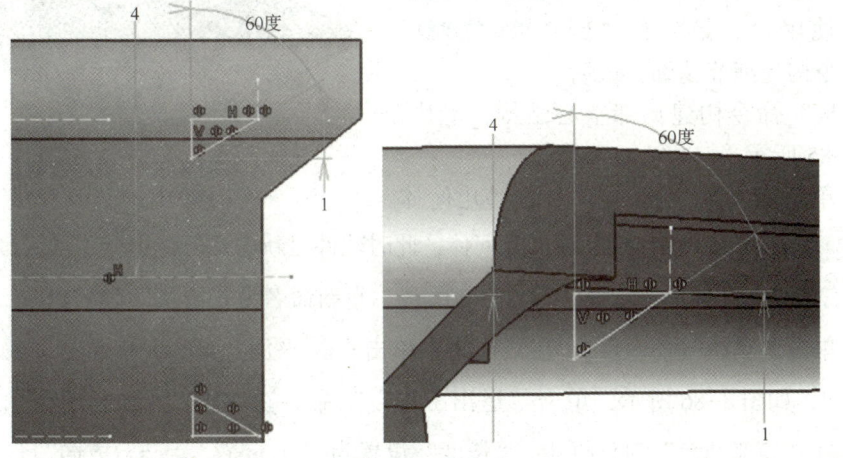

图 8-82　草图 6

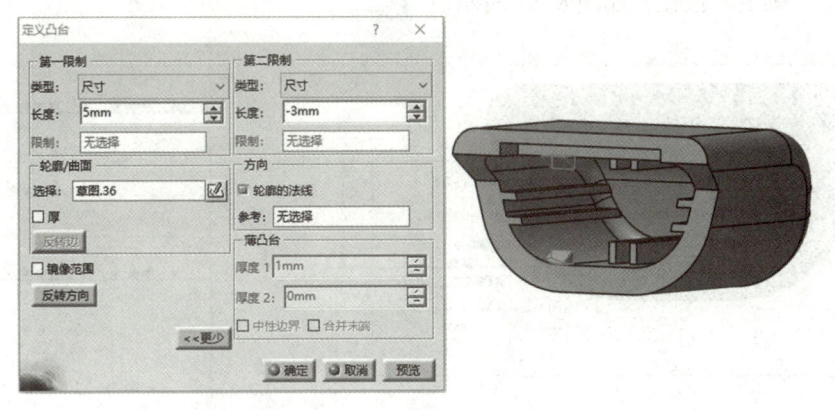

图 8-83　"定义凸台"对话框 3

(18)单击"镜像"命令 ,在"定义镜像"对话框中,"镜像元素"选择"yz 平面",单击"确定"按钮,如图 8-84 所示。

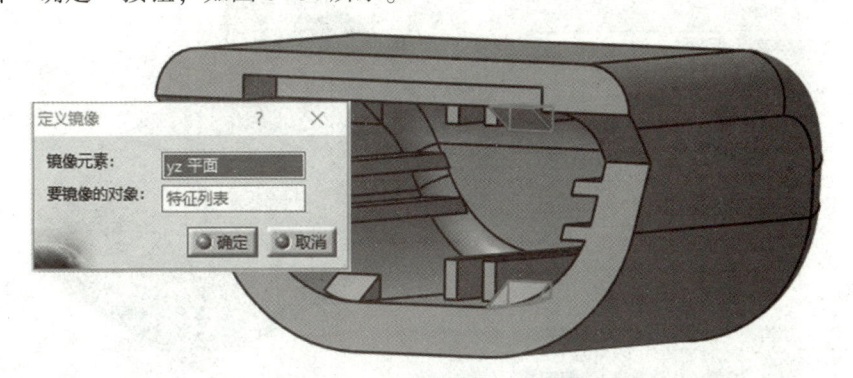

图 8-84　"定义镜像"对话框

185

步骤四：滑块的建模

滑块建模思路是先使用"凸台"命令构建出滑块的大体外形轮廓，再使用"分割"和"倒圆角"命令构建细节轮廓，最后使用"凹槽"命令构建局部空心结构，滑块模型如图8-85所示。

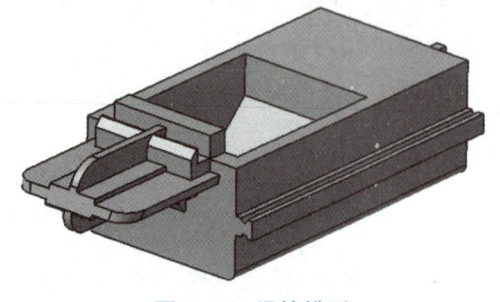

图8-85 滑块模型

（1）单击菜单栏"插入"中的"几何体"选项 几何体，结构树中会出现新建的几何体，此时软件对新增几何体进行了默认命名，如需更改名称可右键单击几何体，选择"属性" 属性，重新命名为"滑块" 滑块。

（2）单击"草图"命令，在结构树中单击"zx 平面" zx 平面，进入草图绘制界面绘制草图，如图8-86所示，单击"退出工作台"命令 完成草图的绘制。单击"凸台"命令，在"定义凸台"对话框中，"长度"设置为"36 mm"，"凸台方向"设置为 Y 轴正方向，单击"确定"按钮，如图8-87所示。

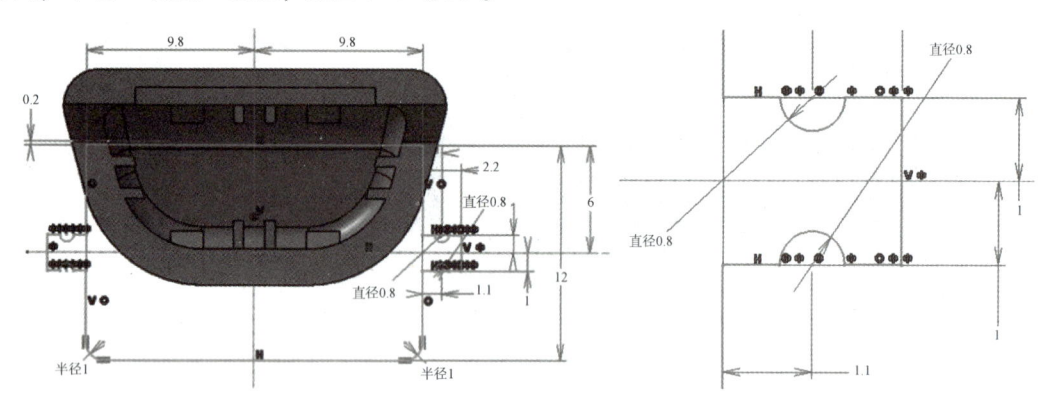

图8-86 草图1

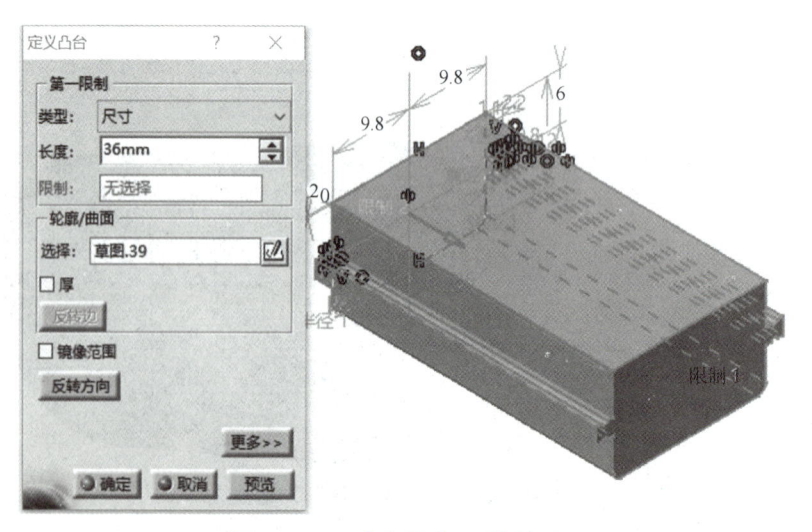

图8-87 "定义凸台"对话框1

(3)单击"草图"命令，在结构树中单击"zx 平面" zx **平面**，进入草图绘制界面绘制草图，如图 8-88 所示，单击"退出工作台"命令完成草图的绘制。单击"凸台"命令，在"定义凸台"对话框中，"长度"设置为"7.5 mm"，"凸台方向"设置为 Y 轴正方向，单击"确定"按钮，如图 8-89 所示。

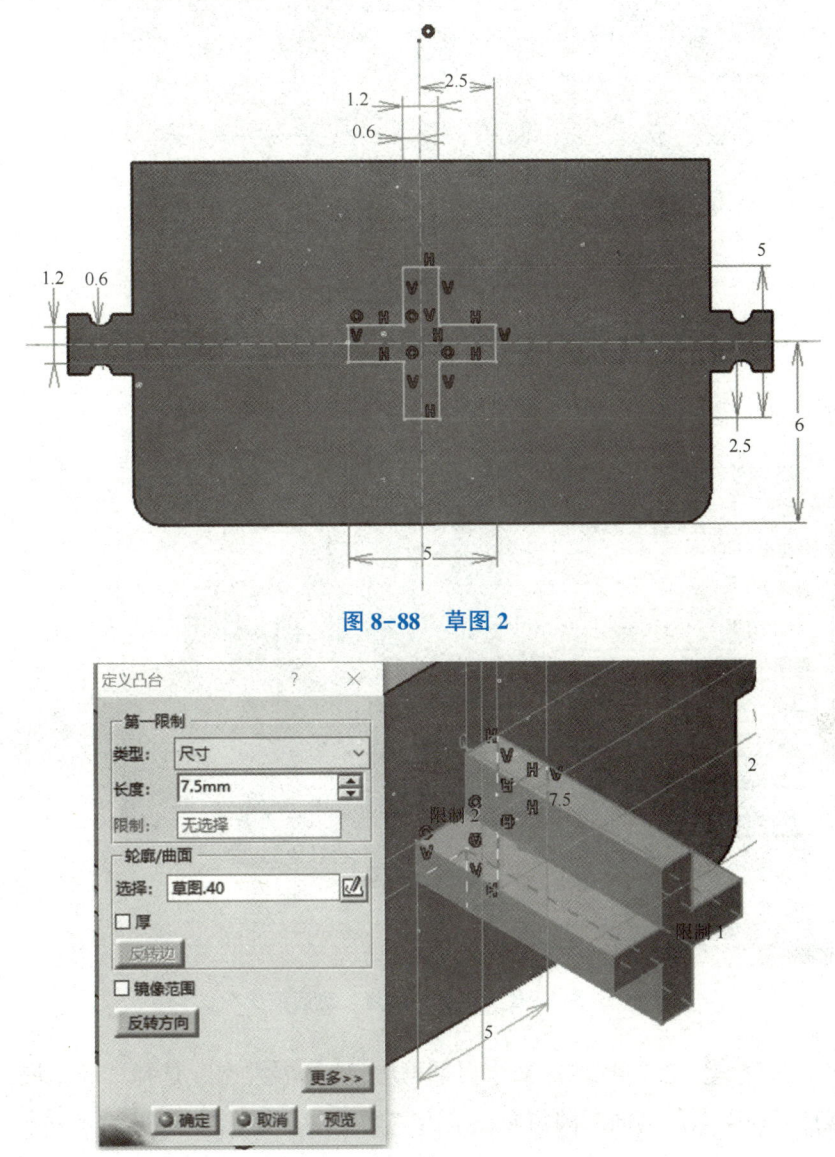

图 8-88　草图 2

图 8-89　"定义凸台"对话框 2

(4)单击"草图"命令，在结构树中单击"zx 平面" zx **平面**，进入草图绘制界面，绘制草图，如图 8-90 所示，单击"退出工作台"命令完成草图的绘制。单击"凸台"命令，在"定义凸台"对话框中，"长度"设置为"20 mm"，"凸台方向"设置为 Y 轴负方向，单击"确定"按钮，如图 8-91 所示。

(5)单击菜单栏中的"开始"选项，再单击"形状"中的"创成式外形设计"选项，

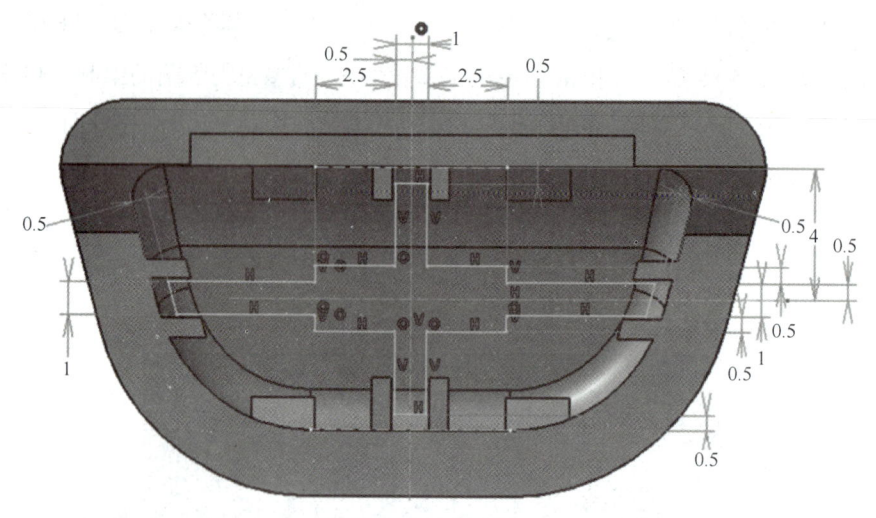

图 8-90 草图 3

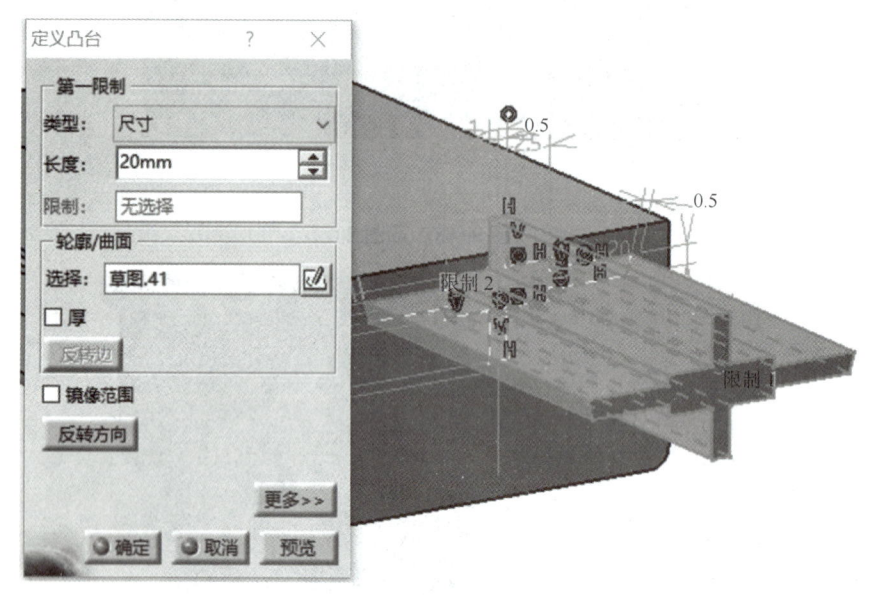

图 8-91 "定义凸台"对话框 3

单击"提取"命令，在"提取定义"对话框中，"拓展类型"选择"无拓展"，"要提取的元素"选择按钮模型的端面及圆角面，单击"确定"按钮，如图 8-92 所示。

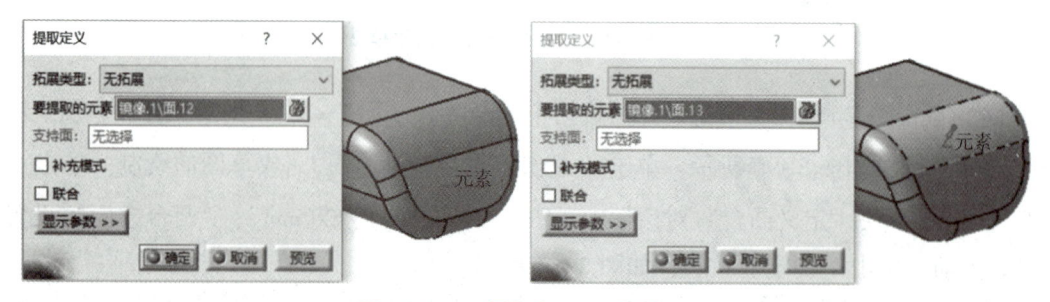

图 8-92 "提取定义"对话框 1

（6）单击"接合"命令，在"接合定义"对话框中，"要接合的元素"选择上一步中的2个提取面，单击"确定"按钮，如图8-93所示。

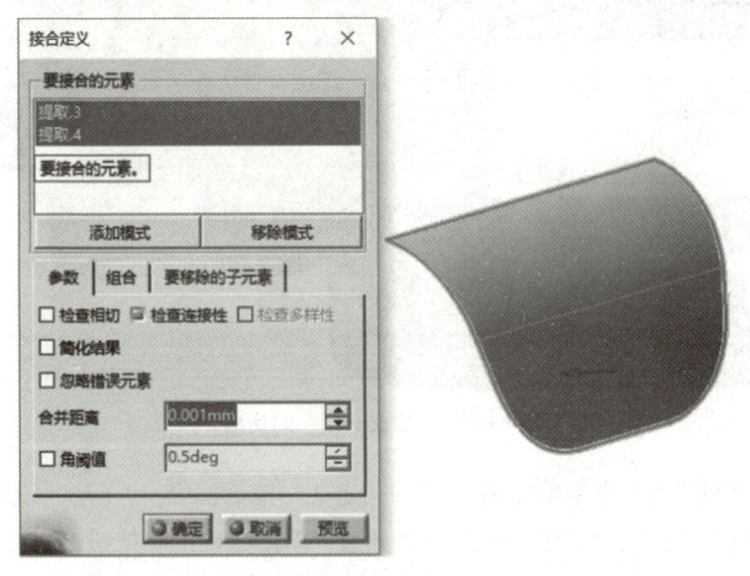

图8-93 "接合定义"对话框

（7）单击"偏移"命令，在"偏移曲面定义"对话框中，"曲面"选择上一步的接合面，"偏移"设置为"2.5 mm"，"偏移方向"为 Y 轴正方向，单击"确定"按钮，如图8-94所示。

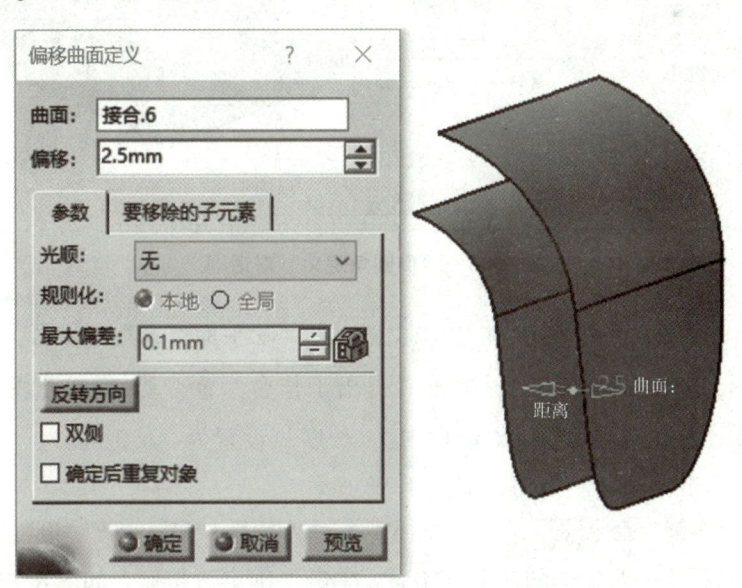

图8-94 "偏移曲面定义"对话框

（8）单击菜单栏中的"开始"选项，再单击"机械设计"中的"零件设计"选项，单击"分割"命令，在"定义分割"对话框中，"分割元素"选择上一步中的偏移面，单击"确定"按钮，如图8-95所示。

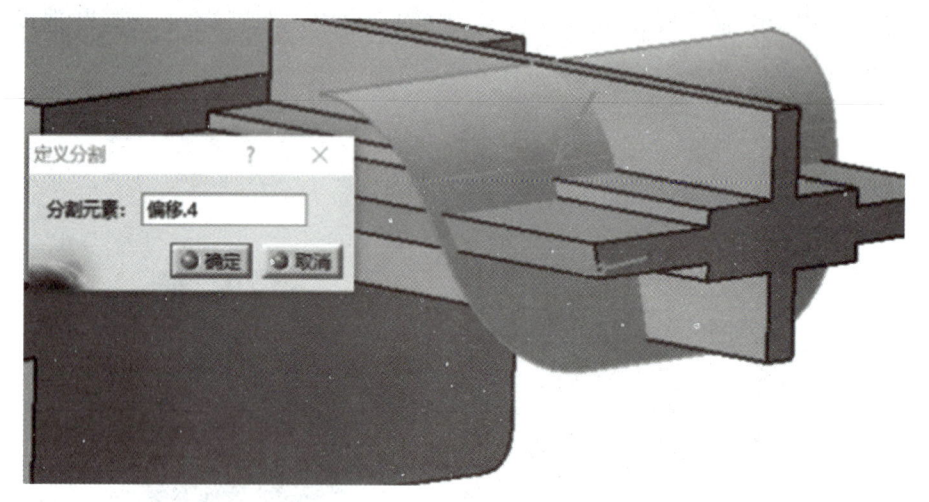

图 8-95 "定义分割"对话框

(9)单击"倒圆角"命令，在"倒圆角定义"对话框中，"半径"设置为"2 mm"，"要圆角化的对象"在模型上选择导向柱的3条边，单击"确定"按钮，如图8-96所示。

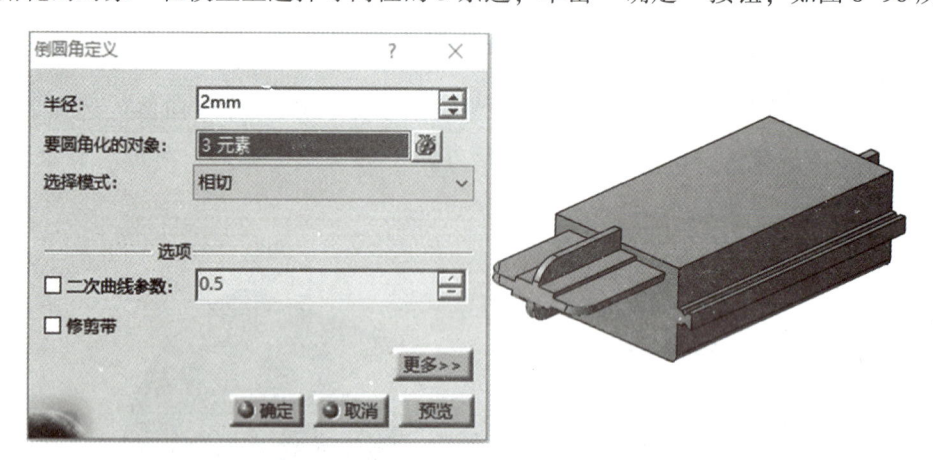

图 8-96 "倒圆角定义"对话框

(10)单击"草图"命令，在结构树中单击"yz 平面" yz 平面，进入草图绘制界面，绘制草图，如图 8-97 所示，单击"退出工作台"命令完成草图的绘制。单击"凸台"命令，在"定义凸台"对话框中，"长度"设置为"6.3 mm"，"凸台方向"设置为镜像范围，单击"确定"按钮，如图 8-98 所示。

(11)单击"厚度"命令，在"定义厚度"对话框中，"默认厚度"设置为"-1.5 mm"，"默认厚度面"选择上一步实体的2个下端面，单击"确定"按钮，如图 8-99 所示。

(12)单击"草图"命令，在结构树中单击"yz 平面" yz 平面，进入草图绘制界面绘制草图，如图 8-100 所示，单击"退出工作台"命令完成草图的绘制。单击"凹槽"命令，在"定义凹槽"对话框中，"深度"设置为"8 mm"，"凹槽方向"设置为镜像范围，单击"确定"按钮，如图 8-101 所示。

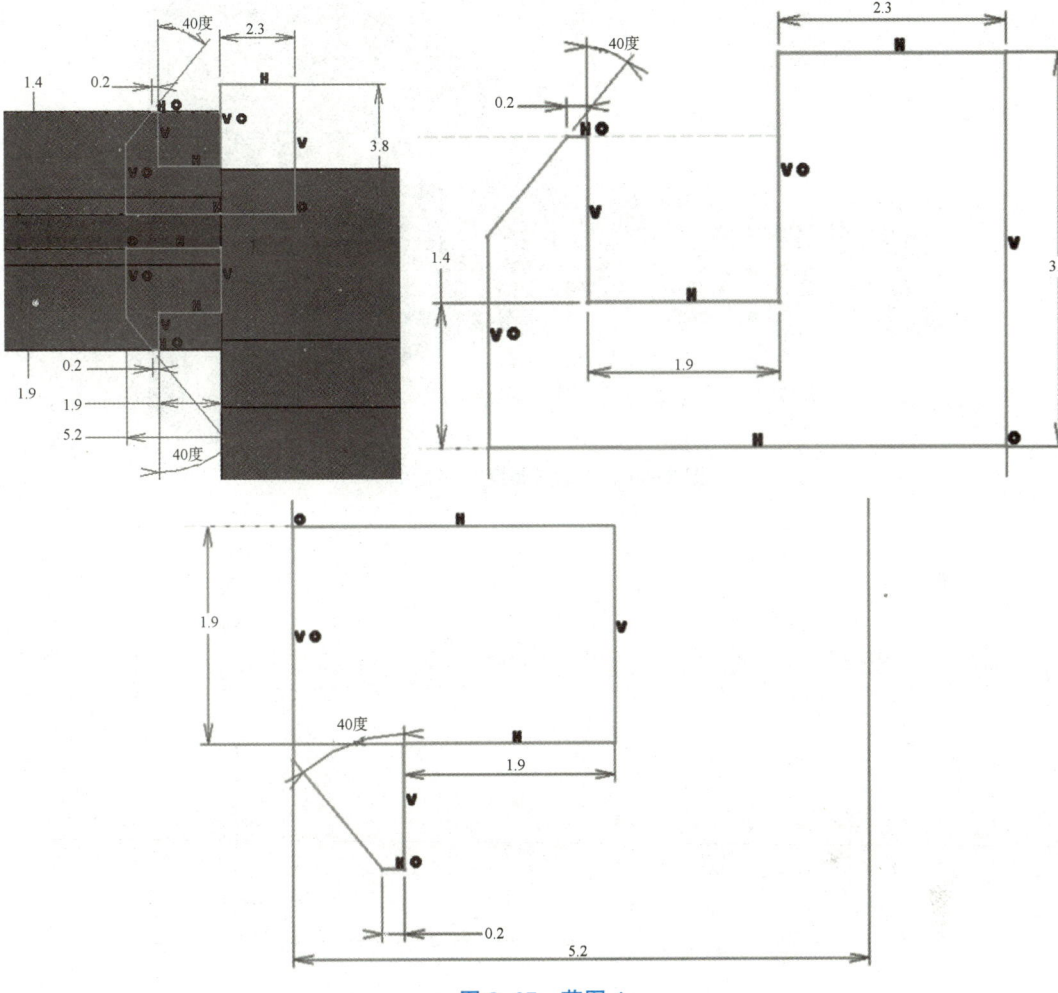

图 8-97 草图 4

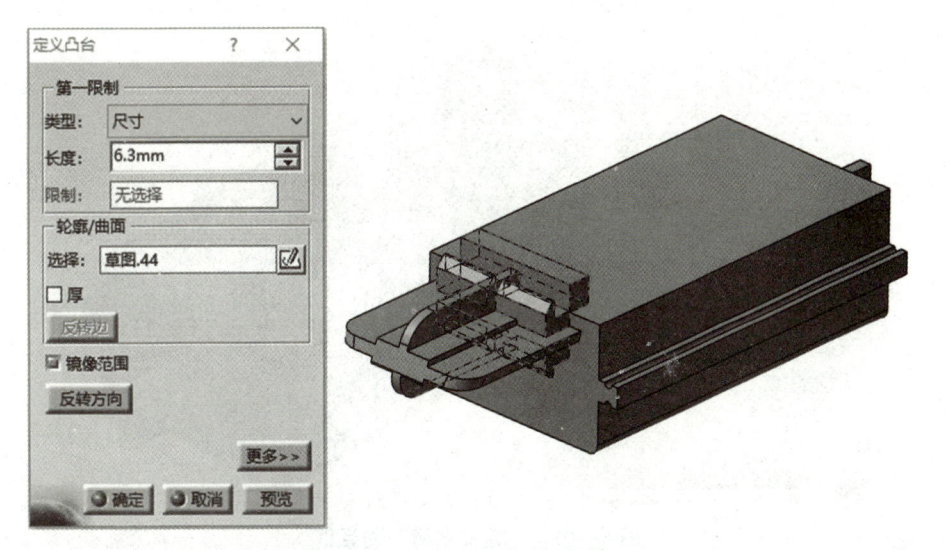

图 8-98 "定义凸台"对话框 4

项目八 换挡杆三维曲面建模

191

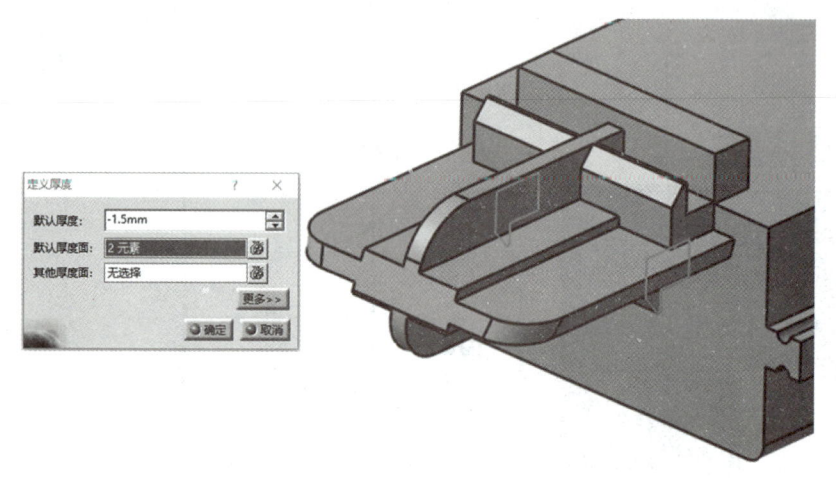

图 8-99　"定义厚度"对话框

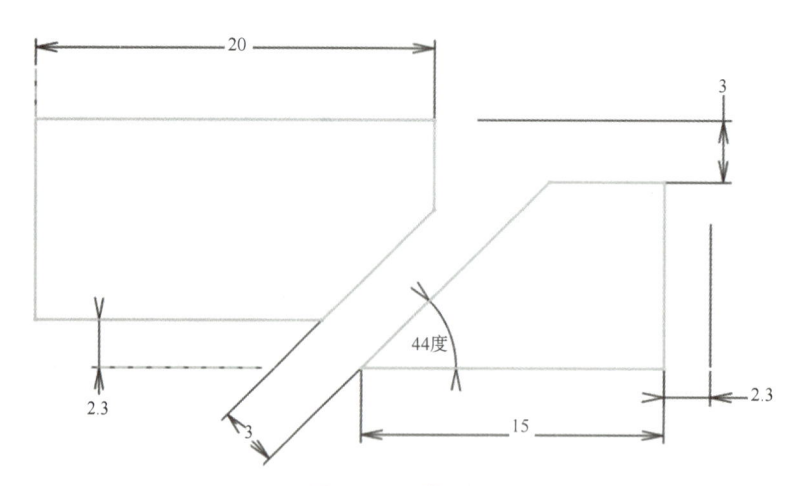

图 8-100　草图 5

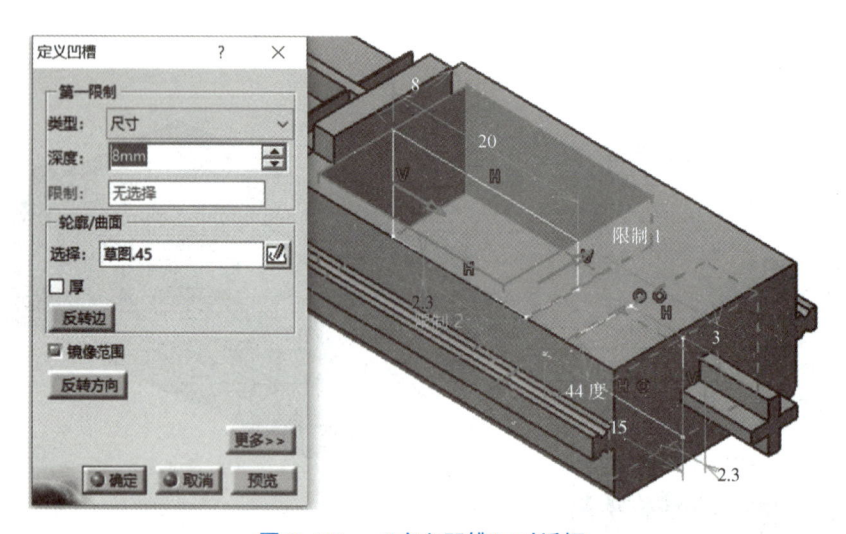

图 8-101　"定义凹槽"对话框

步骤五：骨架的建模

骨架建模思路是先使用"凸台""凹槽""镜像"和"厚度"命令构建出骨架的大体外形轮廓，再使用"分割""倒圆角"和"添加角"命令构建细节轮廓，骨架模型如图 8-102 所示。

（1）单击菜单栏"插入"中的"几何体"选项 ，结构树中会出现新建的几何体，此时软件对新增几何体进行了默认命名，如需更改名称可右键单击几何体，选择"属性" ，重新命名为"骨架" 。

（2）单击"草图"命令 ，在结构树中单击"zx 平面" ，进入草图绘制界面绘制草图，如图 8-103 所示，单击"退出工作台"命令 完成草图的绘制。单击"凸台"命令 ，在"定义凸台"对话框中，"第一限制"中的"长度"设置为"53 mm"，"第二限制"中的"长度"设置为"34.5 mm"，"凸台方向"设置为 Y 轴正方向，单击"确定"按钮，如图 8-104 所示。

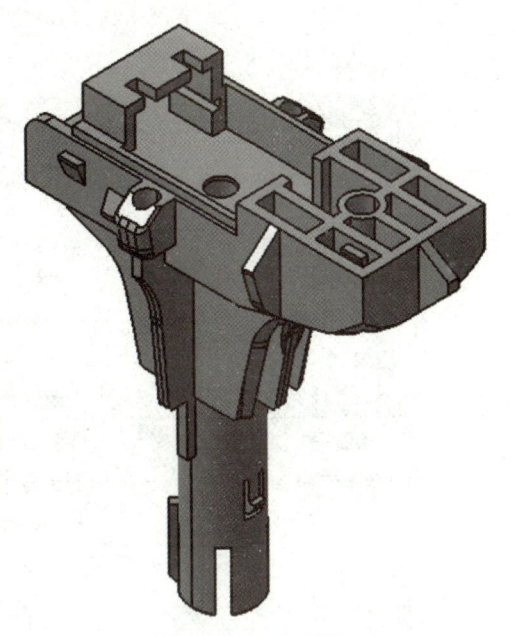

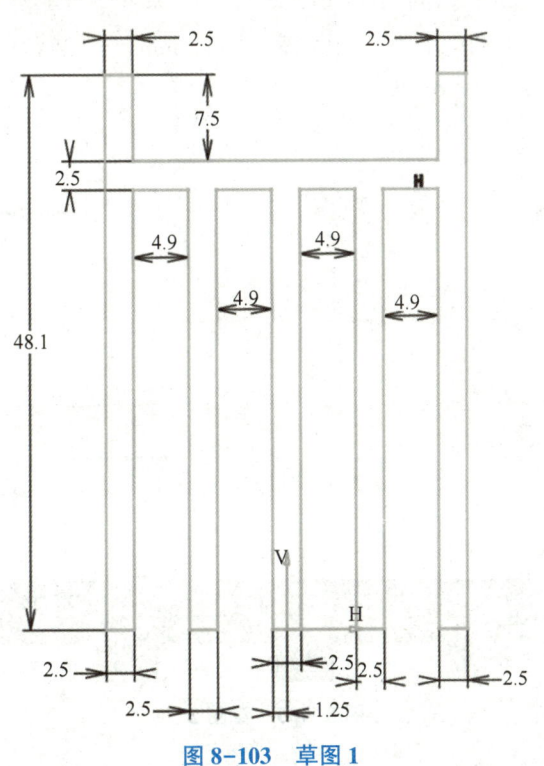

图 8-102　骨架模型

图 8-103　草图 1

汽车产品设计

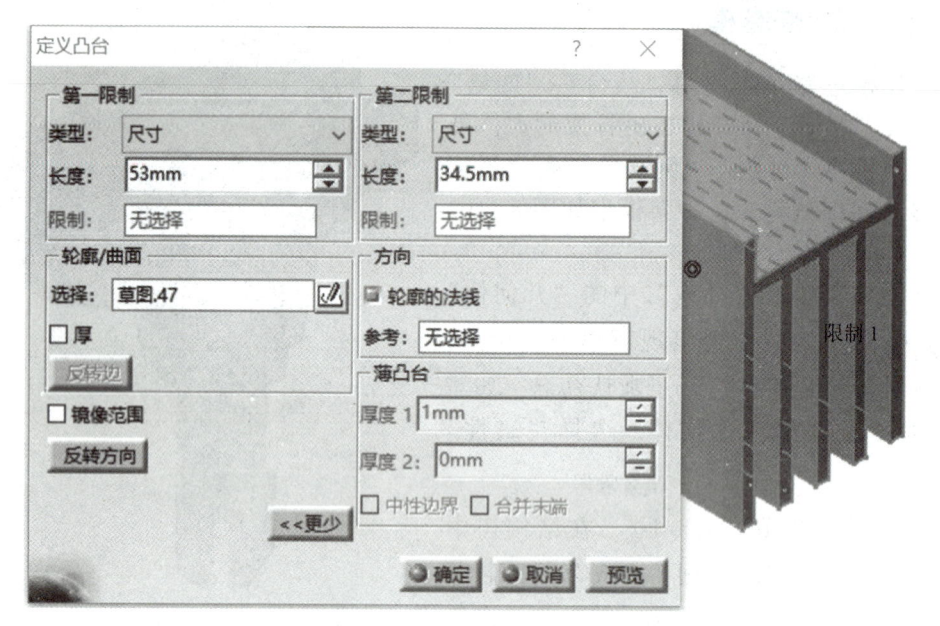

图 8-104 "定义凸台"对话框 1

（3）单击"草图"命令，在结构树中单击"zx 平面" zx 平面，进入草图绘制界面绘制草图，如图 8-105 所示，单击"退出工作台"命令完成草图的绘制。单击"凸台"命令，在"定义凸台"对话框中，"第一限制"中的"长度"设置为"23 mm"，"第二限制"中的"长度"设置为"-12 mm"，"凸台方向"设置为 Y 轴负方向，单击"确定"按钮，如图 8-106 所示。

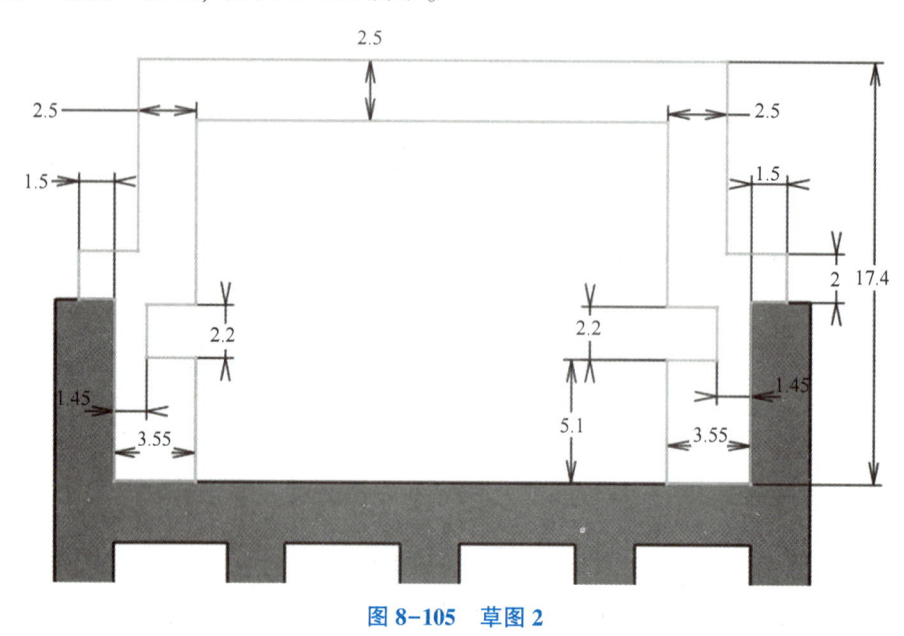

图 8-105 草图 2

（4）单击"草图"命令，单击上一步凸台的上表面，进入草图绘制界面绘制草图，

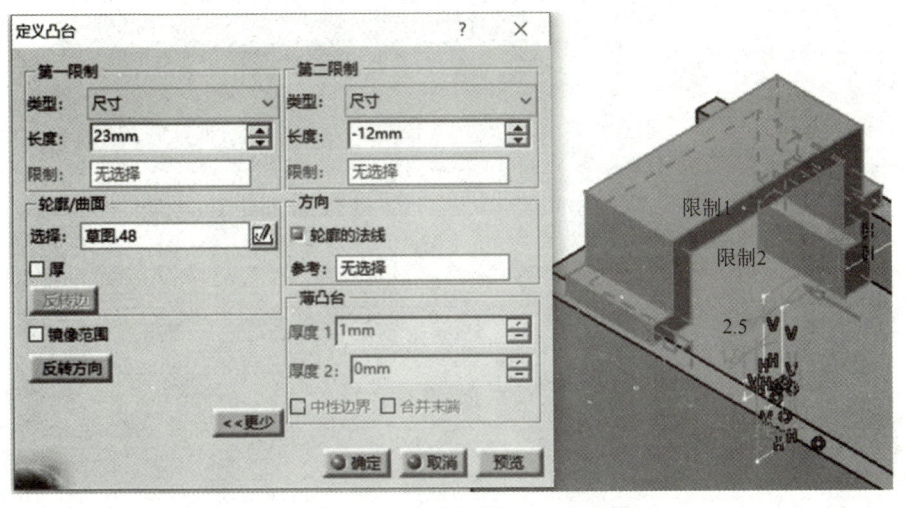

图 8-106 "定义凸台"对话框 2

如图 8-107 所示，单击"退出工作台"命令完成草图的绘制。单击"凹槽"命令，在"定义凹槽"对话框中，"深度"设置为"3 mm"，"凹槽方向"设置为 Z 轴负方向，单击"确定"按钮，如图 8-108 所示。

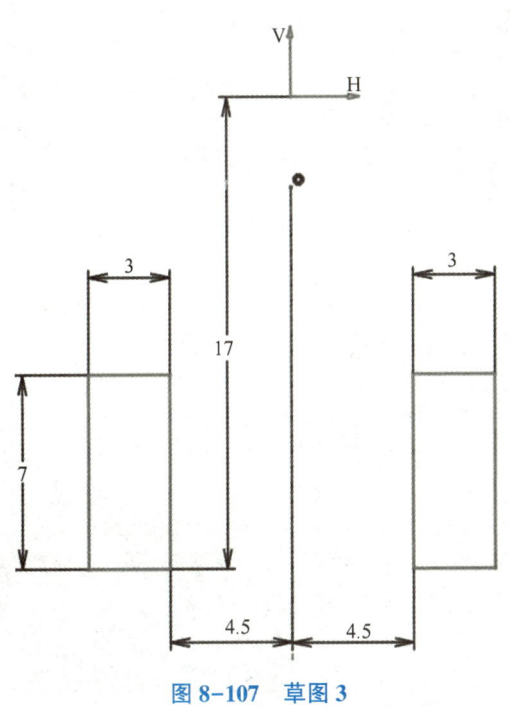

图 8-107 草图 3

（5）单击"草图"命令，单击第 3 步凸台的 Y 轴正方向端面，进入草图绘制界面绘制草图，如图 8-109 所示，单击"退出工作台"命令完成草图的绘制。单击"凸台"命令，在"定义凸台"对话框中，"长度"设置为"50 mm"，"凸台方向"设置为 Y 轴正方向，单击"确定"按钮，如图 8-110 所示。

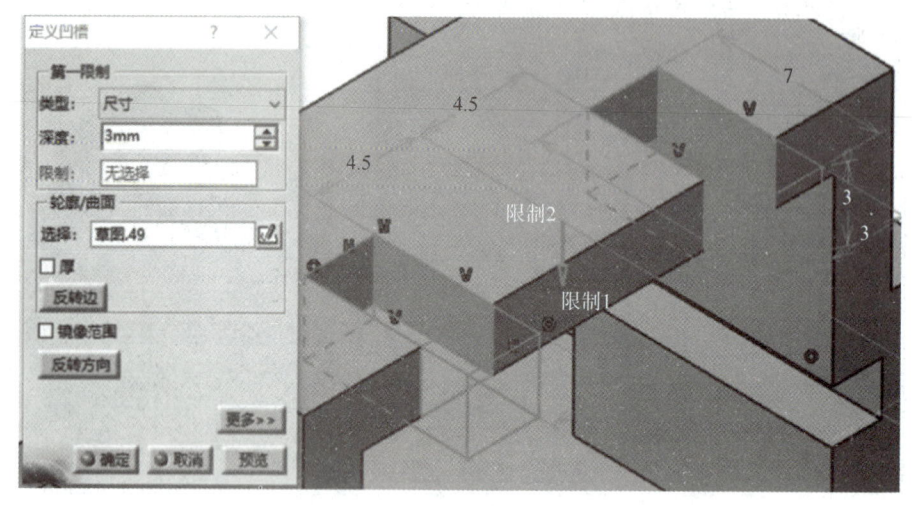

图 8-108 "定义凹槽"对话框 1

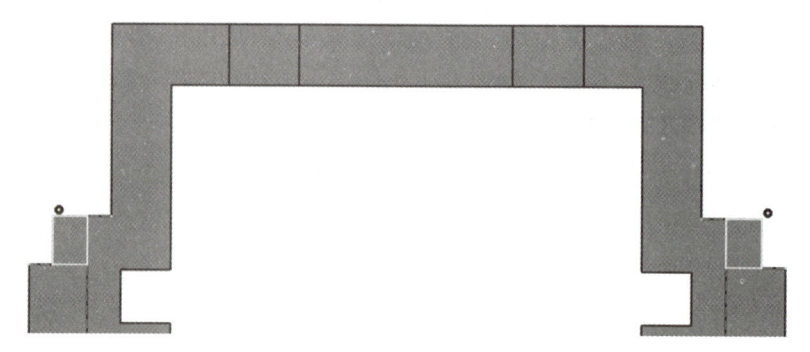

图 8-109 草图 4

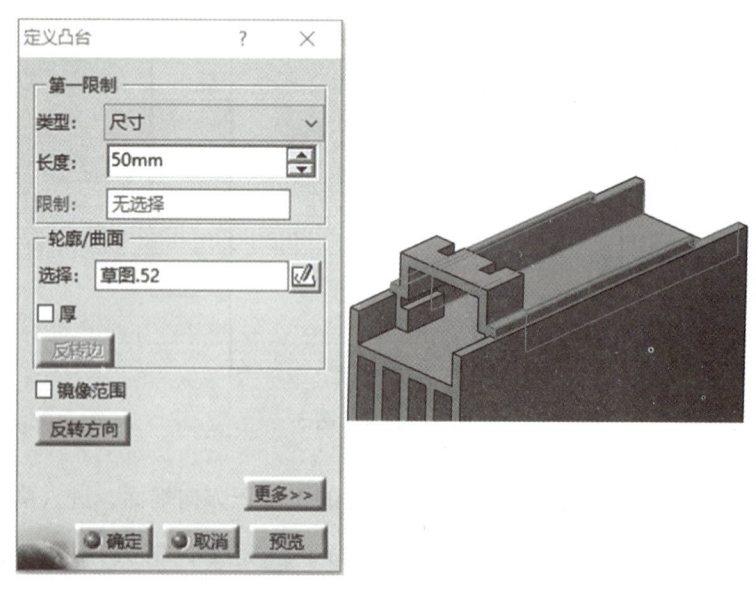

图 8-110 "定义凸台"对话框 3

(6) 单击"草图"命令, 单击第 2 步凸台的顶部凹槽面, 进入草图绘制界面, 绘制草图, 如图 8-111 所示, 其中构造线由第 2 步凸台的下部结构投影得到, 单击"退出工作台"命令完成草图的绘制。单击"凸台"命令, 在"定义凸台"对话框中, "长度"设置为"14.5 mm", "凸台方向"设置为 Z 轴正方向, 单击"确定"按钮, 如图 8-112 所示。

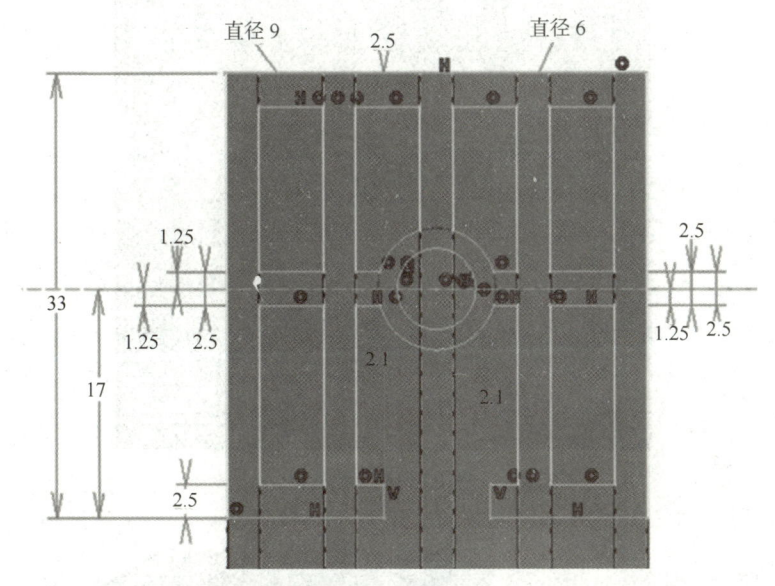

图 8-111　草图 5

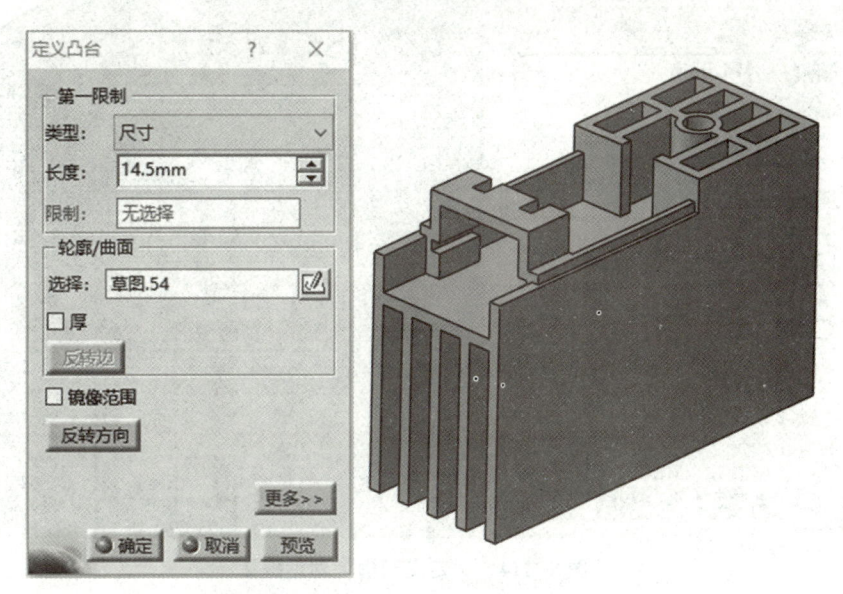

图 8-112　"定义凸台"对话框 4

(7) 单击"草图"命令, 单击上一步草图所在平面, 进入草图绘制界面绘制草图, 如图 8-113 所示, 矩形均由"投影"命令得到, 单击"退出工作台"命令完成草图的绘制。单击"凹槽"命令, 在"定义凹槽"对话框中, "深度"设置为"14.5 mm", "凹槽

方向"设置为Z轴负方向,单击"确定"按钮,如图8-114所示。

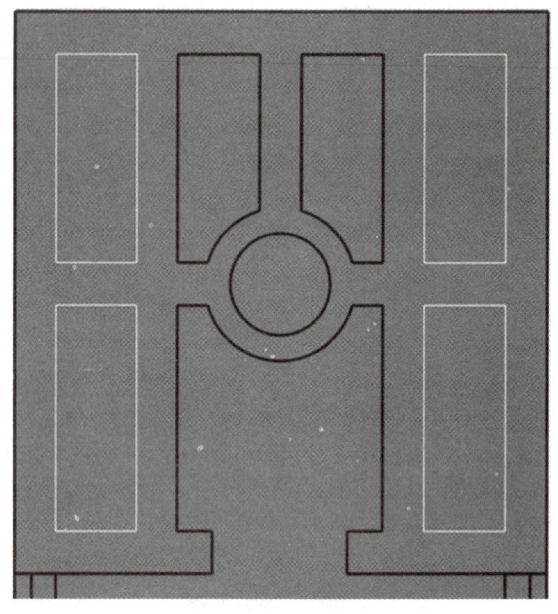

图8-113 草图6

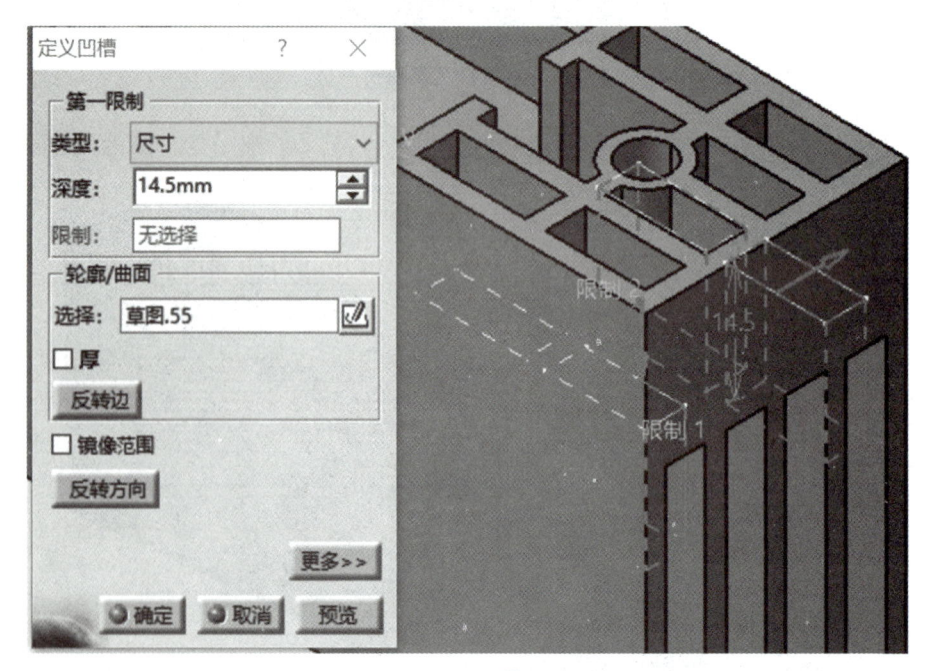

图8-114 "定义凹槽"对话框2

(8)单击"草图"命令,在结构树中单击"xy平面" xy平面,进入草图绘制界面,绘制草图,如图8-115所示,其中两端竖线由投影得到,单击"退出工作台"命令完成草图的绘制。单击"凸台"命令,在"定义凸台"对话框中,"长度"设置为"40 mm","凸台方向"设置为Z轴正方向,单击"确定"按钮,如图8-116所示。

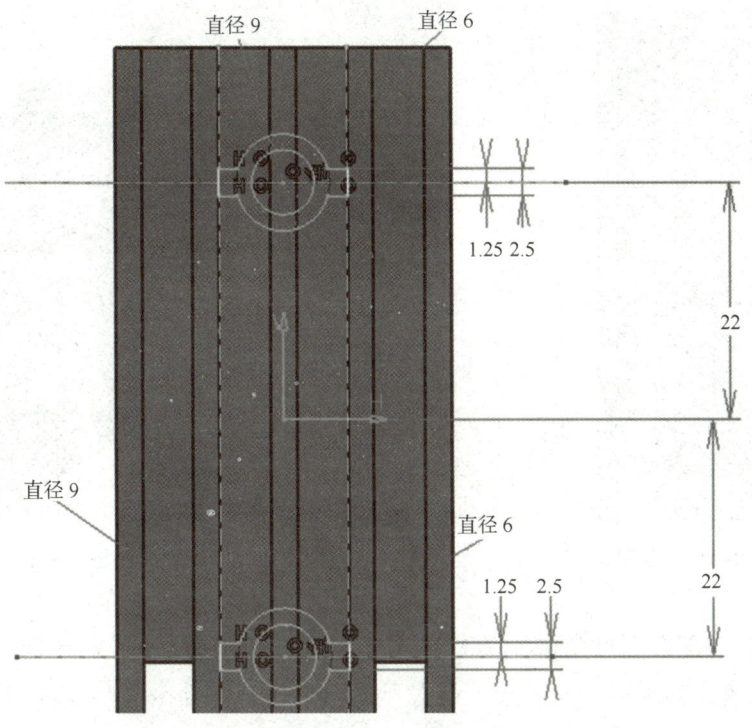

图 8-115　草图 7

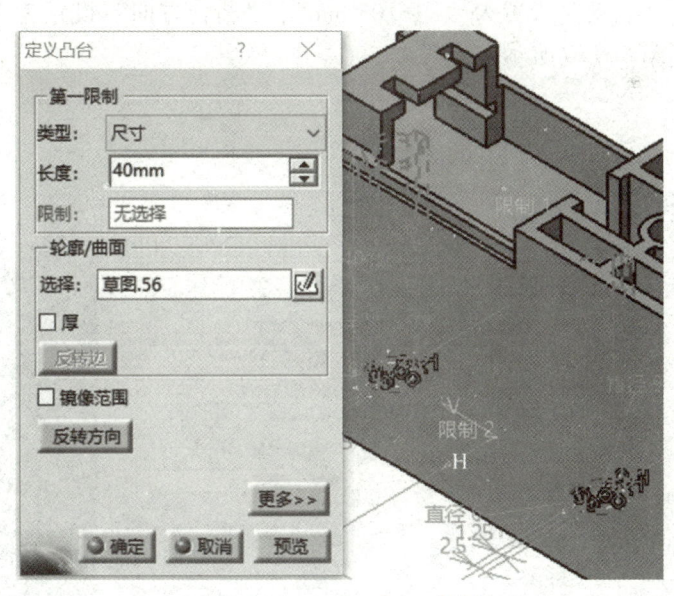

图 8-116　"定义凸台"对话框 5

（9）单击"草图"命令，在结构树中单击"xy 平面" xy 平面，进入草图绘制界面绘制草图，如图 8-117 所示，单击"退出工作台"命令完成草图的绘制。单击"凹槽"命令，在"定义凹槽"对话框中，"深度"设置为"38.1 mm"，"凹槽方向"设置为 Z 轴正方向，单击"确定"按钮，如图 8-118 所示。

199

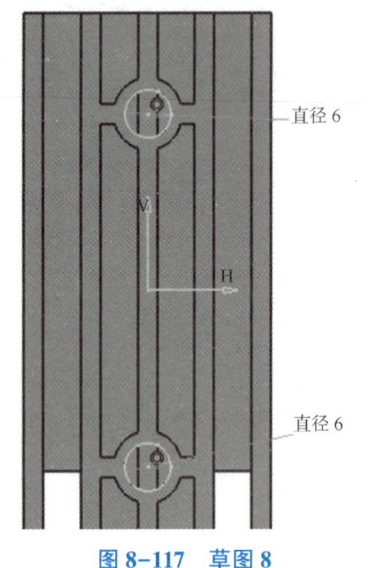

图 8-117　草图 8　　　　　　　图 8-118　"定义凹槽"对话框 3

（10）单击"草图"命令，在结构树中单击"yz 平面" yz 平面，进入草图绘制界面，绘制草图，如图 8-119 所示，单击"退出工作台"命令完成草图的绘制。单击"凸台"命令，在"定义凸台"对话框中，"第一限制"中的"长度"设置为"30 mm"，"第二限制"中的"长度"设置为"-16.05 mm"，"凸台方向"设置为 X 轴正方向，单击"确定"按钮，如图 8-120 所示。

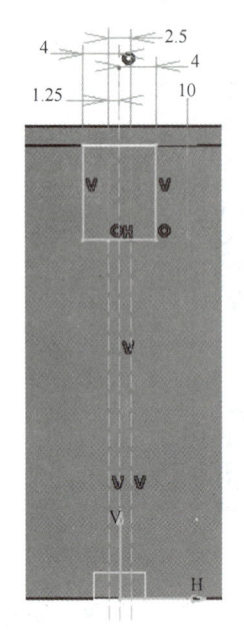

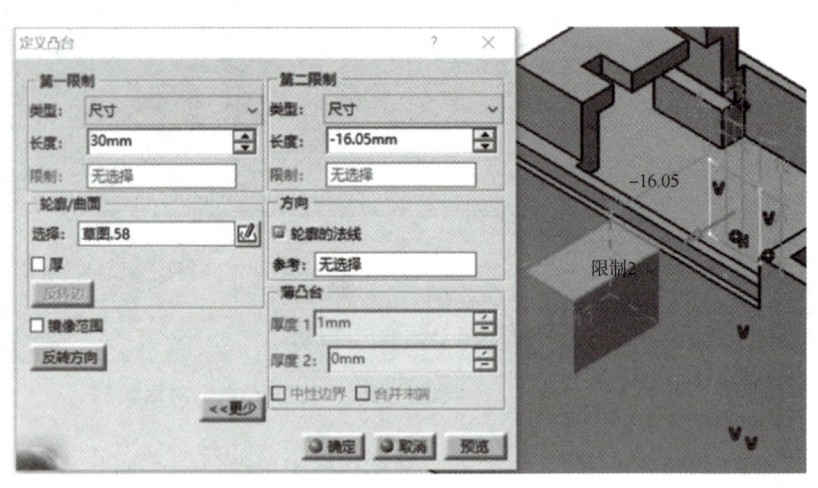

图 8-119　草图 9　　　　　　　图 8-120　"定义凸台"对话框 6

（11）单击"镜像"命令，在"定义镜像"对话框中，"镜像元素"选择"yz 平面"，单击"确定"按钮，如图 8-121 所示。

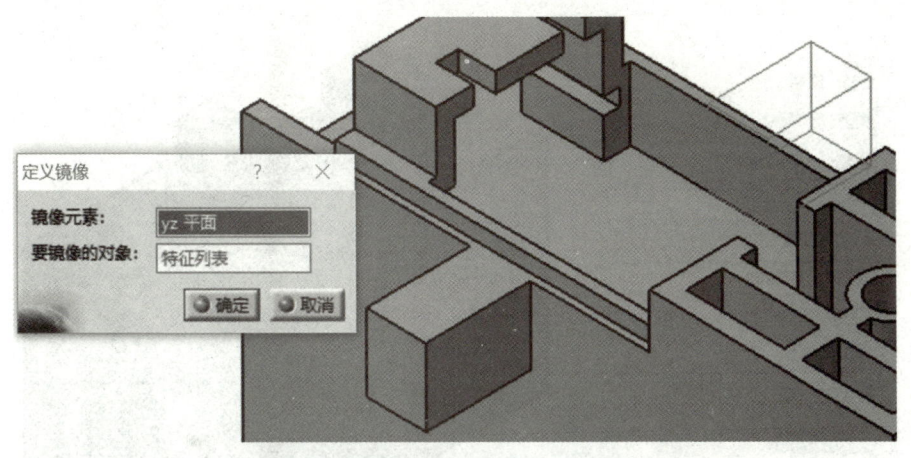

图 8-121 "定义镜像"对话框

（12）单击"草图"命令，在结构树中单击"yz 平面" yz 平面，进入草图绘制界面绘制草图，如图 8-122 所示，单击"退出工作台"命令 完成草图的绘制。单击"凸台"命令，在"定义凸台"对话框中，"长度"设置为"8.25 mm"，"凸台方向"设置为镜像范围，单击"确定"按钮，如图 8-123 所示。

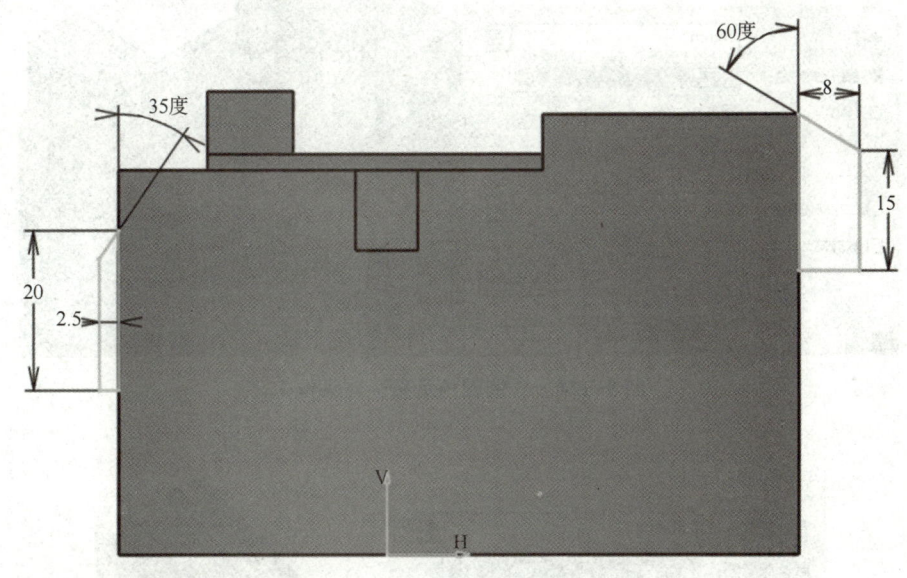

图 8-122 草图 10

（13）单击"倒圆角"命令，在"倒圆角定义"对话框中，"半径"设置为"10 mm"，"要圆角化的对象"在模型上选择第 11 步镜像体的两端棱线，单击"确定"按钮，如图 8-124 所示。

（14）单击"厚度"命令，在"定义厚度"对话框中，"默认厚度"设置为"-33 mm"，"默认厚度面"选择 2 个外侧底面，单击"确定"按钮，如图 8-125 所示。

（15）单击"草图"命令，在结构树中单击"zx 平面" zx 平面，进入草图绘制界面绘制草图，如图 8-126 所示，单击"退出工作台"命令 完成草图的绘制。单击"凸

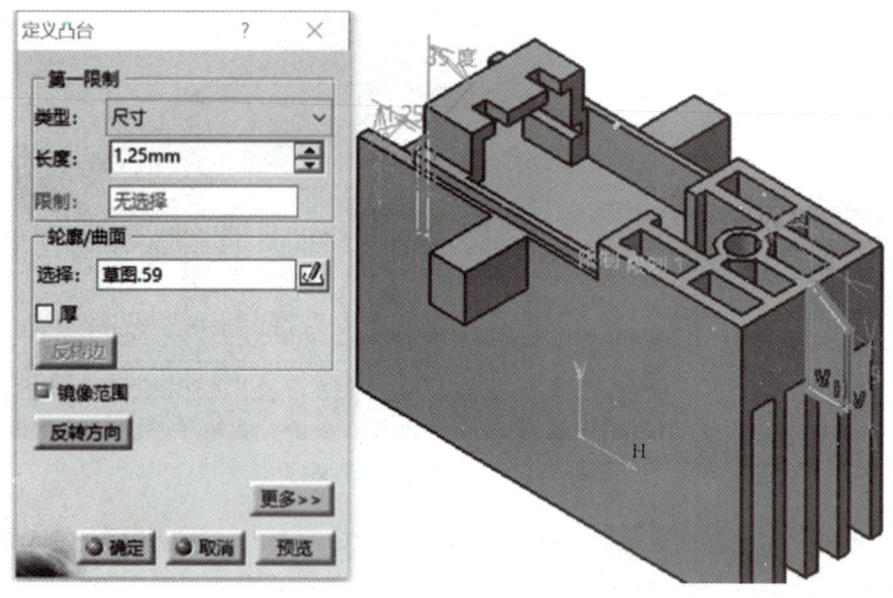

图 8-123 "定义凸台"对话框 7

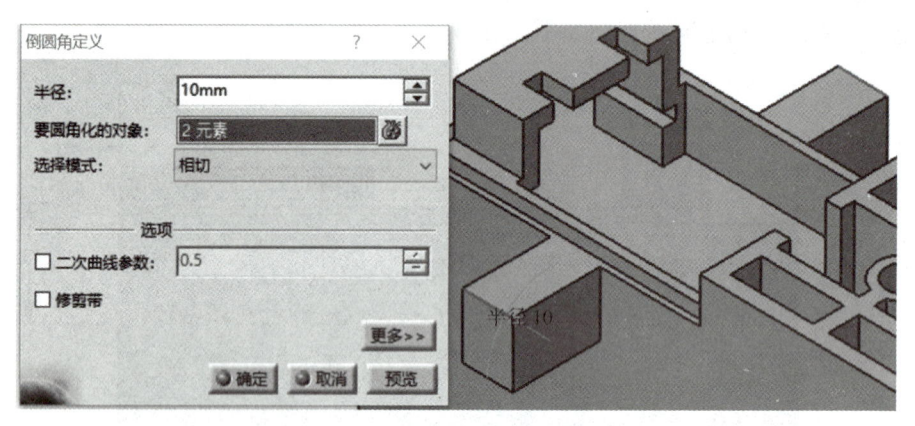

图 8-124 "倒圆角定义"对话框 1

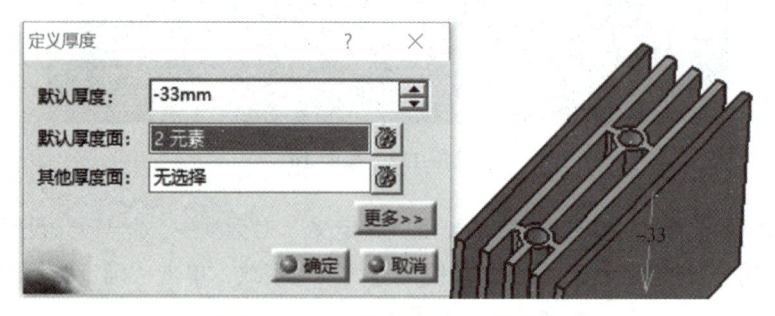

图 8-125 "定义厚度"对话框

台"命令，在"定义凸台"对话框中，"长度"设置为"8.25 mm"，"凸台方向"设置为镜像范围，单击"确定"按钮，如图 8-127 所示。

（16）单击"草图"命令，在结构树中单击"xy 平面" xy 平面，进入草图绘制

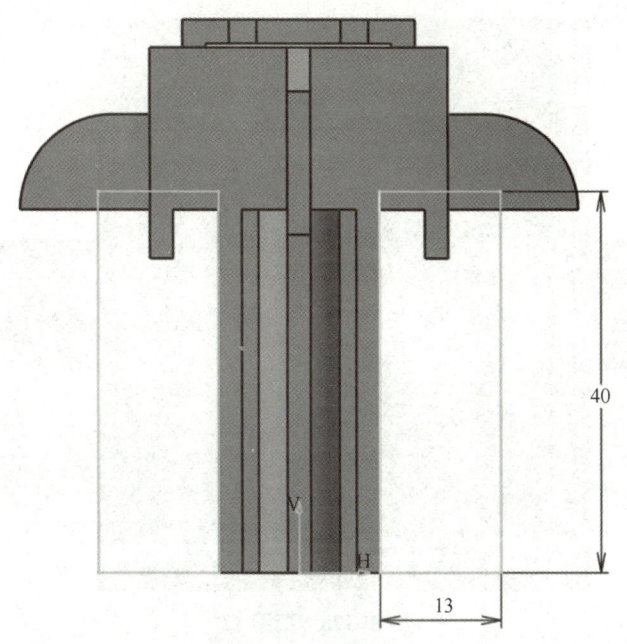

图 8-126 草图 11

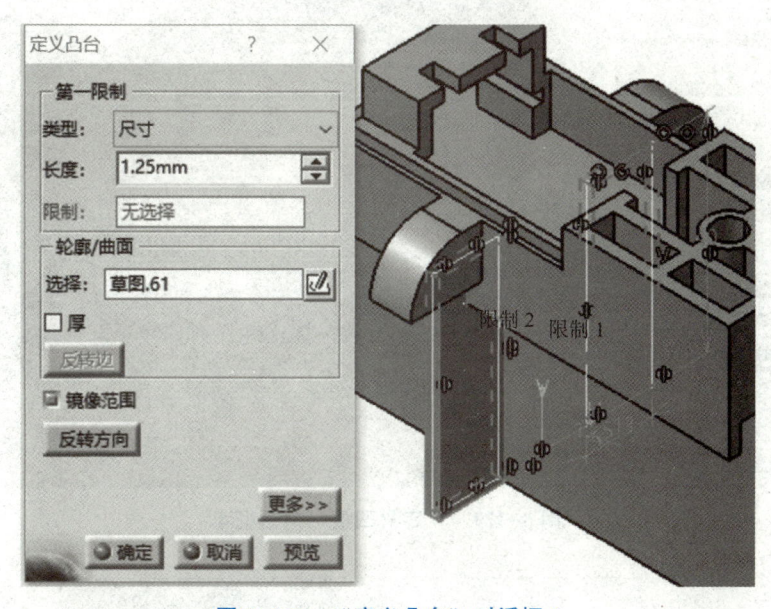

图 8-127 "定义凸台"对话框 8

界面绘制草图,如图 8-128 所示,单击"退出工作台"命令 完成草图的绘制。单击"凹槽"命令 ,在"定义凹槽"对话框中,"深度"设置为"8 mm",凹槽方向设置为 Z 轴负方向,单击"确定"按钮,如图 8-129 所示。

(17) 单击"平面"命令 ,在"平面定义"对话框中,"平面类型"选择"偏移平面","参考"设置为"zx 平面",单击"确定"按钮,如图 8-130 所示。

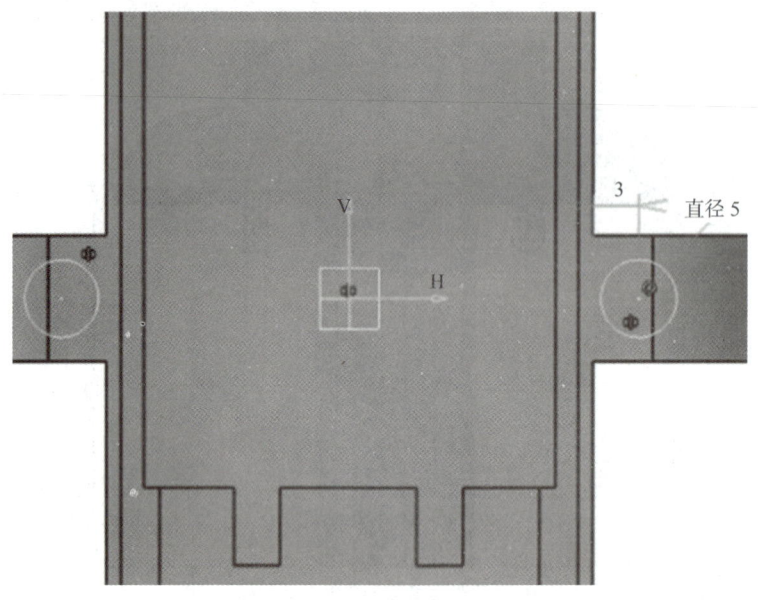

图 8-128 草图 12

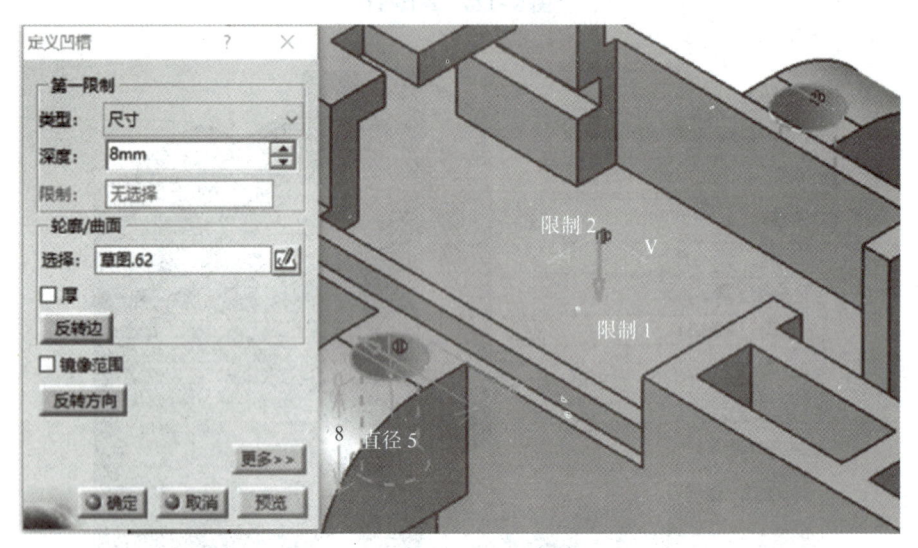

图 8-129 "定义凹槽"对话框 4

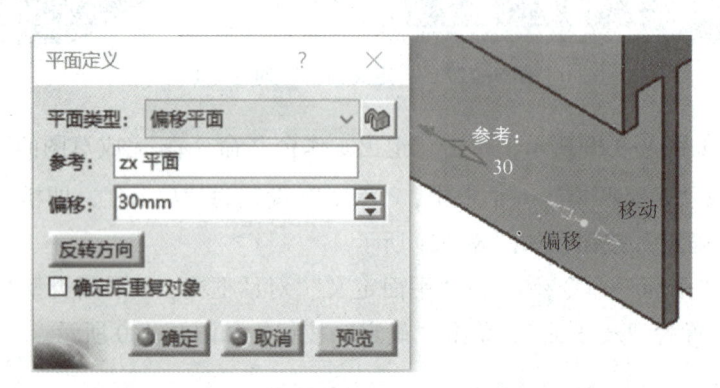

图 8-130 "平面定义"对话框 1

(18) 单击"草图"命令，单击上一步的偏移平面，进入草图绘制界面绘制草图，如图 8-131 所示，单击"退出工作台"命令完成草图的绘制。单击"凸台"命令，在"定义凸台"对话框中，"长度"设置为"8.25 mm"，"凸台方向"设置为镜像范围，单击"确定"按钮，如图 8-132 所示。

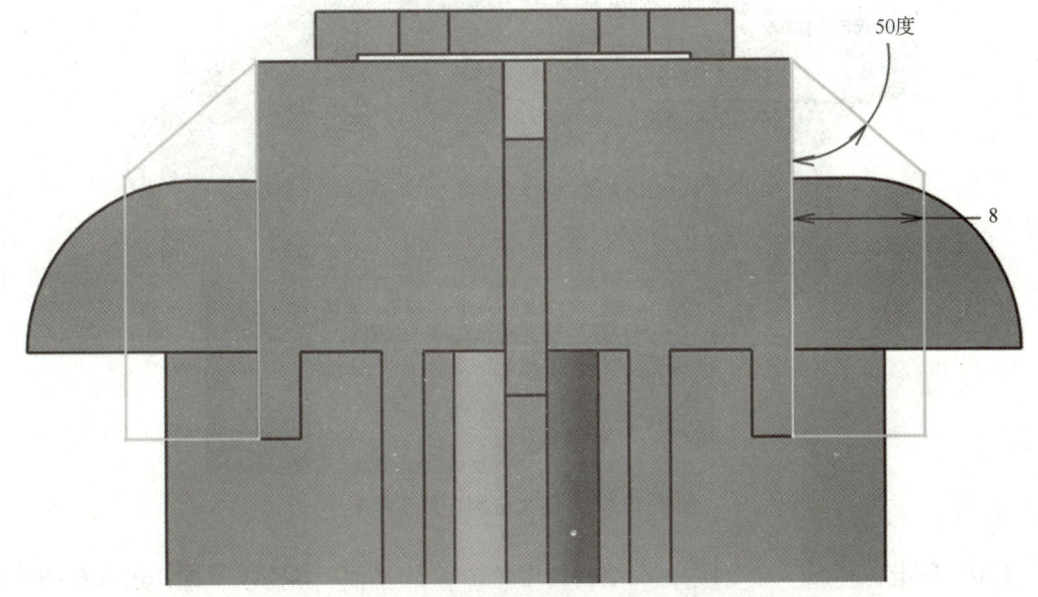

图 8-131　草图 13

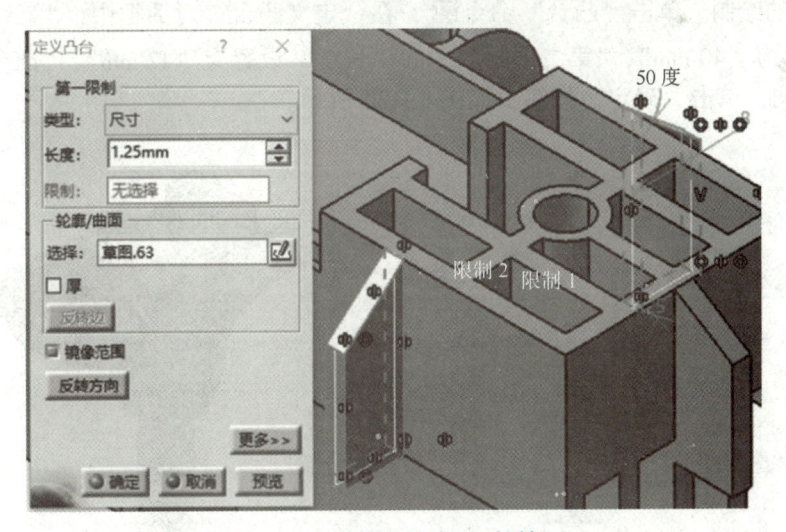

图 8-132　"定义凸台"对话框 9

(19) 在下壳体型面几何图形集的结构树中找到最后一步的倒圆角，在右键下拉菜单中单击"复制"选项，在骨架几何体的结构树中单击右键，弹出的下拉菜单中单击"粘贴"，单击"分割"命令，在"定义分割"对话框中，"分割元素"选择刚刚粘贴来的下壳体型面，单击"确定"按钮，如图 8-133 所示。

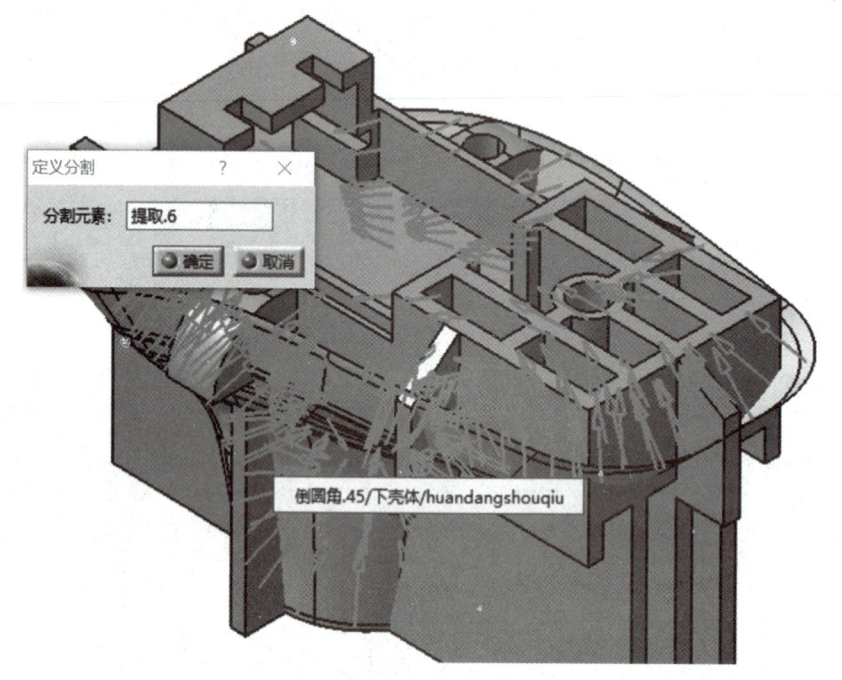

图8-133 "定义分割"对话框1

（20）单击"草图"命令，在结构树中单击"xy 平面" xy 平面，进入草图绘制界面绘制草图，以坐标轴原点为圆心绘制直径为 16.5 mm 的圆，单击"退出工作台"命令 完成草图的绘制。单击"凸台"命令，在"定义凸台"对话框中，"第一限制"中的"长度"设置为"40 mm"，"第二限制"中的"长度"设置为"47 mm"，"凸台方向"设置为 Z 轴正方向，单击"确定"按钮，如图 8-134 所示。

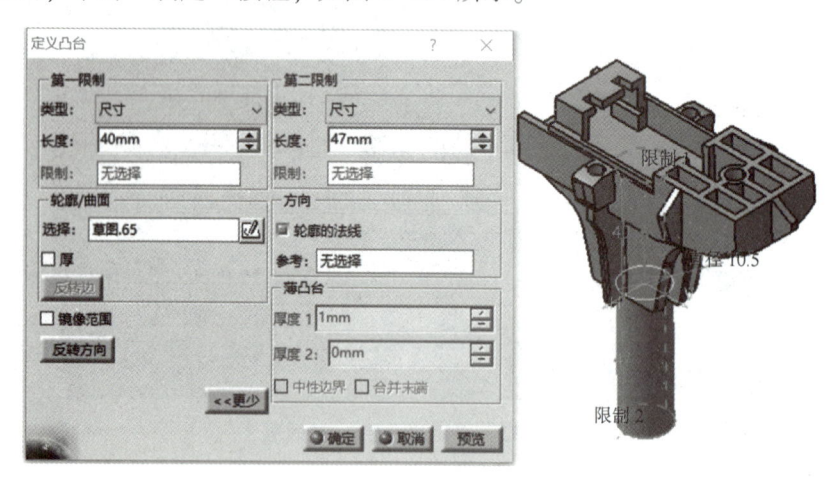

图8-134 "定义凸台"对话框10

（21）单击菜单栏"插入"中的"几何体"选项 几何体，并重新命名为"中空去除"，单击"草图"命令，在结构树中单击"yz 平面" yz 平面，进入草图绘制界面，绘制草图，如图 8-135 所示，单击"退出工作台"命令 完成草图的绘制。单击"旋转体"命

206

令 🔧，在弹出的"定义旋转体"对话框中，"第一角度"设置为"360deg"，"轴线"选择"Z轴"，单击"确定"按钮，如图8-136所示。

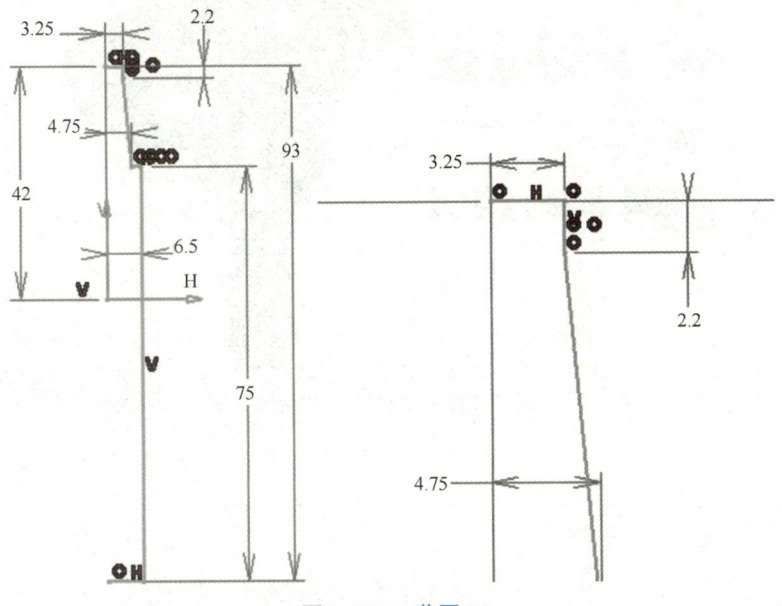

图8-135　草图14

图8-136　"定义旋转体"对话框1

（22）单击"移除"命令 🔧，分别单击中空去除和骨架几何体，单击"确定"按钮，如图8-137所示。

（23）单击"草图"命令 ✏️，在结构树中单击"zx平面" ▱ zx平面，进入草图绘制界面绘制草图，如图8-138所示，单击"退出工作台"命令 ⬆ 完成草图的绘制。单击"凸台"命令 🔧，在"定义凸台"对话框中，"长度"设置为"8.25 mm"，"凸台方向"设置为镜像范围，单击"确定"按钮，如图8-139所示。

207

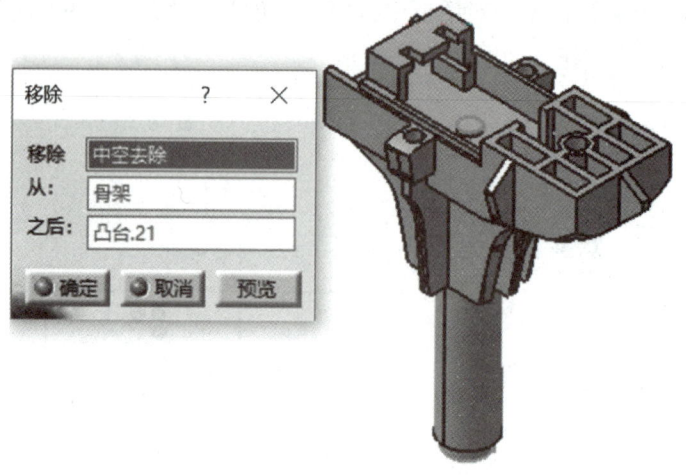

图 8-137 "移除"对话框

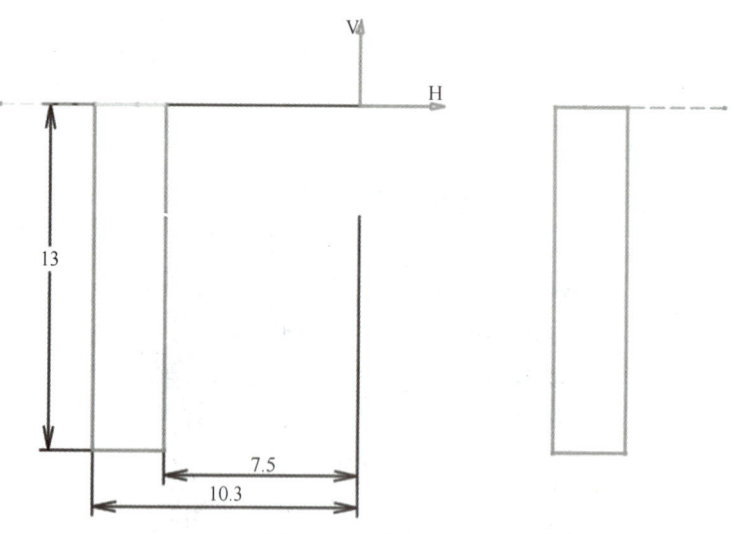

图 8-138 草图 15

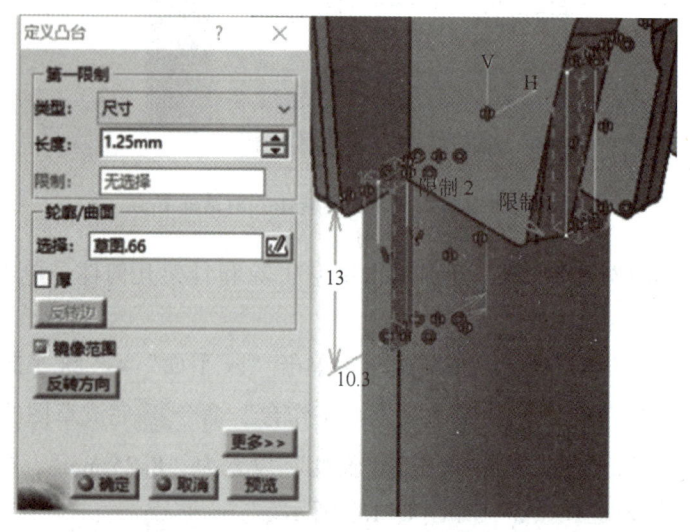

图 8-139 "定义凸台"对话框 11

(24)单击"倒角"命令，在"定义倒角"对话框中，"长度"设置为"0.5 mm","角度"设置为"45deg","要倒角的对象"在模型上选择骨架的底部棱边，单击"确定"按钮，如图8-140所示。

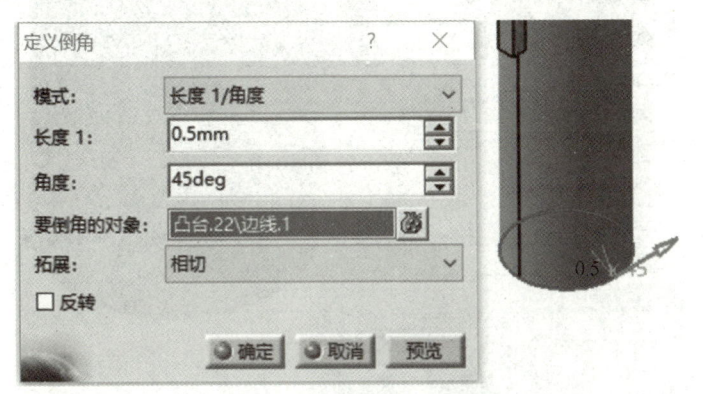

图8-140 "定义倒角"对话框

(25)单击菜单栏"插入"选项中的"几何体"几何体，并重新命名为"卡环"，单击"草图"命令，在结构树中单击"yz平面" yz平面，进入草图绘制界面绘制草图，如图8-141所示，单击"退出工作台"命令完成草图的绘制。单击"旋转体"命令，在弹出的"定义旋转体"对话框中，"第一角度"中填写"360deg","轴线"选择"Z轴"，单击"确定"按钮，如图8-142所示。

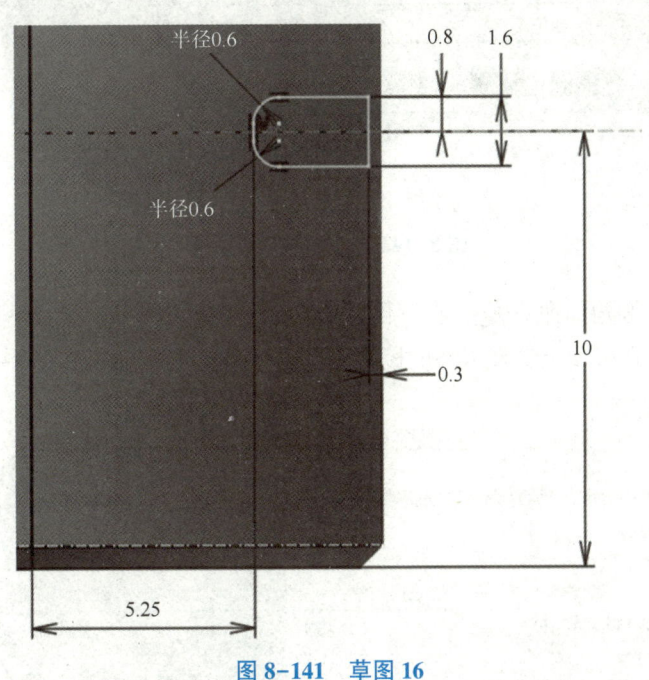

图8-141 草图16

(26)单击"添加"命令，分别单击卡环和骨架几何体，单击"确定"按钮，如图8-143所示。

209

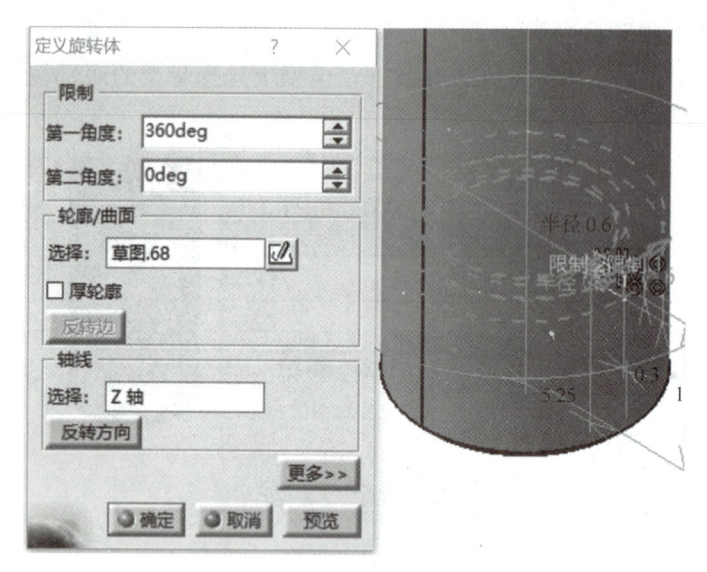

图 8-142 "定义旋转体"对话框 2

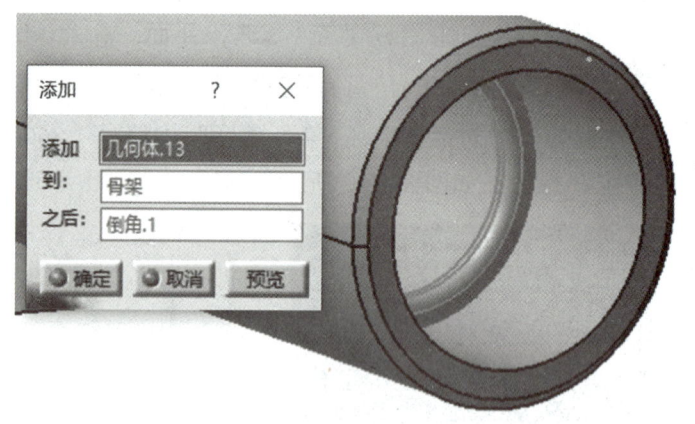

图 8-143 "添加"对话框

(27) 单击"倒圆角"命令, 在"倒圆角定义"对话框中, "半径"设置为"0.5 mm", "要圆角化的对象"在模型上选择卡环的棱边, 单击"确定"按钮, 如图 8-144 所示。

图 8-144 "倒圆角定义"对话框 2

(28)单击"草图"命令，在结构树中单击"xy 平面" xy 平面，进入草图绘制界面绘制草图，如图 8-145 所示，单击"退出工作台"命令完成草图的绘制、单击"凹槽"命令，在"定义凹槽"对话框中，"第一限制"的"深度"设置为"50 mm"，"第二限制"的"深度"设置为"-32 mm"，"凹槽方向"设置为 Z 轴负方向，单击"确定"按钮，如图 8-146 所示。

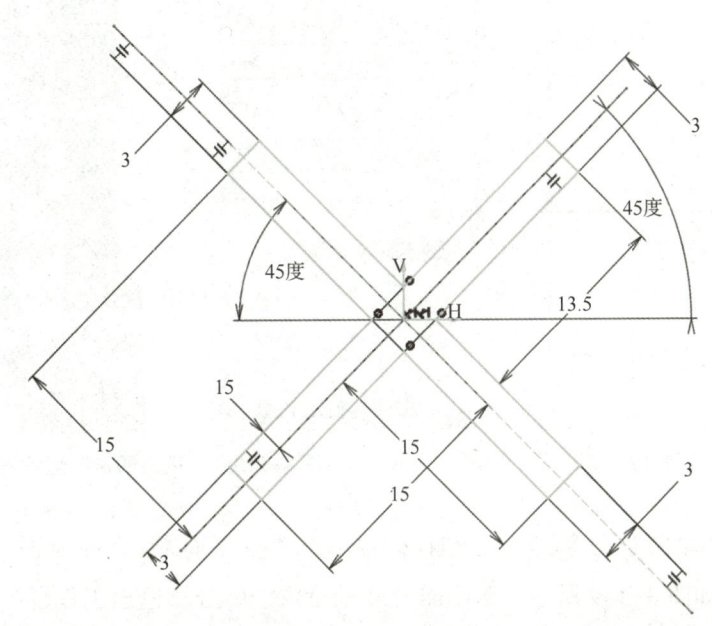

图 8-145　草图 17

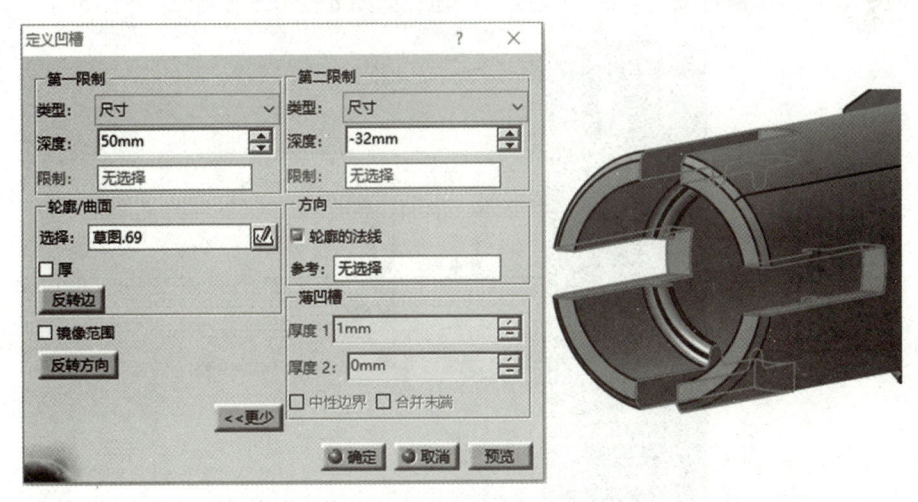

图 8-146　"定义凹槽"对话框 5

(29)单击"草图"命令，在结构树中单击"zx 平面" zx 平面，进入草图绘制界面绘制草图，如图 8-147 所示，单击"退出工作台"命令完成草图的绘制。单击"凹槽"命令，在"定义凹槽"对话框中，"深度"设置为"10 mm"，"凹槽方向"设置为 Y 轴负方向，单击"确定"按钮，如图 8-148 所示。

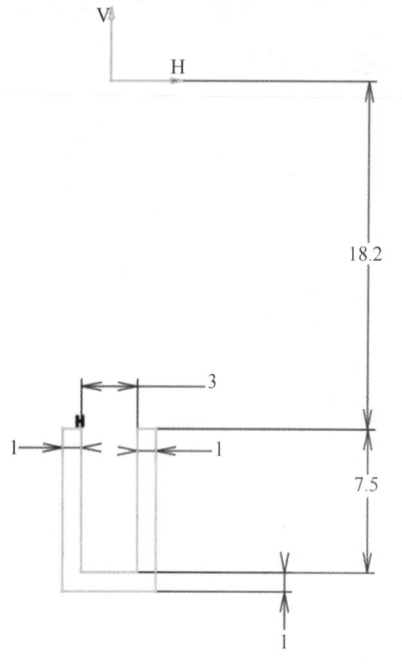

图 8-147　草图 18

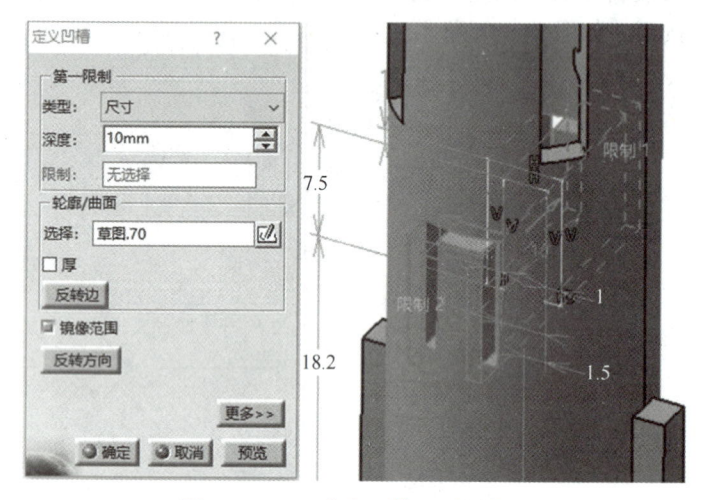

图 8-148　"定义凹槽"对话框 6

（30）单击"草图"命令，在结构树中单击"yz 平面" yz 平面，进入草图绘制界面绘制草图，如图 8-149 所示，草图需沿 Z 轴镜像，单击"退出工作台"命令 完成草图的绘制。单击"凸台"命令，在"定义凸台"对话框中，"长度"设置为"8.5 mm"，"凸台方向"设置为镜像范围，单击"确定"按钮，如图 8-150 所示。

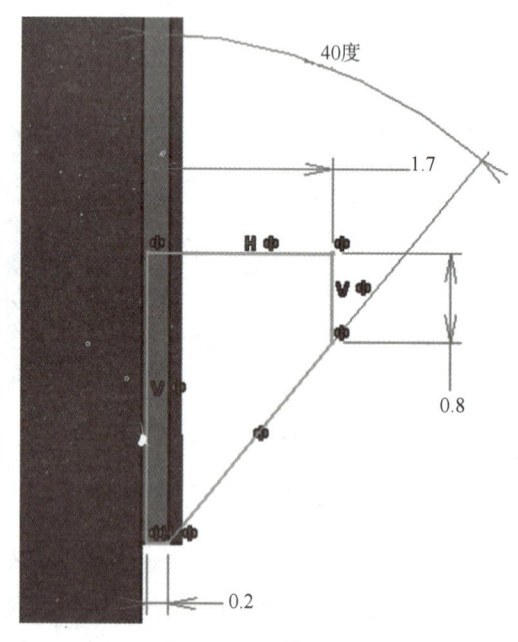

图 8-149　草图 19

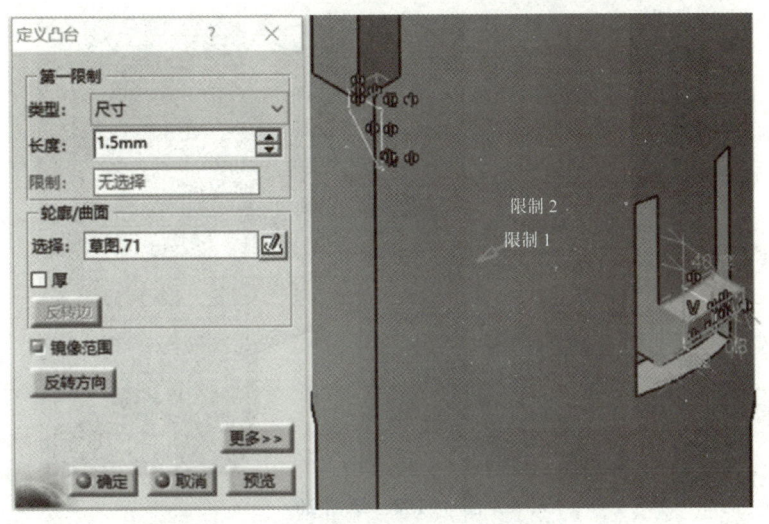

图 8-150 "定义凸台"对话框 12

（31）单击"倒圆角"命令，在"倒圆角定义"对话框中，"半径"设置为"5 mm"，"要圆角化的对象"在模型上选择按钮侧棱边，单击"确定"按钮，如图 8-151 所示。

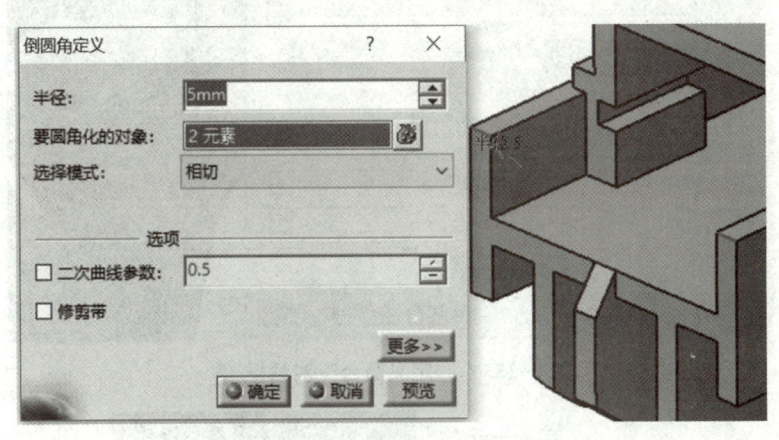

图 8-151 "倒圆角定义"对话框 3

（32）单击"草图"命令，在结构树中单击"zx 平面" zx 平面，进入草图绘制界面绘制草图，如图 8-152 所示，草图需沿 Z 轴镜像，单击"退出工作台"命令完成草图的绘制。单击"凸台"命令，在"定义凸台"对话框中，"第一限制"中的"长度"设置为"8 mm"，"第二限制"中的"长度"设置为"-13 mm"，"凸台方向"设置为 Y 轴负方向，单击"确定"按钮，如图 8-153 所示。

（33）单击"草图"命令，在结构树中单击"zx 平面" zx 平面，进入草图绘制界面绘制草图，如图 8-154 所示，草图需沿 Z 轴镜像，单击"退出工作台"命令完成草图的绘制。单击"凸台"命令，"定义凸台"对话框中"第一限制"的"长度"设置为"19 mm"，"第二限制"的"长度"设置为"-24 mm"，"凸台方向"设置为 Y 轴负方向，单击"确定"按钮，如图 8-155 所示。

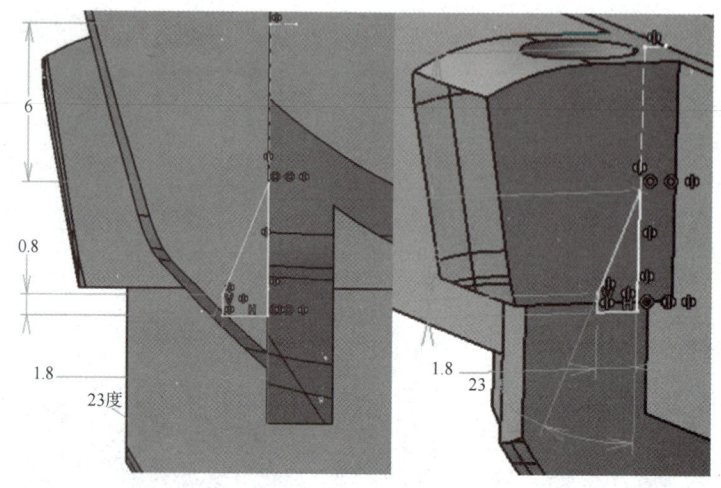

图 8-152　草图 20

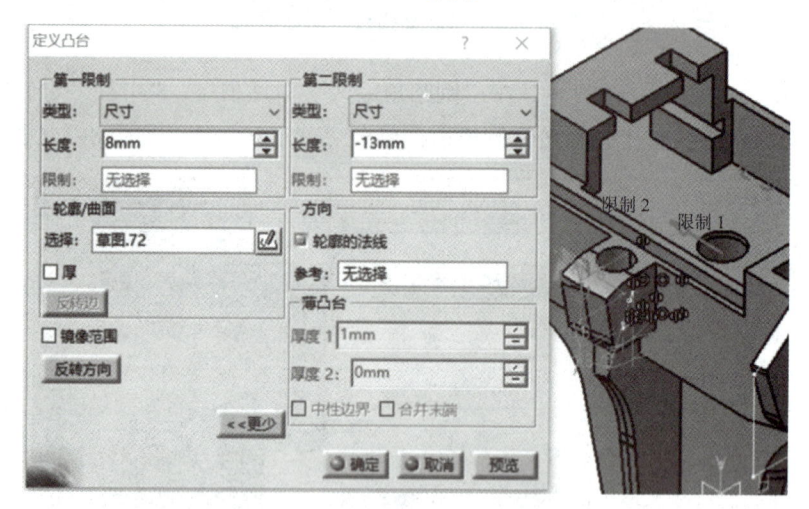

图 8-153　"定义凸台"对话框 13

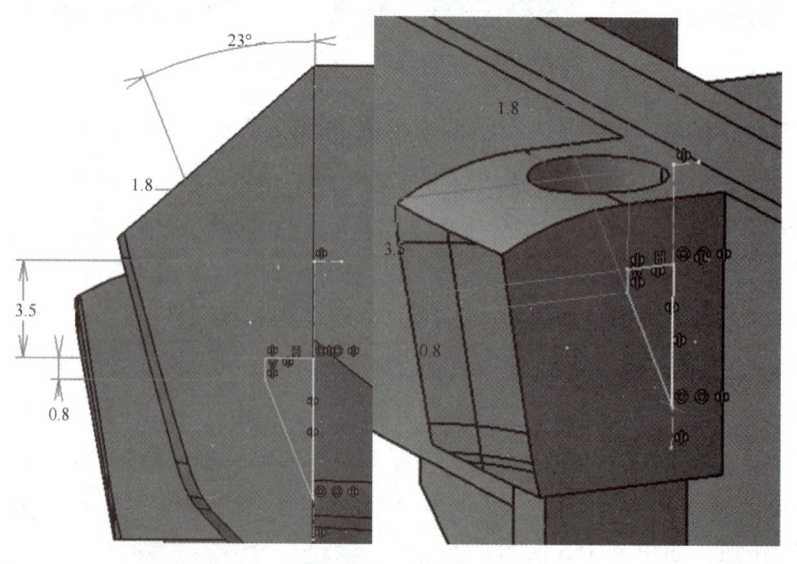

图 8-154　草图 21

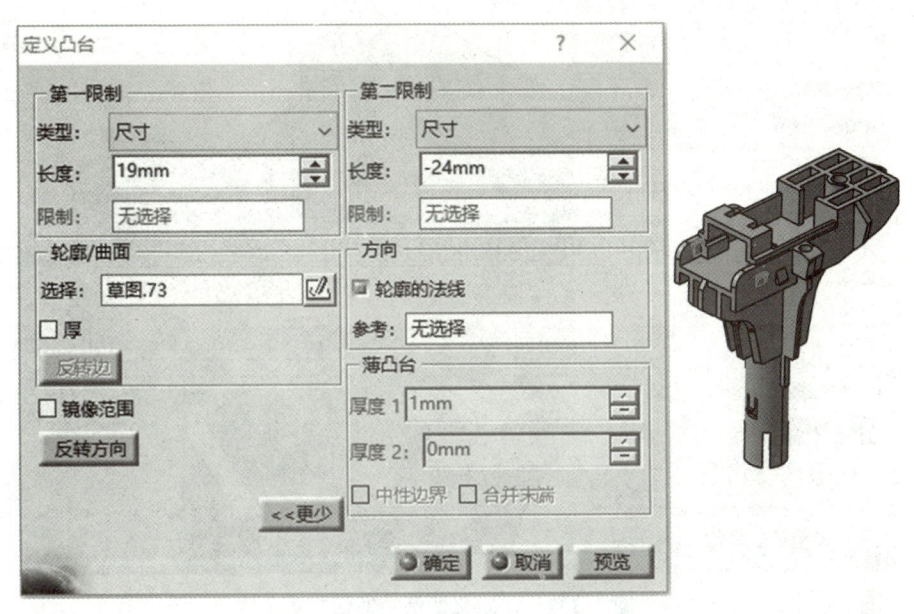

图 8-155　"定义凸台"对话框 14

（34）单击"草图"命令，在结构树中单击"zx 平面" zx 平面，进入草图绘制界面绘制草图，如图 8-156 所示，草图需沿 Z 轴镜像，单击"退出工作台"命令完成草图的绘制。单击"凹槽"命令，在"定义凹槽"对话框中，"深度"设置为"10 mm"，"凹槽方向"设置为 Y 轴正方向，单击"确定"按钮，如图 8-157 所示。

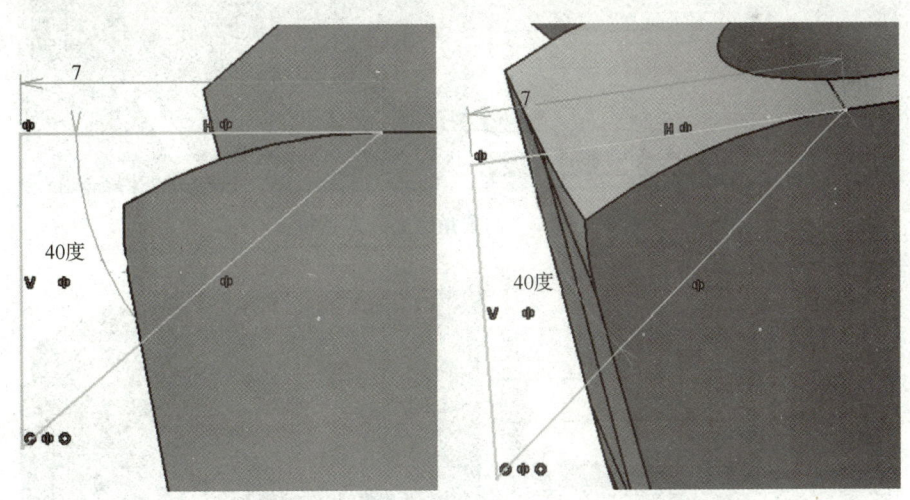

图 8-156　草图 22

（35）单击"倒圆角"命令，"倒圆角定义"对话框中的"半径"设置为"2 mm"，"要圆角化的对象"在模型上选择 4 条侧棱边，单击"确定"按钮，如图 8-158 所示。

（36）单击"倒角"命令，"定义倒角"对话框中的"长度"设置为"0.5 mm"，"角度"设置为"45deg"，"要倒角的对象"在模型上选择 2 条棱边，单击"确定"按钮，如图 8-159 所示。

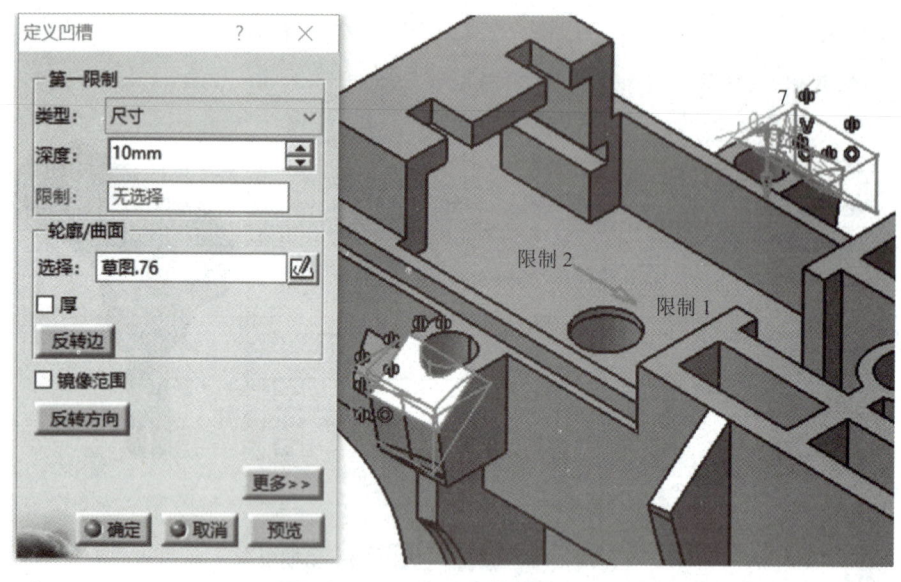

图 8-157 "定义凹槽"对话框 7

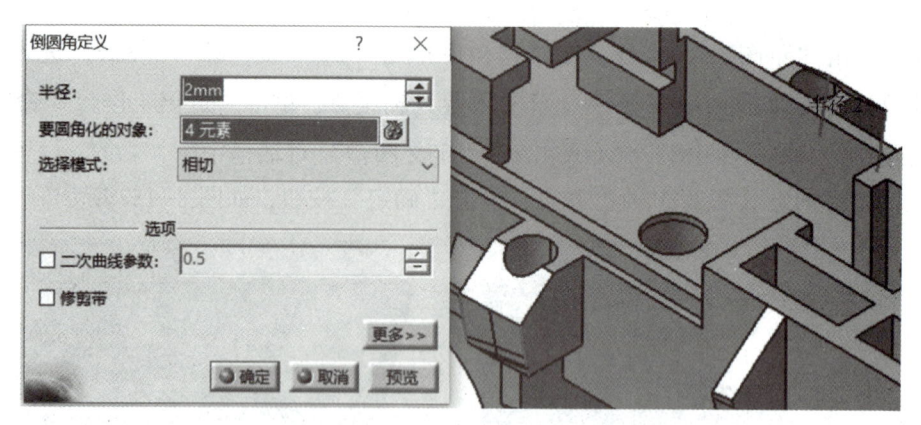

图 8-158 "倒圆角定义"对话框 4

图 8-159 "定义圆角"对话框

（37）单击"草图"命令，在结构树中单击"zx 平面" zx 平面，进入草图绘制界面绘制草图，如图 8-160 所示，草图需沿 Z 轴镜像，单击"退出工作台"命令完成草图的绘制。单击"凸台"命令 ⟋，在"定义凸台"对话框中，"第一限制"中的"长度"设置为"47 mm"，"第二限制"中的"长度"设置为"-42 mm"，"凸台方向"设置为 Y 轴正方向，单击"确定"按钮，如图 8-161 所示。

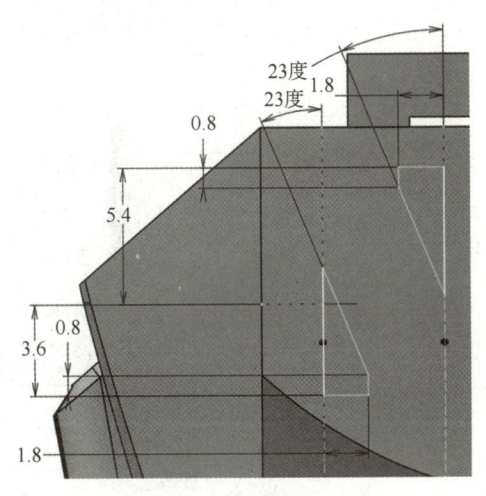

图 8-160　草图 23

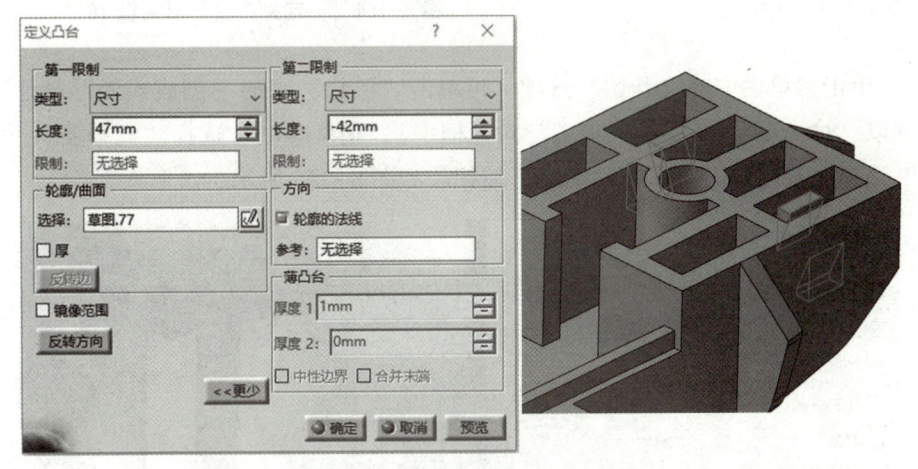

图 8-161　"定义凸台"对话框 15

（38）单击"平面"命令 ▱，在"平面定义"对话框中，"平面类型"选择"通过三个点"，分别选择底部豁口的三个点，单击"确定"按钮，如图 8-162 所示。

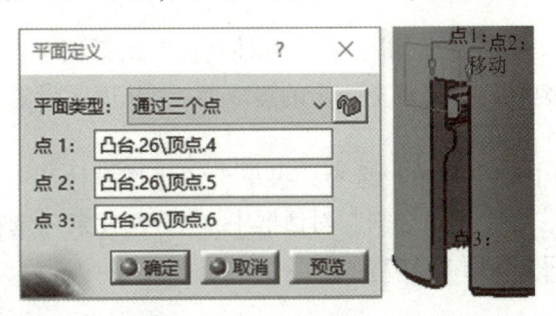

图 8-162　"平面定义"对话框 2

217

(39) 单击"草图"命令，单击上一步创建的平面，进入草图绘制界面绘制草图，如图 8-163 所示，单击"退出工作台"命令完成草图的绘制。单击"凸台"命令，在"定义凸台"对话框中，"第一限制"中的"长度"设置为"8.75 mm"，"第二限制"中的"长度"设置为"8.5 mm"，"凸台方向"设置为沿径向向外，单击"确定"按钮，如图 8-164 所示。

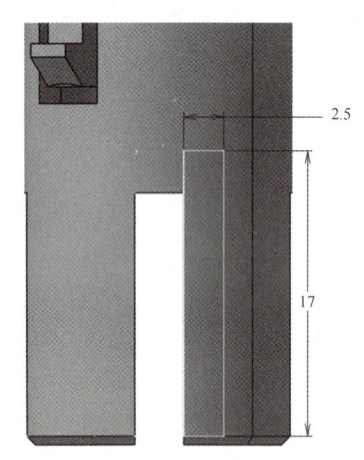

图 8-163 草图 24

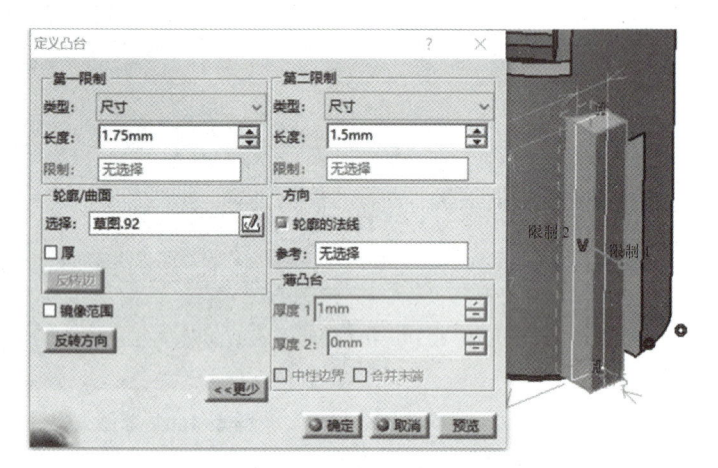

图 8-164 "定义凸台"对话框 16

(40) 单击菜单栏中的"开始"选项，再单击"形状"中的"创成式外形设计"选项，单击"提取"命令，在"提取定义"对话框中，"拓展类型"选择"无拓展"，"要提取的元素"选择底端倒角面，单击"确定"按钮，如图 8-165 所示。

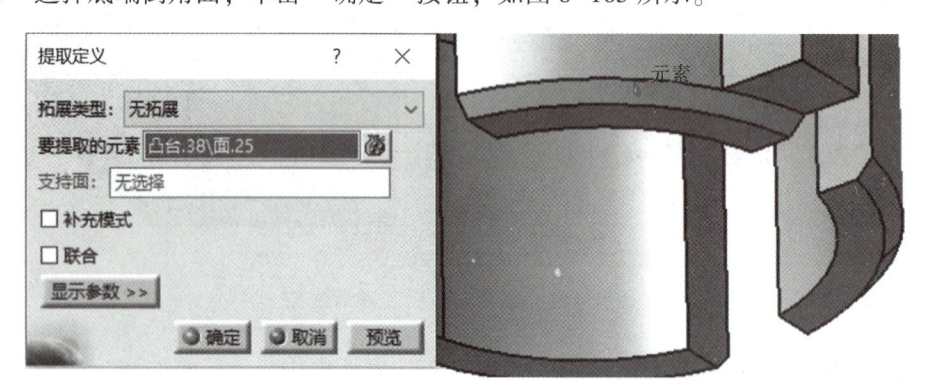

图 8-165 "提取定义"对话框 2

(41) 单击"外插延伸"命令，在"外插延伸"对话框中，"边界"选择上一步提取面的外边界，"外插延伸的"选择上一步的提取面，"长度"设置为"4 mm"，单击"确定"按钮，如图 8-166 所示。

(42) 单击菜单栏中的"开始"选项，再单击"机械设计"中的"零件设计"选项，单击"分割"命令，在"定义分割"对话框中，"分割元素"选择上一步中的外插延伸面，单击"确定"按钮，如图 8-167 所示。

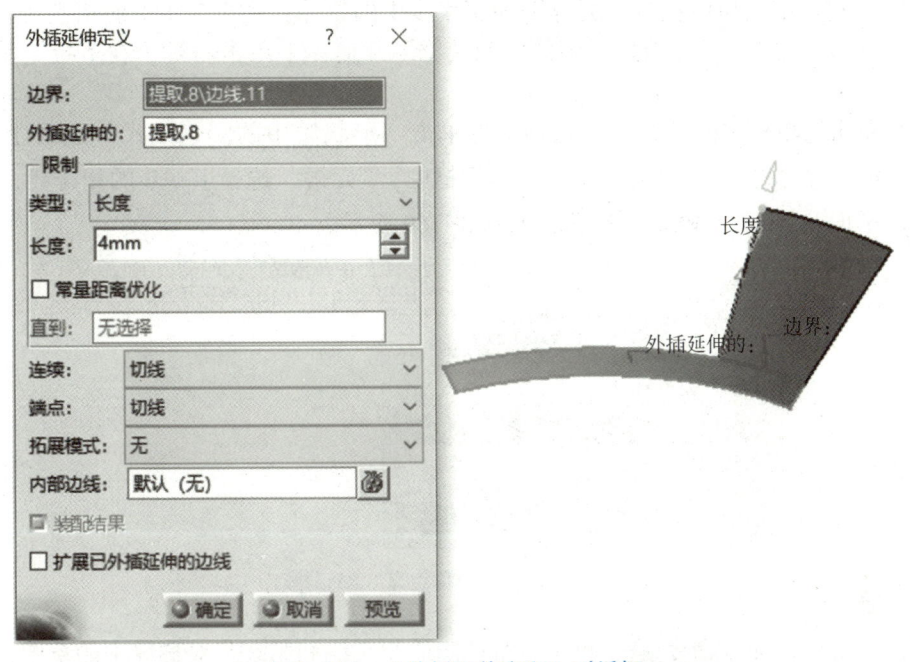

图 8-166 "外插延伸定义"对话框

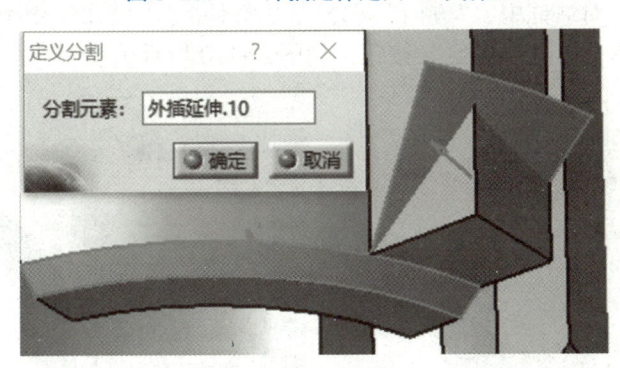

图 8-167 "定义分割"对话框 2

步骤六：中间装饰圈的建模

中间装饰圈建模思路是先在"创成式外形设计"模块下使用"拉伸""相交""对称""拉伸"和"分割"命令绘制中间装饰圈的轮廓型面，再在"零件设计"模块下使用"厚度"和"凹槽"命令，构建出中间装饰圈的大体外形轮廓，再使用"倒圆角"命令构建细节轮廓，中间装饰圈模型如图 8-168 所示。

（1）单击菜单栏"插入"中的"几何体"选项 几何体，结构树中会出现新建的几何体，此时软件对新增几何体进行了默认命名，如需更改名称可右键单击几何体，选择"属性" 属性，重新命名为"中间装饰圈" 中间装饰圈。

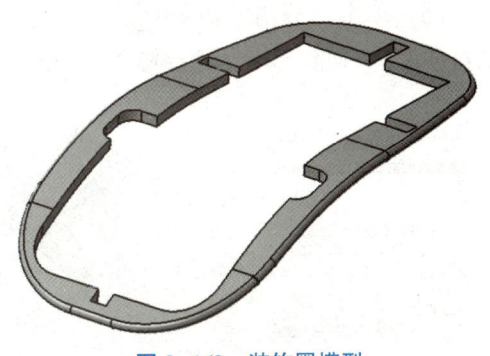

图 8-168 装饰圈模型

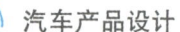

（2）分别在结构树中找到下壳体型面第 4 步中的拉伸面和第 7 步中的相交线，右键下拉菜单中单击"复制"，在结构树中的中间装饰圈几何体上单击右键，在下拉菜单中单击"粘贴"。

（3）单击菜单栏中的"开始"选项，再单击"形状"中的"创成式外形设计"选项，单击"对称"命令，在"对称定义"对话框中，"元素"选择上一步的相交线，"参考"选择"yz 平面"，单击"确定"按钮，如图 8-169 所示。

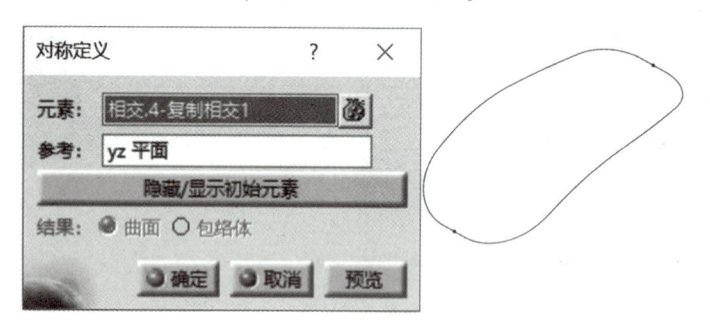

图 8-169 "对称定义"对话框

（4）单击"拉伸"命令，再单击第 2 步的相交线和第 3 步对称线中的草图，在弹出的"拉伸曲面定义"对话框中，"方向"选择"Z 部件"，"尺寸"中填写"10 mm"，"方向"设置为镜像范围，单击"确定"按钮，如图 8-170 所示。

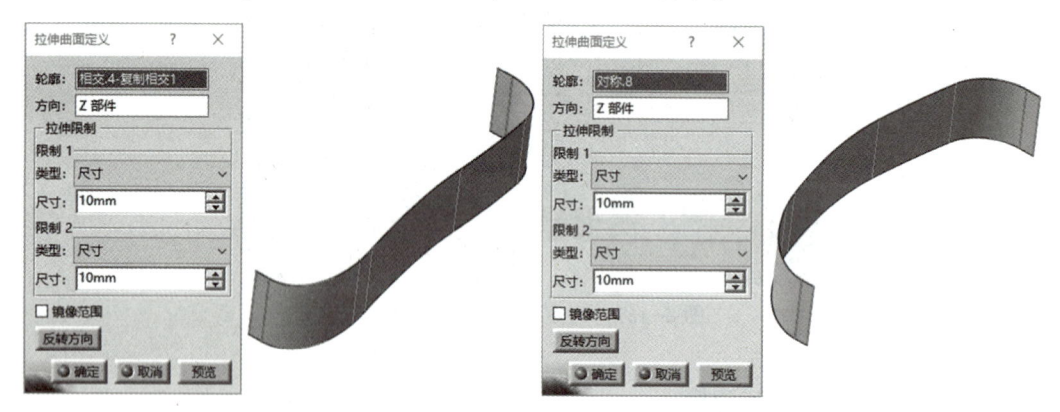

图 8-170 "拉伸曲面定义"对话框

（5）单击"分割"命令，在"定义分割"对话框中，"要切除的元素"选择上一步的拉伸面，"切除元素"选择第 2 步中的拉伸面，单击"确定"按钮，如图 8-171 所示。

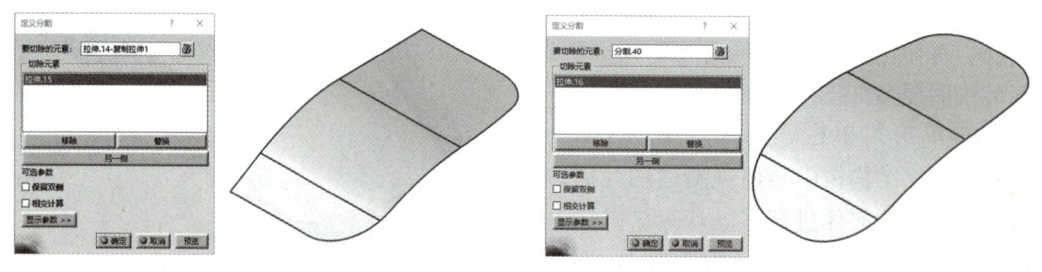

图 8-171 "定义分割"对话框

(6) 单击菜单栏中的"开始"选项，再单击"机械设计"中的"零件设计"选项，单击"厚曲面"命令 ，在"定义厚度面"对话框中，"第一偏移"设置为"1 mm"，"第二偏移"设置为"1 mm"，"要偏移的对象"选择上一切割面，单击"确定"按钮，如图8-172所示。

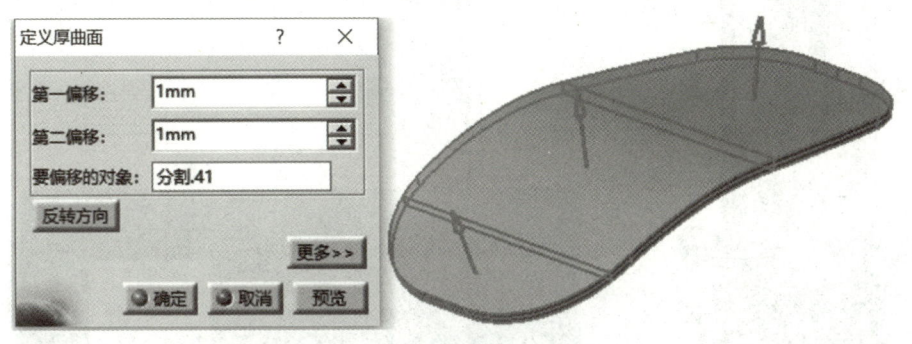

图 8-172　"定义厚曲面"对话框

(7) 单击"厚度"命令 ，在"定义厚度"对话框中，"默认厚度"设置为"2 mm"，"默认厚度面"选择上一步加厚实体的端面，单击"确定"按钮，如图8-173所示。

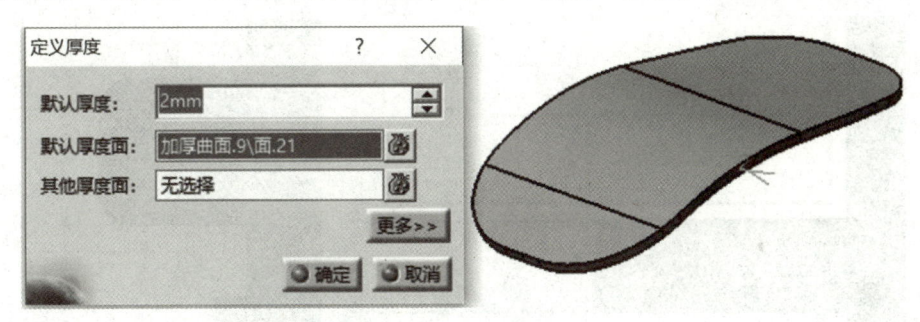

图 8-173　"定义厚度"对话框

(8) 单击"草图"命令 ，单击上一步实体的上平面，进入草图绘制界面绘制草图，如图8-174所示，其中需要将骨架实体显示出来作为草图绘制的条件，单击"退出工作台"命令 完成草图的绘制。单击"凹槽"命令 ，在"定义凹槽"对话框中，"深度"设置为"30 mm"，"凹槽方向"设置为Z轴负方向，单击"确定"按钮，如图8-175所示。

(9) 单击"倒圆角"命令 ，在"倒圆角定义"对话框中，"半径"设置为"3 mm"，"要圆角化的对象"在模型上选择4条内棱边，单击"确定"按钮，如图8-176所示。

(10) 单击"倒圆角"命令 ，在"倒圆角定义"对话框中，"半径"设置为"1 mm"，"要圆角化的对象"在模型上选择2条外棱边，单击"确定"按钮，如图8-177所示。

步骤七：下壳体的建模

下壳体建模思路是先使用"加厚曲面"命令将下壳体型面加厚为实体，再使用"移除"命令将与中间装饰圈干涉的部分移除掉，然后使用"添加"命令增加安装结构，再使用"倒圆角"命令构建细节轮廓，下壳体模型如图8-178所示。

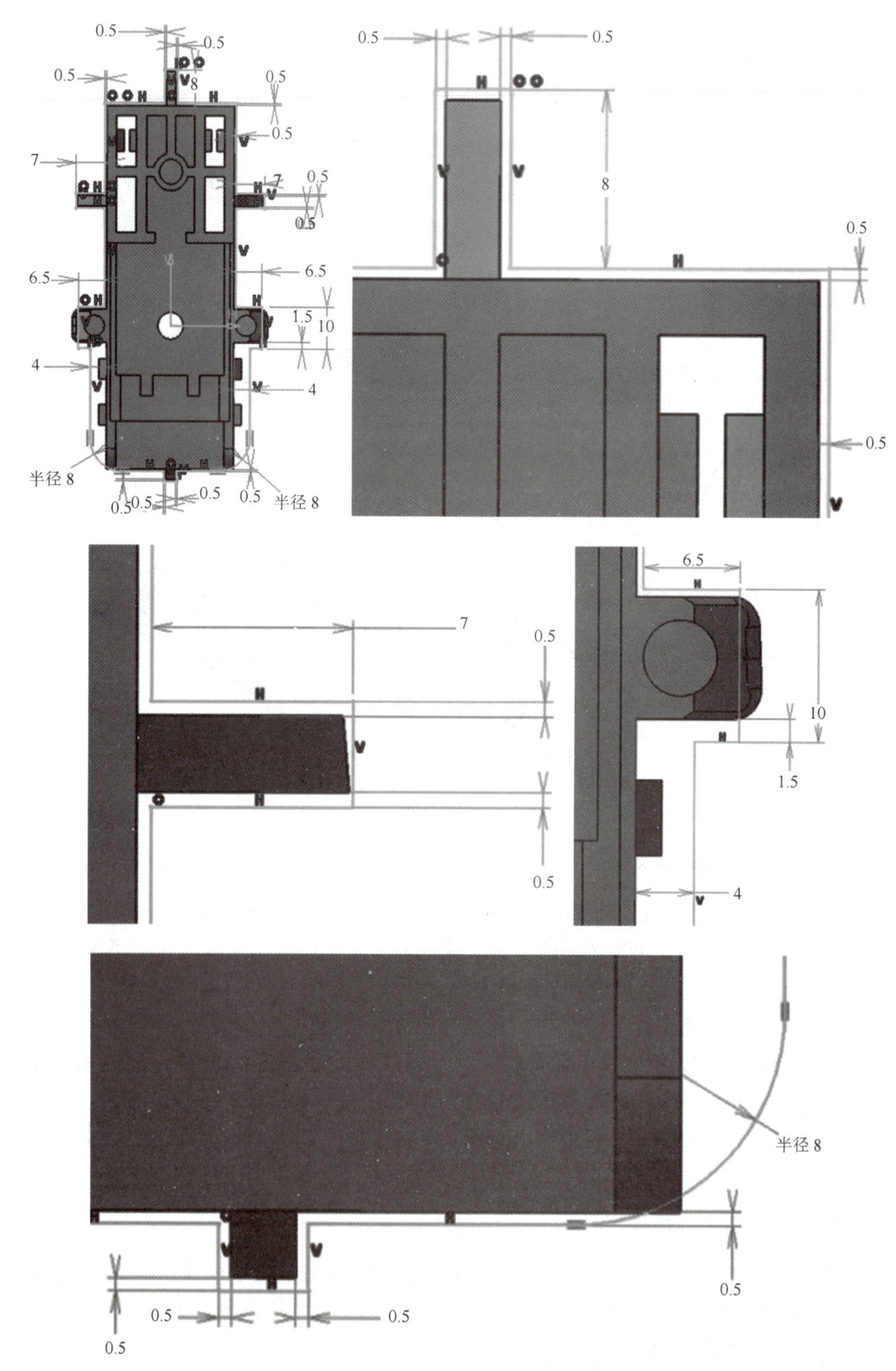

图 8-174　草图

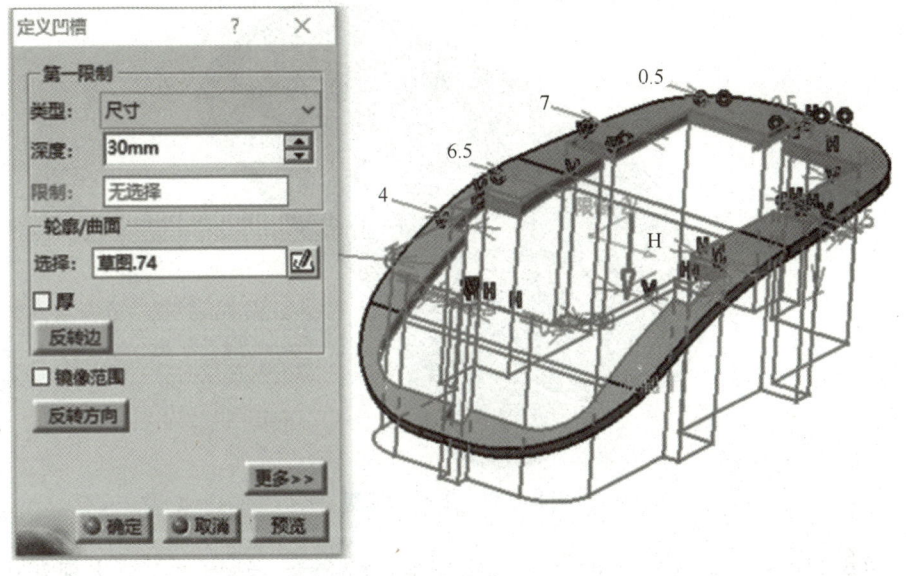

图 8-175 "定义凹槽"对话框

图 8-176 "倒圆角定义"对话框 1

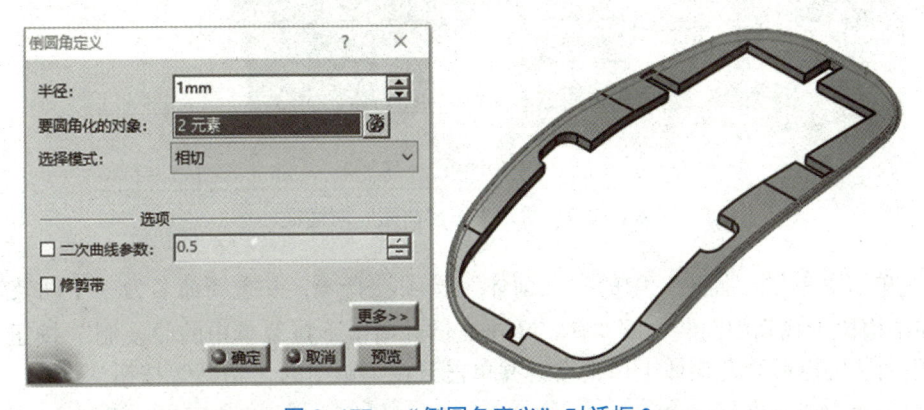

图 8-177 "倒圆角定义"对话框 2

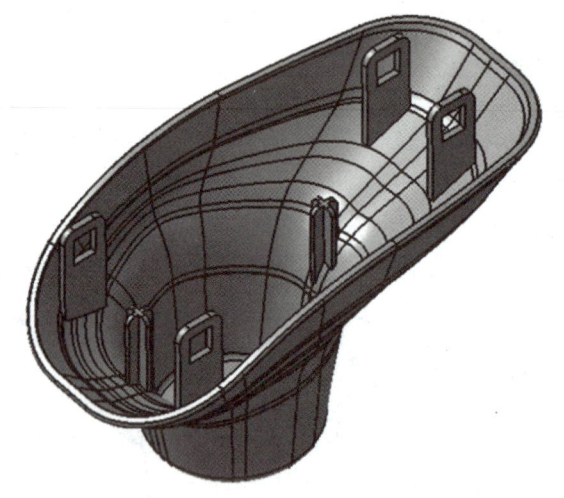

图 8-178　下壳体模型

（1）单击菜单栏"插入"中的"几何体"选项 几何体，结构树中会出现新建的几何体，此时软件对新增几何体进行了默认命名，如需更改名称可右键单击几何体，选择"属性" 属性，重新命名为"下壳体" 下壳体。

（2）单击"厚曲面"命令 ，在"定义厚度面"对话框中，"第一偏移"设置为"2 mm"，"第二偏移"设置为"0 mm"，"要偏移的对象"选择下壳体型面，单击"确定"按钮，如图 8-179 所示。

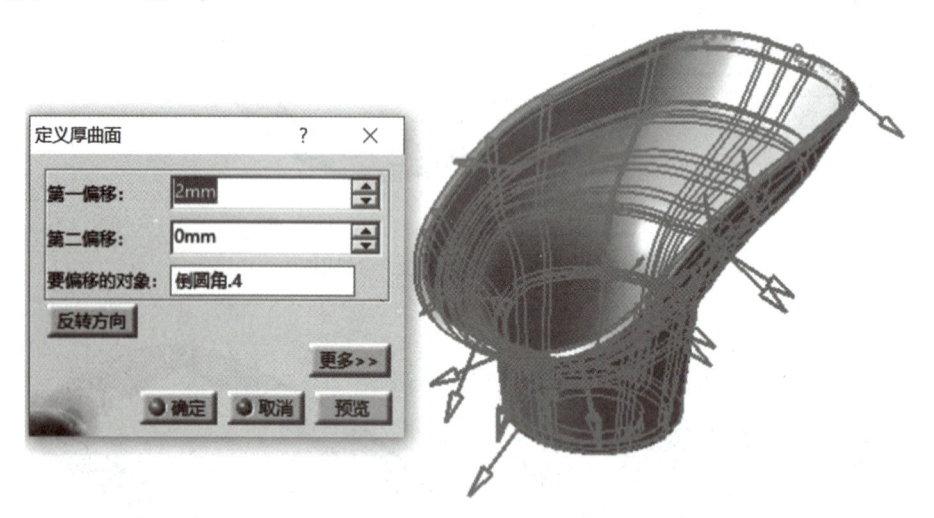

图 8-179　"定义厚度曲面"对话框

（3）单击菜单栏"插入"中的"几何体"选项 几何体，并重新命名为"中间装饰圈移除"，在结构树中找到中间装饰圈实体，单击右键并单击下拉菜单中的"复制"按钮，在结构树中中间装饰圈移除几何体上单击右键并单击下拉菜单中的"粘贴"按钮。

（4）单击"厚度"命令 ，在"定义厚度"对话框中，"默认厚度"设置为"3 mm"，"默认厚度面"选择上一步复制实体的端面，单击"确定"按钮，如图 8-180 所示。

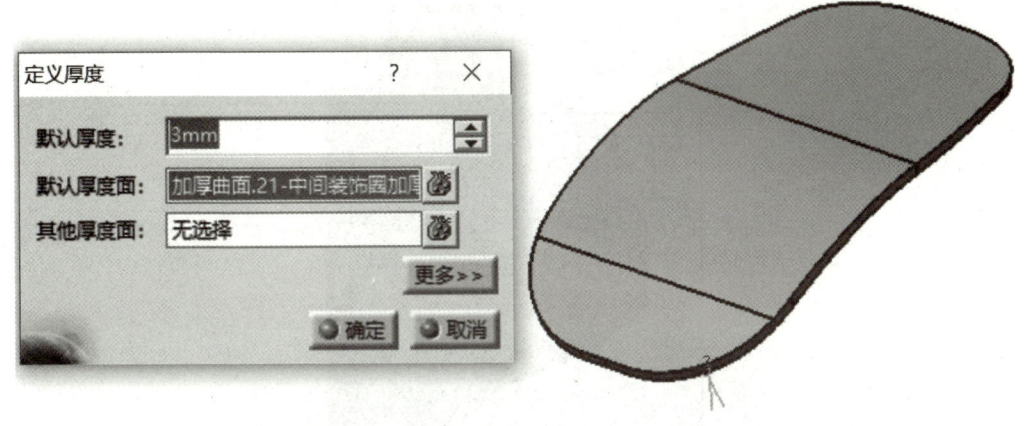

图 8-180　"定义厚度"对话框

（5）单击"移除"命令，分别单击中间装饰圈移除和下壳体几何体，单击"确定"按钮，如图 8-181 所示。

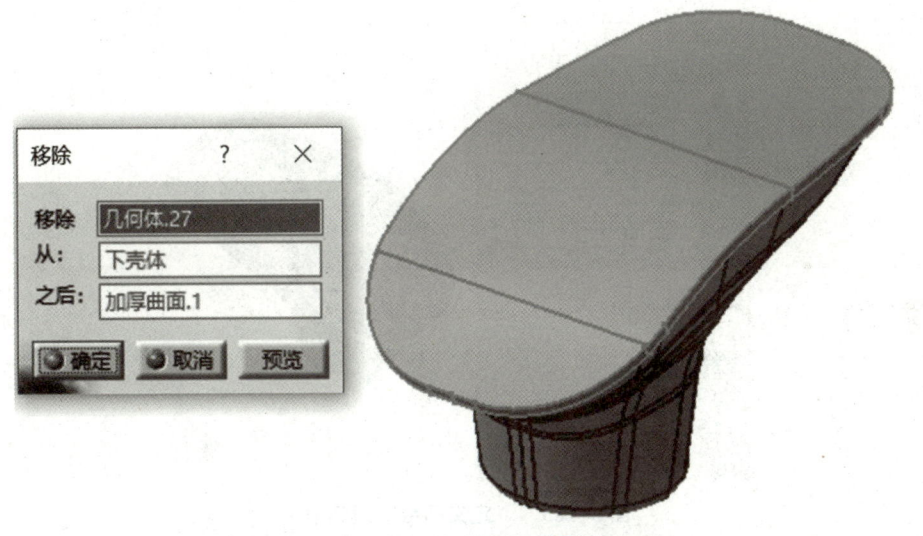

图 8-181　"移除"对话框

（6）单击菜单栏"插入"中的"几何体"选项，此时结构树中会出现新建的几何体，此时软件对新增几何体进行了默认命名，如需更改名称可右键单击几何体，选择"属性"，重新命名为"下壳体安装结构"。

（7）单击"草图"命令，单击骨架对应卡扣安装面，进入草图绘制界面绘制草图，如图 8-182 所示，单击"退出工作台"命令完成草图的绘制。单击"凸台"命令，在"定义凸台"对话框中，"长度"设置为"8.5 mm"，"凸台方向"设置为 X 轴正方向，单击"确定"按钮，如图 8-183 所示。

（8）单击"镜像"命令，在"定义镜像"对话框中，"镜像元素"选择"yz 平面"，单击"确定"按钮，如图 8-184 所示。

225

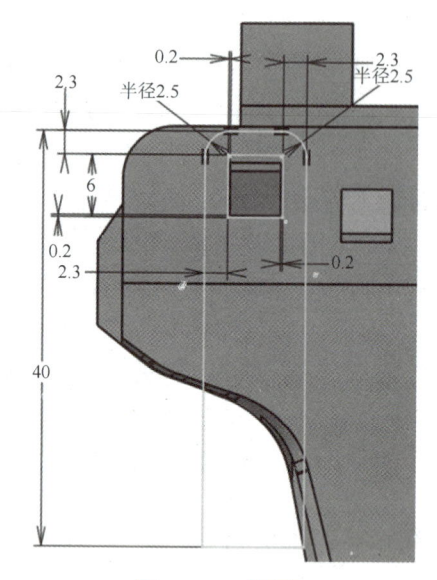

图 8-182　草图 1

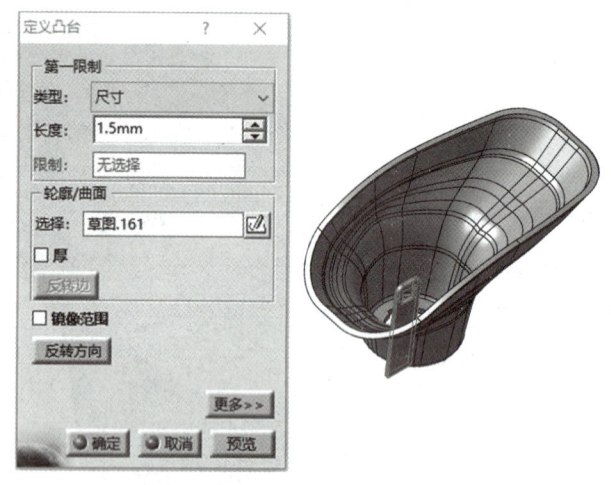

图 8-183　"定义凸台"对话框 1

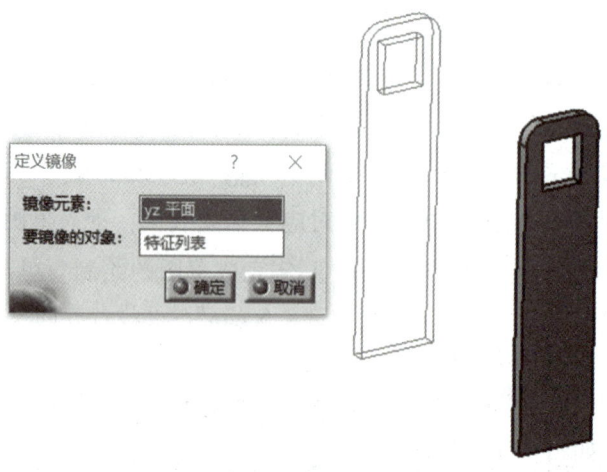

图 8-184　"定义镜像"对话框 1

(9)单击"草图"命令,单击骨架对应卡扣安装面,进入草图绘制界面,绘制草图,如图 8-185 所示,单击"退出工作台"命令完成草图的绘制。单击"凸台"命令,在"定义凸台"对话框中,"长度"设置为"8.5 mm","凸台方向"设置为 X 轴正方向,单击"确定"按钮,如图 8-186 所示。

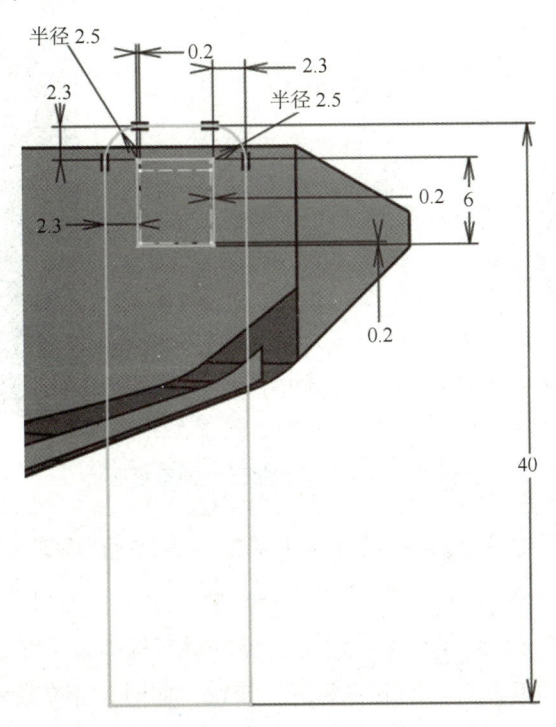

图 8-185 草图 2

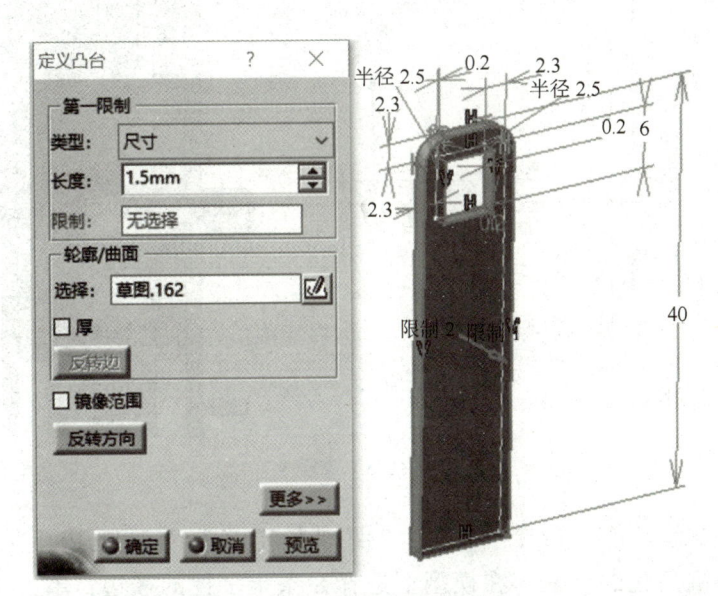

图 8-186 "定义凸台"对话框 2

(10)单击"镜像"命令,"定义镜像"对话框中"镜像元素"选择"yz 平面",单

227

击"确定"按钮，如图 8-187 所示。

图 8-187 "定义镜像"对话框 2

（11）单击"草图"命令，在结构树中单击"xy 平面" xy 平面，进入草图绘制界面绘制草图，如图 8-188 所示，草图需沿 X 轴镜像，单击"退出工作台"命令完成草图的绘制。单击"凸台"命令，在"定义凸台"对话框中，"长度"设置为"40 mm"，"凸台方向"设置为 Z 轴负方向，单击"确定"按钮，如图 8-189 所示。

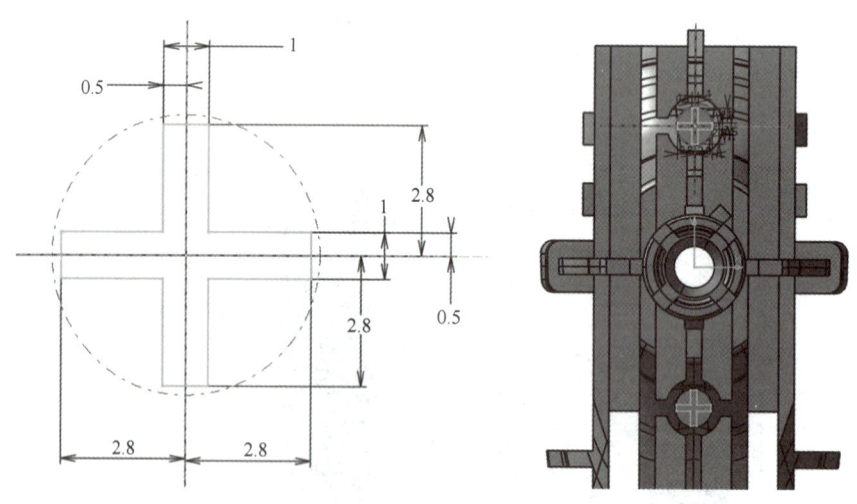

图 8-188 草图 3

（12）单击"倒圆角"命令，在"倒圆角定义"对话框中，"半径"设置为"8.5 mm"，"要圆角化的对象"在模型上选择 8 条十字柱的棱边，单击"确定"按钮，如图 8-190 所示。

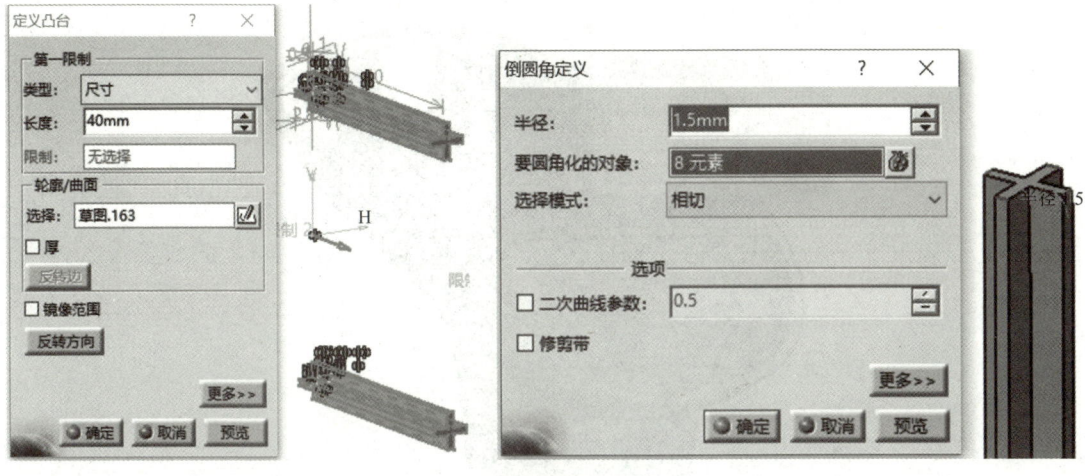

图 8-189 "定义凸台"对话框 3　　　图 8-190 "倒圆角定义"对话框

（13）在下壳体型面几何图形集的结构树中找到最后一步的倒圆角，右键下拉菜单中单击"复制"，在下壳体安装结构几何体的结构树中单击右键，下拉菜单中单击"粘贴"。单击"分割"命令，在"定义分割"对话框中，"分割元素"选择刚刚粘贴来的倒圆角型面，单击"确定"按钮，如图 8-191 所示。

图 8-191 "定义分割"对话框

（14）单击"添加"命令，分别单击下壳体安装结构和下壳体几何体，单击"确定"按钮，如图 8-192 所示。

（15）单击"倒圆角"命令，在"倒圆角定义"对话框中，"半径"设置为"0.5 mm"，"要圆角化的对象"在模型上选择外缘棱边，单击"确定"按钮，如图 8-193 所示。

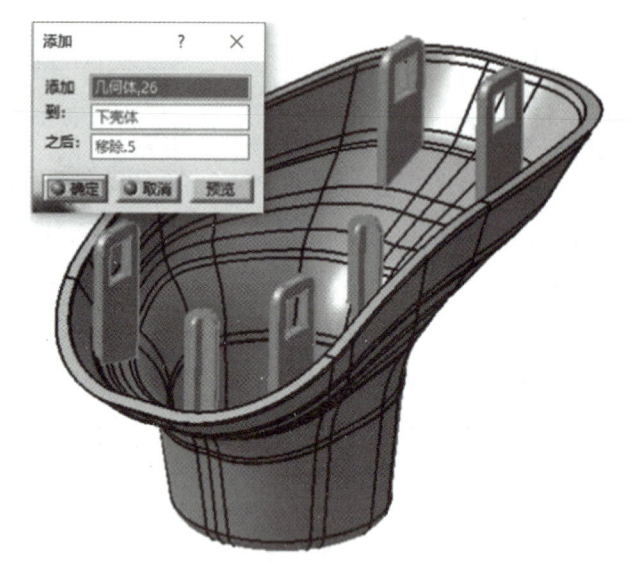

图 8-192 "添加"对话框

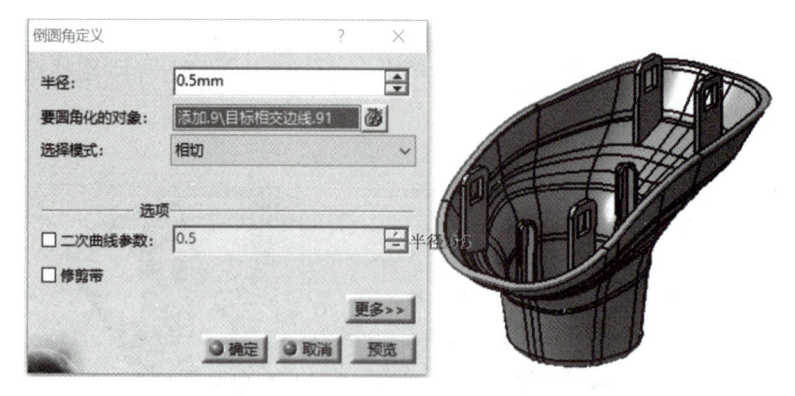

图 8-193 "倒圆角定义"对话框

步骤八：上壳体的建模

上壳体建模思路是先使用"加厚曲面"命令将上壳体型面加厚为实体，再使用"添加""凹槽""移除"命令将与中间装饰圈干涉的部分移除掉，然后使用"添加"命令增加安装结构，再使用"倒圆角"命令构建细节轮廓。上壳体模型如图 8-194 所示。

（1）单击菜单栏"插入"中的"几何体"选项 几何体，结构树中会出现新建的几何体，此时软件对新增几何体进行了默认命名，如需更改名称可右键单击几何体，选择"属性" 属性，重新命名为"上壳体" 上壳体。

图 8-194 上壳体模型

（2）单击"厚曲面"命令 ，在"定义厚度面"对话框中，"第一偏移"设置为"2 mm"，"第二偏移"设置为"0 mm"，"要偏移的对象"选择下壳体型面最后型面，单击"确定"

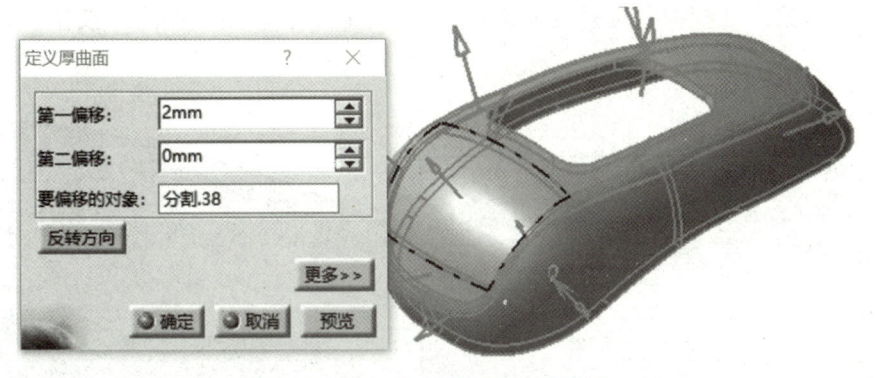

按钮，如图8-195所示。

图 8-195 "定义厚曲面"对话框 1

（3）单击菜单栏"插入"中的"几何体"选项 几何体，并重新命名为"中间装饰盖安装结构"，单击"厚曲面"命令 ，在"定义厚度面"对话框中，"第一偏移"设置为"1 mm"，"第二偏移"设置为"0 mm"，"要偏移的对象"选择上壳体型面最后型面中的小分割面，单击"确定"按钮，如图8-196所示。

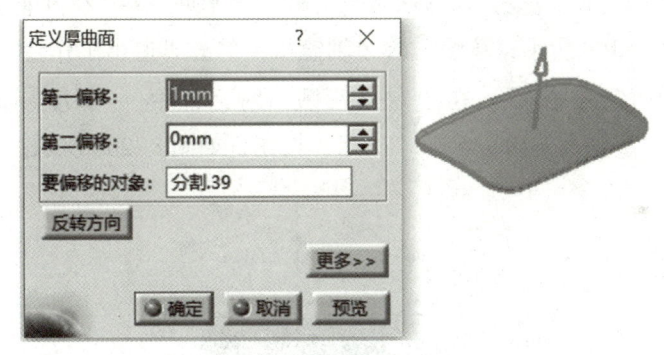

图 8-196 "定义厚曲面"对话框 2

（4）单击"添加"命令 ，分别单击中间装饰盖安装结构和上壳体几何体，单击"确定"按钮，如图8-197所示。

图 8-197 "添加"对话框 1

(5) 单击"倒圆角"命令 ◎，在"倒圆角定义"对话框中，"半径"设置为"0.5 mm"，"要圆角化的对象"在模型上选择装饰盖安装接缝上棱边，单击"确定"按钮，如图8-198所示。

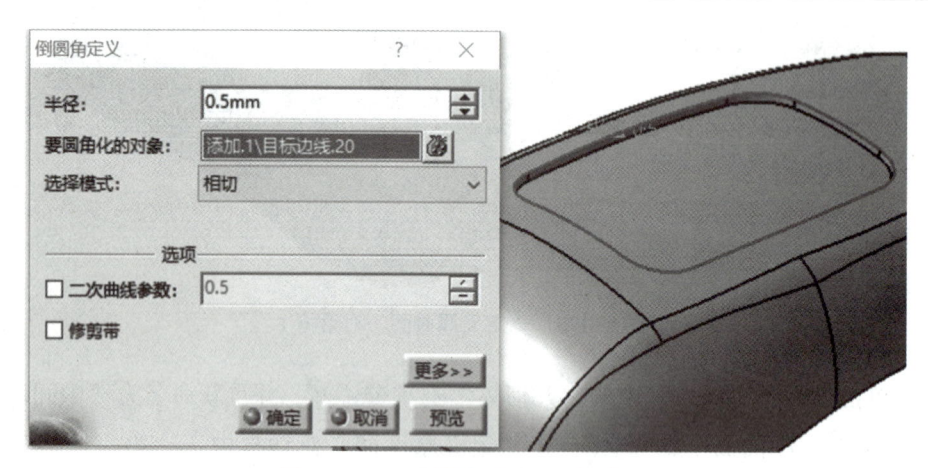

图8-198 "倒圆角定义"对话框1

(6) 单击"草图"命令 ◎，在结构树中单击"zx平面" ◎ zx平面，进入草图绘制界面绘制草图，如图8-199所示，草图需沿Z轴镜像，单击"退出工作台"命令 ◎ 完成草图的绘制。单击"凹槽"命令 ◎，在"定义凹槽"对话框中，"深度"设置为"50 mm"，"凹槽方向"设置为Y轴负方向，单击"确定"按钮，如图8-200所示。

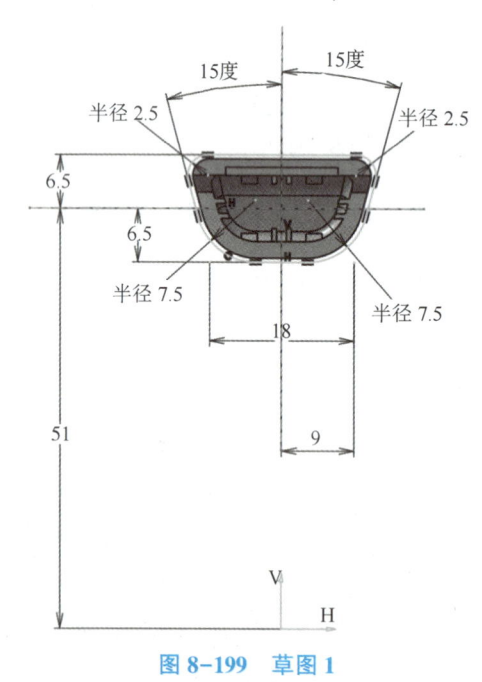

图8-199 草图1

(7) 单击"倒圆角"命令 ◎，在"倒圆角定义"对话框中，"半径"设置为"0.5 mm"，"要圆角化的对象"在模型上选择按钮孔棱边，单击"确定"按钮，如图8-201所示。

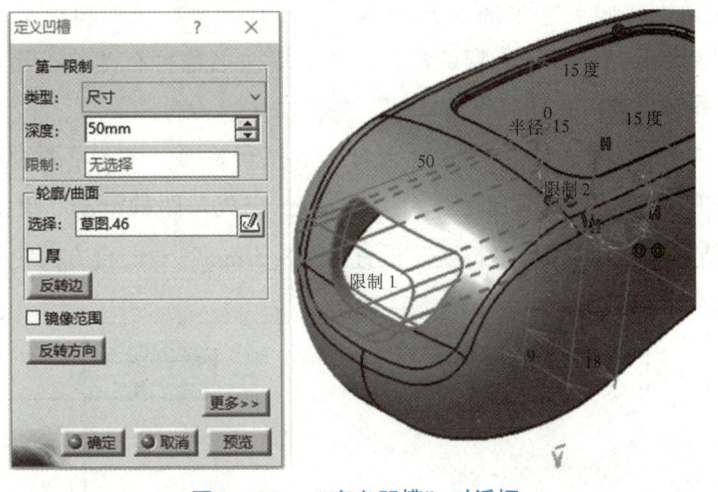

图 8-200 "定义凹槽"对话框

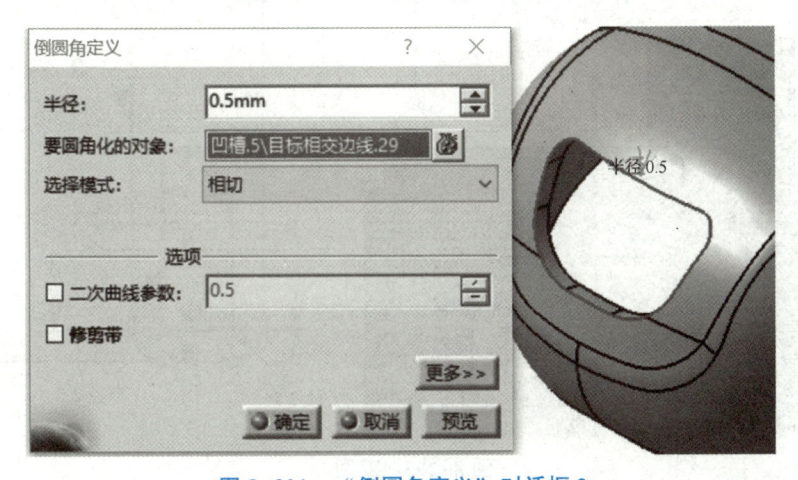

图 8-201 "倒圆角定义"对话框 2

（8）单击菜单栏"插入"中的"几何体"选项 几何体，并重新命名为"移除中间装饰圈"，在结构树中找到下壳体第 4 步实体，单击右键并单击下拉菜单中的"复制"按钮，在结构树中移除中间装饰圈几何体上单击右键并单击下拉菜单中的"粘贴"按钮，单击"移除"命令 ，分别单击移除中间装饰圈和上壳体几何体，单击"确定"按钮，如图 8-202 所示。

图 8-202 "移除"对话框

233

（9）单击菜单栏"插入"中的"几何体"选项 几何体，结构树中会出现新建的几何体，此时软件对新增几何体进行了默认命名，如需更改名称可右键单击几何体，选择"属性" 属性，重新命名为"上壳体安装结构" 上壳体安装结构。

（10）单击"草图"命令 ，单击骨架对应卡扣安装面，进入草图绘制界面，绘制草图，如图8-203所示，单击"退出工作台"命令 完成草图的绘制。单击"凸台"命令 ，在"定义凸台"对话框中，"长度"设置为"8.5 mm"，"凸台方向"设置为X轴正方向，单击"确定"按钮，如图8-204所示。

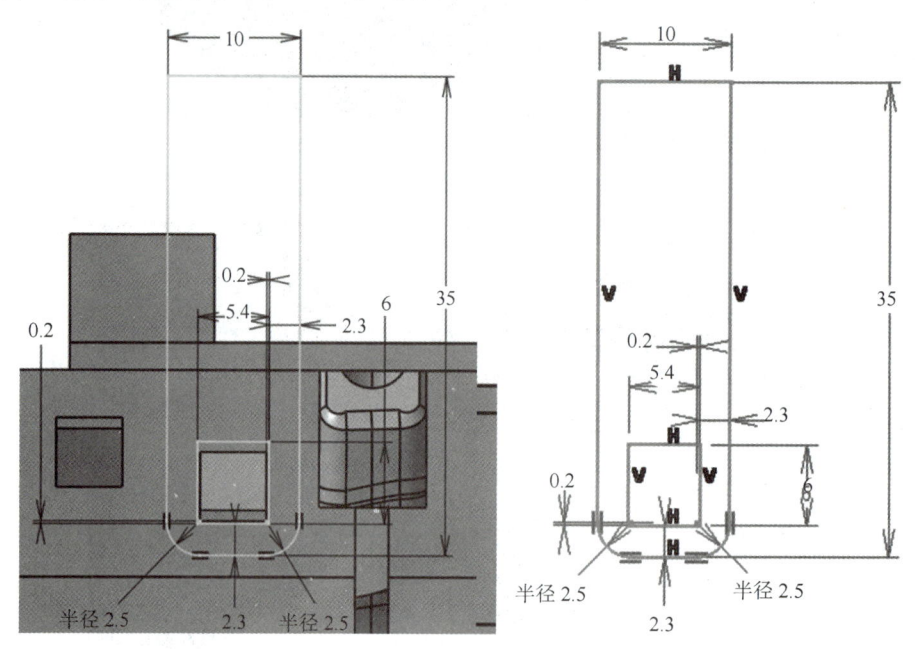

图8-203　草图2

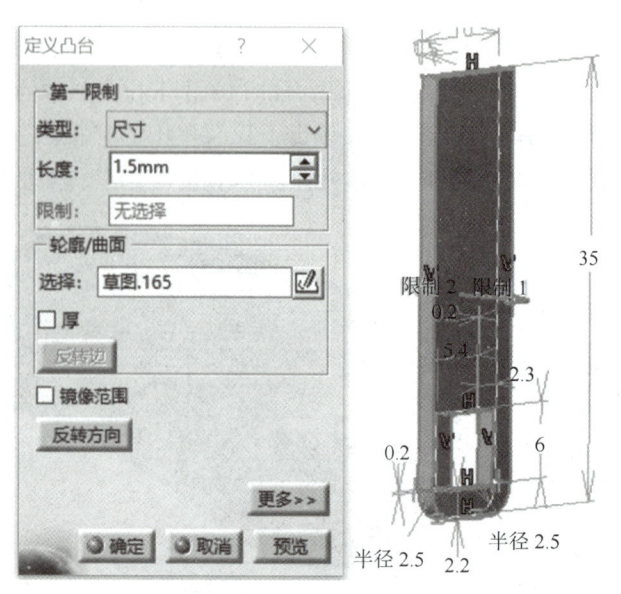

图8-204　"定义凸台"对话框1

（11）单击"镜像"命令，在"定义镜像"对话框中，"镜像元素"选择"yz 平面"，单击"确定"按钮，如图 8-205 所示。

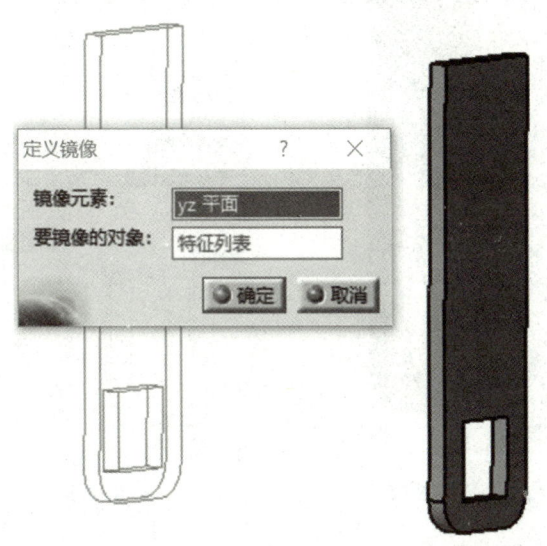

图 8-205　"定义镜像"对话框

（12）单击"草图"命令，单击骨架对应卡扣安装面，进入草图绘制界面，绘制草图，如图 8-206 所示，单击"退出工作台"命令完成草图的绘制。单击"凸台"命令，在"定义凸台"对话框中，"长度"设置为"8.5 mm"，"凸台方向"设置为 X 轴负方向，单击"确定"按钮，如图 8-207 所示。

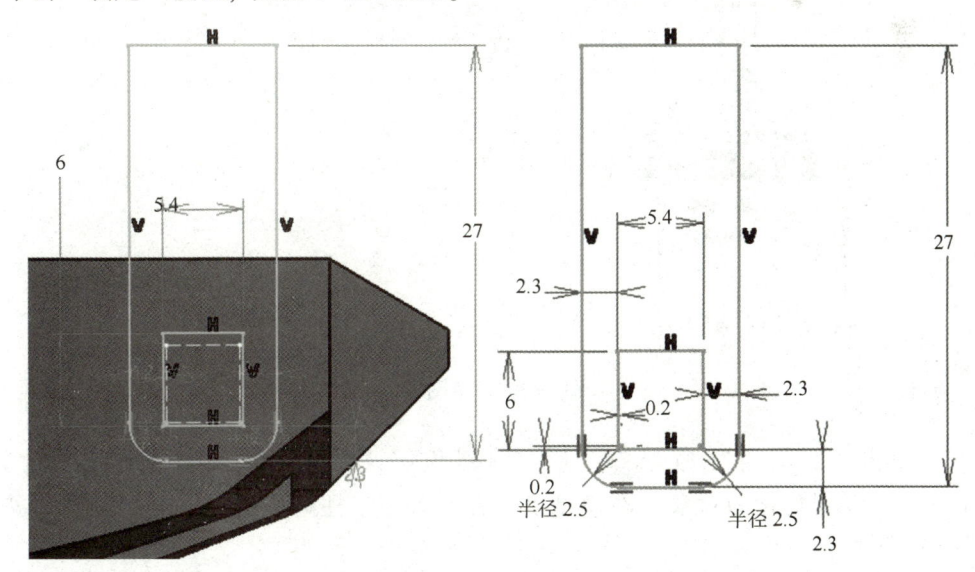

图 8-206　草图 3

（13）单击"镜像"命令，在"定义镜像"对话框中，"镜像元素"选择"yz 平面"，单击"确定"按钮，如图 8-208 所示。

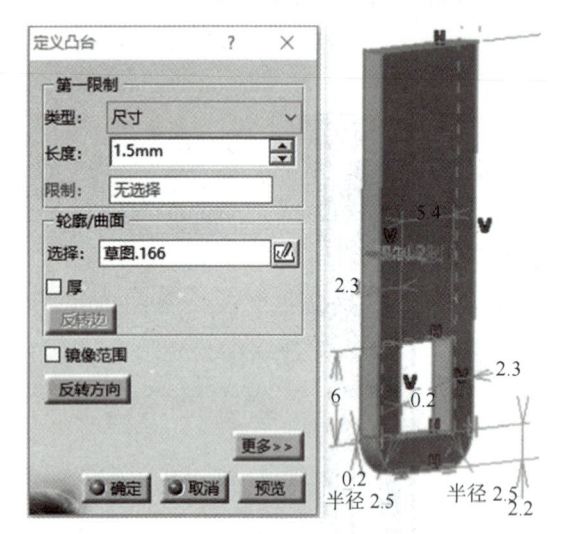

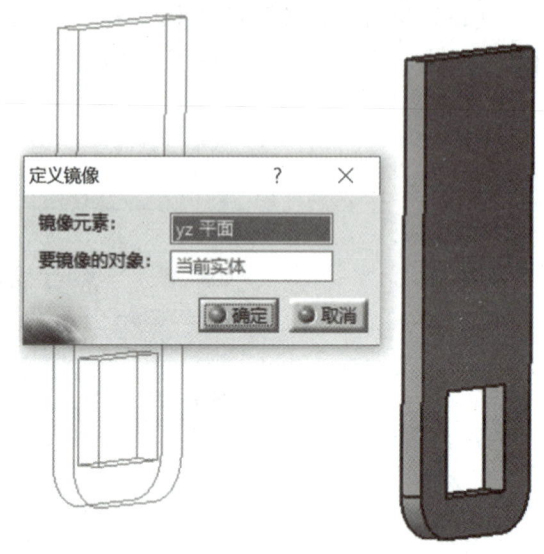

图 8-207 "定义凸台"对话框 2　　　　　图 8-208 "定义镜像"对话框

（14）单击"草图"命令，在结构树中单击"xy 平面" xy 平面，进入草图绘制界面绘制草图，如图 8-209 所示，草图需沿 Y 轴镜像，单击"退出工作台"命令 完成草图的绘制。单击"凸台"命令，在"定义凸台"对话框中，"长度"设置为"30 mm"，"凸台方向"设置为 Z 轴正方向，单击"确定"按钮，如图 8-210 所示。

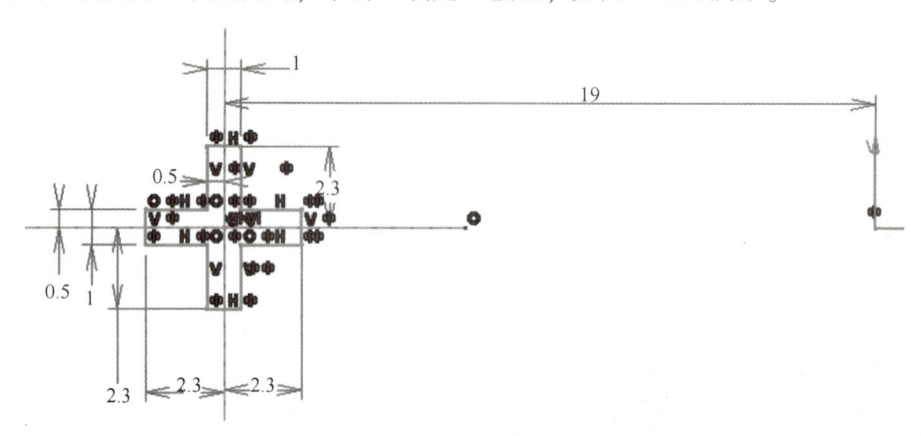

图 8-209　草图 4

（15）单击"倒圆角"命令，在"倒圆角定义"对话框中，"半径"设置为"8.5 mm"，"要圆角化的对象"在模型上选择 8 条十字柱的棱边，单击"确定"按钮，如图 8-211 所示。

（16）单击"草图"命令，在结构树中单击"xy 平面" xy 平面，进入草图绘制界面绘制草图，如图 8-212 所示，单击"退出工作台"命令 完成草图的绘制。单击"凸台"命令，在"定义凸台"对话框中，"长度"设置为"30 mm"，"凸台方向"设置为 Z 轴正方向，单击"确定"按钮，如图 8-213 所示。

236

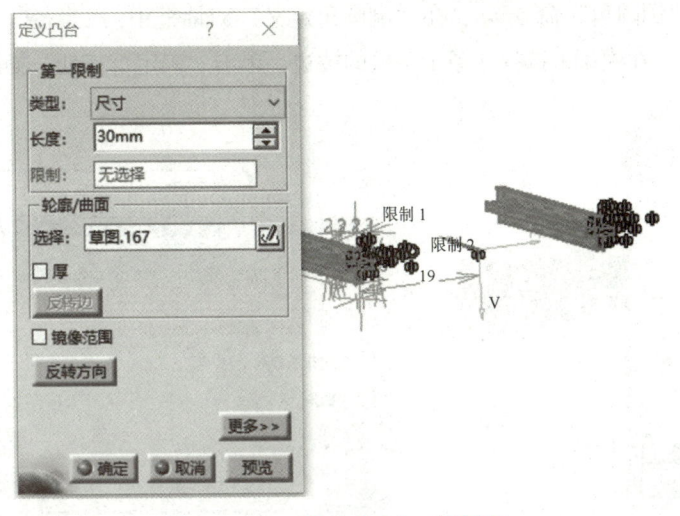

图 8-210 "定义凸台"对话框 3

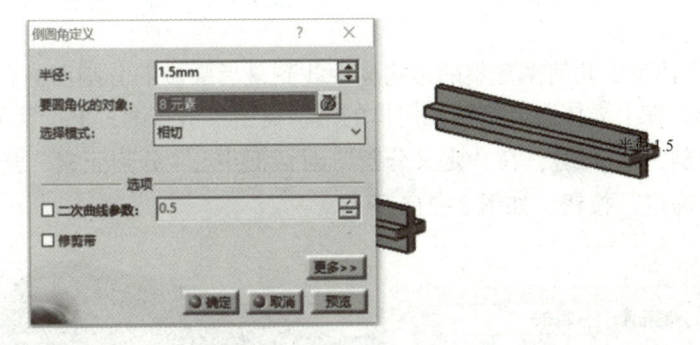

图 8-211 "倒圆角定义"对话框 3

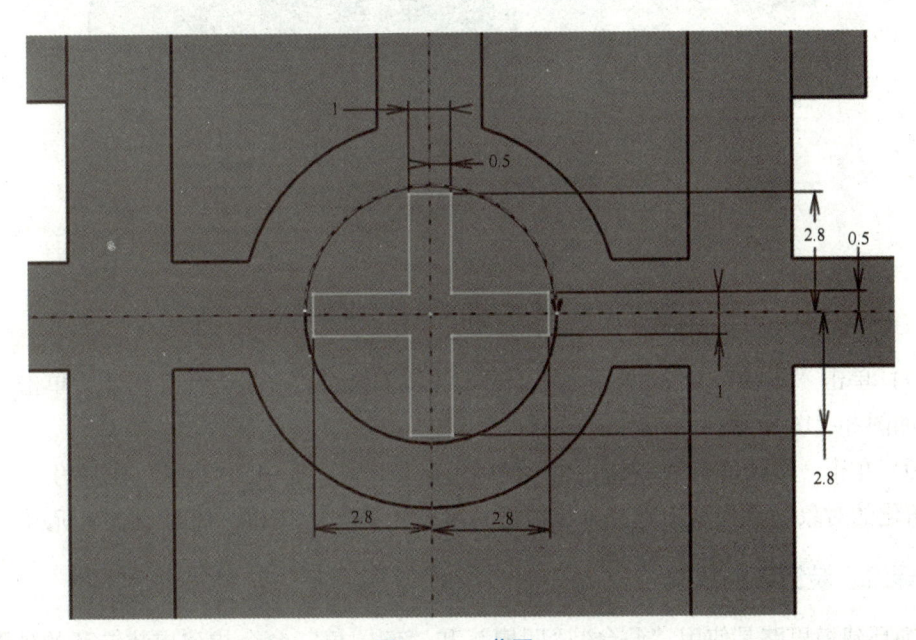

图 8-212 草图 5

项目八 换挡杆三维曲面建模

237

（17）单击"倒圆角"命令，在"倒圆角定义"对话框中，"半径"设置为"8.5 mm"，"要圆角化的对象"在模型上选择 4 条十字柱的棱边，单击"确定"按钮，如图 8-214 所示。

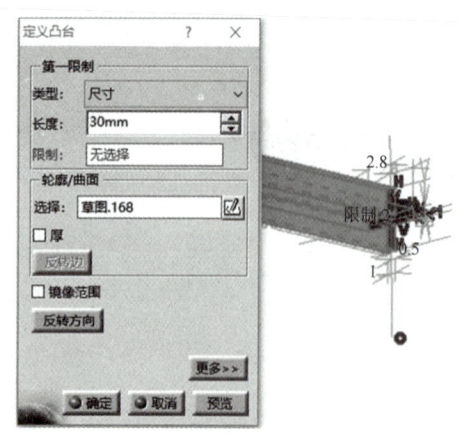

图 8-213　"定义凸台"对话框 4

图 8-214　"倒圆角定义"对话框 4

（18）在上壳体型面几何图形集的结构树中找到最后一步的分割面，右键下拉菜单中单击"复制"按钮，在上壳体安装结构几何体的结构树中单击右键，下拉菜单中单击"粘贴"按钮，单击"分割"命令，在"定义分割"对话框中，"分割元素"选择刚刚粘贴来的分割面，单击"确定"按钮，如图 8-215 所示。

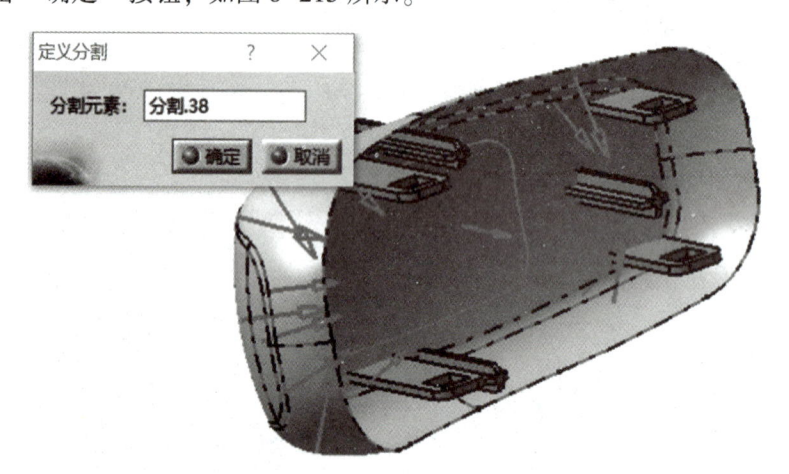

图 8-215　"定义分割"对话框

（19）单击"添加"命令，分别单击上壳体安装结构和上壳体几何体，单击"确定"按钮，如图 8-216 所示。

（20）单击"倒圆角"命令，在"倒圆角定义"对话框中，"半径"设置为"0.5 mm"，"要圆角化的对象"在模型上选择外缘棱边，单击"确定"按钮，如图 8-217 所示。

步骤九：装饰环的建模

装饰环建模思路是使用"凸台""凹槽"和"倒圆角"命令构建出装饰环的外形轮廓，装饰环模型如图 8-218 所示。

图 8-216 "添加"对话框 2

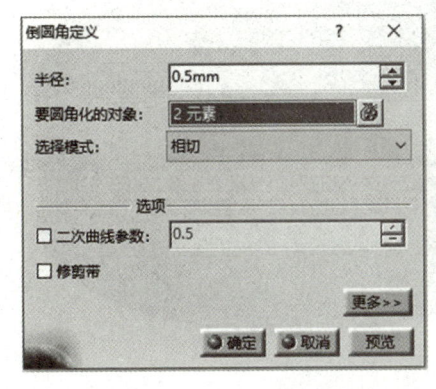

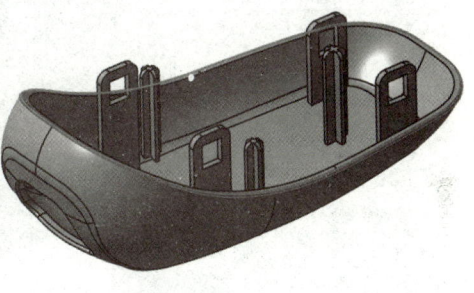

图 8-217 "倒圆角定义"对话框 5

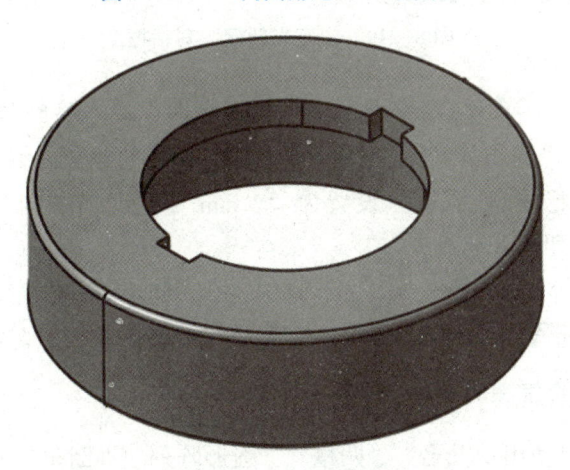

图 8-218 装饰环模型

（1）单击菜单栏"插入"选项中的"几何体" 几何体，结构树中会出现新建的几何体，此时软件对新增几何体进行了默认命名，如需更改名称可右键单击几何体，选择"属性" 属性，重新命名为"装饰环" 装饰环。

（2）单击"草图"命令 ，在结构树中单击"xy平面" xy平面，进入草图绘制界面绘制草图，以坐标轴原点为圆心绘制直径为 34 mm 的圆，单击"退出工作台"命令 完成草图的绘制，再单击"凸台"命令 ，在"定义凸台"对话框中，"长度"设置为"9 mm"，"凸台方向"设置为 Z 轴负方向，单击"确定"按钮。

（3）单击"草图"命令 ，单击上一步凸台的下端面，进入草图绘制界面绘制草图，以坐标轴原点为圆心绘制直径为 26 mm 的圆，单击"退出工作台"命令 完成草图的绘制。单击"凹槽"命令 ，在"定义凹槽"对话框中，"深度"设置为"7 mm"，"凹槽方向"设置为 Z 轴正方向，单击"确定"按钮，如图 8-219 所示。

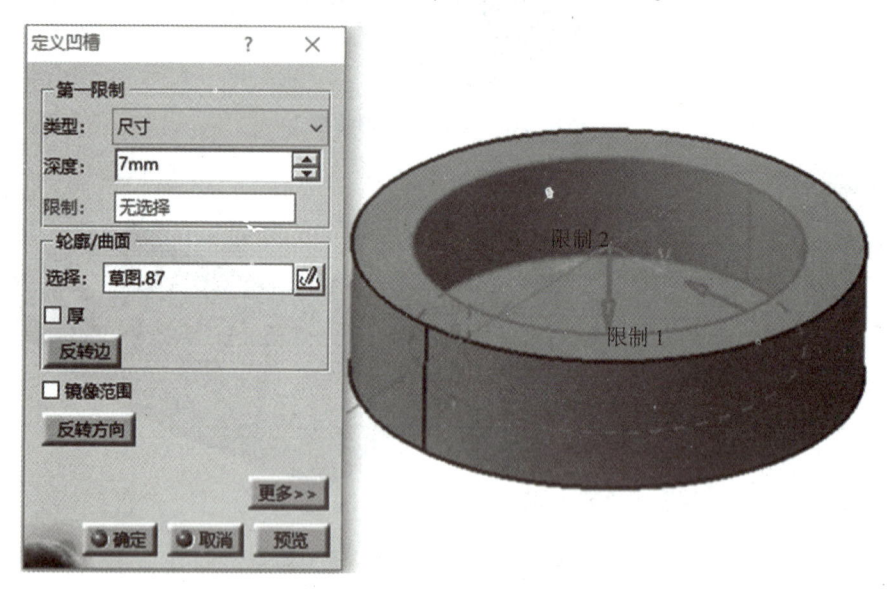

图 8-219　"定义凹槽"对话框 1

（4）单击"草图"命令 ，单击上一步凹槽端面，进入草图绘制界面绘制草图，如图 8-220 所示，单击"退出工作台"命令 完成草图的绘制。单击"凹槽"命令 ，在"定义凹槽"对话框中，"深度"设置为"2 mm"，"凹槽方向"设置为 Z 轴正方向，单击"确定"按钮，如图 8-221 所示。

（5）单击"倒圆角"命令 ，在"倒圆角定义"对话框中，"半径"设置为"0.5 mm"，"要圆角化的对象"在模型上选择 2 条端面棱边，单击"确定"按钮，如图 8-222 所示。

步骤十：固定环的建模

固定环建模思路是使用"凸台""凹槽""圆形阵列""倒角"和"倒圆角"命令构建出固定环的外形轮廓，固定环模型如图 8-223 所示。

固定环的建模

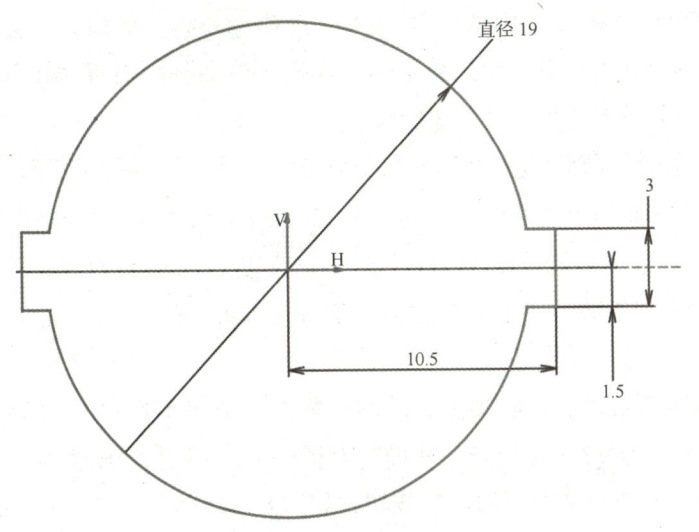

图 8-220 草图

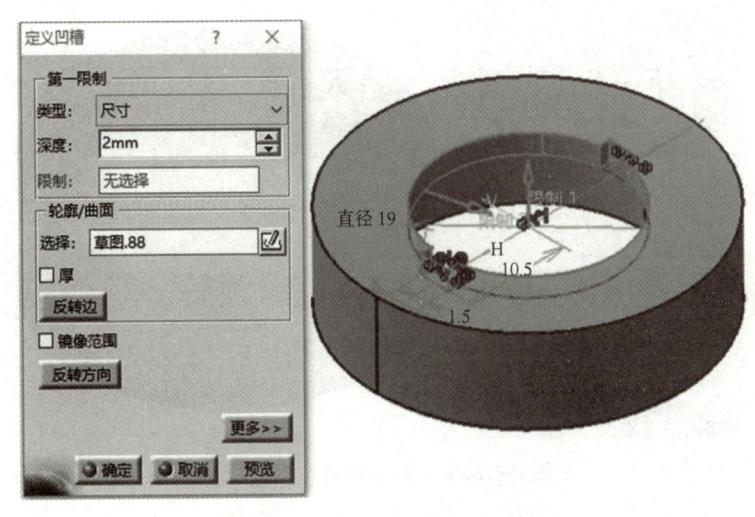

图 8-221 "定义凹槽"对话框 2

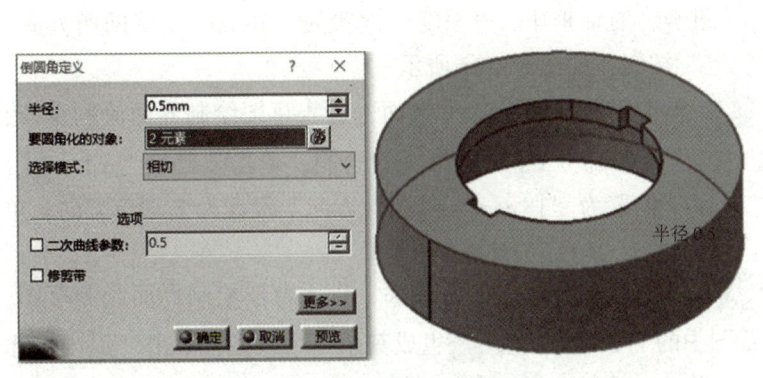

图 8-222 "倒圆角定义"对话框

图 8-223 固定环模型

项目八 换挡杆三维曲面建模

241

（1）单击菜单栏"插入"中的"几何体"选项 几何体，结构树中会出现新建的几何体，此时软件对新增几何体进行了默认命名，如需更改名称可右键单击几何体，选择"属性" 属性，重新命名为"固定环" 固定环。

（2）单击"草图"命令 ，在结构树中单击"xy 平面" xy 平面，进入草图绘制界面绘制草图，以坐标轴原点为圆心绘制直径为 32 mm 的圆，单击"退出工作台"命令 完成草图的绘制。单击"凸台"命令 ，在"定义凸台"对话框中，"长度"设置为"12 mm"，"凸台方向"设置为 Z 轴负方向，单击"确定"按钮。

（3）单击"草图"命令 ，单击上一步凸台的上端面，进入草图绘制界面绘制草图，以坐标轴原点为圆心绘制直径为 30 mm 的圆，单击"退出工作台"命令 完成草图的绘制。单击"凹槽"命令 ，在"定义凹槽"对话框中，"深度"设置为"7 mm"，"凹槽方向"设置为 Z 轴负方向，单击"确定"按钮，如图 8-224 所示。

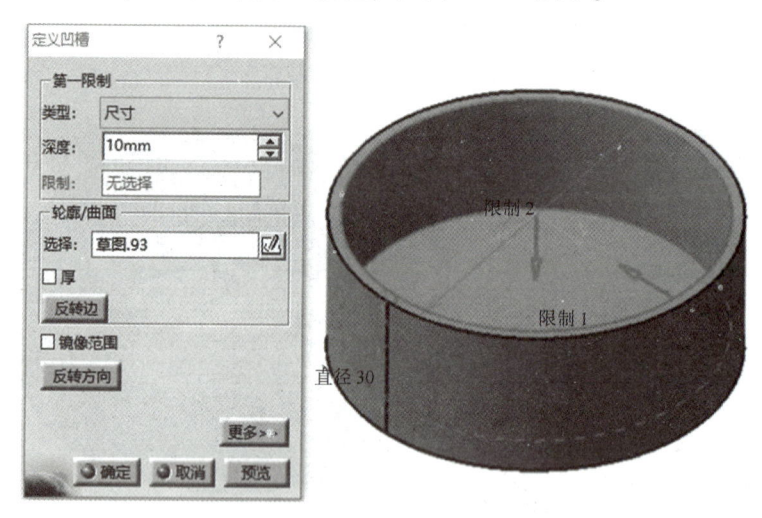

图 8-224　"定义凹槽"对话框 1

（4）单击"草图"命令 ，单击上一步凹槽端面，进入草图绘制界面绘制草图，以坐标轴原点为圆心绘制直径为 17 mm 的圆，单击"退出工作台"命令 完成草图的绘制。单击"凹槽"命令 ，在"定义凹槽"对话框中，"深度"设置为"10 mm"，"凹槽方向"设置为 Z 轴负方向，单击"确定"按钮，如图 8-225 所示。

（5）单击"草图"命令 ，单击第 2 步凸台的下端面，进入草图绘制界面绘制草图，如图 8-226 所示，单击"退出工作台"命令 完成草图的绘制。单击"凸台"命令 ，在"定义凸台"对话框中，"长度"设置为"18 mm"，"凸台方向"设置为 Z 轴负方向，单击"确定"按钮，如图 8-227 所示。

（6）单击"草图"命令 ，单击上一步凸台的下端面，进入草图绘制界面绘制草图，如图 8-228 所示，其中使用草图中的"旋转"命令 生成其余 3 个线型，单击"退出工作台"命令 完成草图的绘制。单击"凸台"命令 ，在"定义凸台"对话框中，"长度"设置为"15 mm"，"凸台方向"设置为 Z 轴正方向，单击"确定"按钮，如图 8-229 所示。

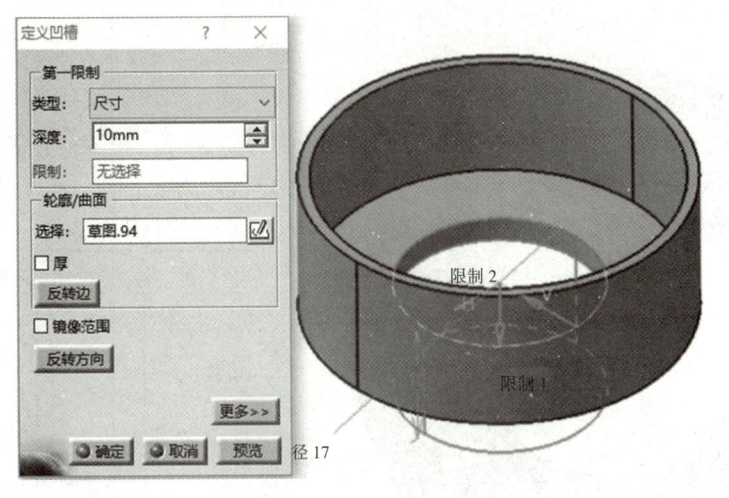

图 8-225 "定义凹槽"对话框 2

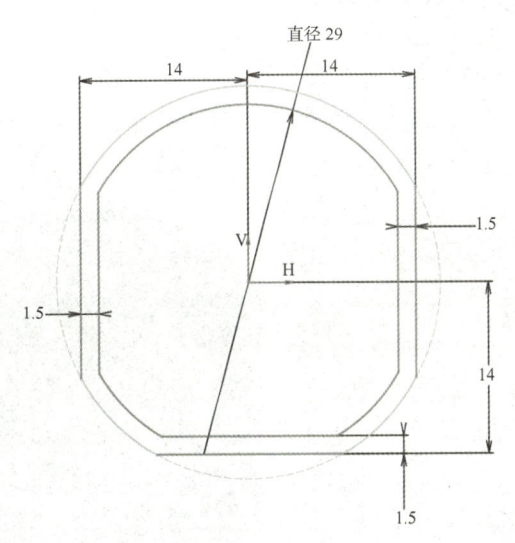

图 8-226 草图 1

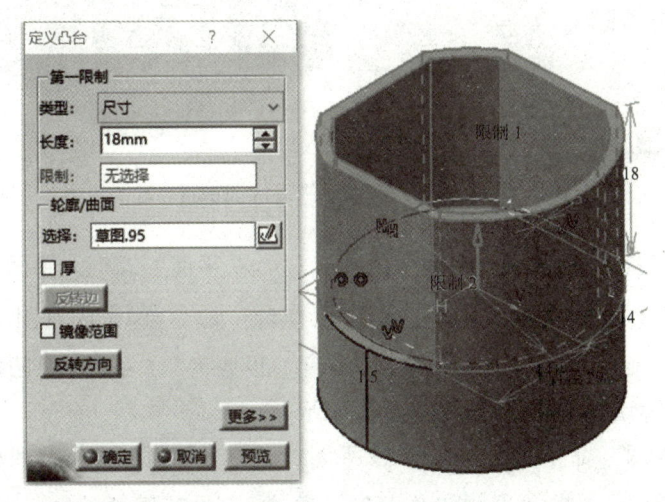

图 8-227 "定义凸台"对话框 1

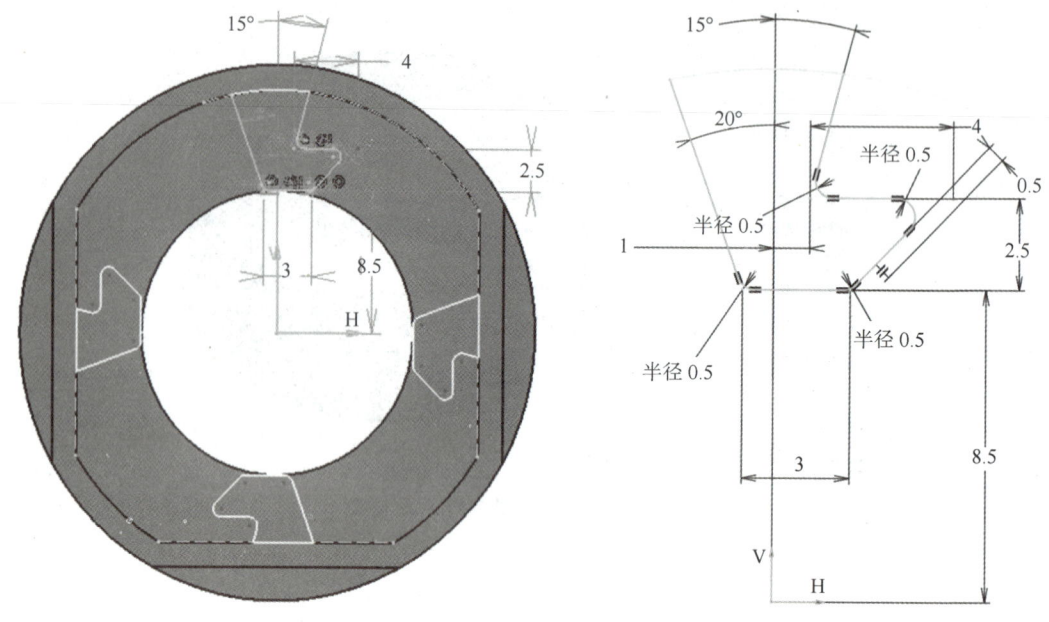

图 8-228 草图 2

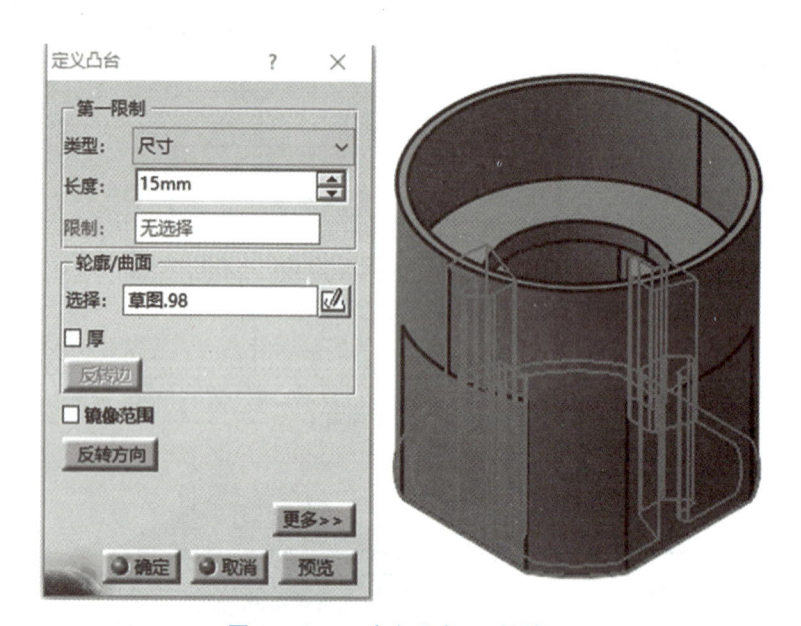

图 8-229 "定义凸台"对话框 2

(7) 单击"草图"命令，在结构树中单击"xy 平面" xy 平面，进入草图绘制界面绘制草图，如图 8-230 所示，单击"退出工作台"命令完成草图的绘制。单击"凹槽"命令，在"定义凹槽"对话框中，"深度"设置为"5 mm"，"凹槽方向"设置为 Z 轴正方向，单击"确定"按钮，如图 8-231 所示。

(8) 单击"草图"命令，单击"yz 平面" yz 平面，进入草图绘制界面，绘制草图，如图 8-232 所示，单击"退出工作台"命令完成草图的绘制。单击"凸台"命令,在"定义凸台"对话框中,"长度"设置为"3 mm","凸台方向"设置为镜像范围,单击"确定"按钮,如图8-233所示。

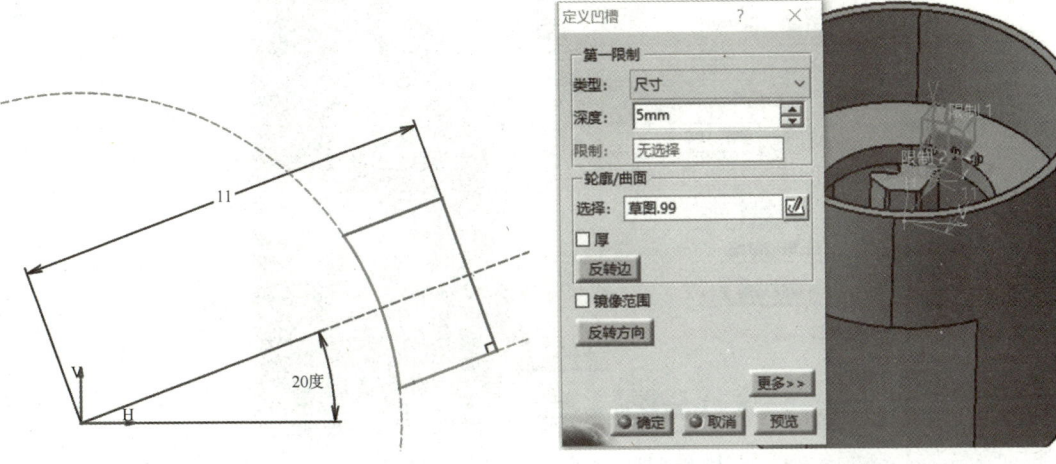

图8-230 草图3

图8-231 "定义凹槽"对话框3

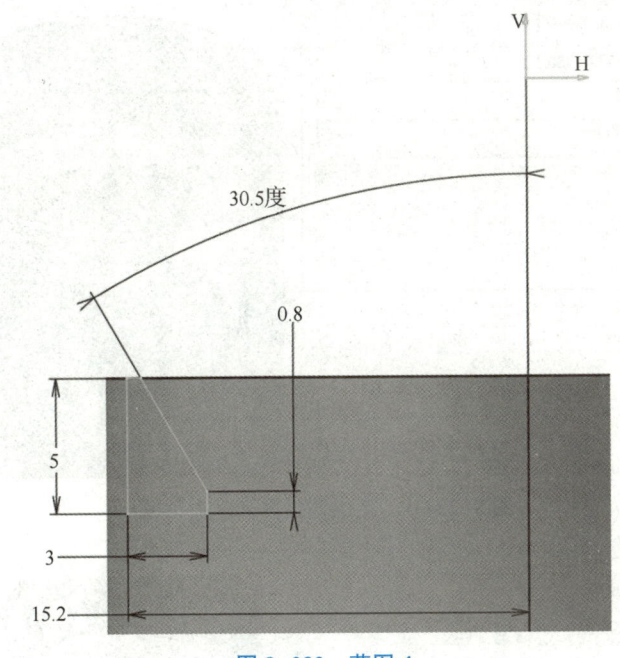

图8-232 草图4

(9)单击"圆形阵列"命令,在"定义圆形阵列"对话框中,"实例"设置为"4","角度间距"设置为"90deg","参考元素"设置为"Z轴",对象选择上一步绘制的凸台,单击"确定"按钮,如图8-234所示。

(10)单击"倒角"命令,在"定义倒角"对话框中,"长度"设置为"8.5 mm","角度"设置为"45deg","要倒角的对象"在模型上选择中心孔的上棱边,单击"确定"按钮,如图8-235所示。

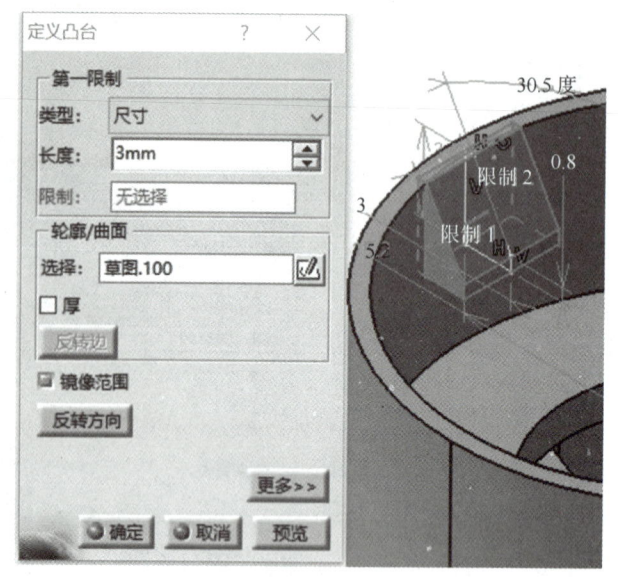

图 8-233 "定义凸台"对话框 3

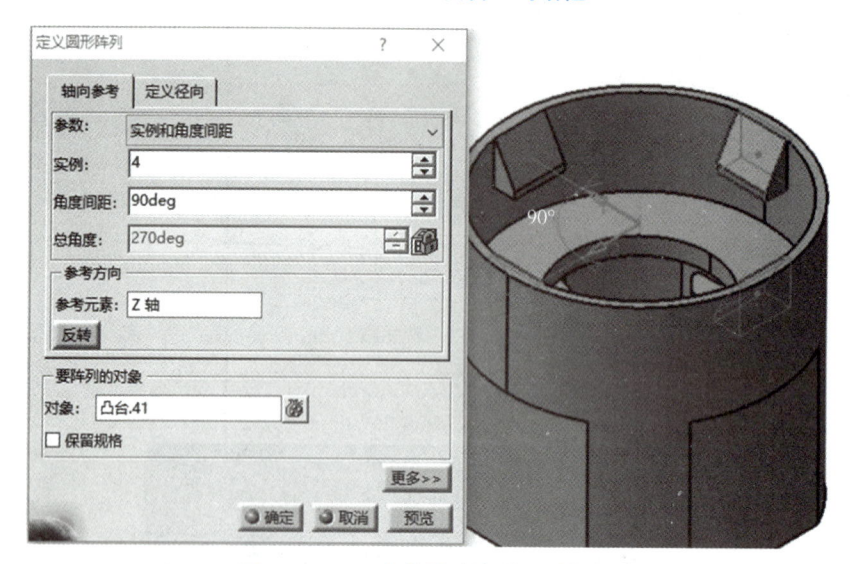

图 8-234 "定义圆形阵列"对话框

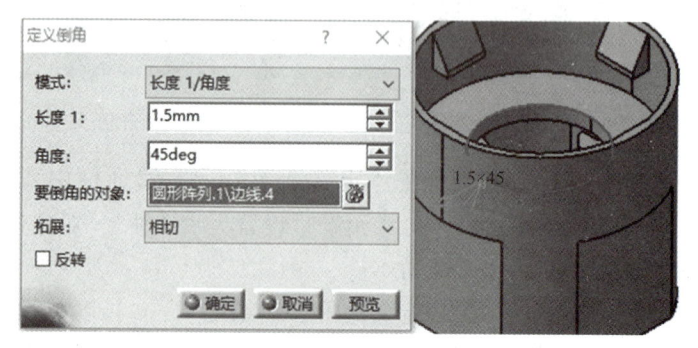

图 8-235 "定义倒角"对话框

(11) 单击"倒圆角"命令 ，在"倒圆角定义"对话框中,"半径"设置为"0.5 mm", "要圆角化的对象"在模型上选择两端外廓棱边,单击"确定"按钮,如图 8-236 所示。

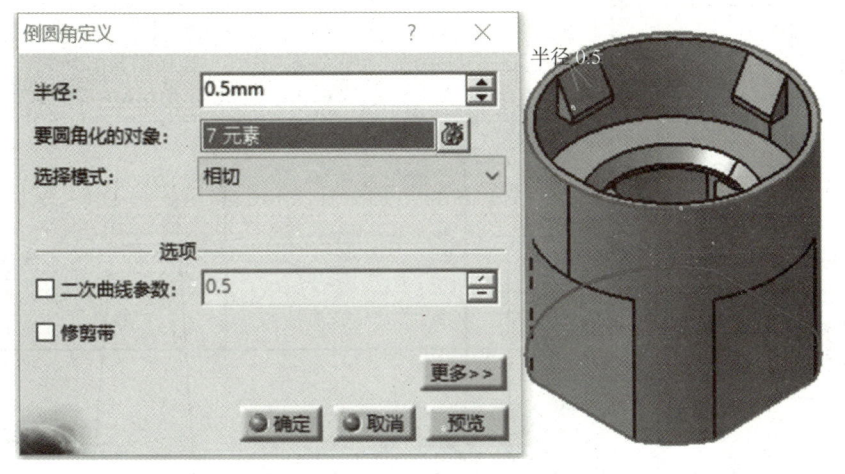

图 8-236 "倒圆角定义"对话框

步骤十一：固定框的建模

固定框建模思路是使用"肋""凸台""凹槽""镜像"和"倒圆角"命令,构建出固定框的外形轮廓,固定框模型如图 8-237 所示。

(1) 单击菜单栏"插入"选项中的"几何体" 几何体,结构树中会出现新建的几何体,此时软件对新增几何体进行了默认命名,如需更改名称可右键单击几何体,选择"属性" 属性,重新命名为"固定环" 固定框。

(2) 单击"平面"命令 ，在"平面定义"对话框中,"平面类型"选择"偏移平面","参考"设置为"xy 平面","偏移"设置为"60 mm",单击"确定"按钮,如图 8-238 所示。

图 8-237 固定框模型

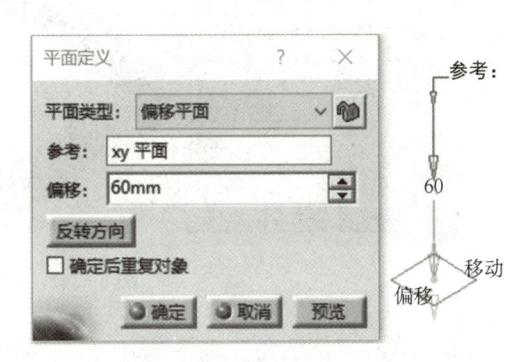

图 8-238 "平面定义"对话框

(3) 单击"草图"命令 ，在结构树中单击"zx 平面" zx 平面,进入草图绘制界面绘制草图,如图 8-239 所示,单击"退出工作台"命令 完成草图的绘制。

(4) 单击"草图"命令 ，在结构树中单击"xy 平面" xy 平面,进入草图绘制界

247

面绘制草图，如图 8-240 所示，单击"退出工作台"命令 ⬆ 完成草图的绘制。

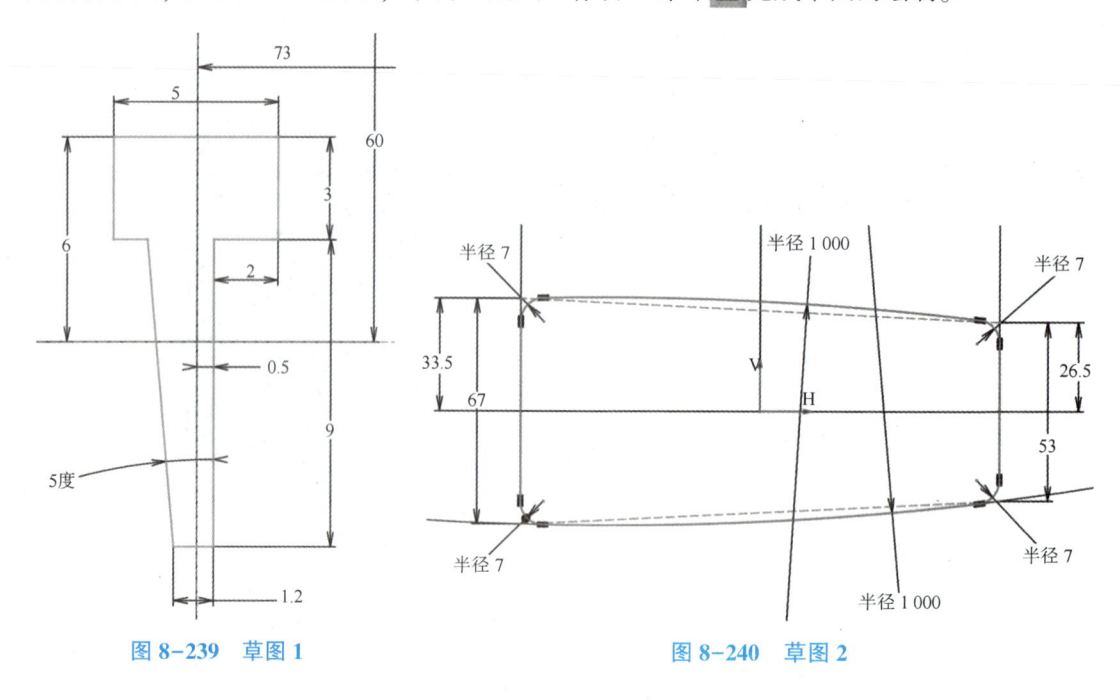

图 8-239　草图 1

图 8-240　草图 2

（5）单击"肋"命令 ⬚，在"定义肋"对话框中，"轮廓"选择第 3 步绘制的草图，"中心曲线"选择第 4 步绘制的草图，单击"确定"按钮，如图 8-241 所示。

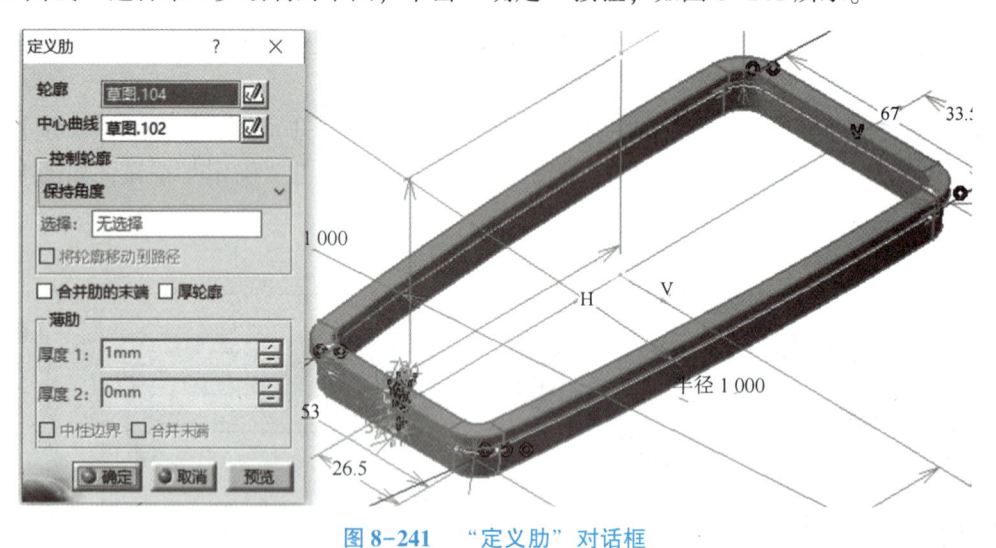

图 8-241　"定义肋"对话框

（6）单击"倒圆角"命令 ⬚，在"倒圆角定义"对话框中，"半径"设置为"1 mm"，"要圆角化的对象"在模型上选择顶部上边沿外廓棱边，单击"确定"按钮，如图 8-242 所示。

（7）单击"倒圆角"命令 ⬚，在"倒圆角定义"对话框中，"半径"设置为"0.5 mm"，"要圆角化的对象"在模型上选择顶部下边沿外廓棱边，单击"确定"按钮，如图 8-243 所示。

图 8-242 "倒圆角定义"对话框 1

图 8-243 "倒圆角定义"对话框 2

(8) 单击"草图"命令，在结构树中单击"xy 平面" **xy 平面**，进入草图绘制界面绘制草图，如图 8-244 所示，草图需沿 Y 轴镜像，单击"退出工作台"命令完成草图的绘制。单击"凹槽"命令，在"定义凹槽"对话框中，"深度"设置为"20 mm"，"凹槽方向"设置为 Z 轴负方向，单击"确定"按钮，如图 8-245 所示。

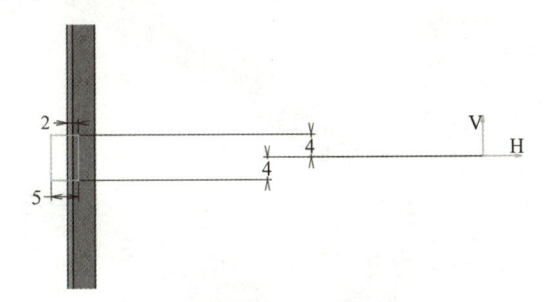

图 8-244 草图 3

(9) 单击"草图"命令，在结构树中单击"zx 平面" **zx 平面**，进入草图绘制界面绘制草图，如图 8-246 所示，其结构大部分由"投影"命令得到，单击"退出工作台"

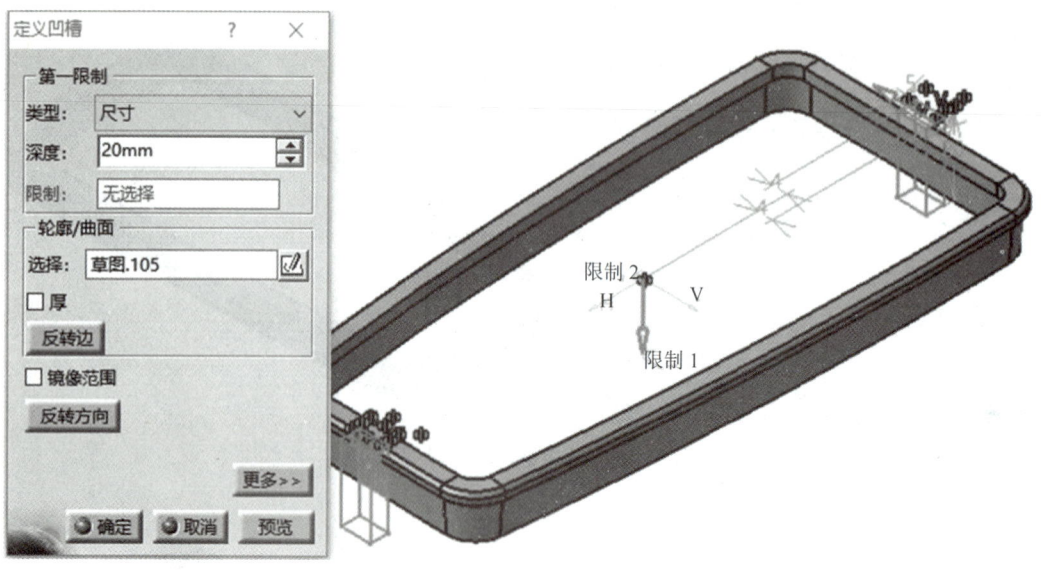

图 8-245 "定义凹槽"对话框 1

命令 凸 完成草图的绘制。单击"凸台"命令 ，在"定义凸台"对话框中，"长度"设置为"4 mm"，"凸台方向"设置为镜像范围，单击"确定"按钮，如图 8-247 所示。

图 8-246 草图 4

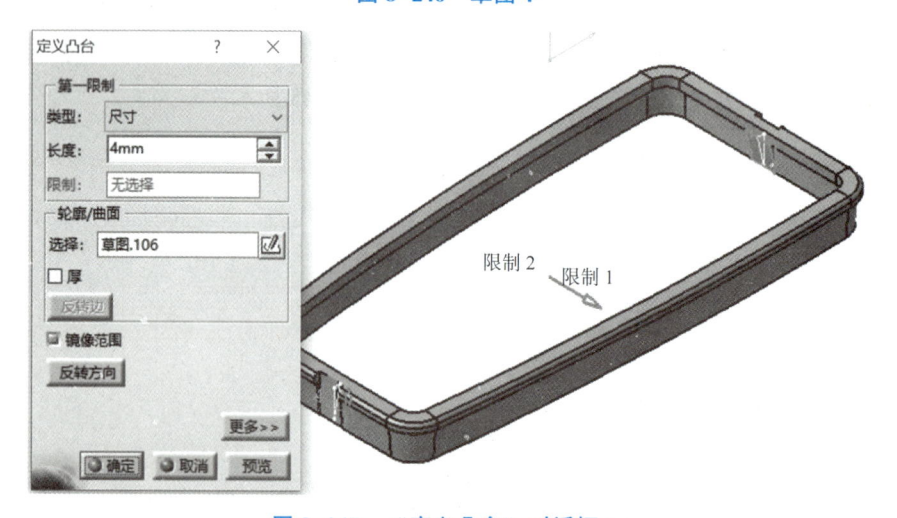

图 8-247 "定义凸台"对话框 1

(10)单击"草图"命令，单击"yz平面" yz**平面**，进入草图绘制界面绘制草图，如图 8-248 所示，单击"退出工作台"命令 完成草图的绘制。单击"凹槽"命令，在"定义凹槽"对话框中，凹槽"第一限制"的"深度"设置为"80 mm"，"第二限制"的"深度"设置为"-55 mm"，"凹槽方向"设置为 X 轴正方向，单击"确定"按钮，如图 8-249 所示。

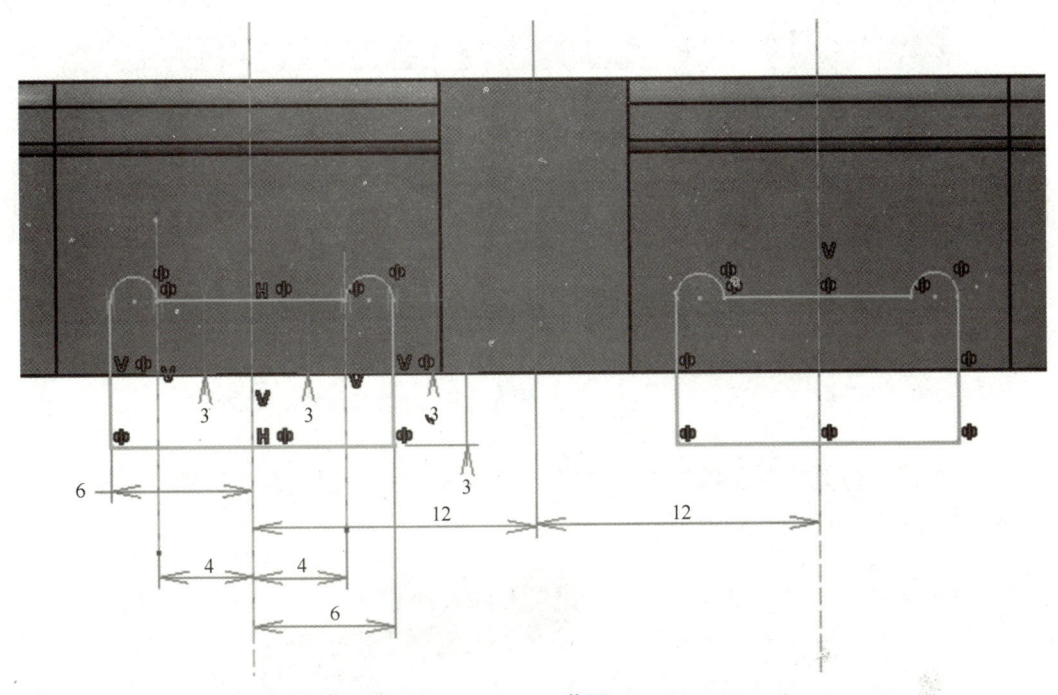

图 8-248　草图 5

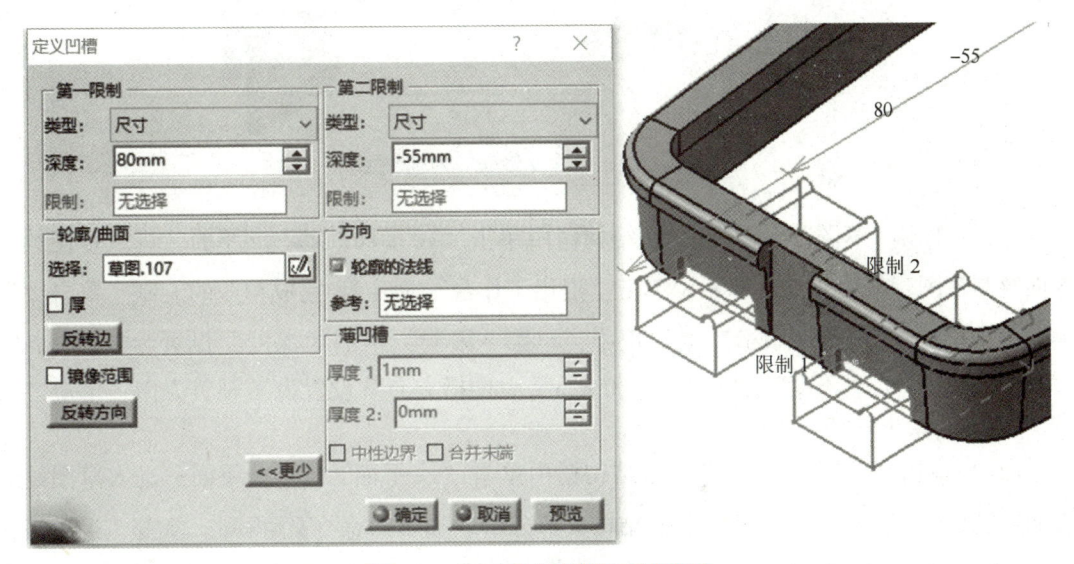

图 8-249　"定义凹槽"对话框 2

(11)单击"草图"命令，在结构树中单击"zx平面" zx**平面**，进入草图绘制

界面绘制草图，如图 8-250 所示，大部分由"投影"命令得到，单击"退出工作台"命令完成草图的绘制。单击"凸台"命令，在"定义凸台"对话框中，"第一限制"的"长度"设置为"8 mm"，"第二限制"的"长度"设置为"-16 mm"，"凸台方向"设置为 Y 轴正方向，单击"确定"按钮，如图 8-251 所示。

图 8-250　草图 6

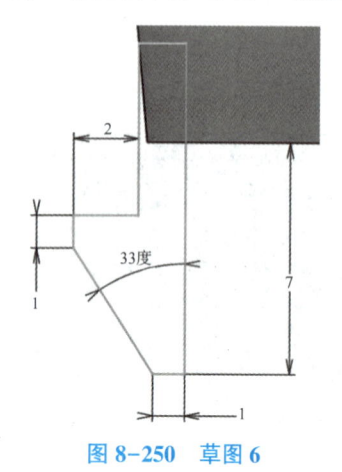

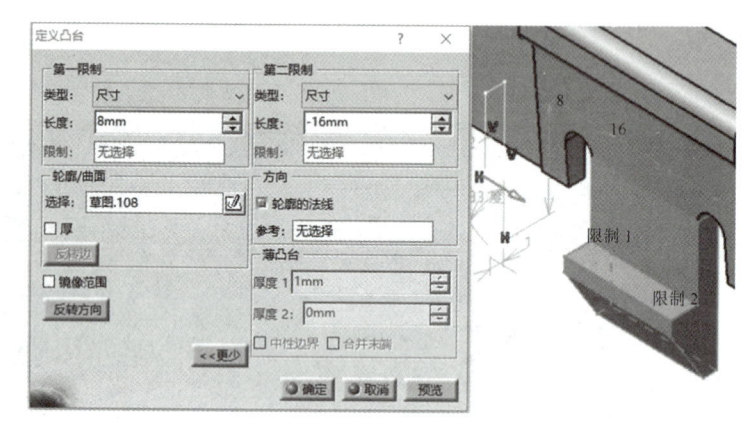

图 8-251　"定义凸台"对话框 2

（12）单击"镜像"命令，"定义镜像"对话框中"镜像元素"选择"zx 平面"，单击"确定"按钮，如图 8-252 所示。

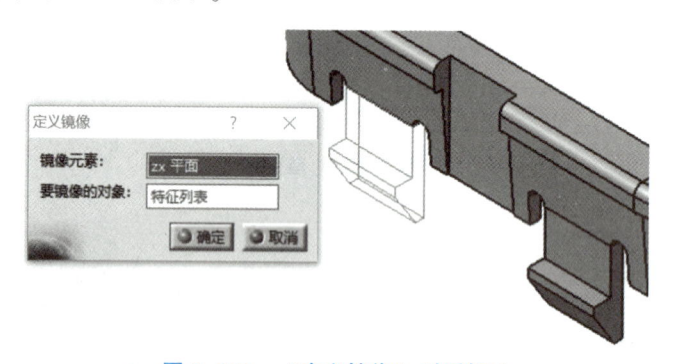

图 8-252　"定义镜像"对话框 1

（13）单击"草图"命令，在结构树中单击"yz 平面"　yz 平面，进入草图绘制界面绘制草图，如图 8-253 所示，单击"退出工作台"命令完成草图的绘制。单击"凹槽"命令，在"定义凹槽"对话框中，"第一限制"中的"深度"设置为"90 mm"，"第二限制"中的"深度"设置为"-60 mm"，"凹槽方向"设置为 X 轴负方向，单击"确定"按钮，如图 8-254 所示。

（14）单击"草图"命令，在结构树中单击"zx 平面"　zx 平面，进入草图绘制界面绘制草图，如图 8-255 所示，其结构大部分由"投影"命令得到，单击"退出工作台"命令完成草图的绘制。单击"凸台"命令，在"定义凸台"对话框中，"第一限制"中的"长度"设置为"10 mm"，"第二限制"中的"长度"设置为"-2 mm"，"凸台方向"设置为 Y 轴负方向，单击"确定"按钮，如图 8-256 所示。

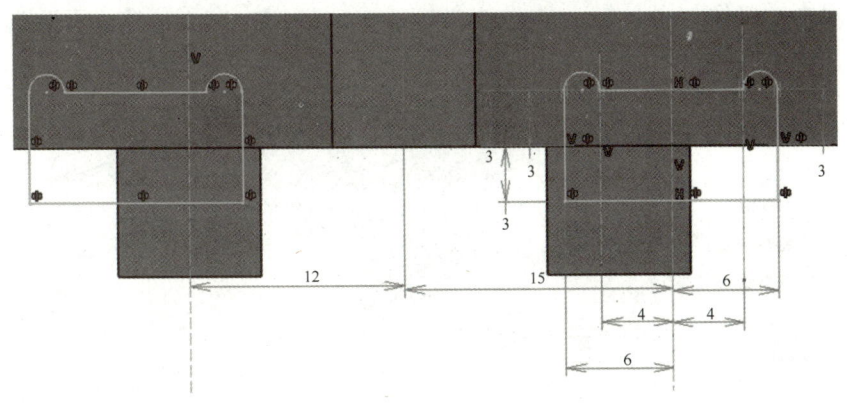

图 8-253 草图 7

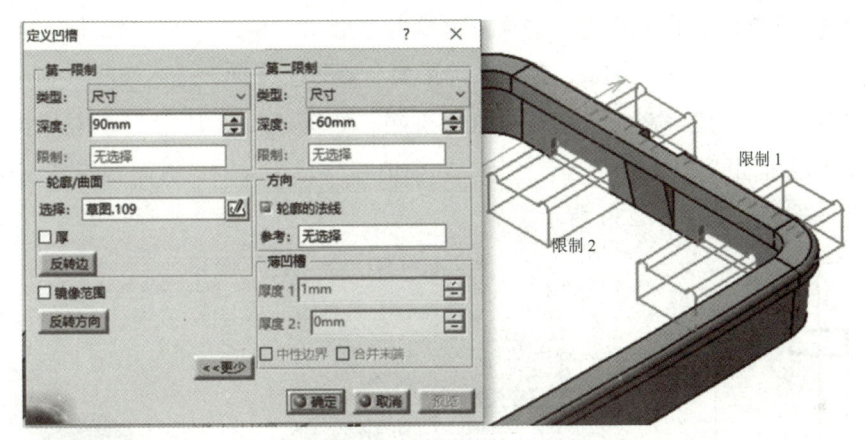

图 8-254 "定义凹槽"对话框 3

图 8-255 草图 8

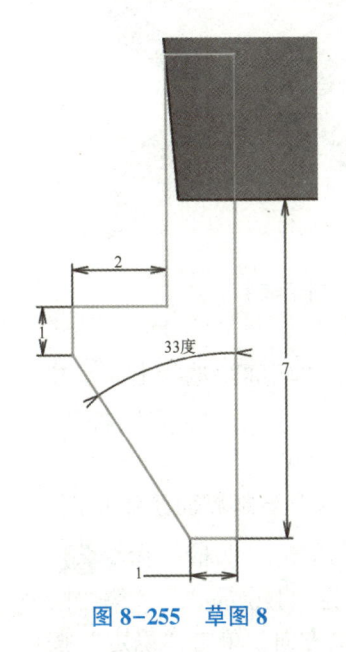

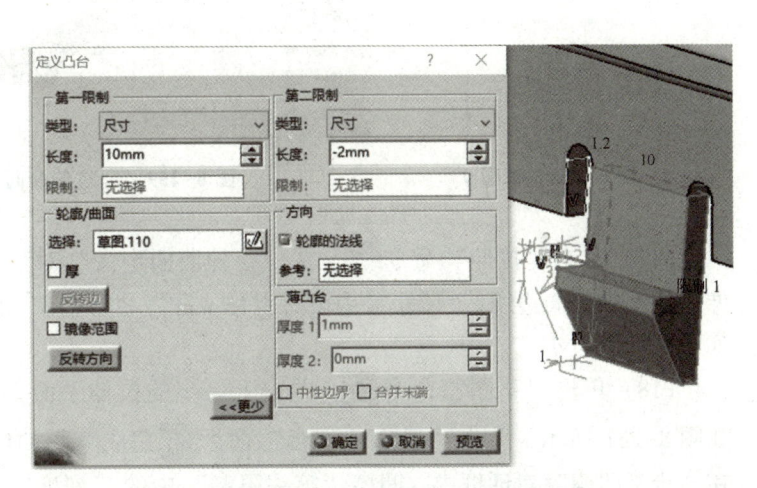

图 8-256 "定义凸台"对话框 3

(15) 单击"镜像"命令，在"定义镜像"对话框中，"镜像元素"选择"zx 平面"，单击"确定"按钮，如图 8-257 所示。

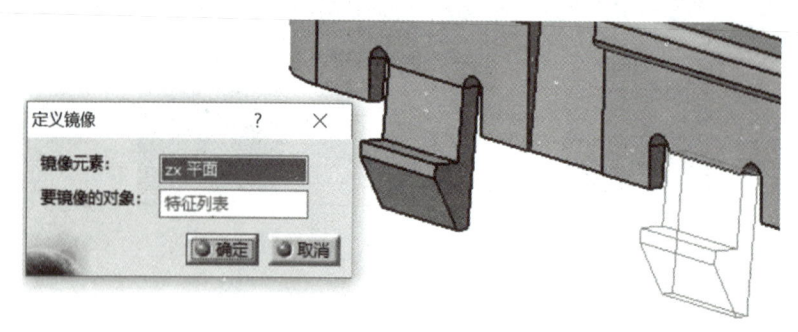

图 8-257 "定义镜像"对话框 2

(16) 单击菜单栏中的"开始"选项，再单击"形状"中的"创成式外形设计"选项，单击"草图"命令，在结构树中单击"xy 平面" xy 平面，进入草图绘制界面绘制草图，单击"退出工作台"命令 完成草图的绘制，如图 8-258 所示。单击"拉伸"命令，在"拉伸曲面定义"对话框中，"尺寸"中填写"15 mm"，"方向"设置为镜像范围，单击"确定"按钮，如图 8-259 所示。

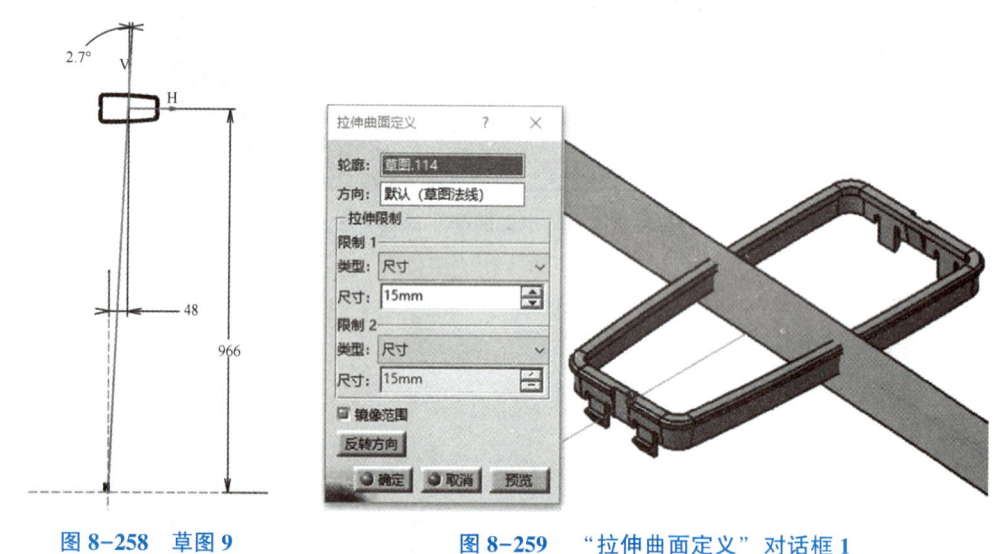

图 8-258 草图 9

图 8-259 "拉伸曲面定义"对话框 1

(17) 单击"拉伸"命令，在"拉伸曲面定义"对话框中，"轮廓"选择上一步拉伸面的 Y 轴正向边线，"尺寸"中填写"15 mm"，"方向"默认即可，单击"确定"按钮，如图 8-260 所示。

(18) 单击"草图"命令，单击上一步的拉伸平面，进入草图绘制界面绘制草图，如图 8-261 所示，单击"退出工作台"命令 完成草图的绘制。单击"凹槽"命令，在"定义凹槽"对话框中，凹槽"第一限制"中的"深度"设置为"120 mm"，"第二限制"中的"深度"设置为"-100 mm"，"凹槽方向"设置为 Y 轴负方向，单击"确定"按钮，如图 8-262 所示。

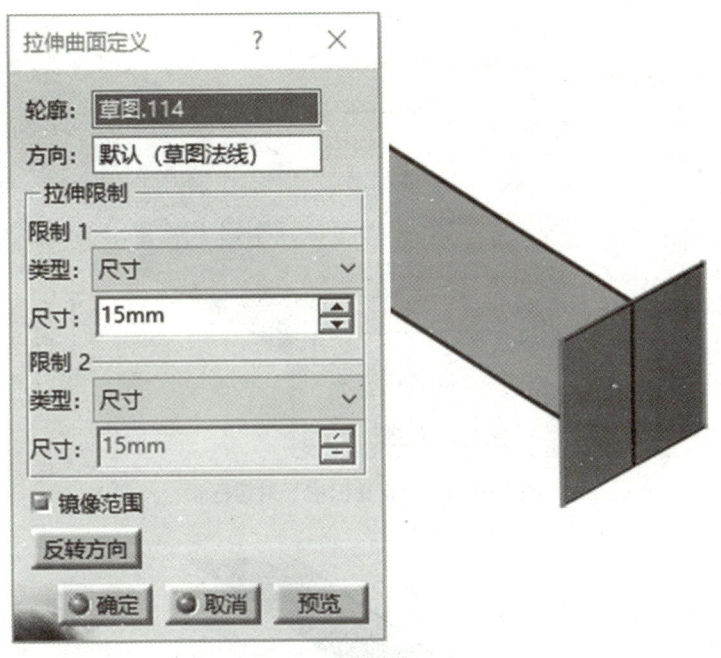

图 8-260　"拉伸曲面定义"对话框 2

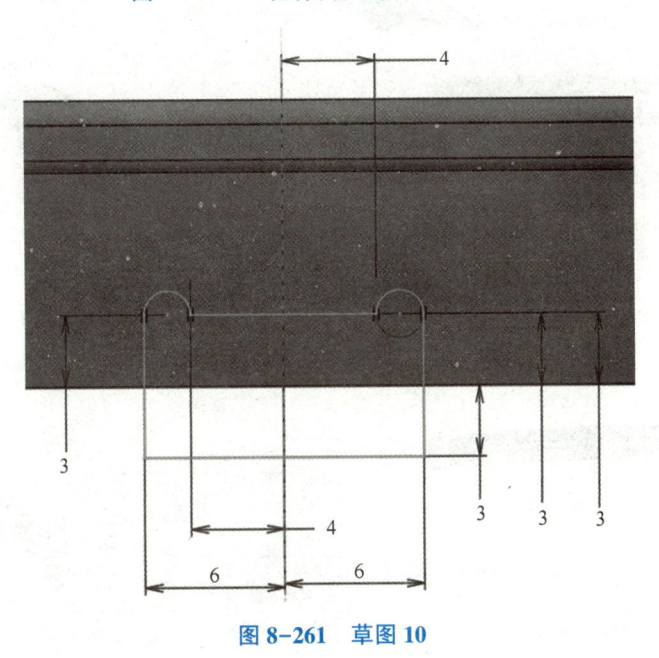

图 8-261　草图 10

(19) 单击"镜像"命令，在"定义镜像"对话框中，"镜像元素"选择"zx 平面"，单击"确定"按钮，如图 8-263 所示。

(20) 单击"草图"命令，单击第 18 步凹槽几何体上端面，进入草图绘制界面绘制草图，如图 8-264 所示，单击"投影"命令投影端面轮廓，单击"退出工作台"命令完成草图的绘制。单击"凸台"命令，在"定义凸台"对话框中，"长度"设置为"10 mm"，"凸台方向"设置为 Z 轴负方向，单击"确定"按钮，如图 8-265 所示。

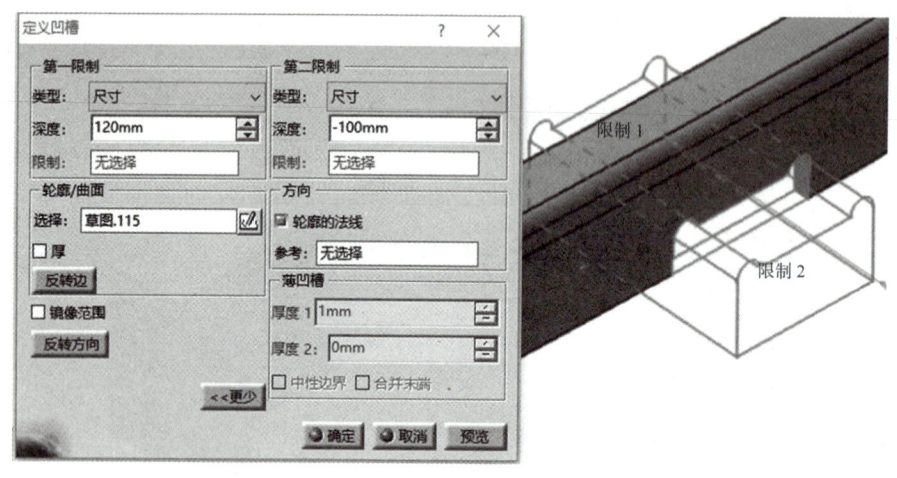

图 8-262 "定义凹槽"对话框 4

图 8-263 "定义镜像"对话框 3

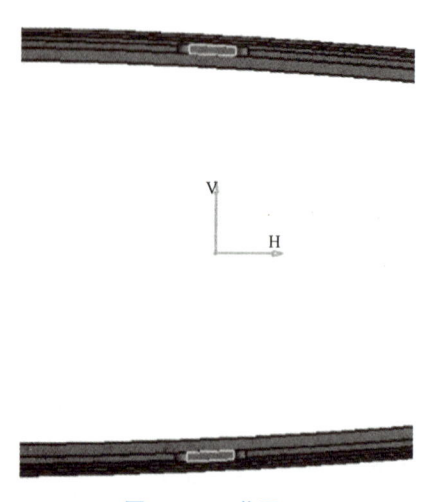

图 8-264 草图 11

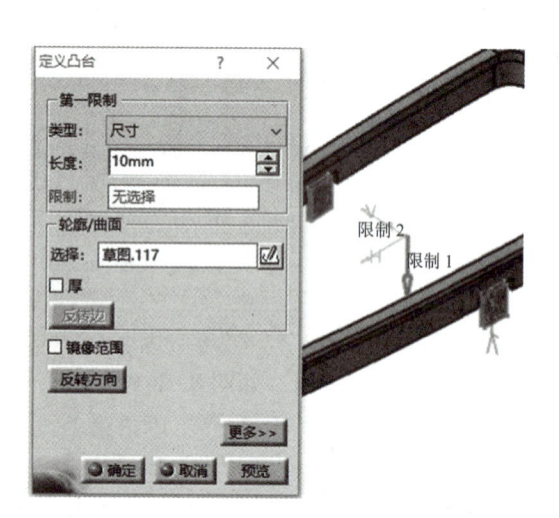

图 8-265 "定义凸台"对话框 4

(21) 单击"草图"命令，在结构树中单击"yz 平面" yz 平面，进入草图绘制界面绘制草图，如图 8-266 所示，单击"退出工作台"命令完成草图的绘制。单击"凸台"命令，在"定义凸台"对话框中，"长度"设置为"4 mm"，"凸台方向"设置为镜像范围，单击"确定"按钮，如图 8-267 所示。

图 8-266 草图 12

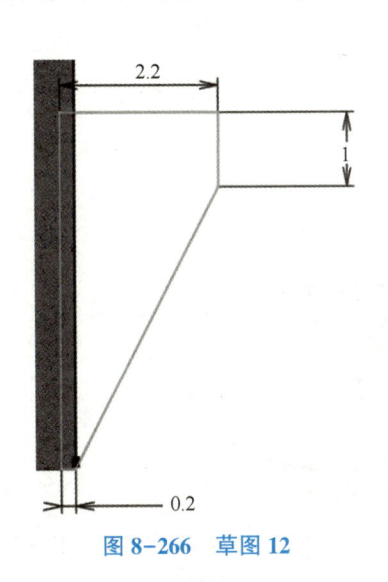

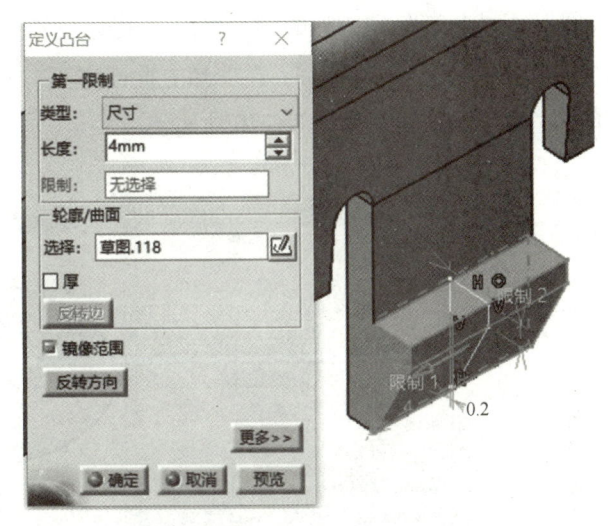

图 8-267 "定义凸台"对话框 5

(22) 单击"镜像"命令，在"定义镜像"对话框中，"镜像元素"选择"zx 平面"，单击"确定"按钮，如图 8-268 所示。

步骤十二：皮罩的建模

固定框建模思路是在"创成式外形设计"模块下使用"填充""提取""接合""边界""外插延伸""分割""桥接曲面""分割""拉伸"和"倒圆角"命令，构建出皮罩的外形曲面，皮罩的外形曲面如图 8-269 所示。

图 8-268 "定义镜像"对话框 4

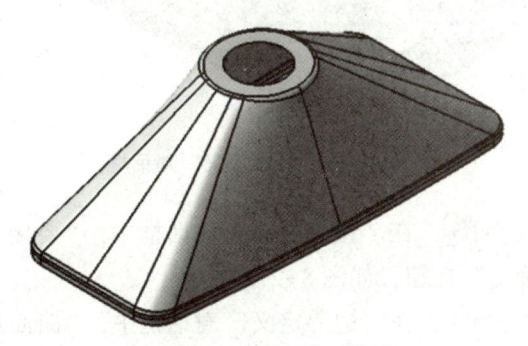

图 8-269 皮罩外形曲面

（1）单击菜单栏"插入"中的"几何图形集"选项 几何图形集...，结构树中会出现"插入几何图形集"对话框，填写名称后单击"确定"按钮，如需更改名称可右键单击几何图形集，选择"属性" 属性，进行重新命名。

（2）单击"草图"命令，单击固定环几何体的上端面，进入草图绘制界面，以坐标原点为圆心绘制直径为 36 mm 的圆，单击"退出工作台"命令 完成草图的绘制。

（3）单击"填充"命令，在"填充曲面定义"对话框中，"边界"选择上一步的草图，单击"确定"按钮，如图 8-270 所示。

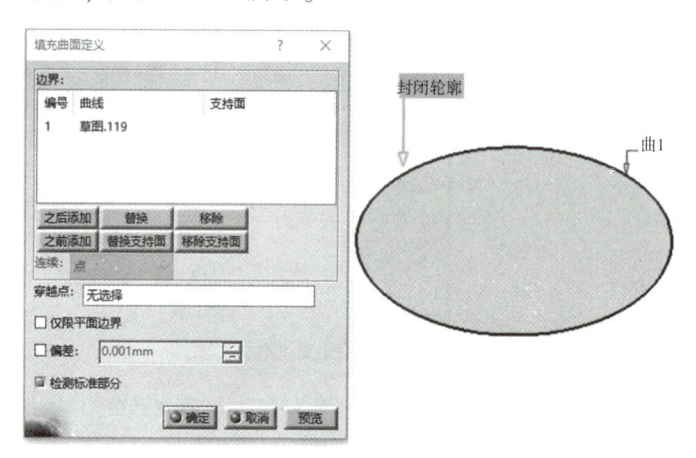

图 8-270　"填充曲面定义"对话框

（4）单击"提取"命令，在"提取定义"对话框中，"拓展类型"选择"无拓展"，"要提取的元素"选择固定框几何体第 6 步中实体的外侧面，共有 8 个子曲面，单击"确定"按钮，如图 8-271 所示。

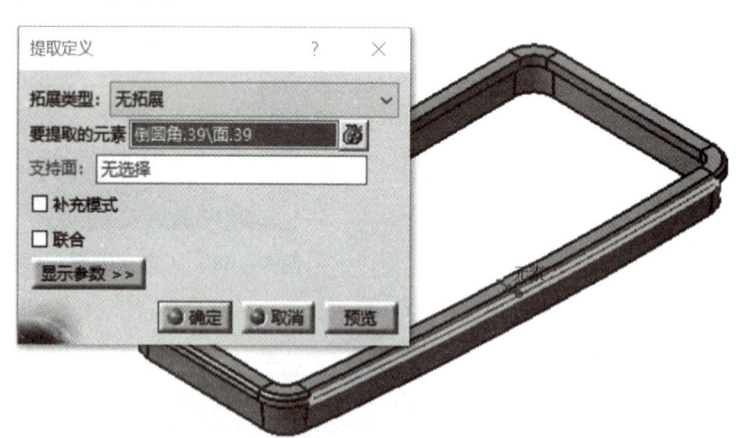

图 8-271　"提取定义"对话框

（5）单击"接合"命令，在"接合定义"对话框中，"要接合的元素"选择上一步中的 8 个曲面，单击"确定"按钮，如图 8-272 所示。

（6）单击"边界"命令，在"边界定义"对话框中，"曲面边界"选择上一步接合曲面的上边沿，单击"确定"按钮，如图 8-273 所示。

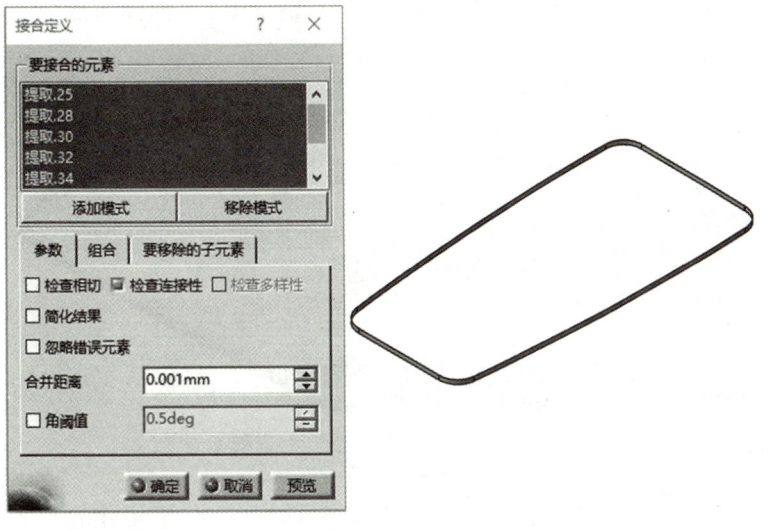

图 8-272 "接合定义"对话框 1

图 8-273 "边界定义"对话框 1

（7）单击"外插延伸"命令 ，在"外插延伸"对话框中，"边界"选择上一步提取面的边界线，"外插延伸"的选择第 5 步的接合面，"长度"设置为"2 mm"，单击"确定"按钮，如图 8-274 所示。

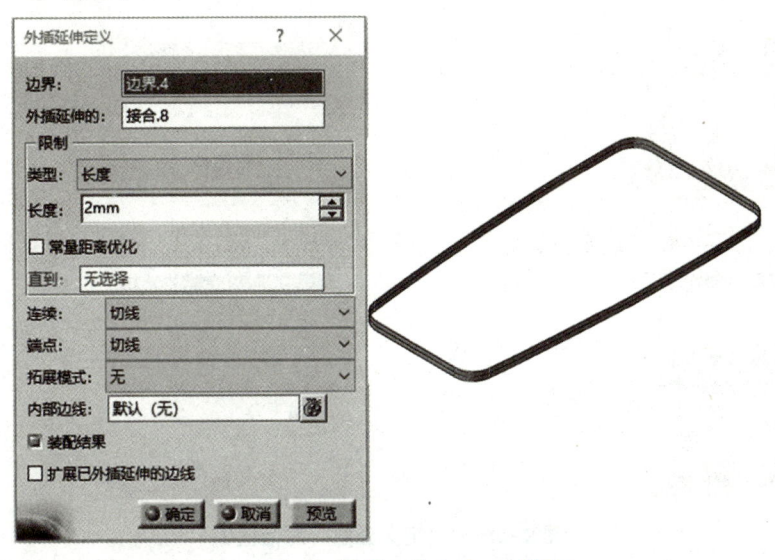

图 8-274 "外插延伸定义"对话框

（8）单击"边界"命令，在"边界定义"对话框中，"曲面边线"选择上一步外插延伸曲面的上边沿，单击"确定"按钮，如图8-275所示。

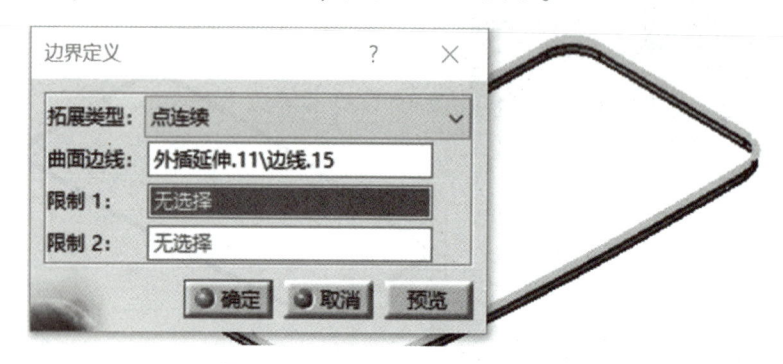

图8-275 "边界定义"对话框2

（9）单击"分割"命令，在"定义分割"对话框中，"要切除的元素"选择第2步的草图，"切除元素"选择"zx平面"，单击"确定"按钮，重复"分割"命令，将构造线分割，如图8-276所示。

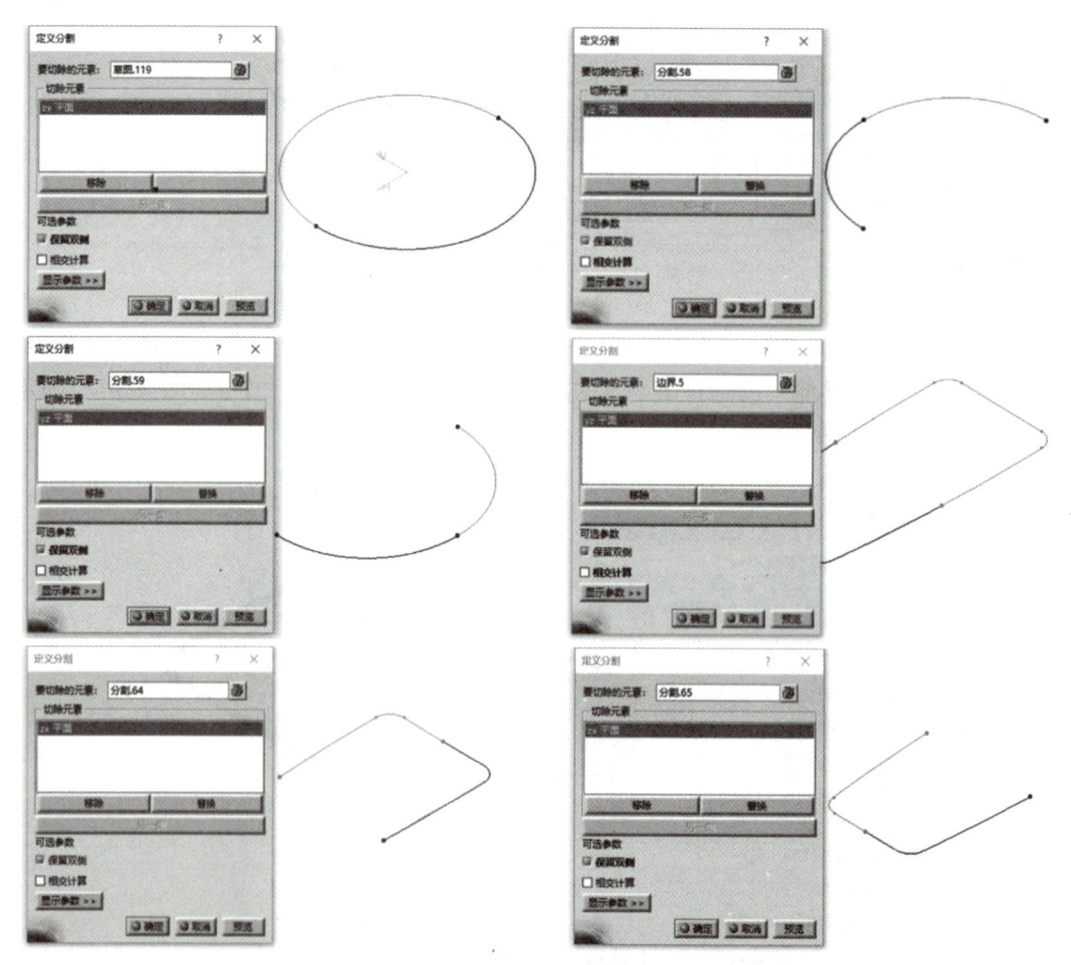

图8-276 "定义分割"对话框1

分割后的线框如图 8-277 所示。

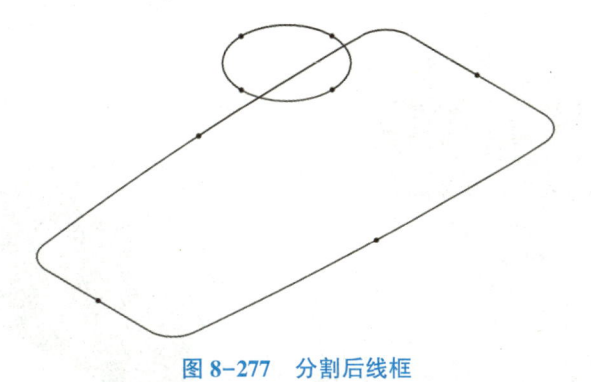

图 8-277 分割后线框

（10）单击"桥接曲面"命令，在"桥接曲面定义"对话框中，"第一曲线"和"第二曲线"分别选择分割后的轮廓曲线，单击"确定"按钮，如图 8-278 所示，重复"桥接曲面"命令。

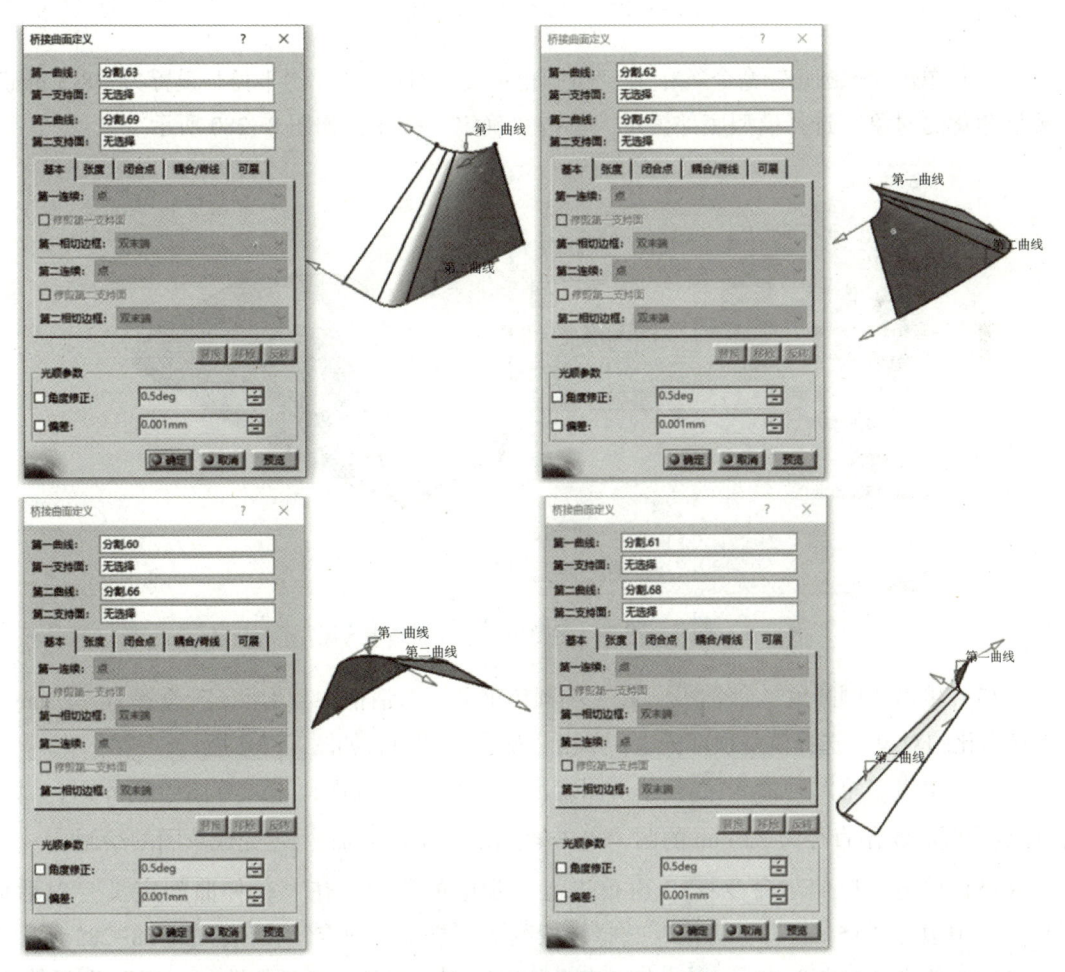

图 8-278 "桥接曲面定义"对话框

（11）单击"接合"命令，在"接合定义"对话框中，"要接合的元素"选择上一

261

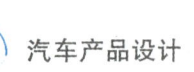

步中的 4 个曲面，单击"确定"按钮，如图 8-279 所示。

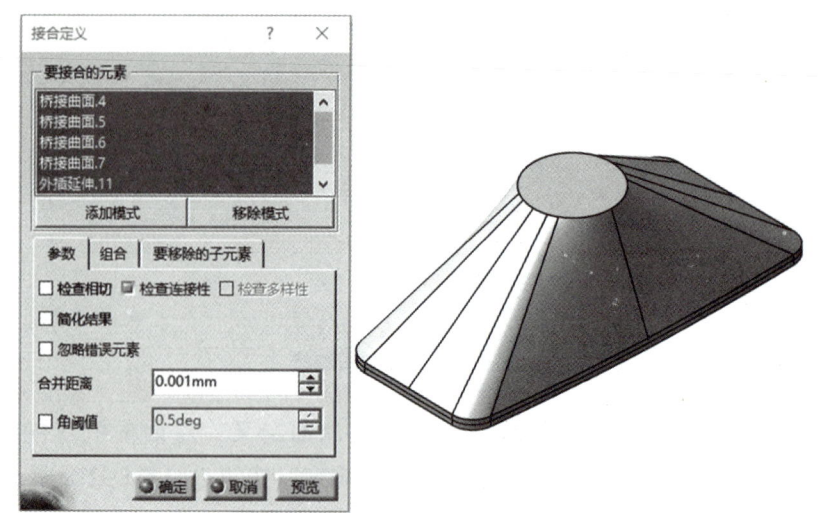

图 8-279 "接合定义"对话框 2

（12）单击"倒圆角"命令，在"倒圆角定义"对话框中，"半径"设置为"8.5 mm"，"要圆角化的对象"选择模型底部棱边，单击"确定"按钮，如图 8-280 所示。

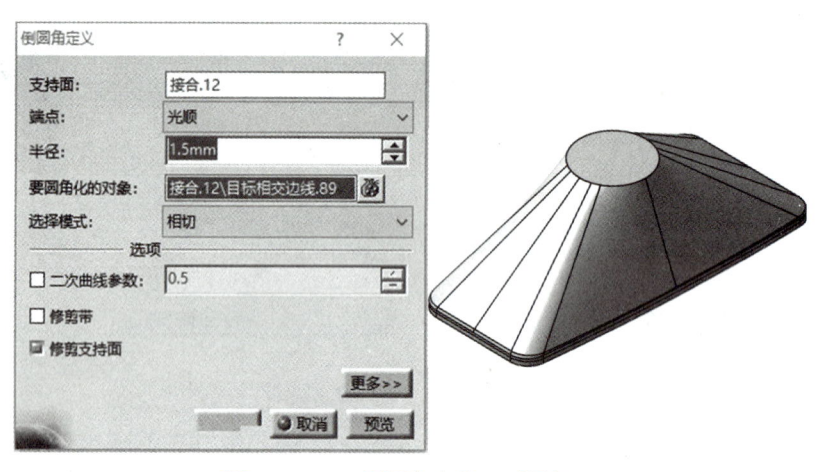

图 8-280 "倒圆角定义"对话框 1

（13）单击"倒圆角"命令，在"倒圆角定义"对话框中，"半径"设置为"2 mm"，"要圆角化的对象"选择模型顶部棱边，单击"确定"按钮，如图 8-281 所示。

（14）单击"草图"命令，单击固定环几何体的上端面，进入草图绘制界面，以坐标原点为圆心绘制直径为 22 mm 的圆，单击"退出工作台"命令完成草图的绘制。

（15）单击"拉伸"命令，再单击上一步中的草图，在"拉伸曲面定义"对话框"尺寸"中填写"15 mm"，"方向"选择镜像范围，单击"确定"按钮，如图 8-282 所示。

（16）单击"分割"命令，在"定义分割"对话框中，"要切除的元素"选择第 13 步的曲面，"切除元素"选择第 15 步中的拉伸面，单击"确定"按钮，如图 8-283 所示。

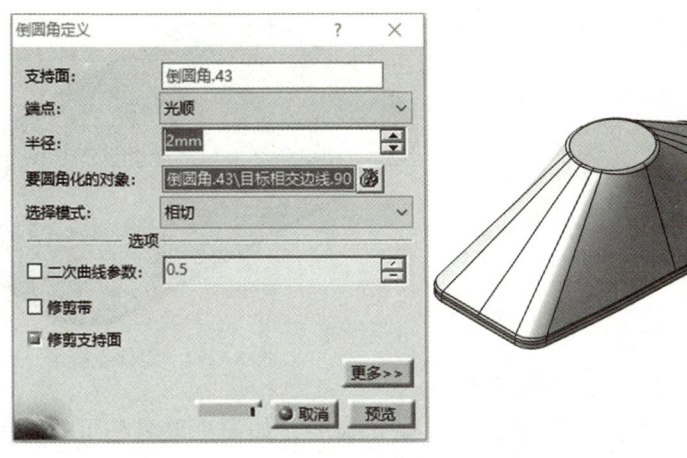

图 8-281 "倒圆角定义"对话框 2

图 8-282 "拉伸曲面定义"对话框

图 8-283 "定义分割"对话框 2

项目八 换挡杆三维曲面建模

263

步骤十三：装饰盖的建模

装饰盖建模思路是使用"加厚曲面"和"倒圆角"命令，构建出装饰盖的主体轮廓，再在"创成式外形设计"模块下使用"拉伸""提取"和"分割"命令获取字母型面，装饰盖模型如图 8-284 所示。

（1）单击菜单栏"插入"中的"几何体"选项 ，结构树中会出现新建的几何体，此时软件对新增几何体进行了默认命名，如需更改名称可右键单击几何体，选择"属性" ，重新命名为"装饰盖" 装饰盖。

图 8-284　装饰盖模型

（2）单击"厚曲面"命令 ，在"定义厚度面"对话框中，"第一偏移"设置为"2 mm"，"第二偏移"设置为"-1 mm"，"要偏移的对象"选择上壳体型面小分割面，单击"确定"按钮，如图 8-285 所示。

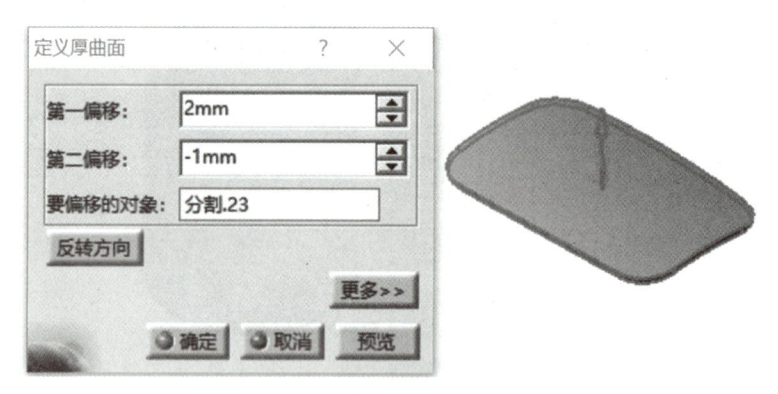

图 8-285　"定义厚曲面"对话框 1

（3）单击"倒圆角"命令 ，在"倒圆角定义"对话框中，"半径"设置为"0.5 mm"，"要圆角化的对象"在模型上选择顶部外廓棱边，单击"确定"按钮，如图 8-286 所示。

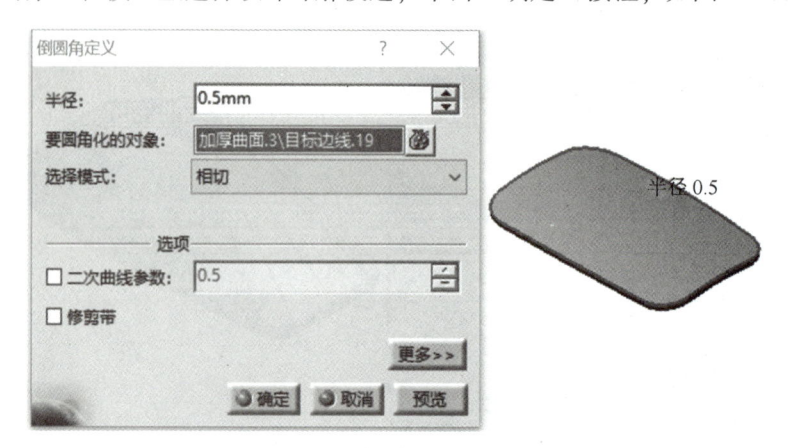

半径 0.5

图 8-286　"倒圆角定义"对话框

(4) 单击菜单栏"文件"中的"新建"选项,在弹出的"新建"对话框中选择"Drawing"选项,如图 8-287 所示,然后单击"确定"按钮,打开 Drawing 界面。

(5) 单击"文本"命令 T,在"文本编辑器"对话框中填入"PRNDS",换行输入需同时按【Ctrl】+【Enter】键,单击"确定"按钮,如图 8-288 所示,文字格式设置为 Microsoft Sar 3.5 B,右键单击文本框,下拉菜单中选择"属性",在"属性"对话框中,"方向"选择"竖直",单击"确定"按钮,如图 8-289 所示,最终获得文本,如图 8-290 所示。

图 8-287 "新建"对话框

图 8-288 "文本编辑器"对话框

图 8-289 "属性"对话框

(6) 单击"文件"中的"另存为"选项,选择 dwg 格式进行保存,单击文件打开,找到刚保存的 dwg,打开后字母变为线框格式,如图 8-291 所示。

图 8-290 实心文本图形

图 8-291 空心文本图形

(7) 单击菜单栏中的"开始"选项,再单击"形状"中的"创成式外形设计"选项,单击"草图"命令,在结构树中单击"xy 平面" xy 平面,进入草图绘制界面,复制上一步文本中 P 字母的外圈线条,单击"退出工作台"命令 完成草图的绘制,如图 8-292 所示。单击"拉伸"命令,在弹出的"拉伸曲面定义"对话框中,"限制 1"中的"尺寸"设置为"70 mm","限制 2"中的"尺寸"设置为"-60 mm","方向"选择 Z 轴正方向,单击"确定"按钮,如图 8-293 所示。

(8) 复制上壳体型面小分割面到装饰盖几何体中,单击"分割"命令,在"定义分割"对话框中,"要切除的元素"选择新复制的上壳体型面小分割面,"切除元素"选上一步中的拉伸曲面,单击"确定"按钮,如图 8-294 所示。

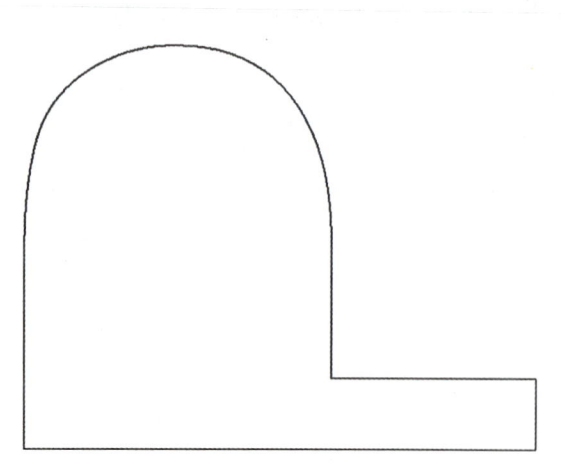

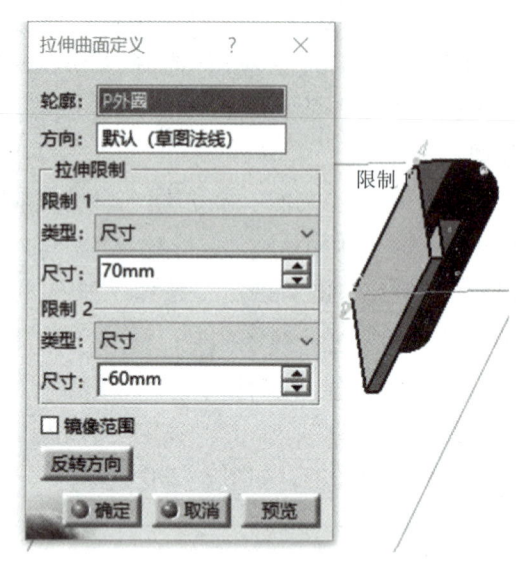

图 8-292　P 字母外圈　　　　　　　图 8-293　"拉伸曲面定义"对话框 1

（9）单击"草图"命令，在结构树中单击"xy 平面" xy 平面，进入草图绘制界面，复制第 5 步文本中 P 字母的内圈线条，单击"退出工作台"命令完成草图的绘制，如图 8-295 所示。单击"拉伸"命令，在"拉伸曲面定义"对话框中，"限制 1"中的"尺寸"设置为"70 mm"，"限制 2"中的"尺寸"设置为"-60 mm"，"方向"选择 Z 轴正方向，单击"确定"按钮，如图 8-296 所示。

图 8-294　"定义分割"对话框 1　　　　　图 8-295　P 字母内圈

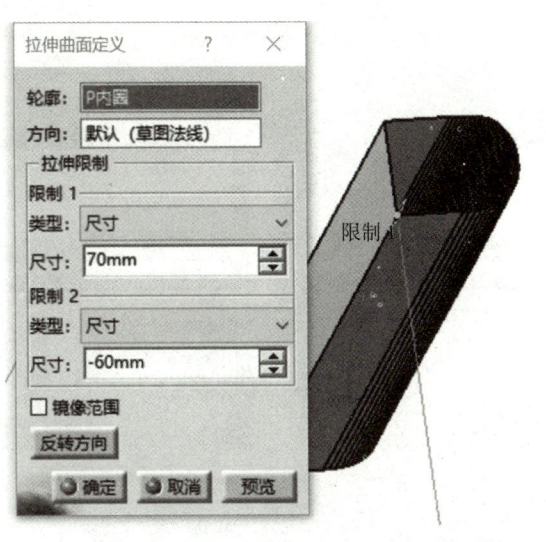

图 8-296 "拉伸曲面定义"对话框 2

(10) 单击"分割"命令，在"定义分割"对话框中，"要切除的元素"选择第 7 步的分割面，"切除元素"选择上一步中的拉伸曲面，单击"确定"按钮，如图 8-297 所示。

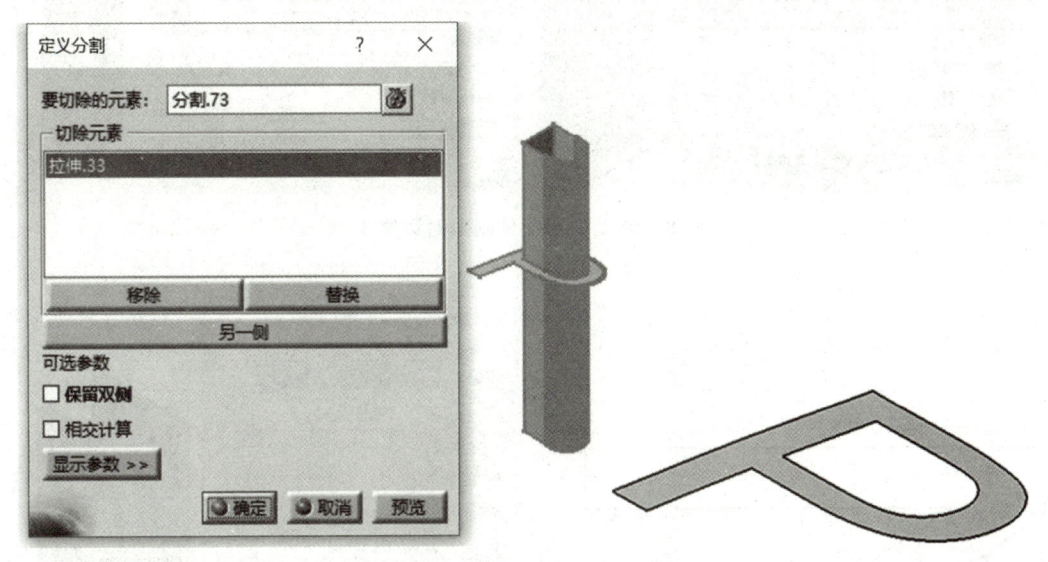

图 8-297 "定义分割"对话框 2

以同样的方法可以获得 R 和 D 的字母曲面，如图 8-298 所示。

(11) 单击"草图"命令，在结构树中单击"xy 平面" xy 平面，进入草图绘制界面，复制第 5 步文本中 N 字母的线条，单击"退出工作台"命令完成草图的绘制，如图 8-299 所示。单击"拉伸"命令，在"拉伸曲面定义"对话框中，"限制 1"中的"尺寸"设置为"70 mm"，"限制 2"中的"尺寸"设置为"-60 mm"，"方向"选择 Z 轴正方向，单击"确定"按钮，如图 8-300 所示。

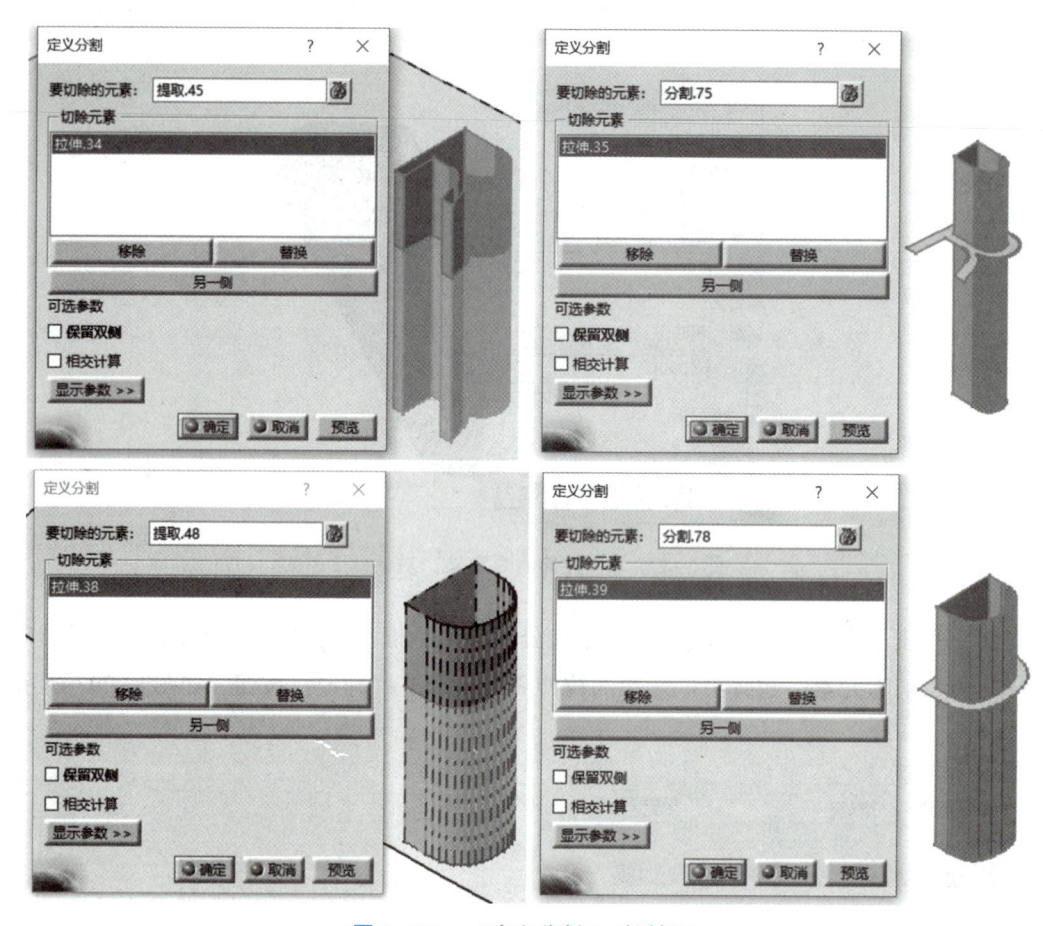

图 8-298 "定义分割"对话框 3

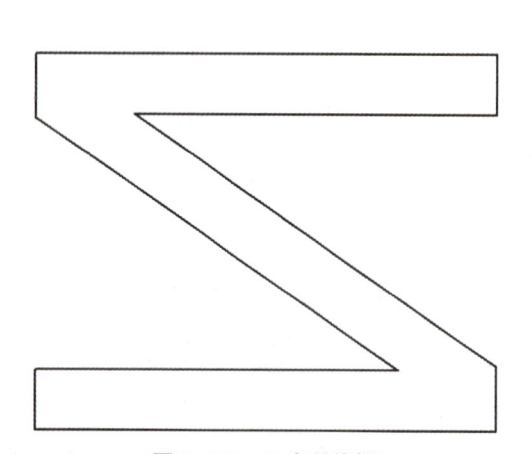

图 8-299 N 字母线框

图 8-300 "拉伸曲面定义"对话框 3

（12）单击"分割"命令，在"定义分割"对话框中，"要切除的元素"选择新复制的上壳体型面小分割面，"切除元素"选择上一步拉伸曲面，单击"确定"按钮，如图 8-301 所示。

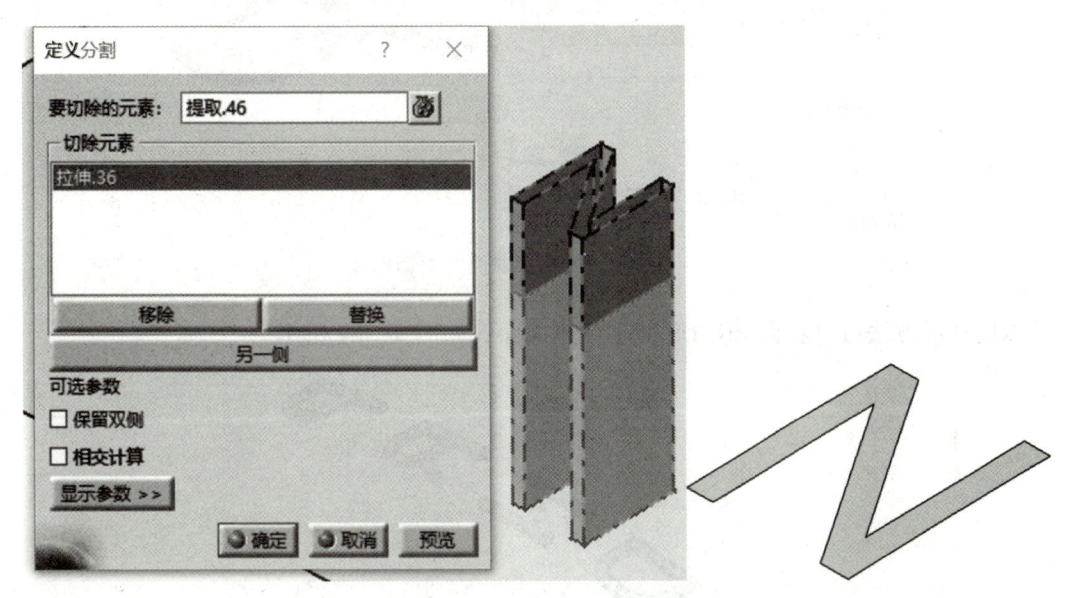

图 8-301　"定义分割"对话框 4

以同样的方法可以获得 S 的字母曲面，如图 8-302 所示。

图 8-302　"定义分割"对话框 5

（13）单击菜单栏"插入"中的"几何体"选项，并重新命名为"移除字母"，单击"厚曲面"命令，在"定义厚度面"对话框中，"第一偏移"设置为"0.2 mm"，"第二偏移"设置为"0 mm"，"要偏移的对象"选择字母的切割型面，单击"确定"按钮，如图 8-303 所示。

汽车产品设计

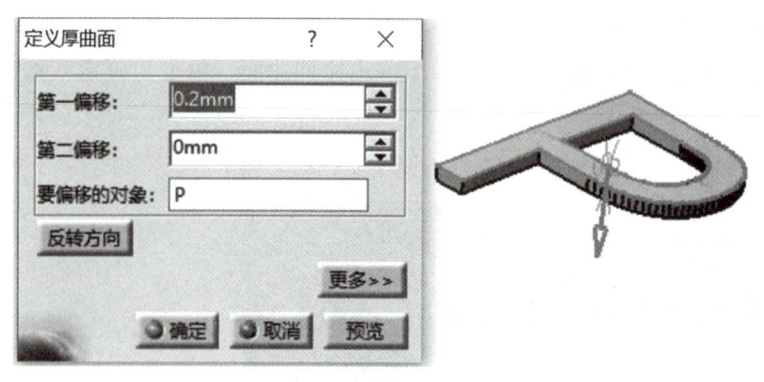

图 8-303 "定义厚曲面"对话框 2

以同样的方法可以获得 PRNDS 的字母厚曲面，如图 8-304 所示。

图 8-304 厚度曲面

（14）单击"移除"命令，分别单击移除字母和装饰盖几何体，单击"确定"按钮，如图 8-305 所示。

图 8-305 "移除"对话框

以上为换挡手柄的全部建模过程，将隐藏的几何体显示后，即可得到完整的换挡手柄数模。

二、换挡手柄装配

换挡手柄的装配思路是使用智能移动命令将各零部件装配成装配体。

步骤一：新建装配体，导入骨架

（1）单击菜单栏中的"文件"→"新建"，在弹出的"新建"对话框中选择"Product"选项，如图8-306所示，然后单击"确定"按钮。

图8-306　"新建"对话框

（2）单击"现有部件"命令，单击结构树中的"Product"，在弹出的"选择文件"对话框中选择骨架并单击"打开"，如图8-307所示。

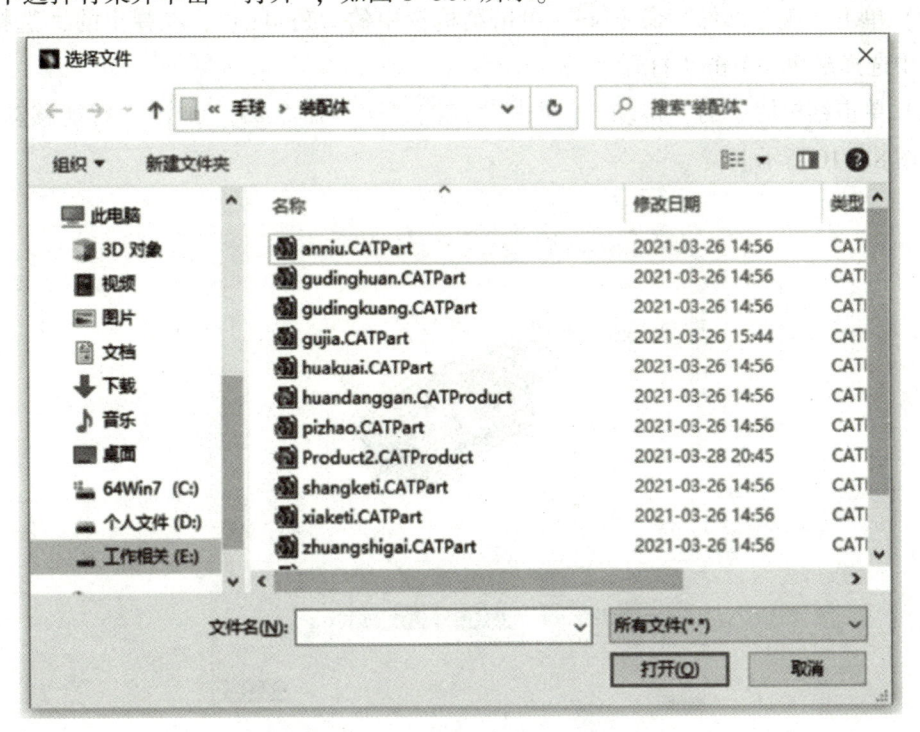

图8-307　"选择文件"对话框

步骤二：固定骨架

装配过程以骨架位置为基准，将其固定不动，以避免后续装配零件装配位置错乱。

（1）单击装配体结构树中的骨架零件，如图 8-308 所示，再单击"固定"命令 ![icon]，此时结构树中的约束集出现骨架固定的信息显示，如图 8-309 所示，同时数模上出现固定图标。

图 8-308　装配体结构树

图 8-309　固定状态显示

步骤三：装配滑块

（1）单击"现有部件"命令 ![icon]，单击结构树中的"Product"，在弹出的"选择文件"对话框中选择滑块并单击"打开"。

（2）单击结构树中的"滑块"，单击"智能移动"命令 ![icon]，弹出"智能移动"对话框，如图 8-310 所示。

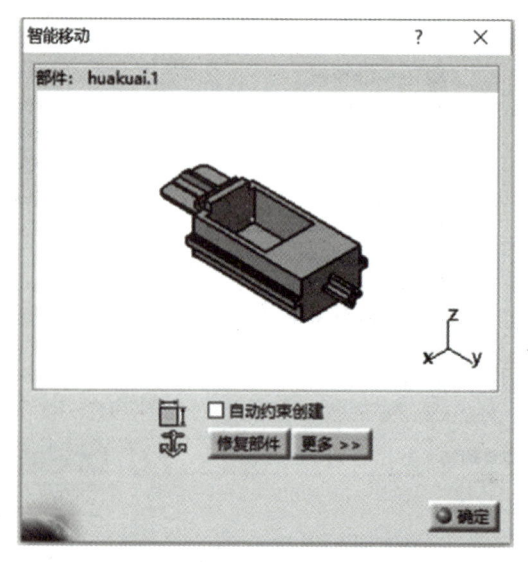

图 8-310　"智能移动"对话框 1

（3）分别单击"智能移动"对话框中滑块和骨架的对应平面，如图 8-311 所示，单击操作界面的空白处，注意不要单击"确定"按钮。

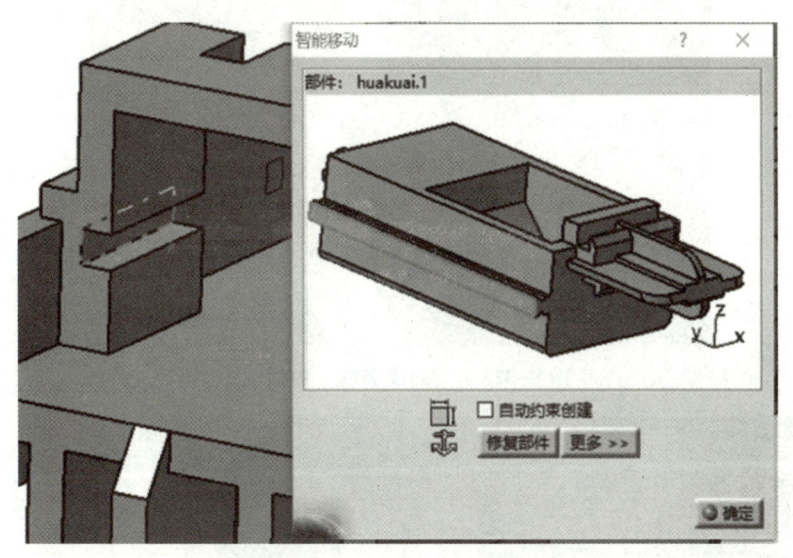

图 8-311 "智能移动"对话框 2

（4）分别单击"智能移动"对话框中滑块和骨架的对应平面，如图 8-312 所示，单击"确定"按钮。

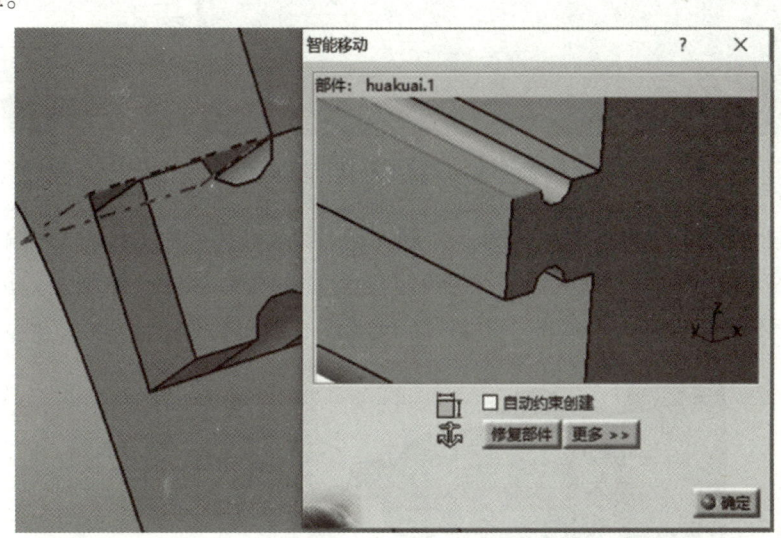

图 8-312 "智能移动"对话框 3

（5）单击"偏移约束"命令，分别单击滑块和骨架的配合面，偏移量设置为 0.1 mm，如图 8-313 所示，此处需要注意单击配合面的先后顺序，原则是先单击要移动的零件，后单击不动的零件，再单击"更新"命令，装配体的装配关系发生变化。

（6）单击"偏移约束"命令，分别单击滑块和骨架的配合面，偏移量设置为 0.1 mm，如图 8-314 所示，此处需要注意单击配合面的先后顺序，原则是先单击要移动的零件，后单击不动的零件，再单击"更新"命令，装配体的装配关系发生变化。

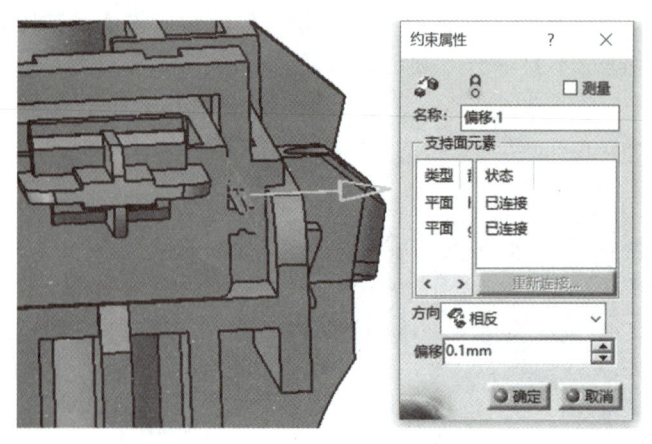

图 8-313 "约束属性"对话框 1

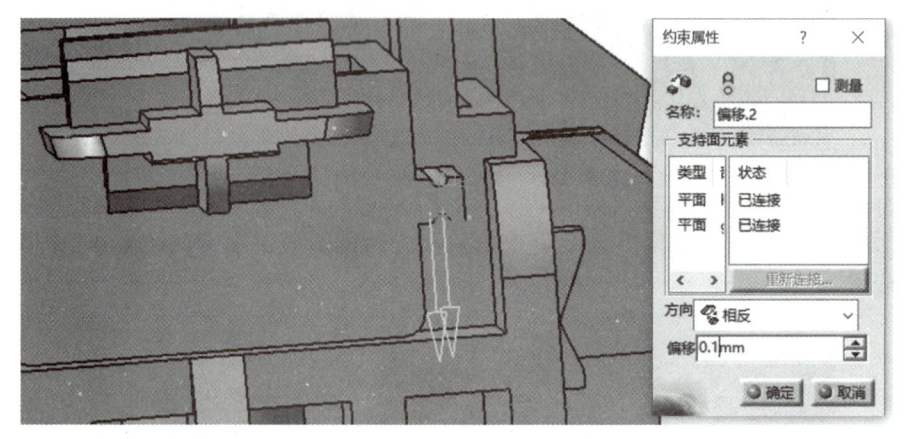

图 8-314 "约束属性"对话框 2

(7) 单击"偏移约束"命令 ，分别单击滑块和骨架的配合面，偏移量设置为 1.1 mm，如图 8-315 所示，此处需要注意单击配合面的先后顺序，原则是先单击要移动的零件，后单击不动的零件，再单击"更新"命令 ，装配体的装配关系发生变化。

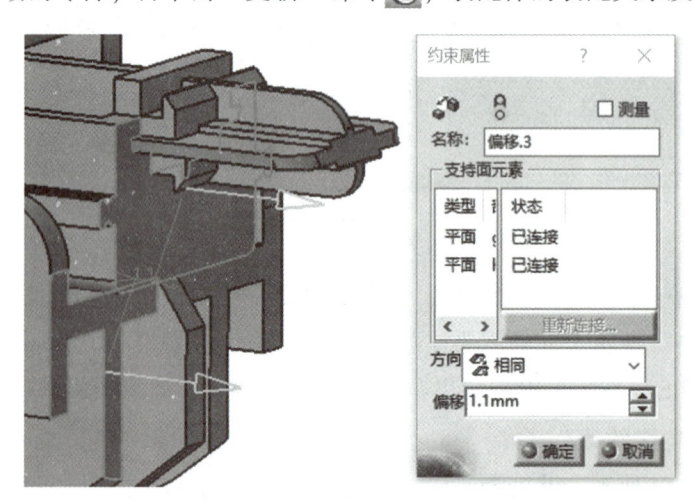

图 8-315 "约束属性"对话框 3

步骤四：装配按钮

(1) 单击"现有部件"命令 ![], 单击结构树中的"Product", 在弹出的"选择文件"对话框中选择按钮并单击"打开"。

(2) 单击结构树中的"按钮", 单击"智能移动"命令 ![], 弹出"智能移动"对话框, 如图 8-316 所示。

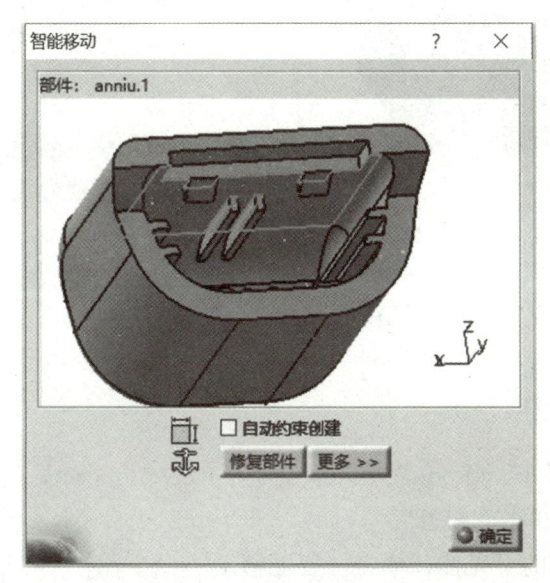

图 8-316　"智能移动"对话框 1

(3) 分别单击"智能移动"对话框中按钮和滑块的对应平面, 如图 8-317 所示, 单击操作界面的空白处。

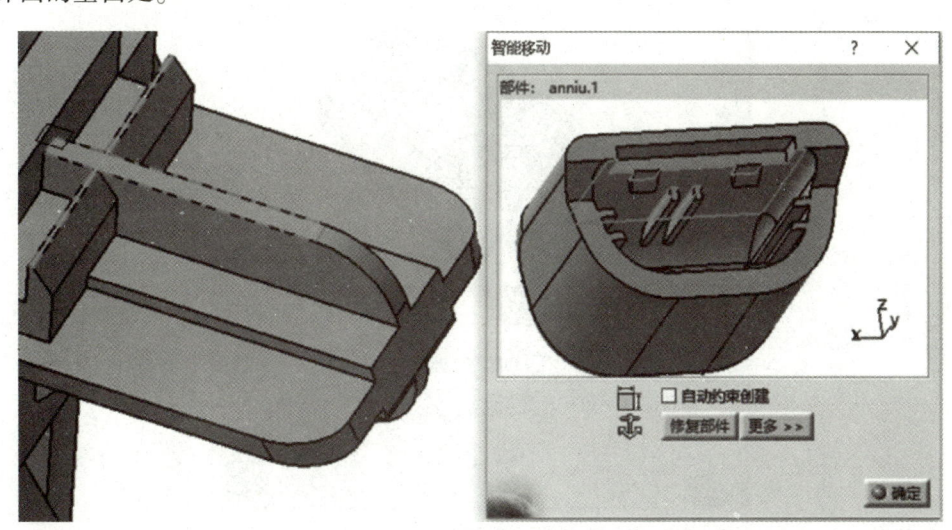

图 8-317　"智能移动"对话框 2

(4) 分别单击"智能移动"对话框中按钮和滑块的对应平面, 如图 8-318 所示, 单击"确定"按钮。

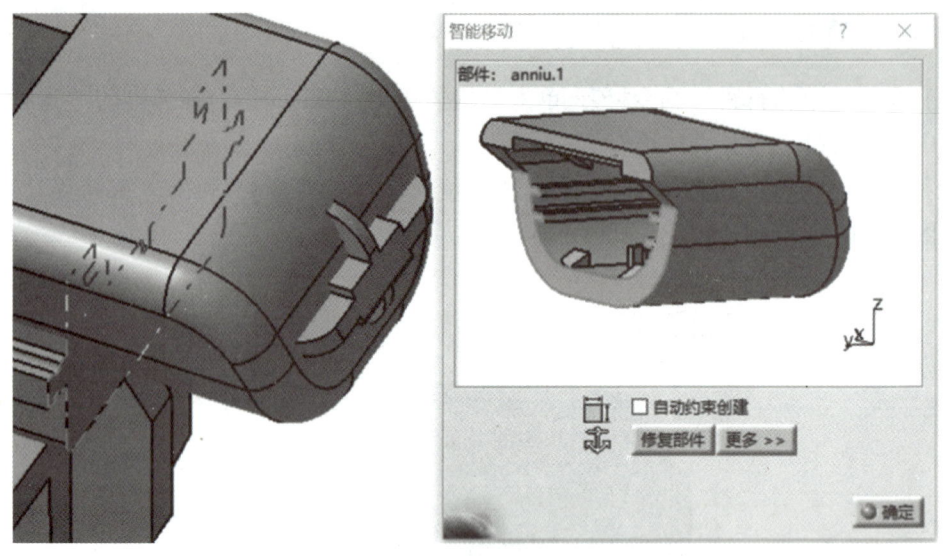

图 8-318 "智能移动"对话框 3

步骤五：装配下壳体

（1）单击"现有部件"命令，单击结构树中的"Product"，在弹出的"选择文件"对话框中选择下壳体并单击"打开"。

（2）单击结构树中的下壳体，单击"智能移动"命令，弹出"智能移动"对话框，如图 8-319 所示。

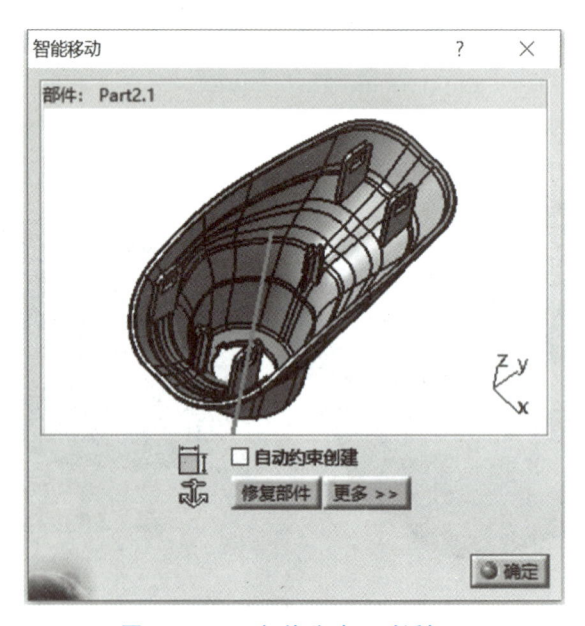

图 8-319 "智能移动"对话框 1

（3）分别单击"智能移动"对话框中下壳体和骨架的对应平面，如图 8-320 所示，单击操作界面的空白处。

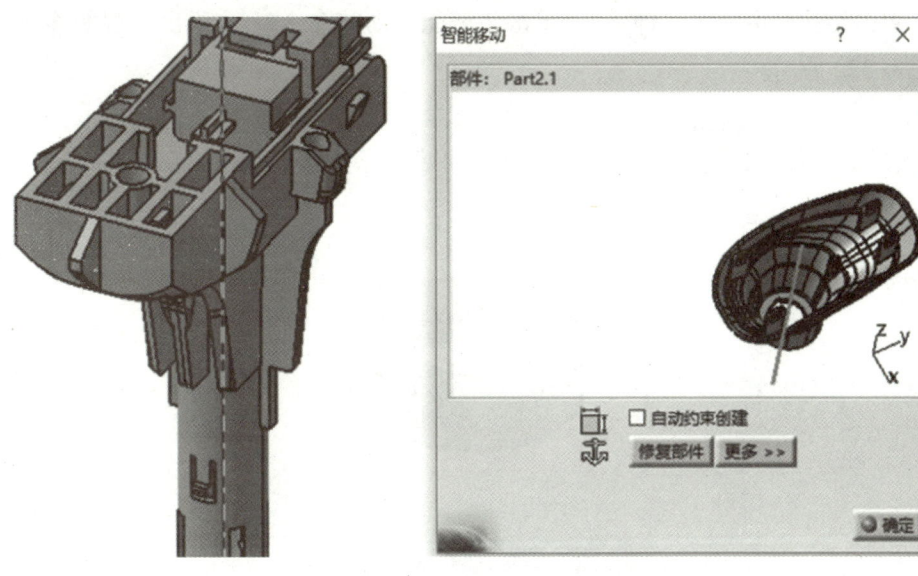

图 8-320　"智能移动"对话框 2

(4) 分别单击"智能移动"对话框中下壳体和骨架的对应平面，如图 8-321 所示，单击"确定"按钮。

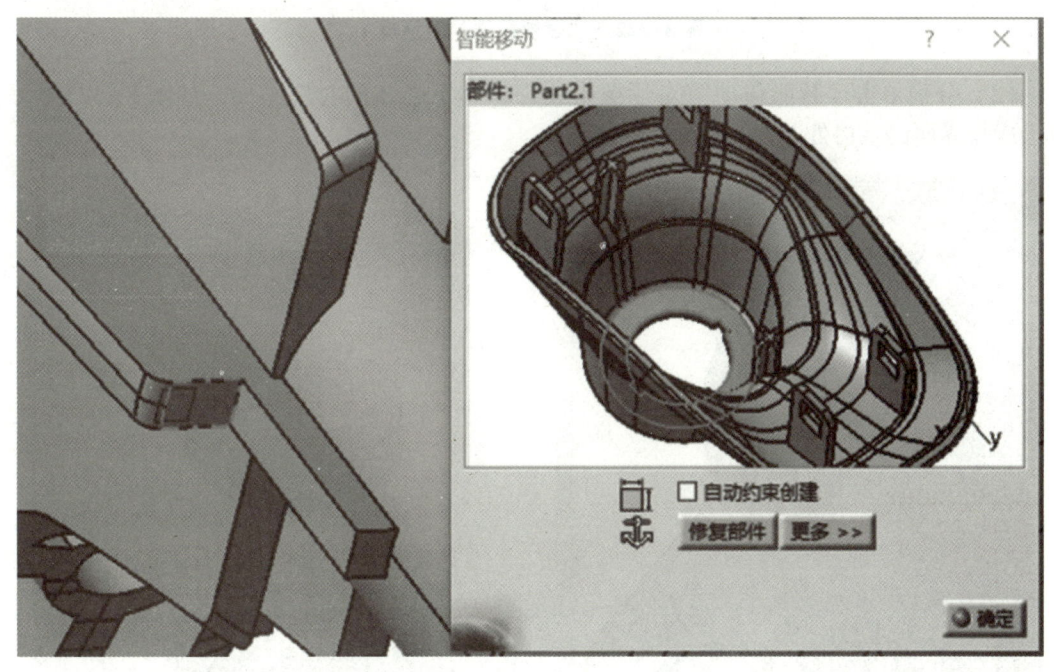

图 8-321　"智能移动"对话框 3

步骤六：装配装饰环

(1) 单击"现有部件"命令 ，单击结构树中的"Product"，在弹出的"选择文件"对话框中选择装饰环并单击"打开"。

(2) 单击结构树中的"装饰环",单击"智能移动"命令 ![], 弹出"智能移动"对话框, 如图 8-322 所示。

图 8-322 "智能移动"对话框 1

(3) 分别单击"智能移动"对话框中装饰环和下壳体的对应平面, 如图 8-323 所示, 单击操作界面的空白处。

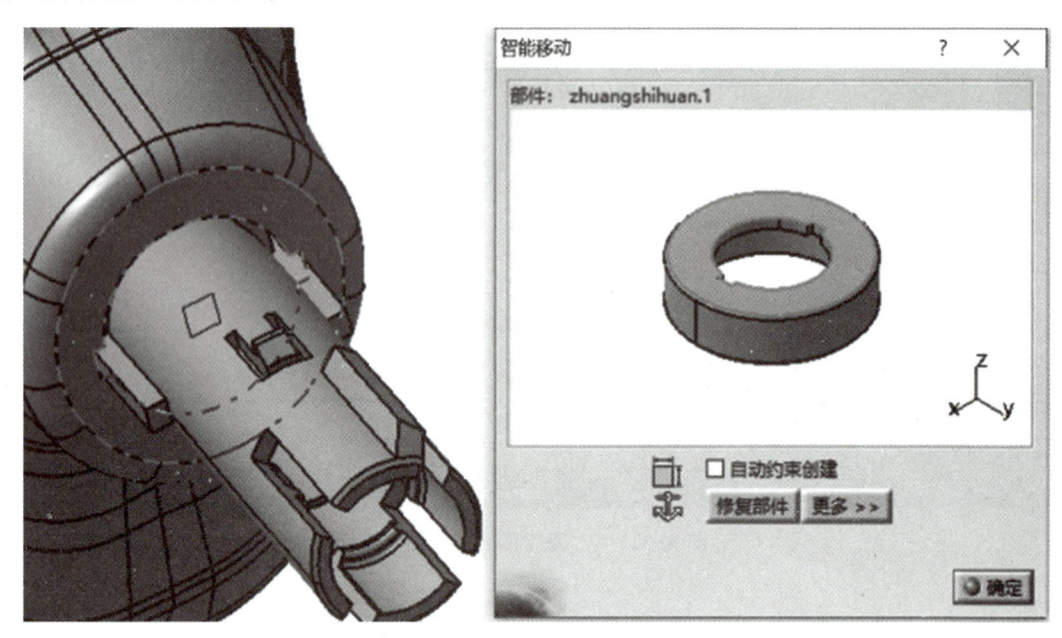

图 8-323 "智能移动"对话框 2

(4) 分别单击"智能移动"对话框中装饰环和骨架的对应平面, 如图 8-324 所示, 单击"确定"按钮。

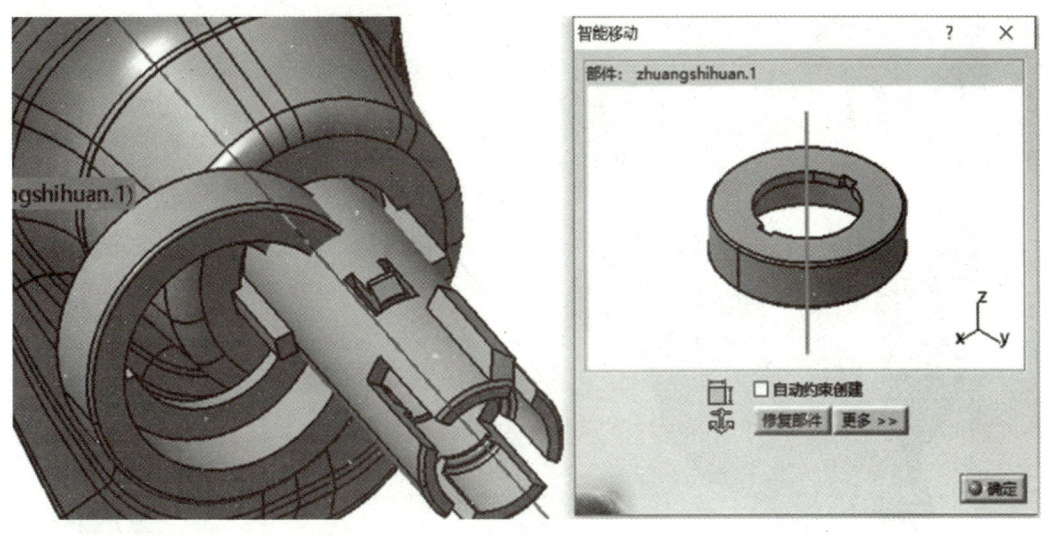

图 8-324 "智能移动"对话框 3

步骤七：装配皮罩

(1) 单击"现有部件"命令，单击结构树中的"Product"，在弹出的"选择文件"对话框中选择皮罩并单击"打开"。

(2) 单击结构树中的"皮罩"，单击"智能移动"命令，弹出"智能移动"对话框，如图 8-325 所示。

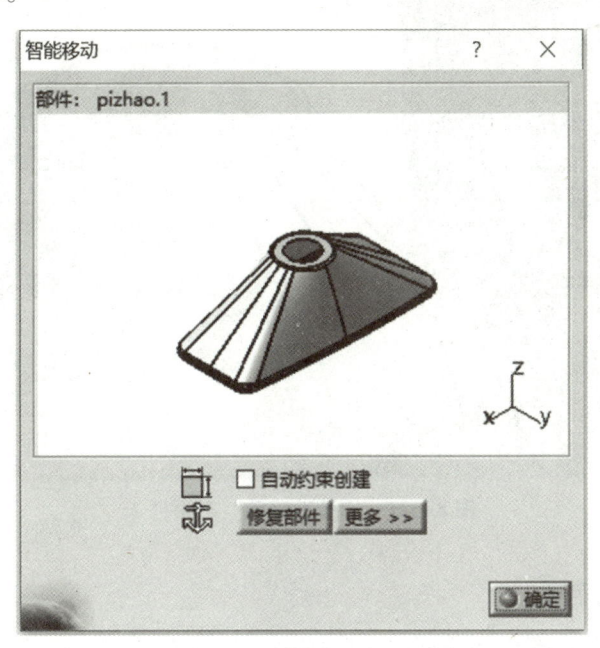

图 8-325 "智能移动"对话框 1

(3) 分别单击"智能移动"对话框中皮罩和装饰环的对应平面，如图 8-326 所示，单击操作界面的空白处。

279

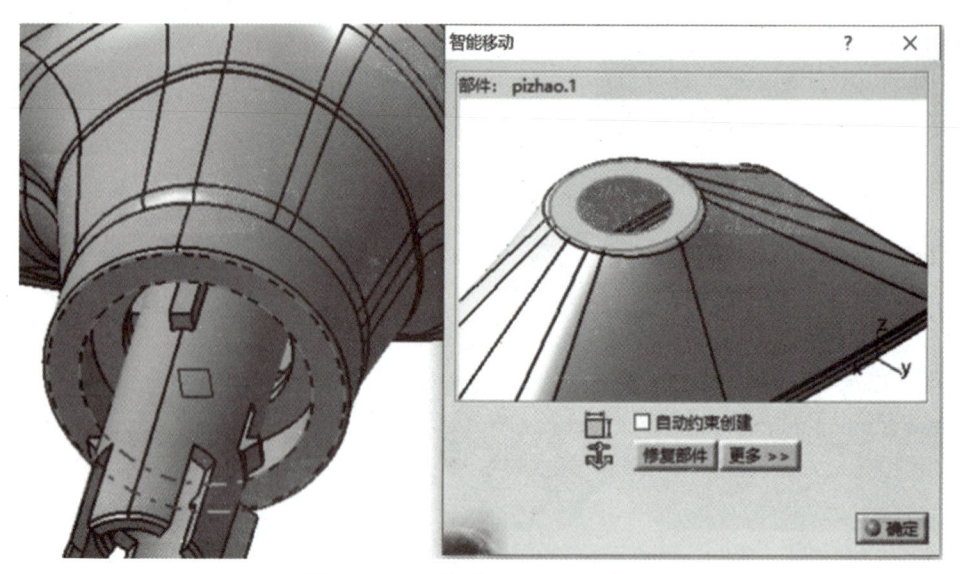

图 8-326 "智能移动"对话框 2

（4）分别单击"智能移动"对话框中皮罩和骨架的对应平面，如图 8-327 所示，单击"确定"按钮。

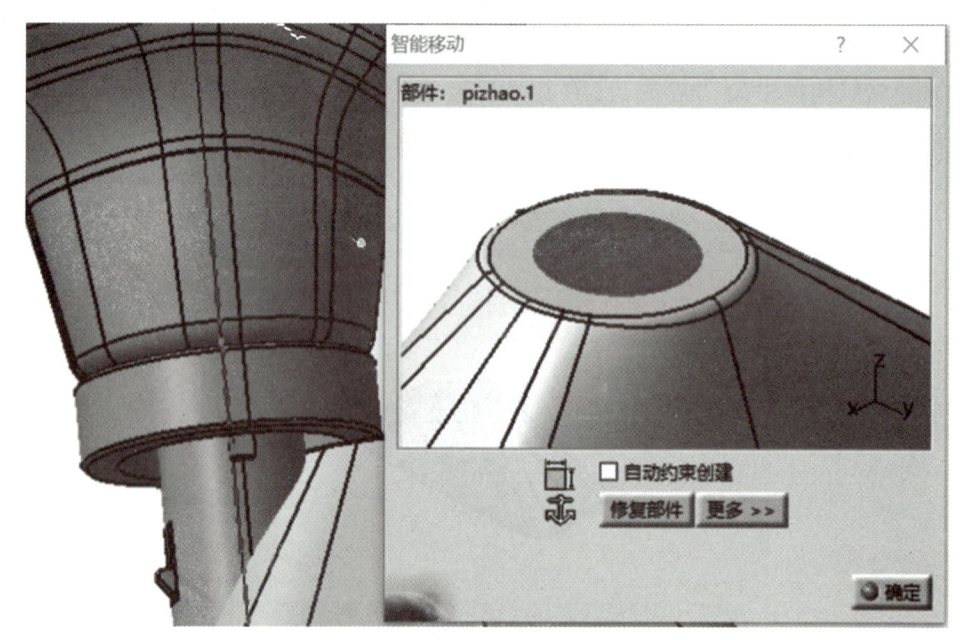

图 8-327 "智能移动"对话框 3

步骤八：装配固定环

（1）单击"现有部件"命令，单击结构树中的"Product"，在弹出的"选择文件"对话框中选择固定环并单击"打开"。

（2）单击结构树中的"固定环"，单击"智能移动"命令，弹出"智能移动"对话

框,如图 8-328 所示。

图 8-328 "智能移动"对话框 1

(3)分别单击"智能移动"对话框中固定环和皮罩的对应平面,如图 8-329 所示,单击操作界面的空白处。

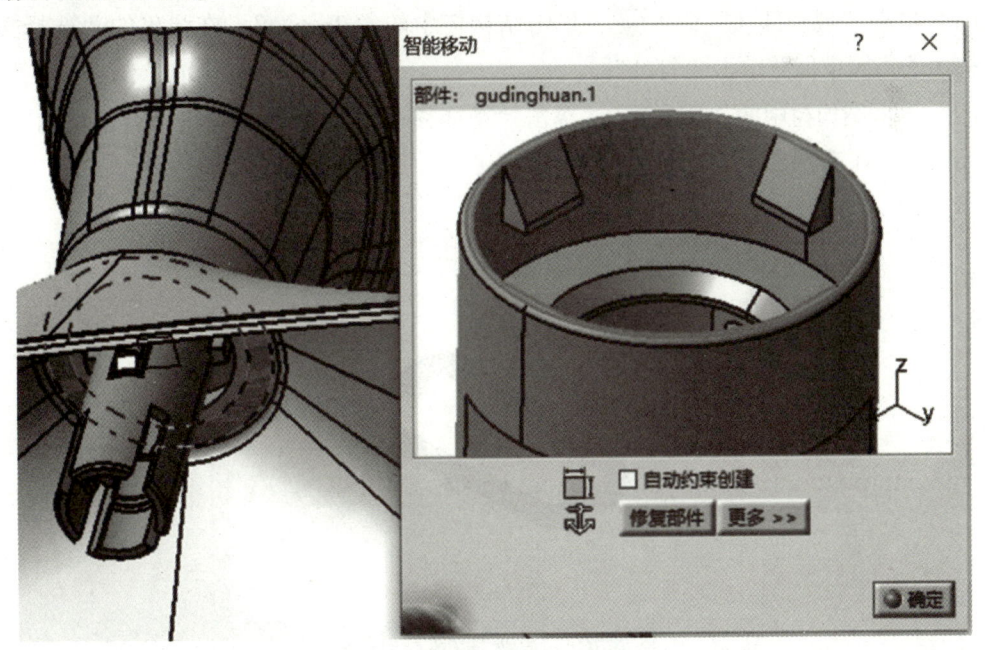

图 8-329 "智能移动"对话框 2

(4)分别单击"智能移动"对话框中皮罩和骨架的对应平面,如图 8-330 所示,单击"确定"按钮。

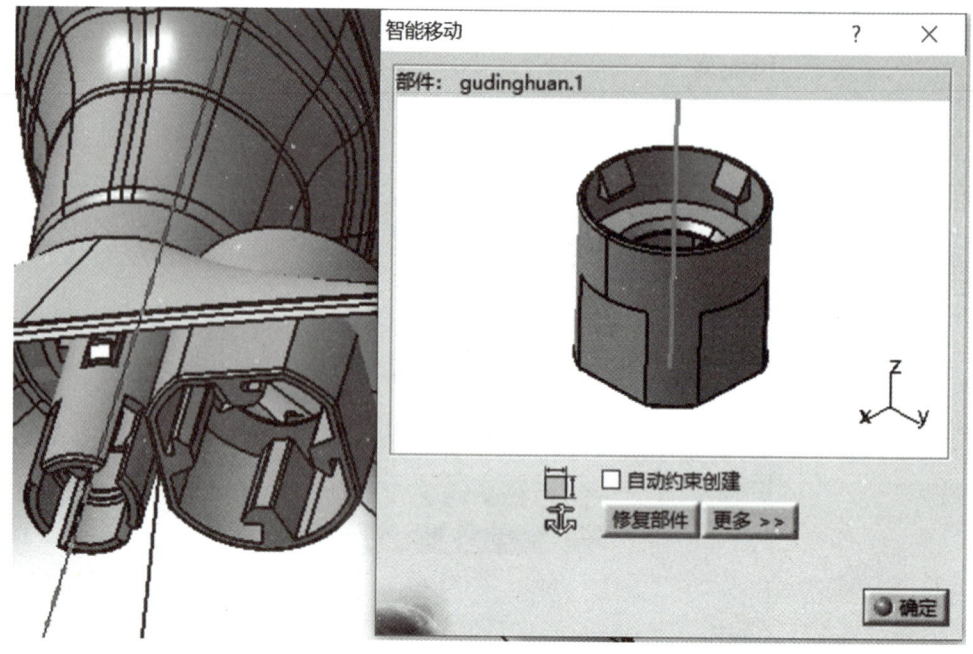

图 8-330 "智能移动"对话框 3

步骤九：装配固定框

（1）单击"现有部件"命令 ，单击结构树中的"Product"，在弹出的"选择文件"对话框中选择固定框并单击"打开"。

（2）单击结构树中的"固定框"，单击"智能移动"命令 ，弹出"智能移动"对话框，如图 8-331 所示。

图 8-331 "智能移动"对话框 1

(3) 分别单击"智能移动"对话框中固定框和皮罩的对应平面，如图 8-332 所示，单击操作界面的空白处。

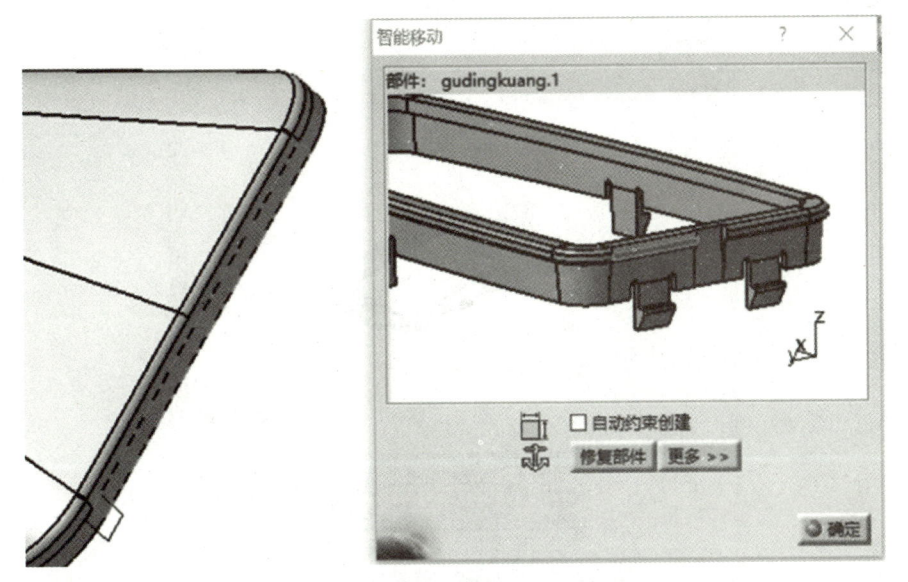

图 8-332　"智能移动"对话框 2

(4) 分别单击"智能移动"对话框中固定框和皮罩的对应平面，如图 8-333 所示，单击"确定"按钮。

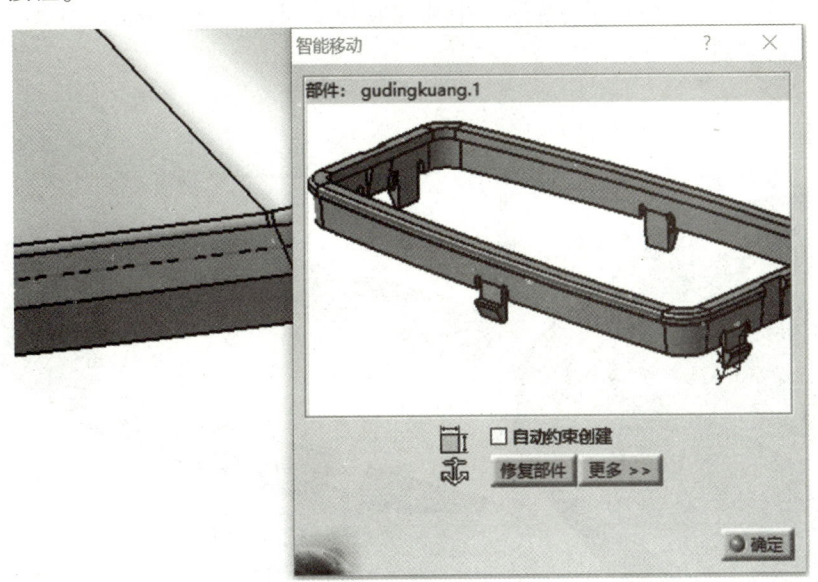

图 8-333　"智能移动"对话框 3

步骤十：装配装饰圈

(1) 单击"现有部件"命令 ，单击结构树中的"Product"，在弹出的"选择文件"对话框中选择装饰圈并单击"打开"。

（2）单击结构树中的"装饰圈"，单击"智能移动"命令，弹出"智能移动"对话框，如图8-334所示。

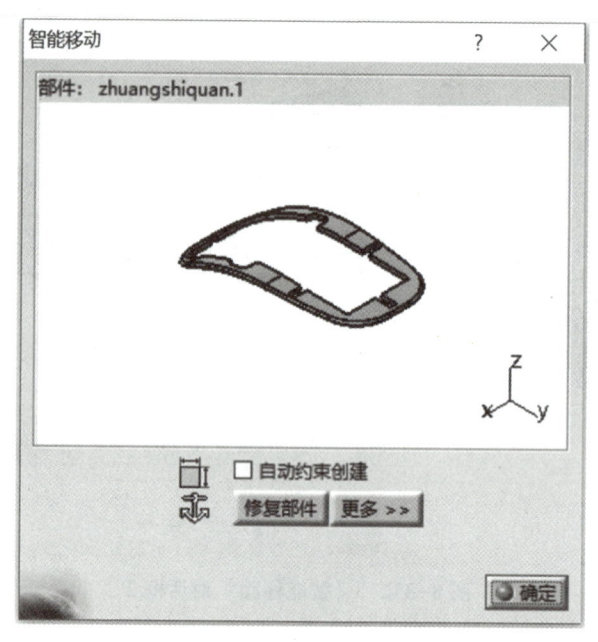

图8-334 "智能移动"对话框1

（3）分别单击"智能移动"对话框中装饰圈和下壳体的对应平面，如图8-335所示，单击操作界面的空白处。

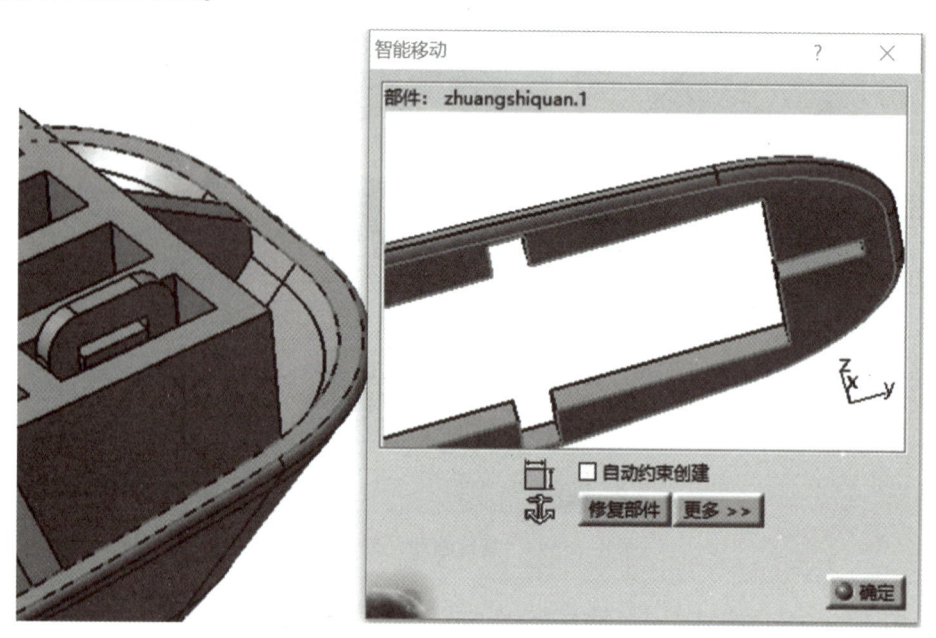

图8-335 "智能移动"对话框2

（4）分别单击"智能移动"对话框中装饰圈和骨架的对应平面，如图8-336所示，单击"确定"按钮。

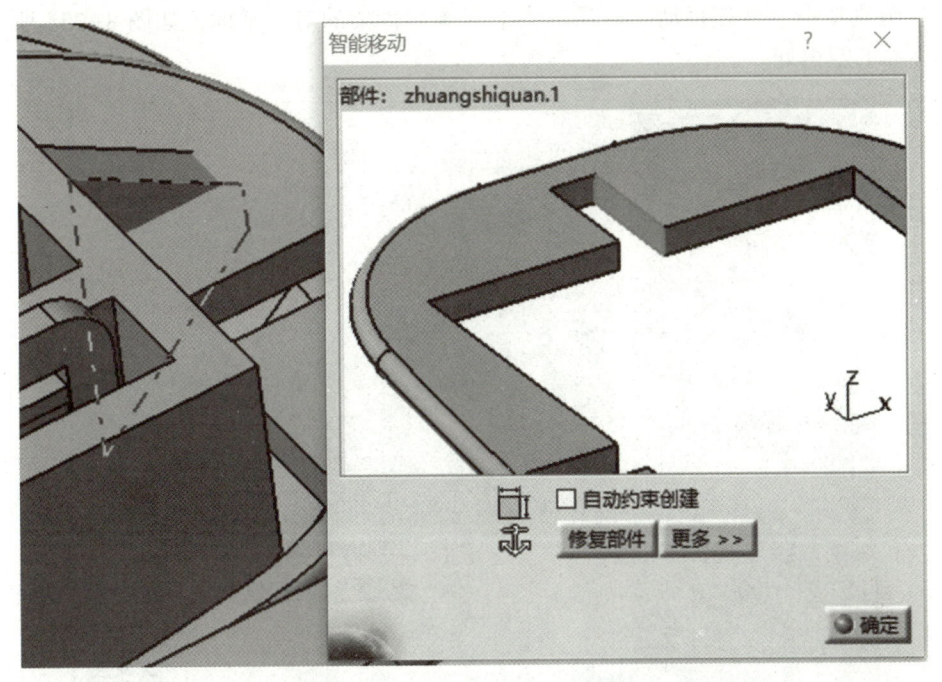

图 8-336 "智能移动"对话框 3

步骤十一：装配上壳体

（1）单击"现有部件"命令 ，单击结构树中的"Product"，在弹出的"选择文件"对话框中选择上壳体并单击"打开"。

（2）单击结构树中的"上壳体"，单击"智能移动"命令 ，弹出"智能移动"对话框，如图 8-337 所示。

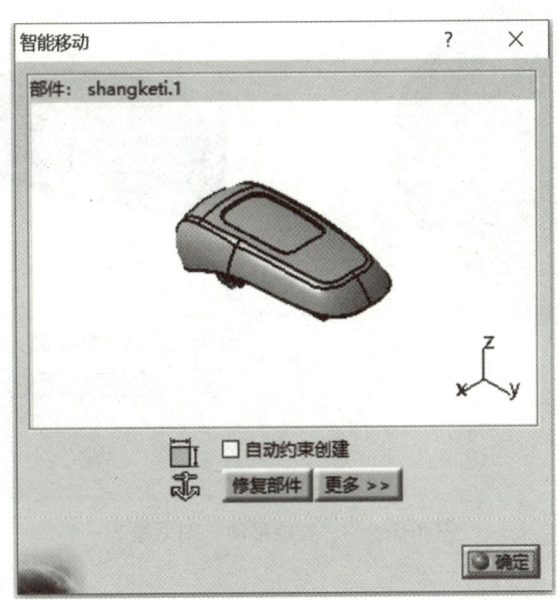

图 8-337 "智能移动"对话框 1

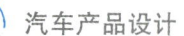

（3）分别单击"智能移动"对话框中上壳体和骨架的对应平面，如图8-338所示，单击操作界面的空白处。

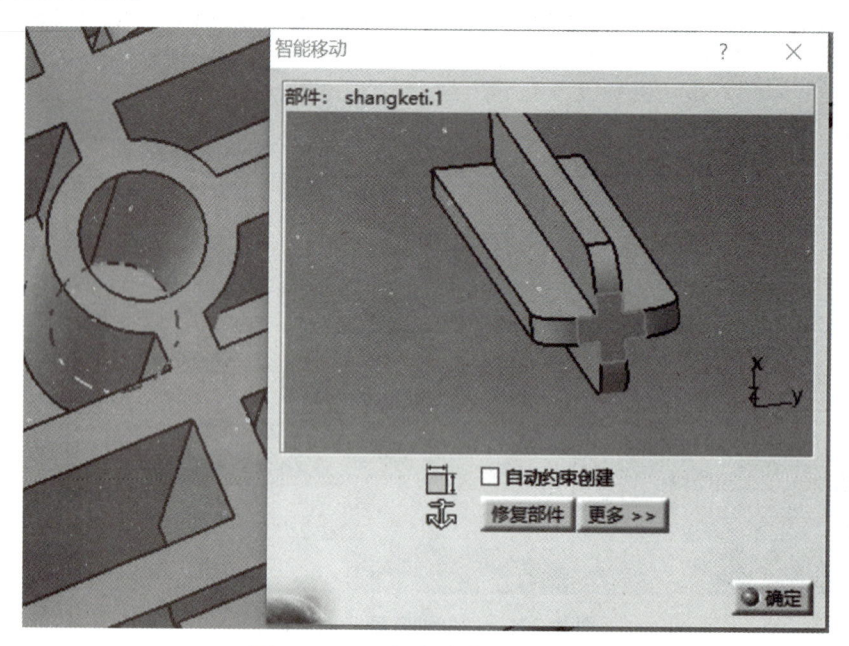

图8-338 "智能移动"对话框2

（4）分别单击"智能移动"对话框中上壳体和骨架的对应平面，如图8-339所示，单击"确定"按钮。

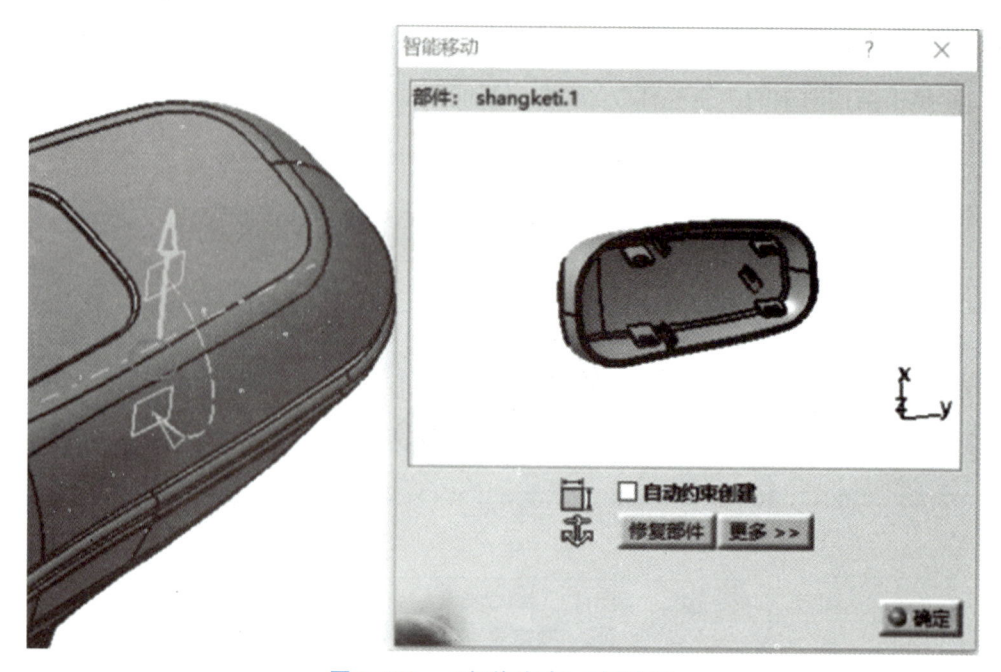

图8-339 "智能移动"对话框3

步骤十二：装配装饰盖

单击"偏移约束"命令 ，分别单击装饰盖下表面和上壳体的上表面（安装装饰盖区域），偏移量设置为 0 mm，如图 8-340 所示，此处需要注意单击配合面的先后顺序，原则是先单击要移动的零件，后单击不动的零件，再单击"更新"命令 ，装配体的装配关系发生变化。

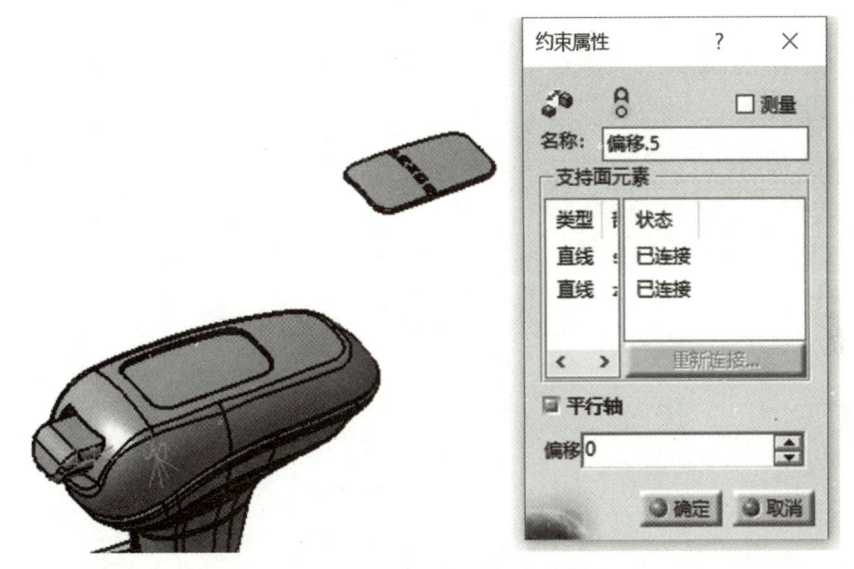

图 8-340 "约束属性"对话框

思考总结

1. 使用曲面对实体进行分割操作时，曲面和实体之间需要具备哪些前提条件？
2. 在草图绘制中，投影元素命令的优点和缺点是什么？
3. 在装配功能中，"相合约束""接触约束"和"偏移约束"都适用于哪种装配关系中？